쓰는 인간

종이에 기록한 사유와 창조의 역사

롤런드 앨런 지음 | **손성화** 옮김

THE NOTEBOOK

Copyright © Roland Allen, 2024
All rights reserved.
First published in 2024 by Profile Books, Ltd.

Korean translation copyright © 2025 by SangSangSquare
Korean translation rights arranged with Profile Books, Ltd. through EYA Co.,Ltd.

이 책의 한국어판 저작권은 EYA Co., Ltd를 통해 Profile Books, Ltd.와 독점 계약한
주식회사 상상스퀘어에 있습니다.
저작권법에 의하여 한국 내에서 보호를 받는 저작물이므로 무단 전재 및 복제를 금합니다.

아버지께

일러두기

· 외래어는 국립국어원 외래어 표기법을 준수하되, 관용적으로 사용하는 경우 예외를 두었다.

· 독서의 편의를 고려해 본문의 각주에 원저자 주와 옮긴이 주를 통합해 넣었고, 옮긴이 주만 괄호로 구분했다.

· 본문에서 언급하는 그림과 음악 등 작품명, 논문, 기사, 잡지 등은 〈 〉로, 단행본, 장편소설 등은 《 》로 표기했다.

The
Notebook

쓰는 인간

종이에 기록한
사유와 창조의 역사

롤런드 앨런 지음 | 손성화 옮김

상상스퀘어

차례

들어가는 말
12

1장: 노트가 등장하기 전

기원전 1000년~기원후 1250년 지중해 지역
28

2장: 적색 장부, 백색 장부, 직물 장부

회계의 발명, 1299년 프로방스와 피렌체
39

3장: 작은 책자에 가벼운 필치로

스케치북, 1300~1500년 피렌체
58

4장: 리코르다, 리코르단체, 치발도네

집으로 간 노트, 1300~1500년 피렌체
76

5장: 알렉산드리아의 후추

로도스의 미카엘의 서, 1434년 베네치아
96

6장: 악처들 그리고 양모로 틀어막은 입

잉글랜드로 가는 노트, 1372~1517년

117

7장: 수를 누린 LHD 244

화음을 넣어 노래하기, 1450~1600년경 볼로냐

129

8장: "아아, 이러다간 아무것도 끝내지 못하겠구나!"

두 노트지기, 1455~1519년 이탈리아

137

9장: 오, 남들이 한 말을 기록하는 고통과 수고란!

비망록, 1512년~현재

169

10장: 한 입구에서 다른 입구로 동양과 서양이 흐른다

세계양, 1519~1522년

187

11장: 청어의 왕

피시북, 1570년 네덜란드

199

12장: 아둔한 네덜란드 유행

우정 노트, 1645년 북부 유럽

210

13장: 여러 보석들

산업 관찰기, 1598년 독일과 이탈리아

221

14장: "오래 머물지 않게 하라"

여행자들과 그들의 노트, 1470년~현재

231

15장: 폐기 장부

수학, 1612년 링컨셔

257

16장: 두 노트 이야기

푸케와 콜베르, 1661~1680년 파리

276

17장: "돈 18펜스 외에 테이블 책 한 권"

테이블 책, 1520년대~1670년대 잉글랜드와 네덜란드

293

18장: 앨버트로스

일지로 기록된 여정: 1699년 런던에서 아모이까지

307

19장: "내 생각에는,"

박물학자들의 노트, 1551~1859년

321

20장: 불멸하는 한 가지 방법

다이어리와 저널, 1600년~현재

343

21장: "정확하십니다"

경찰수첩, 1829년~현재

369

22장: "그래, 치과의사가 죽는 게 낫겠어"

작가들의 노트, 1894년~현재

378

23장: 저장과 요리법

레시피북, 1639년~현재

392

24장: 자신을 표현하라

자기돌봄 저널링, 1968년~현재

401

25장: 파란색, 초록색, 빨간색, 노란색

선거운동, 1977~2003년 플로리다 주

412

26장: 사소하지 않은

기후일지, 1850년대~현재

424

27장: 주의력 결핍

불렛 저널링, 2010년 브루클린

433

28장: 잃어버린 시간을 찾아서

환자일기, 1952년~현재

448

29장: 우리의 고유한 인품을 드러내는 것은 이 지구상에 없기에

노트 연구, 1883년~현재

461

30장: 뇌의 다른 부분

예술가 관찰하기, 2022년

483

맺음말: 오토는 평소 노트를 들고 다닌다

확장된 마음, 1938년~현재

495

주석과 참고 문헌

507

감사의 말

538

이미지 저작권

540

들어가는 말

이 이야기의 문을 열기에 적당한 장소, 바로 지중해에 떠 있는 어느 배 위의 이탈리아인. 1995년 여름, 튀니지 연안에서 친구들과 함께 항해 중이던 마리아 세브레곤디Maria Sebregondi는 한 가지 난제에 골몰하고 있었다. 36세인 그는 마르그리트 뒤라스Marguerite Duras, 새뮤얼 테일러 콜리지Samuel Taylor Coleridge, 블라디미르 나보코프Vladimir Nabokov의 작품을 이탈리아어로 번역하며 이미 사회적 입지를 탄탄히 다진 터였다. 특히 두 프랑스인 조르주 페렉Georges Perec과 레몽 크노Raymond Queneau에 강한 흥미를 느꼈는데, 형식적 제약을 창조성의 자극제로 활용하여 소설과 시를 쓰는 작가들이었다. 페렉은 알파벳 'e'를 쓰지 않고 《실종La disparition》이라는 소설을 처음부터 끝까지 써냈고, 크노는 《문체 연습Exercices de style》에서 단순한 하나의 이야기를 저마다 다른 산문 양식을 통해 99가지 형식으로 변주해냈다. 이들은 그들의 유희적 장르를 울리포Oulipo라고 일컬었다. '작업실, 문학, 잠재성'을 뜻하는 프랑스어 단어 세 개의 첫 음절을 따서 조합한 약어로 '잠재 문학 작업실'을 의미했다. 따라서 일정하게 설정된 제한 범위 내에서 아이디어를 창출하는 일은 세브레곤디에게 익숙했다. 그런데 유난히 후덥지근했던 그날 저녁, 바로 그 같은 도전과제를 받아들게 된 것이다. 함께 배를 타고 휴가를 보내던 친구 중에 프란체스코 프란체스키Francesco Franceschi가 있었다. 모도앤드모도

Modo & Modo라는 디자이너 상품 판매 회사를 운영하던 그는 그날 밤 친구들과 한 가지 문젯거리를 공유했다. 자신이 판매할 제품의 구상과 제작을 다른 사람에게 의존하는 사업이다 보니 이윤 폭이 좀체 커지지 않는다는 것이었다. 프란체스키는 모도앤드모도가 직접 생산해서 보다 수익성 높게 판매할 만한 아이템이 있겠느냐는 질문을 던졌다. 그 자리에 모인 친구들은 밤이 깊도록 아이디어를 주고받으며 휴대전화, 이메일, 저가 항공편 같은 최신 경향을 논의했다. 그들은 이처럼 새로운 시대에 속한 사람을 가상 신제품의 타깃 소비자로 삼기로 결정했다. 즉, 창조적이고 자유분방하며 거리낌 없이 옮겨 다니는 사람. 세브레곤디는 디자인에 민감한 이 고객을 '현대 유목민 Contemporary Nomad'으로 명명했다. 그러나 그런 소비자를 위해 어떤 상품을 제작해야 할지는 누구도 생각해내지 못한 채 휴가는 끝나고 말았다. 세브레곤디는 아이들을 데리고 로마의 집으로 돌아갔다.

몇 주가 지나도록 세브레곤디는 그 질문이 계속 신경 쓰였다. 아름답게 디자인된 펜, 가방, 티셔츠, 주머니칼 등으로 구성된 여행자 툴키트를 비롯하여 이런저런 아이디어를 떠올려보았다. 그러나 프란체스키의 간략한 지침, 즉 생산은 용이하되 상업성은 크다는 요건에 부합할 제품은 찾지 못했다. 그러던 중 당시 재미삼아 읽고 있던 책에서 우연히 두 대목을 마주쳤다. 바로 8년 전 출간되고 나서 세계적인 베스트셀러가 된 브루스 채트윈 Bruce Chatwin의 《송라인 The Songlines》이었다. 이 소설에서 살짝 각색된 버전으로 등장하는 채트윈은 오스트레일리아의 오지를 탐험하면서 그곳의 원주민문화가 인류문화의 기원에, 어쩌면 가만히 있기 힘들어하는 인간 본성 자체에 대해서도 통찰을 제공한다는 사실을 깨닫는다. 두드러지게 "창의적이고 자유분방하며 거리낌 없이 옮겨 다니는" 채트윈이라는 사람 자체가 '현대 유목민'에 완벽히 부합하는 듯했다. 게다가 그의 소설에 나오는 다음 두 대목이 세브레곤디의 기억을 되살려냈다.

"노트를 써도 될까요?"

내가 물었다.

"그러세요."

나는 주머니에서 기름을 먹인 천으로 감싼 검정색 노트를 꺼냈다. 지면을 고정할 수 있도록 고무줄을 달아놓은 수첩이었다.

"근사하네요."

그가 말했다.

"예전에 파리에서 샀는데, 이제 더는 만들지 않는다네요."

내가 답했다.

"파리에서 샀다고요?"

그는 눈썹을 치켜올리며 되물었다. 듣다 듣다 이런 허세는 처음 듣는다는 듯.

그러고는 눈을 깜박이더니 말을 이어갔다.

책의 뒷부분에서 채트윈은 이 수첩에 대해 더욱 상세한 이야기를 전한다.

오스트레일리아로 떠나기 몇 달 전, 그 문구점 주인은 '진짜 몰스킨

vrai moleskine[01]을 구하기가 갈수록 하늘에 별따기라고 말했다. 공급처는 유일했다. 투르Tours에서 소규모 가업으로 하는 곳이었다. 편지를 보내면 답장을 받기까지 하세월이었다.

"100권 주문할게요. 100권이면 남은 평생 쓰겠죠."

나는 문구점의 사장에게 말했다.

그 사장은 당장, 그날 오후 투르에 전화를 해놓겠다고 약속했다.

점심시간에는 정신이 번쩍 드는 일을 겪었다. 브라스리 리프Brasserie Lipp[02]의 수석웨이터가 나를 알아보지 못하고는 이렇게 말한 것이다.

"Non, Monsieur, il n'y a pas de place(안 됩니다, 선생님. 자리가 없습니다)."

5시에 나는 약속한 대로 문구점 주인을 만나러 갔다. 그 수첩의 제조업자는 이미 세상을 떠났고, 상속인들은 회사를 팔아버렸다. 문구점 주인은 안경을 벗더니 짐짓 애도를 표하듯 말했다.

"Le vrai moleskine n'est plus(진짜 몰스킨은 이제 없어요)."

이 대목은 채트윈의 독자 가운데 수많은 이의 마음을 두드렸다. 그도 그럴 것이, 유한성의 암시가 이 작가의 때 이른 죽음을 예시하는 복선처럼 보

---

01 원래 몰스킨moleskine은 '두더지mole' 가죽과 비슷하게 생긴 두껍고 질긴 면직물을 뜻한다. 촉감이 부드러워 노트 커버 등에 주로 쓰인다. vrai는 프랑스어로 '진짜의'라는 뜻이다. (옮긴이 주)

02 19세기 말 파리 생제르맹 거리에 문을 연 식당으로 여러 문인, 예술가, 정치인에게 사랑받은 곳으로 유명하다. (옮긴이 주)

인 탓이다. 채트윈은 《송라인》이 출간되고 나서 불과 1년 반 뒤에 세상을 떠났다. 그런데 세브레곤디에게는 이 내용이 보다 개인적인 의미로 다가왔다. 파리에서 학창 시절을 보냈을 때부터 채트윈이 묘사한 그 노트를 알고 있었기 때문이다. 실제로 그때껏 몇 권을 갖고 있었다. 낡은 상자에서 그 수첩들을 찾아낸 세브레곤디는 여러 해 만에 처음으로, 그리고 새로운 눈으로 살펴보았다. 어째서 채트윈은 소진되도록 두지 않고 100권이나 주문할 정도로, 이 특정한 모델에 그리도 애착을 품게 되었을까? 이 같은 실용품이 어떻게 그토록 중요한 의미를 갖게 되었을까? 그러다가 퍼뜩 프란체스키가 맞닥뜨린 도전 과제의 해법을 알아낼 수 있을지도 모르겠다는 생각이 들었다. 그러니까 창의적인 사람들에게 호소력을 발휘할 만큼 매력적이며, 여행의 황홀함과 발견의 가능성을 전하는, 제작하기 쉬운 간단한 제품 말이다.

문학번역가이자 채트윈의 열혈 팬이며 '현대 유목민'을 위한 오늘날의 몰스킨Moleskine 노트를 창시한 마리아 세브레곤디.

세브레곤디는 프랑스로 전화를 걸어 채트윈의 이야기가 사실임을 확인했다(채트윈은 늘 거짓 없는 진실보다 좋은 이야기를 선호했다는 점에서 합리적인 조치였다). 게다가 다른 맥락, 즉 마티스와 피카소의 스케치북 전시, 작업 중인 헤밍웨이의 사진에서도 뜻하지 않게 '진짜 몰스킨le vrai moleskine'을 목격하면서 세브레곤디의 예감은 힘을 얻었다. 그는 이 상품에 이미 유서 깊은 내력이 깃들어 있음을 알아차렸다. 그런데 그보다 중요한 것은, 이 제품에는 채트윈의 공개적인 상품 추천을 읽은 전 세계의 수백만 명에게 힘을 발휘할 상업성이 있다는 점이었다. 나아가 이탈리아를 대표하는 디자인 원칙에도 부합했다. 즉, 에스프레소나 페르솔Persol 선글라스, 프라다Prada 드레스처럼 몰스킨 le moleskine 수첩 역시 단순하고 기능적이며 자기주장이 확실한 검정색이었다.

그런데도 기적처럼 그 수첩을 만드는 사람이 이제 더는 없었던 것이다.

세브레곤디는 이 아이디어를 밀라노로 가져갔다. 프란체스키는 친구가 뭔가 대단한 것을 알아냈음을 눈치챘다. 신제품을 홍보하는 사람이라면 누구나 직면하게 되는 가장 골치 아픈 문제(이른바 못해먹을 짓)는 채트윈 덕분에 이미 해결된 상태였기에 두 사람은 2년이 소요된 제품 디자인 과정에 돌입했다. 그렇게 해서 나온 결과물이 몰스킨Moleskine 클래식 노트였다.

몰스킨 수첩의 형태에 대해서는 설명하지 않아도 알 것이다. 그런데 그 디자인이 '현대 유목민'에게 얼마나 끈질기게 메시지를 전달하는지에 대해서는 아마 생각해보지 않았을 것이다. 단순한 검정색 표지는 처음에 언뜻 보면 가죽인가 싶을 정도로 탄탄하면서도 고급스럽다. 익숙한 A5 용지보다 폭이 2센티미터가량 좁은, 표준적이지 않은 크기여서 재킷 주머니에 쏙 집어넣을 수 있다. 상당한 추가 생산비용이 발생하는 공정을 거쳐야 하는 둥근 모서리도 한몫하는데, 속지의 모서리가 접히지 않는 것도 그 덕분이다. 고무줄, 그리고 흔치 않은 묵직하고 딱딱한 판지 형태의 표지까지 한데 어우러져, 확실히 여행에 맞춤한 노트라는 인상을 준다. 표지 가장자리와 내지 부분의 높이를 맞춰 종이책과 절대 헷갈리지 않도록 해놓았다. 사용하려고 페이지를 열면 편평하게 활짝 펼쳐지고, 뒤표지에는 주머니를 부착해 사진, 절취하고 남은 반쪽짜리 티켓, 아름다운 이방인들의 전화번호 등 각종 추억거리를 보관하도록 했다. 200쪽에 달하는 페이지 때문에 쓸거리가 차고 넘친다는 생각이 든다. 세련된 아이보리 색조가 은은하게 들어가고 촉감이 굉장히 부드러운 종이 자체는 당신의 아이디어가 응당 최고의 대접을 받을 만하다는 느낌을 풍긴다. 가름끈 덕분에 사색한 내용들을 쉽게 찾을 수 있다. 겉모습은 조심스러울 정도로 단순해 보일지라도, 상품 패키지 전체는 나이키나 메르세데스 벤츠, 애플 상표를 단 여느 제품만큼이나 브랜드 메시지로 가득하다. 다시 말해 최고의 신호들이 그렇듯 몰스킨의 브랜드 메시지도 잠재의식 차원에서 작동한다.

 그런데 이런 신호들만으로는 불충분할까 봐 몰스킨은 수첩의 새 주인이 "발견"(세브레곤디가 효과적으로 표현하듯)할 주머니에 든 작게 접힌 광고지에 브랜드 가치를 상술해놓았다. 광고지의 내용은 시간이 흐르면서 진화했고 점점 더 많은 언어가 추가되었으나, 중심 메시지는 이탈리아어로만 적힌 초기 버전에서 거의 달라지지 않았다.

> 몰스킨은 채트윈, 헤밍웨이, 마티스의 전설적인 노트를 완벽히 재현한 노트입니다. 비범한 전통의 숨은 관리자인 몰스킨은 기능의 정

수이자 감정의 축전지로 시간이 흐름에 따라 그 감동을 발산합니다. 오리지널 노트에서 필수적이고 든든한 포켓 노트 시리즈가 탄생했습니다. 몰스킨 하드커버, 고무줄 잠금장치, 사철제본. 판지 그리고 캔버스 안쪽에는 날개 없는 봉투 형태의 내부 주머니. 몰스킨의 역사를 담은 별첨 광고지. 제품 규격 9×14㎝.

시작부터 거짓말(새로운 몰스킨은 "옛 몰스킨의 완벽한 재현"이 아니었다)인 이 광고지는 곧 하나마나한 시시콜콜한 이야기로 급선회했다. 그러나 중요하지 않았다. 여기 쓰인 모든 단어는 경중을 가리지 않고 그 자체로 역대 가장 효과적인 상업광고 카피임을 입증했다. 이 제품이 지닌 무형의 속성인 유용함과 정서를 유형의 사양과 기민하게 연결함으로써 외적인 것과 내적인 것을 모두 판매하는 것이다. 세브레곤디와 프란체스키는 함께 언급할 만한 세계적인 이름들의 조합을 영민하게 선별해냈다. 세계시민에 대한 열망을 북돋는 영국인 한 명과 미국인 한 명 그리고 프랑스인 한 명. 반면 그와 거리가 먼 "Made in China" 문구는 빼버렸다.

1997년 모도앤드모도는 초도 생산물량으로 노트 3000권을 주문했다. 새로운 몰스킨은 밀라노에서, 그것도 코르소 부에노스 아이레스Corso Buenos Aires의 어느 작은 서점에서 최초로 판매되기 시작했다. 며칠 동안 위탁판매 형태로 말이다. 모도앤드모도는 전통적인 문구점 대신 디자인 소매점과 서점을 공략했다. 이 전략은 제대로 먹혔다. 1998년 한 해 동안 노트 3만 권이 팔렸다. 1999년부터는 기존 유통망을 활용하여 유럽 전역을 넘어 대서양까지 건너갔다. 10년이 채 지나지 않아 미국의 서점 체인 반스앤노블Barnes &

Noble은 몰스킨 브랜드의 최대 소매 협력사가 되었다. 프란체스키의 바람대로 이윤 폭이 늘면서 모도앤드모도의 운명은 180도 바뀌었다. 2006년 한 사모펀드 기업이 회사를 인수한 뒤로도 판매량은 증가일로였다. 2013년 몰스킨주식회사Moleskine SpA는 이탈리아 증권거래소에 상장되었고, 2016년에는 벨기에의 자동차 유통업체가 5억 유로에 회사를 즉각 사들였다. 오늘날 여러 경영대학원에서 상품 디자인과 마케팅의 교과서적인 성공 사례로 당연히 가르칠 만한 스토리다. 2017년에 이 이야기는 다시 원점으로 돌아갔다. 몰스킨과 채트윈의 책을 낸 출판사가 《송라인》의 신판을 이제는 누구나 알 만한 검정색 하드커버에 고무줄 잠금장치, 둥근 모서리, 가름끈, 주머니까지 완비하여 출간하기로 합의한 것이다. 소비자들은 "즐거운 여행 기록이 되길 Enjoy your travel writing"이라는 동기부여 문구가(채트윈이 봤더라면 분명 움찔했을 법한 표현으로) 돋을새김 된 무지 노트 한 권과 함께 포장된 책을 구입했다.

몰스킨 노트

세브레곤디 본인은 20년 동안 인터뷰에 수차례 응하면서 줄기차게 메시지를 전달했다. 되풀이되는 인터뷰 주제는 몰스킨이 "무엇보다도 창조성의 조력자"라는 것이었다. 이 기업이 다양하게 변모하는 동안 내내 함께했던 그는 2017년에 물러난 뒤 현재는 몰스킨 재단Moleskine Foundation에 시간을 쏟고 있다. 몰스킨 재단은 두말할 필요 없이 창조성을 통해 특히 사하라사막 이남의 아프리카 지역과 동유럽의 사회변화 추동을 목표로 삼은 자선단체다. 울리포의 이탈리아 분파인 오플레포Oplepo에도 여전히 몸담고 있다. 그가 가장 최근에 번역한 작품은 레몽 크노의 《시 100조 편Cent Mille Milliards de Poèmes》이다. 독자는 이 책에 실린 수천 개의 압운 시행을 활용해 무작위로 소네트를 만들어낸다. 창조성을 드러내는 제약인 셈이다.

내가 나의 첫 번째 몰스킨을 구입한 때는 바로 이러한 갑작스런 대유행의 초창기였다. 그리고 나서 얼마 뒤 문득 정신을 차리고 보니, 몰스킨이 견인하는 고급 문구 시장의 성장세에 동참하기를 염원하는 한 출판사에서 근무하고 있었다. 우리가 판단하기에 노트에는 글자나 그림("진짜" 책을 수지타산과 멀어지게 만드는 까다롭고 비싼 요소들)이 전혀 들어가지 않았다. 그걸로 돈 좀 버는 게 뭐 그리 어려운 일이라고? 그리하여 우리는 멋들어지게 디자인하고 전략적으로 포장한 다양한 노트를 만들어냈고, 인쇄소에 상당한 물량을 주문했다. 내가 맡은 업무는 뉴욕 5번가에 자리한 반스앤노블 본사를 방문해 우리 제품을 소개하는 것이었다. 나는 반스앤노블의 여러 매장 선반에 알록달록한 우리 상품을 몰스킨과 나란히 진열한다면 매상이 올라갈 것이라는 뜻을 전했다.

"몰스킨과 나란히 말이죠."

반스앤노블의 구매 담당자는 회의적인 눈초리로 나를 보며 말했다.

"아세요? 저희 고객층 중에는 매장에 올 때마다 몰스킨을 새로 구입하는 소비자 군이 있답니다. 일주일에 한 번꼴로 사는 사람들도 있고요. 그걸로 뭘 하는지는 저희도 도통 모르겠지만요."

나는 가져온 샘플들을 자랑스레 내보이며 크림색 종이, 가름끈 그리고 우리 브랜드만의 차별화 요소라고 할 만한, 눈길을 사로잡는 표지 디자인을 강조했다. 그는 고개를 가로저었다. 그러고는 익숙한 검정색 노트 한 권을 대답 대신 건네며 말했다.

"보이시죠? 저희가 직접 만든 겁니다. 자체 브랜드로요. 크기도 똑같고 쪽수도 똑같아요. 종이도 똑같은 것, 판지도 똑같은 걸로 쓰고, 중국의 같은 공장에서 제작해요. 몰스킨보다 빠지는 구석이 한 군데도 없죠. 게다가 가격도 절반 수준으로 책정하고 있고요."

그는 극적인 효과를 노리는 듯 잠시 말을 멈추었다.

"그런데도 몰스킨이 여전히 더 많이 팔려요. 그런데 지금 선반 자리를 내달라는 건가요?"

그의 말을 듣는 동안 나는 브랜드 파워를 뼈저리게 배웠다. 그러나 성공 사례도 존재했다. 우표 수집 앨범을 전문으로 생산하던 로이텀Leuchtturm은 2005년부터 다양한 색상(낮 두껍게도!)을 제공하는 한편 품질도 그에 부합하도록 만들어 몰스킨과 맞붙었다. 클레르퐁텐Clairefontaine, 로디아Rhodia, 페이퍼블랭크스Paperblanks 등 로이텀보다 오래된 회사들은 자사 제품을 쇄신했다. 일본의 고급 디자인에 언제나 촉각을 곤두세우는 서양의 힙스터들은 미도리Midori, 호보니치Hobonichi, 스탈로지Stalogy 같은 회사의 노트를 수입하기 시작했다. 이 일본 기업들은 극상의 종이와 제본술로 여느 유럽 브랜드들을 능가했다.[03] 미국에서는 필드 노트Field Notes가 미드센추리mid-century의 미학으로 실용성 코드를 건드렸다. 이들은 하나같이 기존 제품에 대해 새로운 방향의 해석을 내놓았고, 몰스킨이 했던 방식대로 제품을 구축하여 이익을 얻었다. 고급 문구류를 좋아하는 사람에게 2010년대는 황금기였다.

동시에 몰스킨은 강력한 사회적 신분의 상징이 되었다. 세브레곤디가 상정한 디자이너, 저널리스트, 작가들과 마찬가지로 첨단기술 기업의 최고경영자들도 몰스킨 노트를 들고 다녔다. 그러나 아마 실제로는 창조성보다 열망이 앞섰을 사람들이 갖고 다니는 경우가 훨씬 많았을 것이다. 동네 스타벅스에서 자주 포착되는 이런 캐릭터들은 조롱당하기 십상이었다. 이를테면 예전에 우익 정치인 칼 로브Karl Rove가 예일대학교에서 청중을 향해 그들이 몰스킨으로 폼 잡고 다니는 것을 잘 안다고 말했듯, 〈백인들이 좋아하는 것Stuff White People Like〉이라는 풍자 웹사이트에서도 얼씨구나 하고 그들의 보여주기식 허세를 꼬집었다. 물론 조롱에도 판매량은 끄떡없었다.

몰스킨 노트의 실질적 효능에 대한 심리학자들과 라이프스타일 구루들의 늘어나는 관심 역시 그 기세가 전혀 수그러들지 않았다. 세브레곤디 본인도 몰스킨 노트의 단순한 형태가 그것을 완벽한 창조적 도구로 만들어준다는 뜻을 내비치면서, 의도적으로 제약을 두는 레몽 크노의 작업방식과 동일한 조건에서 그에 관해 이야기한 바 있다. 말하자면 "사소한 것에서 탄생한 비범한 가능성이라는 감각"을 주는 "단순한 물건"이라는 것이다. 신경과

---

03   몰스킨과 로이텀 모두 주로 대만에서 생산하는 종이를 사용한다.

학자 대니얼 레비틴Daniel Levitin처럼 생산성 구루인 데이비드 앨런 그린David Allen Green도 노트에 목록 작성하기를 추천했다. 저널리스트 데이비드 색스David Sax는 저서 《아날로그의 반격The Revenge of Analog》에서 (레코드판, 보드게임, 필름카메라와 더불어) 종이 노트가 디지털 대체품에 대한 정신적 저항력을 서서히 키운다고 표현했다. 낡은 기술과 새로운 기술의 대조는 진부한 행위가 되었다. 오리지널 몰스킨은 최초의 휴대용 전자수첩 팜 파일럿Palm Pilot과 같은 시기에 출시되었고, 처음부터 갈수록 강력해지는 기기들과의 경쟁에 직면했다. 노트북컴퓨터, 블랙베리BlackBerry, 아이폰, 아이패드는 하나같이 종이 선조先祖보다 월등한 기능성을 제공하는 듯 보였다. 그러나 한결같이 지지를 보내는 확고부동한 사용자 층은 디지털 영역으로 옮겨 가기를 거부했다. 얼마 지나지 않아 이들의 고집이 일리 있음을 보여주는 상호심사 연구가 숱하게 쏟아졌다. 손으로 글씨를 쓰는 행위, 그리고 실체가 있는 물건을 생산하는 것과 관련된 뭔가가 오래된 기술을 새로운 기술보다 더 효과적으로 만든다. 세브레곤디는 은연중에 인간 뇌의 작동방식에 대해 중대한 탐색을 이끌어냈다.

노트에 대한 나의 관심 역시 상업적 차원 너머로 진전된 터였다. 나는 새뮤얼 피프스Samuel Pepys의 글을 읽었다. 일, 가정, 여가, 자신이 살았던 도시 환경, 본인의 성생활을 성역 없이 자유롭게 기록한 방식이 마음에 쏙 들었다. 그러다가 할아버지가 전쟁 전에 썼던 눈이 번쩍 뜨일 만한 일기를 발견했다. 피프스의 일기보다 훨씬 짧기는 해도 못지않게 광범위했다. 그래서 나도 2002년부터 나만의 일지를 작성하기 시작했다. 너덜너덜해진 노트가 더미를 이루면서 해마다 차곡차곡 쌓여갔다. 일기를 쓰면서 더 행복해졌다. 할 일 목록을 쓰면서 더 믿음직한 사람이 되었다(결과적으로 주변 사람들이 더 행복해졌다). 그리고 진료를 예약을 한 병원에 가거나, 어떤 회의든 참석할 때면 들은 내용을 반드시 메모하는 습관을 익혔다. 그런데 이런 행동에는 창조적인 이점도 있어 보였다. 내가 만나본 예술가들은 하나같이 손 닿는 곳에 스케치북을 두는 듯했다. 그래픽 디자이너, 심지어 오롯이 디지털 결과물만 내놓는 웹디자이너들도 다르지 않았다. 저널리스트, 비평가, 그 밖의 창조적 부류와 마찬가지로 작가들 역시 모두 노트를 갖고 있었다. 더군다나 노트를 부지런히 쓸수록 더 나은 작업물이 나오는 듯했다. 내 동료들이 일할 때도 마찬가지였다. 장난기 섞인 각종 목록과 도표, 스케치에서 놀라우리만치 훌륭한 아이디어가 꼬박꼬박 쏟아져 나왔다. 어떻게 이런 일이 벌어졌을까? 노트와 창의성 사이에 연관성이 있었을까? 문화와 산업에서 노트는 그 밖에 어떤 역할을 했을까? 그와 관련하여 누군가의 노트가 우리에게 무엇을 알려줄 수 있을까? 일기를 쓰는 행위가 어떻게 행복, 아니 최소한 만족감 정도라도 가져다준 것일까? 일기를 "쓰는"keep a diary 것은 동물을 키우거나keep an animal 약속을 지키거나keep a promise 비밀을 유지하는keep a secret 것처럼 중요하고 의미 있는 행위일까? 노트의 물리적 제약이 역설적으로 그것을 무제한적인 디지털 기기보다 유용하게 만들었을까? 그리고 (무엇보다 근본적으로) 노트는 실제로 어디에서 기원했을까? 누가 노트를 발명했을까?

신기하게도 이 질문들에 대한 답을 아는 사람은 한 명도 없었다. 이 주제를 다룬 책을 단 한 권도 발견하지 못했고, 온라인에서도 도움이 될 만한 답을 전혀 구하지 못했다. 구글 검색("노트는 언제 발명되었나요?")이 답으로 내놓은 결과들은 기원후 60년 중국에서 1934년 뉴잉글랜드까지 그 범위가 임의적이었고, 하나같이 논거가 빈약했다.

　나의 질문은 미결 상태로 남아 있었다. 그러다가 10월의 어느 날 프랑크푸르트에서 심야에 대화를 나눈 뒤 이 문제를 진지하게 다뤄보기로 결심했다. 지금도 그날의 장면이 생생하게 떠오른다. 친구 사이먼과 둘이 앉았던 커다란 술통에 상판을 얹은 탁자, 우리가 마신 술, 독일산 담배연기가 자욱했던 탁한 실내공기, 그 특이한 장소의 단골손님인 학생들이 들어오면서 가게 문이 열릴 때마다 들려오던 히힝 하는 녹음된 말 울음소리. (일기를 쓰면 오래전에 지나간 순간들을 잘 기억한다.) 내가 꽂힌 문제에 관해 이야기하니 사이먼은 자존감 높은 출판인이라면 으레 하는 질문으로 반응했다.

　"그걸로 책을 한 권 써보는 게 어때?"

　호텔방으로 돌아와서 그날 하루 있었던 일을 일기장(수많은 선홍색 몰스킨 위클리 다이어리 중 하나로, 가을 즈음이면 늘 그렇듯 흐늘흐늘해진 상태였다)에 끼적이고 있자니 사이먼의 제안이 아주 그럴싸해 보였다. 그리하여 이튿날 오전에 새 노트를 한 권 샀다. 두툼한 청록색 로이텀. 자료조사용 노트로 말이다. 그러고는 각종 메모, 날짜, 계획, 목록, 이야기, 질문, 마인드맵, 참고자료, 낙서로 지면에 데이터를 추가해 나가기 시작했다. 결국 그 노트를 다 채우고 나서 또 다른 노트, 즉 회색 하드커버 노트를 쓰기 시작했다. 이 회색 노트 역시 이윽고 때가 되었을 때 빨간색에서 파란색으로 이어지는 일본산 소프트커버 노트에 자리를 내주었다. 그렇게 10년이 흘러 현재 내 왼손이 닿는 곳에는 알록달록 색색의 노트가 잔뜩 쌓여 있다. 이 노트들 안에는 1000여 쪽에 달하는 메모, 수십 권의 책에서 골라 모은 문장들, 수백 명에 이르는 노트 주인들의 목록, 여러 역사와 전기, 회고록 그리고 수많은 학술

논문과 과학 학술지의 내용 요약이 담겨 있다. 정리 또는 색인 작업이 전혀 이루어지지 않은 채.

그리고 분류되지 않고 가공되지 않은 이 수첩들 안에 내가 꺼낸 질문들에 대한 답이 들어 있다. 알고 보니 노트가 탄생한 시기와 장소는 기원후 60년도 1934년도, 중국도 뉴잉글랜드도 아니었다. 노트가 실제로 도래한 시기를 알아내면서 이 이야기가 문화와 과학, 혁신과 발견 등 온갖 주제와 얽히고 설켜 있음을 깨달았고, 전혀 우연의 일치가 아님을 믿게 되었다. 노트가 무대에 등장하면 흥미로운 일들이 벌어진다.

다만 어떤 식으로든 이 이야기는 결국 이탈리아인, 배, 지중해와 떼려야 뗄 수 없는 것으로 드러난다.

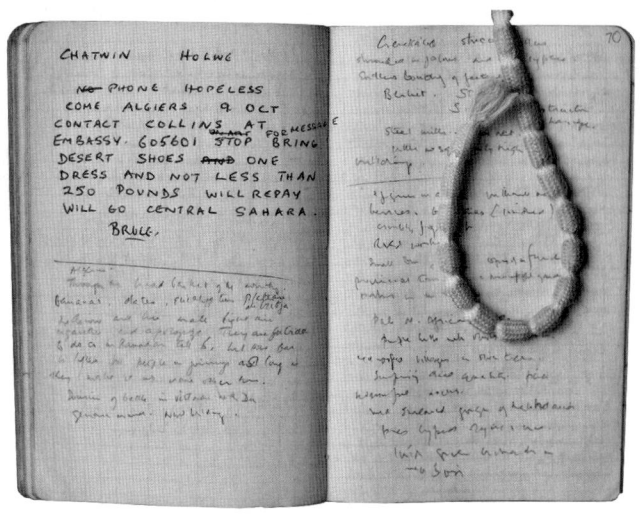

브루스 채트윈이 '몰스킨' 수첩에 적어놓은 전보문 초안.
"전화 못 씀. 10월 9일 알제에 옴. 사막. 신발 옷 한 벌 가져옴.
못해도 250파운드는 갚을 것. 사하라 중부로 갈 것"이라는 내용 등이 적혀 있다.

1장 | 노트가 등장하기 전

기원전 1000년~기원후 1250년 지중해 지역

현대인의 눈에 노트처럼 보일 법한 가장 오래된 물품은 튀르키예의 한 도시에 자리한 어느 성城의 진열장 안에 놓여 있다. 수천 년 전 상업과 지식의 중심지로 번영을 구가한 이 도시는 현재도 그때 못지않게 북적이는 휴양지다. 훌륭한 전시물을 소장한 보드룸 수중 고고학박물관Bodrum Museum of Underwater Archaeology은 지중해 밑바닥에서 되찾은 각종 유물을 뽐낸다. 울루부룬 난파선Ulu Burun shipwreck은 이곳의 빛나는 자랑거리 중 하나다. 박물관 측은 나무와 상아 재질의 자그마한 물품 하나에 진열장 하나를 따로 내주었다. 바로 경첩이 달린 서판으로, 접어서 닫으면 한 손에 쏙 들어갈 만한 크기다.

이 박물관의 많은 유물처럼 이 서판 디프티카diptych[04]도 여러 조각으로 부서진 파편을 이어 맞춘 것이다. 그래도 복원 전문가들의 뛰어난 솜씨 덕분에 튀르키예 남부 암석해안에 삐죽 솟은 울루부룬 곶의 해저에 가라앉기 전 모습이 쉽게 그려진다. 두 장으로 나뉜 회양목 판의 움푹 팬 안쪽에는 부드러운 밀랍 층이 채워져 있었다. 서판의 주인은 그 밀랍에 스틸루스stylus, 즉 첨

---

04   나무, 상아, 금속 등의 작은 판 두 개를 경첩으로 연결하여 휴대하고 개폐할 수 있도록 만든 서판. (옮긴이 주)

필尖筆로 글자를 쓸 수 있었다. 이 디프티카를 재사용하려면 밀랍을 덧바르면 되었다. 우묵한 부분의 목판에는 금이 그어져 있는데, 밀랍이 잘 붙어 있도록 하기 위해서였다. 밀랍에는 아마 웅황orpiment을 섞었을 텐데, 비소와 황의 화합물로 밝은 노란색을 띠는 성분인 웅황은 독성이 있는데도 진한 노란색을 입히는 안료로 가독성을 높였다. 정교한 목공 솜씨와 상아 경첩으로 보건대 이 디프티카는 그 시절에 귀한 소장품이었을 것이다. 과연 누구의 것이었을까?

울루부룬 난파선은 지금껏 발굴된 가장 오래된 배로, 대략 기원전 1305년까지 거슬러 올라간다. 이 난파선의 다른 유물들을 보면 이 디프티카가 복잡한 무역망에서 연원했음이 더욱 확실해진다. 잠수부들은 키프로스 섬에서 왔음직한 묵직한 동괴 506점, 사르데냐 왕국의 것이었을 주석 1톤, 발트해의 호박 구슬, 올리브와 구슬, 웅황이 그득 담긴 항아리, 귀갑龜甲, 흑단 원목, 상아, 하마 이빨, 금 조각 37개, 화살촉, 창촉, 단검, 권위를 상징하는 장식용 지팡이인 메이스mace, 아몬드, 무화과, 커민, 옻 등등을 건져 올렸다. 서판은 최적의 환경에서 살아남았다. 끌, 면도칼, 석류 몇 알과 함께 점토 항아리 안에 가라앉아 있었던 것이다. 이 배는 이런 물건들과 함께, 적어도 10곳에 이르는 문화권의 상품을 실어 날랐다. 다시 말해 오늘날의 여느 컨테이너선과 견주어도 손색이 없을 만큼 다양한 화물을 운반했다. 따라서 우리는 이 서판의 주인이 선원이나 상인, 외교관, 견문이 넓은 세계시민 같은 부류의 사람이었으리라고 추론할 수 있다.

이들이 글을 쓰는 용도로 이 서판을 사용했다는 사실은 알지만, 무슨 내용을 썼는지는 정확히 알 수 없다. 디프티카 서판은 공간이 한정적이었다.

울루부룬 난파선에서 발견된 기원전 1305년경의 유물.
유럽에서는 2000년 동안 이런 밀랍판이 필기장이었다.

밀랍에 200자 정도를 새겨 넣으면 더는 쓸 공간이 없었을 것이다. 할 일 목록이나 편지의 초안, 기억하고 싶은 문구를 적는 데는 더할 나위 없이 유용했으나, 그보다 복잡한 머릿속 생각에는 무용했다. 게다가 이미 쓴 글도 취약했다. 즉, 밀랍은 순식간에 흔적도 없이 닦여나갈 수 있었다. 그렇다면 선조들은 더 많은 공간 내지는 영속성이 필요할 때 어디에 글을 썼을까?

이 지역의 사람들은 그때껏 500여 년 동안 점토판에 설형문자를 썼다. 점토판에 담긴 기록은 영구적이고 위변조가 쉽지 않았다. 상당히 높은 수준이었다. 메소포타미아와 아나톨리아에서 나온 현존하는 서판에는 세금 영수증, 납품 대금 결제, 이와 유사한 주요 거래 내역이 담겨 있다. 그런데 울루부룬 난파선에는 점토판이 하나도 없었다.

같은 시기에 고대이집트인들은 타지에서는 경작하기가 굉장히 어렵지만 나일강변에서는 무성하게 자라는 키 큰 갈대로 파피루스를 제작했다. 파피루스는 비싸지 않았다. 게다가 점토판과 달리 실용적이었다. 둘둘 말아서 긴 두루마리 형태로 만들 수 있기에 점토판이나 밀랍판보다 더 긴 글을 쓰는 데 사용할 수 있었다. 더군다나 파피루스가 건재하는 한 거기에 적힌 글 또한 건재했다. 따라서 울루부룬에서 발견된 배에도 낱장 또는 두루마리로 된 파피루스 문서(편지 그리고 선하증권처럼 귀한 화물과 관련된 서류였을)가 실렸을 개연성이 있다. 그러나 파피루스는 설령 50미터 아래의 바닷물 속에 잠기지 않더라도 온전하게 남아 있는 경우가 드물다. 접으면 갈라지고, 쉬이 너덜너덜해지며, 매우 건조한 사막 공기가 아닌 대부분의 환경조건에서는 시간이 흐르면서 분해된다. 이렇듯 울루부룬 서판의 이름 모를 주인에게는 저마다 장단점을 지닌 필기 수단의 선택지가 있었으나, 내구성과 휴대성을 동시에 만족시키는 경우는 없었다.

울루부룬 난파선이 가라앉고 나서 약 100년이 지난 뒤 이 불운한 배에 실렸던 화물을 지속적으로 공급했던, 고도화된 경제는 와해되고 말았다. 후기 청동기가 붕괴한 원인을 둘러싸고는 역사학자들 사이에서 갑론을박이 벌어지지만, 그로 인한 결과만큼은 고고학 기록에 명확히 나와 있다. 즉, 일련의 전쟁과 그 밖의 재난으로 인해 그리스에서 레반트Levant 지역[05]까지 거의 모든 도시(통틀어 수백 곳)가 파괴되었다. 정착민 수가 격감했고 여러 문화와 무역망이 통째로 증발하듯 사라졌다. 그러니 틀림없이 필기구에 대한 수요가 훨씬 줄어들 수밖에 없었을 것이다.

---

05 시리아, 요르단, 레바논 등 동부 지중해 연안 지역. (옮긴이 주)

그러다가 결국 청동기와 지중해 동부의 그리스문명을 계승한 로마인들이 울루부룬 스타일의 소형 서판을 가져다가 푸길라레pugillare, 즉 "휴대용 서판"이라고 하며 사용하게 되었다. 로마 사람들은 판의 크기를 키우거나(이렇게 해서 만들어진 서판은 타벨라tabella라고 했다) 판의 개수를 추가하는 식으로 서판의 용량을 늘렸다. 그리하여 세 장짜리(따라서 글을 적을 수 있는 면이 2면이 아니라 4면인) 서판이 보편화되었는데, 폼페이에서 살아남은 유물 중에는 여덟 장짜리도 존재한다. 폼페이와 헤르쿨라네움의 벽화 중에는 이러한 서판을 묘사한 그림이 많다. 그런데 로마에서와 마찬가지로 성별에 따라 활용 방식이 뚜렷이 구분되었던 듯하다.

로마인 남성들이 서판을 든 모습으로 표현되는 경우에는 그 맥락이 언제나 사업적인 측면, 즉 "진지한 가산家産 관리"를 뜻한다. 그에 반해 여성들은 서판을 든 그림의 의미가 보다 복잡하다. 매혹적이면서도 모호한 이 벽화(33쪽)는 대개 근거 없이 시인 사포를 표현했다고들 하는데, 확실치는 않다. 이 대상은 장부를 정리하는 중이거나 편지를 쓰고 있는 로마인 아내였을 수도 있다. 그런데 최근 학계에서는 이 여성이 실은 과학적·예술적 지성에 신성한 원천으로서 존재하는 여러 뮤즈 가운데 한 명이라는 주장을 내세운다. 폼페이의 서판을 연구한 엘리자베스 메이어Elizabeth Meyer는 "남성들은 문학적 삶을 열망할 수 있었다. 그런데 그들의 동반자(뮤즈 또는 뮤즈로 묘사된 여성들)가 열망할 수 있는 것이라고는 그에 대한 영감을 불어넣는 일뿐이었다"라고 결론 내린다. 어찌 됐든 이 화가는 대상을 제대로 관찰하고 있었을 리가 없다. 서판에 경첩이 그려져 있지 않기 때문이다. 실제였다면 판이 제각각 후두둑 떨어졌을 것이다.

폼페이에서 발견된 이른바 사포로 알려진 프레스코화.
신성한 뮤즈일 수도 있는 한 여성이 푸길라레, 즉 '휴대용' 서판을 든 모습이다.

로마인들은 이 매체의 문제점 가운데 한 가지를 해결했다. 밀랍판에 쓰인 글을 보호하는 방법을 찾아내어 법적인 문서나 계약서로 쓰기에 적합하도록 만든 것이다. 이들은 밀랍판의 틀 부분에 구멍을 뚫어서 끈으로 단단히 묶은 다음 밀랍으로 봉인 작업(문서의 중요도에 따라 최대 7개까지)을 했다. 그러면 안에 쓰인 내용을 읽을 수 없었지만, 중간에 손을 탄 적이 없음을 믿을 수 있었다. 상인들도 유사한 방식을 활용하여 자신들이 사용하는 디프티카를 막아 조작을 방지하고자 했다.

로마인들은 판독 가능한 영구적인 기록을 원할 때는 보통 파피루스를 사용했는데, 여의치 않으면 기다란 나뭇조각인 목간木簡에 글을 쓰곤 했다. 그러나 이들이 보유한 내구성이 가장 뛰어난 재료는 아나톨리아 북서부의 그리스 왕국인 페르가몬에서 발명된 양피지다. 오래된 가죽신처럼 질기다는 탁월한 이유에서다. 그와 동일한 재료로 제작되는 양피지는 만들기도 어렵고 값도 비싸다. 동물 한 마리의 가죽(염소가죽, 양가죽, 소가죽 모두 가능하다)을 통째로 써도 고작 몇 장이 나올 뿐이었다. 로마인처럼 그리스인도 낱장 또는 두루마리 형태로 된 양피지에 글을 썼다. 그러다가 기원후 80년 무렵, 로마에서 누군가가 최초로 파피루스 낱장을 묶은 뒤 이를 양피지 표지로 감싸서 장정한 책을 만들어냈다. 이 혁신적인 판형인 코덱스codex는 유용성이 입증되면서, 특히 기독교의 확산과 더불어 시간이 흐름에 따라 점점 크기와 범위가 다양해졌다. 기독교는 그보다 시기적으로 앞선 종교들과 달리, 고유한 성서가 함께했기 때문이다. 영국국립도서관British Library에서 그에 따른 결과물을 볼 수 있다. 바로 코덱스 시나이티쿠스Codex Sinaiticus(시나이 성서 사본)다. 694쪽에 달하는 송아지가죽이나 양가죽 피혁지에 쓰인 이 어마어마한 신약성서 필사본은 정교함의 극치인 4세기의 수준 높은 제본술을 보여준다. 이 성서 사본은 코덱스가 두루마리보다 유리한 주요 장점들을 뽐낸다. 즉, 이 페이지에서 저 페이지로 본문을 쉽게 옮겨 다닐 수 있고, 펼쳐놓을 평평한 탁자가 필요하지 않다. 양면에 글을 쓸 수 있고 아주 긴 글을 작성하는데도 사용할 수 있다. 만약 동일인이 코덱스가 아니라 두루마리 형태로 작성했다면 그 길이가 400미터를 넘겼을 것이다. 그러니 비용은 무시무시했을지언정 양피지 코덱스는 엄청난 진보에 해당했다.

보다 저렴한 재료가 당시에 이미 발명되었지만 서양에 당도하기까지는 수백 년이 걸릴 터였다. 한漢 왕조의 환관이었던 채륜은 종이를 발명한 장본인으로 전해진다. 식물성 섬유를 으깨어 걸쭉하게 만든 펄프를 고운 체에 걸러 물기를 뺀 뒤 건조하면 내구성 있고 쓰임새가 다양하며 가격도 적당한 재료가 만들어진다는 사실을 발견했다. 중국인들은 종이를 곧바로 글쓰기 재료로 삼지는 않았다(일상용으로는 죽간竹簡을, 중요도가 높은 문서의 경우 비단을 선호했다). 대신 종이는 중화제국 전역에서 다종다양하게 응용되었다. 그사이 로마제국의 지중해 지역과 근동Near East에서는 코덱스가 전체적으로 확산되었다. 종이는 원료가 다양하다는 측면에서 유용했다. 대마, 뽕나무 껍질, 낡은 어망으로도 양질의 종이를 만들어낼 수 있었다. 게다가 낡아빠진 속옷의 형태로 아무 때나 쉽게 구할 수 있는 아마 섬유는 특히나 효과적이었다.

첫 번째 밀레니엄(1~1000년)의 중반기 몇 백 년 사이, 로마제국은 쇠하고 중화제국은 성하면서 각각의 혁신이 비단길silk road을 따라 서로 가까워졌다. 종이가 서쪽으로 움직이는 동안 코덱스는 동쪽으로 움직였다. 그러다가 마침내 800년 즈음 중간지점, 즉 칼리프가 다스리는 압바시야(아바스) 왕조의 수도 바그다드에서 만나게 되었다. 당시 바그다드는 급속도로 세계에서 가장 크고 부유한 도시로 부상하는 중이었다. 종이는 파피루스를 새로이 대체했다. 이 주제를 연구하는 선도적인 역사학자 조너선 블룸Jonathan Bloom이 표현한 대로 "변혁 효과transformative effect"를 발휘하면서 말이다. 그 뒤로 이어진 400년 동안 페르시아, 아라비아 등지의 무슬림 지식인들은 기독교 유럽의 경쟁자와 지식인을 앞질렀다. 유럽의 기운이 서서히 기우는 사이, 칼리프가 다스리는 이 지역은 법률, 의학, 수학, 철학, 예술, 무역, 문해력, 즉 문명의 모든 진취성 측면에서 범세계주의적 황금기를 누렸다. 이슬람 도시들은 무수한 장서를 갖춘 도서관과 서적상 거리를 뽐냈다. 바꿔 말하면, 상대적으로 저렴하고 공급량이 풍부한 종이는 정부관리와 학생, 교사, 온갖 분야의 사상가들에게 없어서는 안 되는 물건이었다.

이슬람 세계에서 종이가 사상과 문화의 확산에 대변혁을 일으킨 바로 그때, 서유럽에서는 다수의 문화장벽이 종이의 채택을 가로막았다. 우선 한 가지는 보호주의protectionism였다. 칼리프들은 제지소가 자신의 세력권 전체에 두루 확산되는 양상은 반기면서도, 제지업자들이 그 밖의 다른 곳으로 기술을 가지고 가게끔 놔두지 않았다. 마그레브Maghreb[06]나 레반트 지역 상인들이 유럽으로 수출하는 종이 물량 역시 그다지 많지 않았다. 유럽 인구 가운데 식자층 비율이 가장 높은 성직자들은 양피지 외에는 거들떠보지도 않았기 때문이다. 이들은 종이가 수상적은 이교도로부터 나왔다는 점, 낯설다는 점, 또는 재활용되었다는 점에서 저어했다. 가령 한 반대자는 생리혈이 묻은 누더기 천에 하느님의 말씀이 쓰일 수 있다는 발상을 맹비난했다. 유럽 대륙의 대다수 통치자들도 성직자들 못지않게 저항했다. 시칠리아에서 독일 북부에 이르는 광대한 유럽 영토를 다스린 신성로마제국 황제 프리드리히 2세는 1221년, 공문서를 쓸 수 있는 재료를 종이가 아니라 양피지에 국한한다는 칙령을 내렸다. 기독교도들도 종이의 존재는 알고 있었지만 회의적이었다.[07]

이러한 상황은 알모하드 왕국의 칼리프들과 북부의 야심찬 기독교 군주

---

06   아랍어로 서방(西方, 땅의 끝)을 뜻하며 리비아, 튀니지, 알제리, 모로코 등 아프리카 북서부 일대를 지칭한다. (옮긴이 주)

07   1230년대에 제노바에서 종이를 제조하려고 한 차례 시도하기는 했다. 그러나 그렇게 만들어진 종이의 질은 형편없었고, 사업은 망하고 말았다.

들 사이에 싸움이 한창이던 스페인에서 일어난 사건들로 인해 영구히 바뀌게 된다. 사티바Xàtiva라는 도시는 전리품이었다. 발렌시아 지방의 내륙에 자리한 비옥한 평원 지대로, 도시를 에워싼 크레비옌트 산맥Serra de Crevillent에서 발원한 풍부한 물이 흐르는 곳이었다. 500년 동안 이슬람권이 소유한 땅으로, 수백 년 동안 양질의 아마 직물로 명성이 자자했다. 아마와 깨끗한 물을 쉽게 구할 수 있었기에 무슬림 제지업자들은 이곳에 정착하기로 마음먹게 되었다. 그리하여 1150년 무렵에는 사티바 종이가 이슬람권 전역에서 질이 좋기로 유명세를 떨쳤다. 카탈루냐 지방의 통치자이기도 한 아라곤의 하우메Jaume 왕은 팽창하는 왕국의 변경에 가까이 위치한 사티바를 탐냈다. 그 지역을 차지하려고 근 20년 동안 시도한 끝에 1244년 마침내 뜻을 이루었다. 그런 그에게 사티바의 제지업이 눈에 들어왔다. 뛰어난 행정가이자 군사 작전가인 하우메 왕은 종이에 푹 빠져 있었기에, 드디어 사티바의 공방들을 관할하게 되었을 때 그 사업이 유지되고 성장할 수 있도록 온갖 노력을 기울였다. 무슬림 제지업자들은 장사를 계속할 수 있도록 허가를 받았다. 이들의 아마 수요를 현지의 공급량이 따라가지 못하자 해외에서 선적한 낡은 아마 천을 면세로 수입하도록 허용해주기도 했다.

하우메 정권 자체가 무슬림 제지업자의 최대 고객이었다. 즉, 역사학자들이 언급한 바에 따르면, 하우메 왕의 오랜 통치 기간 동안(1213년 왕위에 오른 그는 1276년 세상을 떠날 때까지 왕국을 다스렸다) 공식 문서와 기록물 양이 10년마다 두 배씩 증가했다고 한다. 그가 팽창하는 왕국에 각종 규칙을 부과하고, 세금을 매기고, 법치를 장려했기 때문이다. 멀리 떨어진 바그다드의 관료들처럼 하우메 왕은 각종 증서, 영장, 규정, 공증서, 공식 서신 등 그 어느 때보다 양적으로 많은 서류 작업이 필요한 행정 체계를 창출했다. 종이 수출 역시 기하급수로 증가했다. 사티바 종이는 여전히 품질이 탁월하다는 명성을 유지했기에, 저 멀리 비잔티움의 고객들에게까지 발송되었다. 또 하우메의 왕국 전체는 물론 마요르카 섬과 프로방스 지방까지 제지업이 확산되었는데, 이 지역의 공방들은 최초로 자신들의 제품에 워터마크로 상표를 찍었다.

종이는 하우메 왕의 행정 체계를 강화했고, 그가 영토 전체에 법의 지배를 공고히 하는 데 기여했다. 그런데 종이는 평민들이 살아가고 일하는 방식도 완전히 바꿔놓았다. 해가 갈수록 지중해 통상로가 더욱 바삐 돌아가게 된 것이다. 아직 로마제국의 전성기 때만큼은 아니었지만, 비등한 수준으로 가고 있었다. 신종 상인들은 갈수록 정교하고 복잡한 방식으로 통상을 깨치고 있었다. 다시 말해 회사를 세우고, 공동투자를 하고, 유럽 전역으로 상품을 실어 나르며 막대한 부를 축적했다.

노트를 가지고 말이다.

2장 | 적색 장부, 백색 장부, 직물 장부

회계의 발명, 1299년 프로방스와 피렌체

다시금 기나긴 코로나 팬데믹 봉쇄조치가 시작된 저녁이다. 반려자가 공부하는 동안 나는 중세의 제지소에 관한 역사를 읽고 있다. 회계사인 그녀는 재교육을 받는 중인데, 오늘 밤에는 온라인으로 실전 테스트를 보고 있다. 나지막이 질문을 읊조리는 소리가 들린다.

"현금출납부cash book에서 총계정원장general ledger으로 옮기시오."

그녀는 이렇게 말하고는 잠시 뒤 타닥타닥 자판을 두드려 답을 입력한다.

"장부가액book value을 계산하시오."

"뭐해?"

내가 묻는다.

"장부 정리balancing the books."

이 모든 대화는 현대의 회계 업무 과정치고는 이상하리만치 종이와 관련된 경향이 있는 듯 들린다. 그녀는 소프트웨어(엑셀, 퀵북QuickBooks, 세이지Sage, SAP, 스트라이프Stripe) 속에서 살아가는 전문직종에 필요한 교육을 받는 중이다. 그런데 관련한 전문용어는 종이 냄새 물씬 나는 은유로 이루어진 표현들이라니. 매입대장bought ledger, 현금출납부, 총계정원장, 분개장journal은 한 기업의 일상적인 기록이다. 그리고 부기 담당자bookkeeper는 회사의 주요한 직군 가운데 하나다. 우리는 어떤 회사의 건전성을 대차대조표balance sheet를 통해 판단한다. 또 장부가액을 계산하기 위해 자산을 기록한(그보다 나쁜 경우에는 기록에서 뺀다)다. 그리고 회사를 팔 때는 잠재 구매자들에게 장부를 공개한다. 그들은 특히 주문대장order book을 보고 싶어할 것이다. 우리가 양호한 판매수익을 올리면서 회사를 운용하고, 장부를 조작하지 않는다는 사실을 보여주리라고 기대하면서 말이다. 노트, 또는 노트를 작성하는 행위에서 유래한 금융용어와 관용표현의 숫자만 보더라도 그 직업과 그 물건 사이에 밀접한 관련성이 있음을 짐작할 수 있다.

어쩌다가 이렇게 되었는지 파악하려면 시선을 700년 전으로 돌려야 한다. 하우메 왕의 조상들이 대대로 다스려온 땅에서 그리 멀지 않은 프랑스 남부의 작은 시장도시market town로.

1299년 프로방스는 여러 경제권이 서로 연결되는 교차로로, 유럽에서 가장 분주한 지역에 속했다. 도로와 강을 통해 통상로는 북쪽으로 샹파뉴Champagne 지역과 저지대 국가들Low Countries[08]의 양모 시장으로까지 이어졌다. 한편 북적이는 지중해의 항구도시 마르세유Marseilles는 이탈리아, 스페인, 발레아레스제도, 북아프리카에서 온 배들을 받아들였다. 소금, 포도주, 기름, 곡물, 올리브, 염료를 수출하고, 비단과 향신료, 직물을 수입했다. 상인들은 북부의 독실한 신도들과 수익성 좋은 교회 땅에서 나온 은을 로마로 가져가는 교황의 중개상들과 교역로를 나눠 썼다. 화수분 같은 지역이었지만, 현지인들이 받게 되는 무역에 따른 혜택은 방문객에 비해 훨씬 적었다.

---

08 벨기에, 네덜란드, 룩셈부르크를 이른다. (옮긴이 주)

국제무역은 제노바인과 피사인, 베네치아인 등 이탈리아 출신 국외 거주자들이 꽉 잡고 있었다. 그러나 그중 최고는 피렌체인이었다. 1300년 무렵에는 피렌체 사람들이 정착한 지역이 얼마나 광범위했는지, 교황 보니파키우스 8세가 이들을 "제5원소"라고 할 정도였다. 흙, 공기, 물, 불처럼 어디에나 있다는 뜻이었다. 상인 조반니 파롤피Giovanni Farolfi도 이처럼 진취적인 경제 이민자 가운데 한 명이었다. 프로방스 지방의 님Nîmes이라는 도시에 가게를 차린 그는 돈이 될 만한 것은 무엇이든 거래할 요량으로 지점을 여럿 설립했다. 동쪽으로 약 80킬로미터 거리에 있는 살롱드크로Salon-de-Crau라는 소도시에 낸 지점을 운영하기 위해 그는 자기와 같은 피렌체 사람 둘을 채용했다. 구매 책임자가 된 바케라 발도비니Bacchera Baldovini와 장부 기재를 담당한 아마티노 "마티노" 마누치Amatino 'Matino' Manucci였다. 이 주요한 역할에는 고도의 금융 지식과 명석한 머리 그리고 깔끔한 필체가 반드시 필요했다. 파롤피로서는, 그리고 우리로서도 다행히 마누치는 그 일에 안성맞춤인 사람이었다. 현재 그가 작성한 장부 가운데 한 권을 통해(비록 절반만 남아 있기는 하지만) 그 단편만으로도 이탈리아인이 어떻게 프랑스 남부의 무역을 장악하게 되었는지 알 수 있다.

남은 부분은 피렌체의 국립기록 보관소가 보유하고 있다. 바로 2절판 원장ledger으로[09] 물에 의해 손상되었는데, 원래는 250쪽이었으나 그중 절반이

---

[09] "2절판folio" 책은 낱장을 한 번 접은 다음에 모아서 코덱스로 묶는 방식으로 만들어졌다. 지면의 정확한 크기는 일원화되어 있지 않으나, 대개 오늘날 우리가 쓰는 A4 용지보다 크다. "4절판quarto" 책의 지면은 2절판 용지를 한 번 더 접은 것으로, 훨씬 더 휴대하기 쉬운 제품을 만드는 데 사용되었다.

소실된 상태다. 풍부하고 깔끔한 상호 참조를 보면 마누치가 그 사업에서 저마다 신중하게 규정된 역할을 맡은 최소 7가지 원장과 장부에 항목을 기재하며 하루하루를 보냈음을 알 수 있다. 전년도 총계정원장인 콰데르노 비앙코quaderno bianco("백색 장부"), 파롤피의 밀, 보리, 귀리, 올리브유, 포도주, 양모, 방적사 거래기록인 리브로 로소libro rosso("적색 장부"), 모직물 매매를 다루는 콰데르노 데이 판니quaderno dei panni("직물 장부"), 현금 출납부인 리브로 델렌트라타 에 델레시타libro dell'entrata e dell'escita 그리고 자그마한 콰데르니 델레 스페세quaderni delle spese, 즉 콰데르노 메모리알레quaderno memoriale와 리브로 필로소libro piloso라고 하는, 마누치와 발도비니가 본인의 근무 순번마다 붙는 일일 경비를 기록하는 장부 두 권이 그에 속했다.

이 모든 서류 작업이 과연 필요했을까? 그들이 놓치지 않고 기록한 수치의 다양성을 감안하면 왜 그랬는지 이해할 수 있다. 매장 두 곳과 창고 두 곳의 임대 비용을 지불하고, 잔여 임대 기간의 가치는 대차대조표에 추가해야 했다. 동물과 인간은 먹을 것과 마실 것을 줘야 했다. 또 고용인은 보수를 받아야 했고 경비는 으레 상환되는 것으로 여겼다. 짐말들은 사고파는 과정에서 터벅터벅 대차대조표를 들락거렸다. 곡물이나 올리브유, 직물, 라벤더, 염료가 피렌체로 발송될 때마다 화물 운송료는 선불로 지급되었다. 또 수입세와 수출세를 거래품목에 따라 다양한 통화와 서로 다른 요율로 지불해야 했다.

아를Arles의 대주교 로스탕 드 카프르Rostang de Capre 같은 고객들은 영지에서 나온 생산품을 파롤피의 회사에 팔고 고급 직물을 구매했다. 그런데 그는 연이율 15퍼센트(아주 부담스러운 이자율이지만 당시에는 표준이었다)로 돈

일상용품, 즉 1330년대 제노바에서 사용되고 있는 원장.

을 빌리기도 했다. 그밖에 많은 고객이 직물과 소금을 비롯한 수많은 상품을 사고팔았다. 그리고 아마티노는 각 상품의 수익성을 주의 깊게 추적관찰했다. 그는 모든 선적물의 순익과 낭비되는 재고량을 계산하여 그 수치를 취합함으로써 각 거래마다 실적을 알 수 있게끔 하기도 했다. 구매자와 판매자는 대체로 장래의 일정 시점에 미리 정한 가격으로 물품을 구입하기로 계약했는데, 사실상 일종의 선물시장 futures market 을 구축한 셈이었다(가령 이듬해 양모 수확량에 대해 1년 앞서서 대차거래가 이뤄지는 식이다). 게다가 이 모든 매매 현황을 놓치지 않고 기록하면서 파악하는 것으로는 성에 차지 않았던지, 아마티노의 사무소는 환전소 역할까지 하면서 프랑스 화폐인 리브르 투르

누아livre tournois[10]를 보다 안정적인 피렌체 화폐인 피오르노(플로린) 금화로 바꿔주었다.

오늘날의 여느 자회사와 마찬가지로 아마티노의 사무소 역시 수익성을 입증해야 했다. 바케라와 마티노는 연평균 영업이익률의 목표치를 15퍼센트로 잡았다. 그리하여 두 사람은 정기적으로 수익을 합산했고, 마누치는 현금을 들고 님의 본사로 갔다.

아마티노는 살롱과 님 지역 사이에 줄기차게 오가는 상품과 현금의 흐름을 충실히 기록했다. 덕분에 원장의 모든 페이지가 발도비니와 마티노의 사업에 대한 통찰을 제공한다. 예를 들어 62쪽에는 두 사람이 1300년 4월 5일 2리브르 20솔의 가격으로 직물을 구입했다고 적혀 있다. 닷새 뒤 아마티노는 마르세유에서 은화로 환전하는데, 443리브르 10솔로 현금화하는 과정에서 2리브르 10솔 4데니에의 비용이 발생했다. 따라서 조반니 파롤피는 사업이 아무리 복잡해져도 그 건전성과 전망을 단박에 가늠할 수 있었다. 오늘날 우리가 이를 아주 세세히 재현할 수 있다는 사실은 마누치가 그만큼 꼼꼼하게 부기를 작성했다는 증거다.

그런데 마누치가 목록을 작성하고 거래 내역을 기록하기만 한 것은 아니다. 그가 능수능란하게 사용한 재무 개념(대다수는 태동기였던)은 고도로 정교하고 심오했다. 따라서 파롤피 원장의 중요도 또한 그토록 높아진 것이다.

경제사학자 제프리 A. 리Geoffrey A. Lee는 너덜너덜하게 파손된 그 장부에

---

10   리브르화 자체도 세분화되었다. 12데니에denier가 1솔sol이었고, 20솔이 1리브르였다. 1리브르는 가치가 워낙 높다 보니 리브르 동전은 매우 드물게 발견되었고, 대부분의 통화는 데니에 동전으로 유통되었다.

서 그 같은 개념들을 알아내고자 했다. 1977년에 쓴 글에서 그는 그 장부의 중심 개념이 회계 실체accounting entity(재산을 소유할 수 있고, 빚을 내거나 부채를 질 수 있기에 금전적 가치 또는 순자산을 보유할 수 있는 조직체)라고 했다. 현재 우리는 어떤 단체나 사회, 법인, 조합이 거래를 한다는 관념을 편하게 받아들인다. 그러나 중세에는 거의 모든 회계 실체(교회를 제외하고)가 개인이었다. 왕에서 평민까지 내가 곧 나의 회사고, 나의 회사가 곧 나였다. 살롱 사무소를 님의 본사와 별개인 실체로 간주한다는 것, 또 두 사무소 모두 조반니 파롤피라는 사람 자체로 보지 않는다는 사실만으로도 엄청난 개념의 도약에 해당했다. 또 다른 중요한 진전으로서 이 원장은 회계 기간을 규정했다. 즉, 12개월을 1회계연도로 삼은 것이다. 또 한 가지는 대수 대립(마누치가 신경 써서 기재한 대변credit 항목과 차변debit 항목을 맞춘 자산과 부채 관계)이라는 개념이었다. 요즘이야 단일한 화폐단위를 쓰는 것이 너무도 당연해 보이지만, 당시에는 여간 품이 드는 일이 아니었다. 이 사업은 갖가지 화폐 단위의 액면가로 거래했지만, 마누치는 원장에 신경을 써서 전부 리브르화로 바꿔 처리했다.

마지막의 이 두 개념이 통합되어 소유주 지분proprietor's equity(사업의 가치)과 이윤profit을 계산하는 데 쓰일 수 있었다. 다시 말해 이 모든 분투는 그럴 만한 가치가 있었다. 마지막으로 리는 특히 감가상각depreciation, 즉 자산의 가치를 장래에 유용할 기간과 연결하는 장부 가격 평가절하에 마누치가 능통한 데 놀랐다.

이러한 추상적 개념들은 새로운 부기 기법으로 표현되었다. 즉, 장부는 차변과 대변이라는 두 부분으로 구성되었고, 따라서 각 거래는 한 번은 차변 쪽에, 또 한 번은 대변 쪽에, 총 두 차례 기입되었다. 또 충분한 상호 참조는 서로 다른 고객 또는 상품 계정을 연결했고, 최종 재무성과는 결합손익으로 합산·요약되었으며, 시산표$^{trial\ balance}$는 어느 때건 간에 그 사업에 관한 정확한 그림을 제공했다.

파롤피 원장이 유럽 역사(사실상 세계 역사)에서 중요한 문서인 이유는 이 망가진 노트 한 권이 우리가 처음으로 회계와 관련한 추상적 개념들, 그리고 그 개념들이 즉시 운용되고 사용되는 실무기법을 전부 한번에 볼 수 있는 자리에 있기 때문이다. 그보다 시기적으로 앞선 수준 높은 문명들(그리스, 아랍, 중국)도 오로지 현금과 재고의 흐름을 기록하는 데 그쳤다. 파롤피 원장은 최초의 (현존하는) 복식부기, 손익계산 사례였다.

마누치는 이 새로운 체계의 규칙들을 자신 있게, 그리고 일관되게 적용한다. 그만큼 오랫동안 실천하면서 경험치를 쌓았음을 암시한다. 그러나 추상적이고 파악하기 힘들기로 악명 높은 이 기법들은 최첨단 기술이었다. 달리 말하면, 이탈리아 상인 공동체 바깥에는 알려지지 않았고, 심지어 공동체 내에서도 그렇게 엄격히 적용되는 경우는 드물었다. 그 기법들이 왜 그토록 중요할까?

결정적으로, 경제사학자 제인 글리슨화이트$^{Jane\ Gleeson-White}$가 지적하듯 복식부기는 어떤 사업의(양모든 올리브유든 환전이든) "거래 또는 투자의 각 유형에 대한 개별 이윤 수치를 보여줄" 수 있어서 "오로지 총 이윤 수치만을 보여줄 수 있는 단식부기"보다 더 나은 결과물을 내놓았다. 이는 결과적으로 다양한 수익 흐름을 보유한 고도화된 사업의 성장을 촉발했다.

파롤피의 회사는 수백 개에 이르는 피렌체의 무역 전초기지 가운데 하나

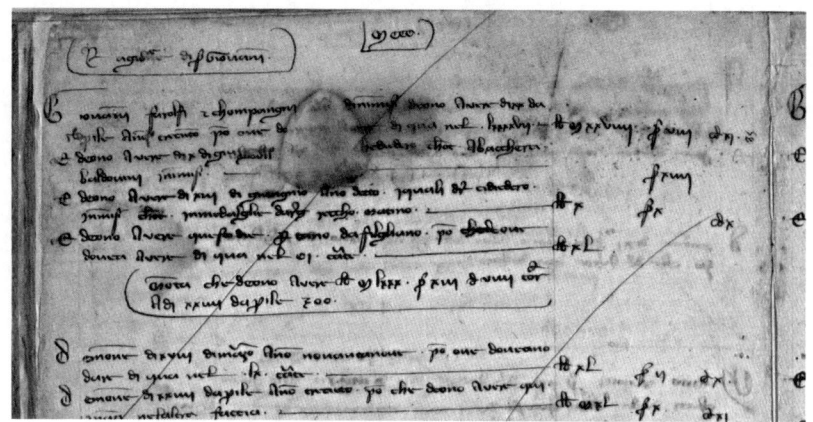

시대 변화의 증거. 파롤피 원장은 물 때문에 손상된 몇 장 되지 않는 지면에 근대 사업의 도래를 정확히 담고 있다.

일 뿐이었다. 즉, 피렌체는 강력한 국제적 영향력을 지닌 상인은행이 무려 80개나 되는 도시였다. 그중 세 곳(바르디Bardi가, 페루치Peruzzi가, 아차이우올리Acciaiuoli가)은 오늘날 경제학자들에게 "슈퍼기업super-company"으로 알려진 회사들과 같은 규모의 부를 축적했다. 페루치가만 해도 필리알리filiali라는 해외 지점이 최소 15개에 이르렀다. 멀리 동쪽으로 로도스와 키프로스에까지 사무소가 있어서 수익성이 뛰어난 향신료, 비단 등 사치품에 접근할 수 있게 되었다. 그보다 조금 소박한 런던 지점은 잉글랜드의 양모와 궁색한 왕들을 연결해주었다. 잉글랜드 왕들은 프랑스와의 전쟁에 자금을 대기 위해 고리로 막대한 돈을 빌렸다. 페루치가의 각 지점은 (보통 가족 구성원 중 한 명인) 동업자와 봉급을 받는 일단의 직원들이 운영했는데, 파롤피의 님 사무소보다 훨씬 규모가 큰 사업을 계약했다. 현존하는 페루치 원장을 보면 아주 꼼꼼하게 정리된 노트에 상세한 회계 기록이 작성되어 있어서 사업이 줄곧

흥성했음을 알 수 있다.[11]

이처럼 양모와 직물, 은, 금이 모두 움직인 덕분에 피렌체는 금세 유럽에서 가장 중요한 도시로 꼽히게 되었다. 그러나 영토는 여전히 협소했고, 인구도 그리 많지 않았다. 피렌체의 양모 염색업자와 방직공들은 숙련된 기술을 보유했으나, 타 지역 경쟁자보다 우위에 설 만한 기술적 강점이 없었다. 경쟁 도시 틈에 끼어 옴짝달싹 못할 정도로 포위된 형국이었던 피렌체는 이렇다 할 군대도 없었고, 농지는 척박했다. 게다가 주요 경쟁자인 제노바나 베네치아와 달리 바다에 직접적으로 면한 혜택을 누리지도 못한 탓에 조선업으로 이익을 볼 수도, 십자군원정이 선사한 해운의 기회도 잡을 수 없었다. 해안 자체가 없으니 해군도 없었고 따라서 식민지 전초기지도 없었다. 설상가상 정치적 파벌 싸움으로 인해 툭하면 한바탕씩 내전을 치르기 일쑤였다. 이 모든 장애물이 있는 상태에서 대체 피렌체 시민은 어떻게 그 같은 상업적 우위를 점했을까?

그동안 이 질문을 상세히 연구해온 경제사학자들은 피렌체가 몇 번이고 거듭해서 외견상 약점을 긍정 요인으로 바꿨음을 지적한다. 이웃들이 우호적이지 않았기에 피렌체 시민들은 어쩔 수 없이 원거리망을 창출할 수밖에 없었고, 이는 궁극적으로 수익성이 더 큰 것으로 판명되었다. 이 도시국가가 프랑스나 잉글랜드, 신성로마제국에 전혀 위협이 되지 않는다는 사실은 피렌체 시민이 비교적 자유로이 돌아다닐 수 있었다는 뜻이다. 경작지가 부

---

11 100년 뒤 메디치Medici가가 훨씬 더 고도화된 법인조직을 창출하게 된다. 피렌체의 지주회사가 양모, 비단, 금융업을 관장하는 자회사들을 통할하고, 자회사끼리는 저마다 장부를 둔 상태에서 서로를 고객으로 취급하는 식이었다.

족했던 피렌체는 산업 인구의 식량을 조달하기 위해 이탈리아 남부와 시칠리아의 통치자들과 무역 제휴관계를 맺을 수밖에 없었다. 강력한 세습 통치자가 없었던 덕분에 선도적인 피렌체 시민들은, 귀족 출신보다 동업자조합인 길드guild의 회원 자격과 시민활동을 더 높이 사는 보다 다원주의적인 정치체제를 창출할 수 있었다. 이 도시국가는 최초로 신뢰할 만한 금화인 피오르노(플로린)화를 주조했는데, 유럽 전역에서 이 화폐를 받아들이게 되었다. 결정적으로, 피렌체인들은 그들의 통상로를 따라 원거리 금융망을 운용하면서 교회 대신 돈을 옮겼다. 그러면서 결과적으로 거액의 자본금을 만질 수 있게 되어, 양모에 투자하거나 고금리로 대출하는 것이 가능해졌다.

국제무역은 그때껏 수천 년 동안 이루어져왔다. 그러나 피렌체 슈퍼기업들의 활동에 비하면 동네 구멍가게 수준이었다. 바이킹은 더블린에서 모스크바, 콘스탄티노플까지 다양한 곳과 교역했지만, 고대 스칸디나비아의 왕 중에서 자신의 자본투자에 대해 연간 10퍼센트의 수익률을 내라고 지시하며 바이킹선을 띄워 보낸 이는 한 명도 없었다. 매매업의 형식을 갖춤으로써 피렌체인들은 (그리고 뒤따라 다른 이탈리아 도시 출신의 경쟁자들은) 전문화하고 규모를 키웠다. 오늘날 벤처 자본가들은 투자 가능성을 평가할 때 뭐든 "불공정 경쟁우위unfair advantage[12]"가 될 만한 요소, 즉 우위를 점하게 할 아주 뛰어난 속성 내지 자질 등이 있는지 묻는다. 1299년 당시 토스카나 지역민들은 그 같은 독점적 경쟁우위 요소를 하나 보유하고 있었으니, 다름 아닌

---

12 다른 사람 또는 상품이 따라할 수 없는 자신만의 강점 내지 이점, 독점적 우위 요소를 뜻한다. (옮긴이 주)

부기였다. 피렌체 상인은행이 번성한 이유는 누구보다도 사업 실력이 출중했기 때문이다.[13]

피렌체인에게는 경쟁우위 요소가 하나 더 있었다. 부기는 결국 새로운 정보기술이 있어야 가능했기 때문이다. 그러니까 마티노 마누치는 매일 사용했던, 그러나 파리나 안트베르펜, 캔터베리, 위트레흐트의 잠재적 경쟁자들은 입수하기가 힘들었던 기술이었다. 마누치에게는 노트가 있었다. 게다가 결정적으로, 종이로 만든 노트가.

1244년 이후 몇 년 사이, 종이를 사용하는 것이 수월해지기 전에 이탈리아 상인들은 거래 내역을 기록하는 데 양피지 장부를 이용했다. 그러나 종이 원장이 처음으로 도입되자 그들은 우수한 상품임을 알아보았다. 양피지는 잉크가 표면에 말라붙는 반면 종이는 잉크가 스며든다. 그러다 보니 양피지는 깔끔하게 긁어내고 다시 쓸 수 있어서 차후에 기록을 수정할 수 있는(부정행위의 여지가 있는) 반면, 종이는 영구적인 매체가 된다. 유사한 이유로 장부는 언제나 원장으로 묶였다. 즉, 낱장으로 끼웠다 뺐다 할 수 있는 기재 항목은 쉽게 조작될 수 있지만 쪽수가 매겨진 원장은 위변조가 어려웠다. 이는 결과적으로 상인들이 횡령의 우려 없이 아랫사람이나 지점에 위임하는 일이 가능해졌음을 의미한다. 그러면서 무역상들이 사업 범위를 확대할 수 있게 된 것이다. 구매목록, 매출액, 대출금, 거래조건은 다시 쓰기 쉬운 양피지

---

13 일단 대변과 차변의 비밀이 이탈리아 전역으로, 이윽고 유럽으로 퍼져나가자 피렌체는 상대적으로 긴 쇠퇴기에 접어들었다. 우리는 15세기(메디치가와 전성기 르네상스High Renaissance의 시대)를 피렌체의 황금기로 여기지만, 이 무렵에는 이미 베네치아가 상업이나 인구 면에서나 앞선 상태였다.

조각에 더는 대중없이 기록되지 않았다. 분쟁 발생시 법정에서 증거로 받아들여지는 영구 기록으로 신중히 다뤄지게 되었다.

복식부기와 상호 참조라는 새로운 기법이 쓰이면서 상인이 작성해야 할 기재 항목의 숫자가 늘어난 탓에 그 어느 때보다 원장이 많이 필요해졌다. 이는 어디까지나 종이 가격이 저렴할 때만 감당할 수 있는 일이었다. 그런데 이제야 비로소 처음으로 그렇게 된 것이다.

양피지와 종이가 모두 널리 쓰인 시기에 제작된, 짝을 이룬 독일의 목판화 두 점은 새로운 재료가 오래된 재료보다 왜 더 저렴할 수밖에 없는지 여실히 보여준다. 한쪽 판화에는 양피지 제조업자가 잡아당겨 늘인 가죽에서 죽은 동물의 살점을 벗겨내는 모습이 나타나 있다. 꼼꼼함이 필요하고 고된 삯일이다. 뒤쪽에는 또 다른 가죽이 소변 통에서 대기하고 있다. 일주일가량 담가두면 가죽이 부드러워지고 털이 빠지고 조직이 녹았다. 배경에는 늘여서 건조 중인 가죽들이 더 보인다. 각각 나무틀에 약 스무 개의 줄로 매어놓았는데, 평평하고 반반한 결과물을 얻기 위해서다. 이 늘림판에 고정한 상태에서 가죽을 표백하고 세척하고 긁어내고 무두질했다. 이상적인 환경조건(뜨겁고 바람이 강하고 건조한)이라면 닷새 뒤 완성될 터였다. 숙련된 양피지 제조업자가 죽어라고 일하면 하루에 양피지 두 장 정도가 나온다고 보면 되었다. 다듬어서 제본할 경우 8쪽 내지 16쪽이 되는 양이다. 게다가 당연히 원재료인 동물 가죽의 가격 자체가 비쌌다.

이와 대조적으로 종이 제조업자의 해당 이미지는 효율적이고 기계화된 대량생산 과정을 드러낸다. 그는 물이 담긴 나무통에서 철사 틀을 살포시 들어 올리며 거기에 걸린 셀룰로오스 섬유들이 물기가 빠지면서 한 장의 종이

1568년 독일의 목판인쇄업자 요스트 아만Jost Amman이 엮은
상거래에 관한 책에 실린 양피지와 종이 제조 과정.

로 엉기는 모습을 지켜본다. 여분의 물기는 뒤편의 압착기에 한 번에 여러 장씩 넣어 짜낼 것이다. 그사이 물레방아는 낡은 옷가지의 형태로 저렴하게 구입한 해진 아마 천을 으깨어 걸쭉한 펄프로 만드는 밑 작업을 하고 있다. 한 소년이 아슬아슬하게 높이 쌓아올린 깔끔하게 다듬은 종잇장을 나르면서 그 옆을 지나간다. 이 목판화를 만든 예술가가 과장하고 있는 게 아니다. 종이사학자 페터 추딘Peter Tschudin이 추산한 바에 따르면, 16세기 무렵 펄프 통 하나를 담당하는 사람 한 명이 하루에 5~6연連[14]의 종이를 생산해낼 수 있었다고 한다. 장수로 따지면 2000~3000페이지에 해당하는 분량이다. 긁어

---

14 종이의 기본 판매 단위로 1연(R, Ream)은 전지 500장 묶음 단위를 말한다. (옮긴이 주)

내기, 무두질, 늘리기 작업 과정 하나 없이 그보다 수백 배 많은 양의 완제품을 얻어낸 것이다. 유일한 단점은 양피지 제조업자의 가죽과 마찬가지로 제지업자의 아마 천 역시 인간의 소변이 담긴 통에 오랫동안 담가놓는 과정을 거쳐야 한다는 것이었다. 전근대의 대다수 제조업자처럼 이들도 오줌통이 없으면 안 되는 건 매한가지였다.

그리하여 종이는 영세상인도 각각 수백 쪽에 달하는 원장을 예닐곱 개씩 두고 쓸 수 있을 정도로 저렴해졌다. 물론 어디까지나 제지소를 이용할 수 있는 경우에나 가능한 이야기였다. 파롤피 원장은 어디에서 나왔을까?

종이는 프로방스 지역에서 만들어졌으니 아마 파롤피는 당연히 현지에서 직접 조달했을 것이다. 그리고 우리는 마요르카 섬에서도 인근 마르세유로 종이를 수출했다는 사실을 알고 있다. 그러나 피렌체 상인은 대부분 피렌체에서 동쪽으로 200킬로미터 떨어진 파브리아노Fabriano라는 이탈리아 중부의 소도시에 기대고 있었다. 1260년대 말의 어느 시점엔가 마르케Marche의 지주 집안인 키아벨리Chiavelli가에서 종이를 만들기 시작했고, 13세기 말에 이르러서는 이미 이 집안의 제지소가 수익성 있는 성공 사업이 되어 있었다. 키아벨리가가 이룬 위대한 혁신은 기계화였다. 다시 말해 아펜니노산맥의 눈 녹은 물로 수차水車를 돌린 것이다. 수차로 망치를 움직여 못이 박힌 망치머리가 아마 천이 담긴 통을 쿵쿵 내리치면 아마 천이 분쇄되면서 차츰 균질한 반죽 상태가 되었다. 이슬람권의 제지업자들처럼 손으로 치기보다 수력을 활용함으로써 파브리아노의 제지업자들은 생산율을 높일 수 있었고, 그러면서 가격 인하를 이끌었다.

또 다른 주요 혁신 역시 고품질의 결과물을 낳았다. 바로 사이징sizing이었다. 사이징은 종이의 물리적 크기를 지칭하는 것이 아니라, 종이의 칠 작업을 이르는 말이다. 이슬람 세계의 제지업자들은 자신들이 만든 종이에 밀가루와 물로 얇게 전분 막을 씌우는 풀 먹임 작업을 했다. 이 전분 막이 마르면 글이 더 부드럽게 써지고 긁히는 소리가 적은 종이가 되었다. 그런데 책이 젖으면 풀이 접착제로 변하면서 종잇장이 한데 들러붙었다.[15] 파브리아노의 제지업자들은 젤라틴으로 풀 먹임을 했을 때 전분보다 더 부드러운 마감 상태를 보이고, 그렇게 만든 자신들의 종이가 동양의 종이나 양피지보다 펜촉으로 쓰기에 더 수월함을 발견했다. 젤라틴은 푹 고은 동물 뼈에서 나왔으니, 파브리아노 종이의 품질은 식물성 섬유를 동물성 단백질로 코팅한 데서 나온 셈이었다.

더욱 질 좋은 종이를 보다 빨리 만들어낼 수 있게 된 키아벨리가는 자신들이 보유한 신기술의 가치를 제대로 알아보았고, 그렇기에 그 기술들을 빈틈없이 지켜냈다. 이들의 보호주의는 성공했다. 그리하여 50년 동안 파브리아노 사람들이 이탈리아의 종이 생산을 장악했고, 독일과 플랑드르 지방, 잉글랜드로 수출하면서 유럽 대륙에서 으뜸가는 상품으로 여겨지며 사티바의 종이 생산을 대체했다. 그들의 고장은 당시 수익으로 지어진 훌륭한 건물들을 아직도 뽐내고 있다. 한편 그곳의 고급 제지소는 지금도 활발히 운영되고 있는, 세계에서 가장 오래된 제지회사라고 그럴듯한 주장을 펼친다.

불과 며칠 만에 이동하는 대량 종이 생산 체제의 도입은 피렌체의 경제에

---

15   지금도 컬러판 책이나 잡지는 전분 코팅으로 사이징을 한 종이에 인쇄되곤 한다. 그래서 물에 젖으면 똑같은 문제에 시달린다. 텍스트로만 이뤄진 책의 대부분, 거의 모든 신문과 노트는 코팅되지 않은 계통의 기본 종이에 인쇄된다.

잇따라 또 다른 활력을 불어넣었다. 파브리아노의 종이는 대부분 피렌체를 거쳐 갔고, 그러면서 돈이 되는 수출 기회를 창출했다. 또 현지의 높은 수요 덕분에 피렌체는 또 다른 신종 상거래를 육성할 수 있었다. 문구점인 카르톨라이cartolai와 서점인 리브라이librai가 번창한 것이다. 비아 데이 리브라이Via dei Librai라고 명명된 거리가 생겨났을 정도다.[16] 이 가게들은 부기 담당자들이 소비하는 재료를 갖춰놓고 있었다. 즉 원장, 잉크, 펜, 양피지 그리고 상인들이 서로 간에도 숱하게 발송하는 편지를 쓰는 데 사용한 낱장 용지(서신 혁명과 부기 혁명은 밀접한 관련이 있었던 것이다)를 말이다. 파브리아노와 지리적으로 가깝다는 점이 피렌체가 상업을 장악한 또 한 가지 이유를 제공한다. 궁극의 경쟁 우위인 셈이다.[17]

우리가 익히 아는 형태의 사업은 이 시기부터 시작한다. 엑셀 그리드에 숫자를 입력하거나, 사업계획서를 작성하거나, 회사에서 파워포인트 프레젠테이션 시간 내내 졸았던 적이 한 번이라도 있는 사람이라면 마누치와 그의 동시대인에게 고마워해야(또는 그들을 탓해야) 한다. 그들이 오늘날 우리가 하는 일의 원형을 확립했기 때문이다. 슈퍼기업들은 지금도 은행이 운용하는 방식과 똑같은 지점망을 만들어냈다. 즉, 해당 원장에 면밀히 기록

---

16 인쇄술이 발명되기 전인 이 시절에는 대부분 서점이 손님이 둘러볼 수 있을 만큼 책의 재고를 보유하고 있지 않았다. 대신에 필사와 제본 작업을 해주고 수수료를 받았으며, 주문을 통해 비싼 가격으로 책을 공급했다. 아마도 비아 데이 리브라이에 있는 업체들은 대개 중고 서적을 취급하는 카르톨라이였을 것이다.

17 십중팔구 피렌체 사람들은 파브리아노의 독점을 분하게 여겼을 것이다. 그래서 1319년경 파브리아노보다 훨씬 가까우면서도 그와 달리 피렌체의 정치적 통제력이 미치는 도시였던 콜레 디 발 델사Colle di Val d'Elsa에 일군의 투자자가 제지소를 설립함으로써 독점 체제를 깨뜨렸다.

된 환어음이 재산을 이리저리 옮길 수 있게 해주었기에 고객은 말안장 주머니에 동전을 채우고 다녀야 하는 위험한 방식을 쓰는 일 없이 팔레르모에서 은화를 입금하고 안트베르펜에서 출금할 수 있었다. 민족국가들, 특히 잉글랜드는 국적을 초월한 교회가 그랬듯 은행가들에게 의지하게 되었다.

역사학자 제이컵 솔Jacob Soll은 다음과 같이 강력하게 주장한다. "복식회계가 없었다면 근대 자본주의도, 근대 국가도 존재할 수 없었다." 이 시기를 연구하는 또 다른 역사학자이자 종이 전문가인 오리에타 다 롤드Orietta Da Rold와 대화를 나눴을 때 그는 개념의 혁신, 진보적인 대량생산, 정보기술, 수익성 뛰어난 수출품, 풍부한 현금이 교차하는 이 지점을 단 한 단어로 환기했다. "실리콘밸리."

마티노 마누치는 역사에 다른 흔적은 일절 남기지 않았다. 그가 언제 태어났는지 또는 죽었는지 우리는 모른다. 파롤피 원장에 그가 기록한 것 외에 그의 생애에 관한 기록은 전무하다. 그러나 그가 피렌체의 첫 번째 절정기를 누렸음은 알고 있다. 자본주의를 고안한 피렌체 상인들은 자본주의에서 필연적인 호황과 불황의 주기도 발견했기 때문이다. 장기간 지속된 피렌체의 성장은 1330년대에 종지부를 찍었다. 북부와 남부의 전쟁으로 양모와 곡물 거래가 중단된 때다. 그러다가 1348년 흑사병으로 피렌체 시민의 절반이 목숨을 잃으면서 피렌체 경제는 완전히 붕괴했다. 피렌체 인구는 500년 동안 팬데믹 이전 수준을 회복하지 못할 터였다. 세계에서 가장 정교했던 회계 관행이 벼룩 한 마리에 무너지고 만 것이다.[18]

---

18 흑사병의 원인인 페스트균은 쥐에 기생하는 벼룩을 통해 전염된다. (옮긴이 주)

그사이 이탈리아 북부 전역의 경쟁자들(베네치아, 제노바, 피사)은 피렌체의 부기 기법을 채택하여 고도화된 고유한 사업 방식을 창출했다. 나아가 부기의 신비는 피렌체만의 독특한 혁신이라기보다 이탈리아의 혁신으로 간주되었다. 200여 년 동안 널리 퍼지지 않았고, 그동안 이탈리아는 유럽의 무역을 장악했다.

부기가 도입되면서 뜻밖의 결과를 낳았다. 회계라는 새로운 과학은 크기와 모양이 실로 다양한 노트(조르날레giornale, 메모리알레memoriale, 콰데르니quaderni, 스콰르토폴리squartofogli)를 필요로 했다. 그런데 생산이 활발해지면서 양적으로 늘어나다 보니 피렌체인이 영위하는 삶의 다른 모든 영역으로도 넘쳐흐르게 되었다. 상상력에 불꽃을 일으키고 새로운 쓸모에 대한 영감을 자극했다. 돈 버는 일에 몰두한 부기 담당자들은 예상했을 리 없다. 원장 가운데 일부가 회계 사무소로 가지 않고, 무단결석을 일삼으며 눈빛이 불안하게 흔들리는 남학생들 손에 들어갔을 때 무슨 일이 벌어지게 될지 말이다.

3장 | 작은 책자에 가벼운 필치로

스케치북, 1300~1500년 피렌체

중세 피렌체(현재는 미美의 대명사인)는 소음으로 들썩이고 악취가 진동했다. 쇠테를 두른 수레바퀴가 바퀴 자국이 깊게 팬 도로를 긁으며 지나가는 소리, 추가 때리는 교회의 종소리, 쇠를 두드리는 망치질 소리, 돌을 깎는 끌질 소리. 오만 군데에서 요리하기 위해 불을 쓰느라 나무 땐 연기가 공기 중에 자욱한 가운데, 소가죽을 소변에 담가놓은 무두질 공장에서 피어오른 지독한 악취가 뒤섞였다. 모직물을 가공하는 축융공장, 염색공장, 방직공들의 작업장 수십 곳에서 나오는 불쾌한 냄새와 탁한 공기가 더해졌다. 이들 작업장에서는 고용된 일꾼 수천 명이 북부 지방의 양모를 유럽 대륙에서 가장 고급한 직물로 바꾸느라 토스카나 지방의 여름 내내 구슬땀을 흘렸다. 노새, 황소, 말, 개들이 좁은 거리를 마구 더럽혔다. 13세기를 지나는 동안 도시가 차츰 윤택해지면서 5만여 명의 인구가 런던의 하이드파크Hyde Park보다도 작은 지역에서 생활하고 일했다. 피렌체에는 하수도 시설이 없었다.[19]

---

19 나중에 피렌체에 거주했던 레오나르도 다빈치는 나선형 계단을 선호하게 되었다. "장방형 계단의 모퉁이는 항상 더럽고 악취가 난다"는 이유에서였다.

귀와 코가 이런 식으로 끊임없이 공격당하는 상황에 직면한 부유한 시민들은 당연히 눈을 즐겁게 하는 데 거금을 썼다. 상인들의 돈궤로 흘러들어 온 은화는 당당한 자태로 눈길을 끄는 인상적인 건물, 보석으로 장식한 의복, 그리고 그림에 자금을 대느라 도로 금세 흘러나갔다. 벽화, 프레스코화, 나무판에 그린 그림, 태피스트리에 직조된 그림, 무엇보다도 교회의 그림들이 있었다. 교회는 부유한 사람들이 현생에서의 지위를 두고 경쟁하는 공간이자, 자신들의 불멸하는 영혼이 내세로 빠르게 옮겨갈 수 있도록 선불금을 지불하는 공적인 무대였다. 새 그림이 완성되면 군중이 환호하고 기도문을 암송하고 북을 울리는 가운데, 그 그림이 들어갈 새 보금자리까지 해당 교구의 거리를 행진하곤 했다. 그 어느 때보다도 인상적인 그리스도, 성자들, 성모, 예언자들이 등장하는 그림에 대해 강박에 가까운 주문 의뢰가 쏟아졌다. 이는 유럽에 엄청난 예술적 혁신을 자극하고, 심지어 지금도 우리가 세상을 보는 방식을 바꿔놓는 창조적인 돌파구를 추동하게 된다.

그런데 13세기 후반기에 피렌체는 출신 화가를 배출하지 못했다. 다시 말해 교회와 팔라초palazzo[20]에 들어갈 최고의 작품을 얻기 위해 피렌체의 부유한 후원자들은 콘스탄티노플에서 장인들을 배로 태워 와야 했다. 대부분 익명인 채 "그리스 사람들"로 불린 이 비잔틴제국의 화가들은 수백 년이 지나도록 거의 바뀌지 않은 전통에 따라 작업했다. 그들은 유서 깊은 관습에 따라 종교적 진리를 보여주는 상징적인 그림(대다수는 우리가 이콘icon[21]이라고

---

20   궁전, 정부청사 같은 공공건물, 대저택 등을 의미한다. (옮긴이 주)
21   주로 동방정교회에서 발달한 그리스도, 성모, 성인 등의 성화상. (옮긴이 주)

하게 되는 것들)을 그렸을 뿐, 우리가 살아가는 세상을 현실적으로 묘사하려고 시도하지 않았다.

1280년 즈음 어느 무명인이 그린 성모마리아가 좋은 예다(61쪽 그림 좌상단). 두 눈은 놀라우리만치 비대칭이고, 아기예수를 안고 있는 손가락은 그로테스크하게 구부러진 모습으로 묘사되어 있다. 아기예수는 현대인들의 눈에는 유아라기보다 쪼그라든 청소년처럼 생겨 불편함을 자아낸다. 이들 모자의 양편에는 각각 형식적이고 엉성한 날개를 단 아주 작은 천사들이 몸을 기울이고 있다. 이 비잔틴 회화는 유럽 대륙 전역에서 종교 예술과 세속 예술이 어떤 상태였는지 반영한다. 아무도 초상화를 그리지 않았는데, 그럴 만한 이유가 있었다. 즉, 대상은 자신을 상징하는 소품과 크기를 통해 스스로 신원을 밝혔기 때문이다. 왕들은 왕좌, 왕관, 왕홀로 자신의 실체를 어렴풋이 나타냈고 기사들은 칼을 들고 투구를 썼다. 교황, 주교, 수도승들은 저마다 해당하는 제복을 입었다. 인물들은 성, 교회, 도시 위로 둥실 떠올라 있는데, 그림을 그린 화가도 그림을 보는 관객도 크기를 특별히 중시하지 않았기 때문이다. 원근법을 이해하거나 빛의 움직임, 옷감이 늘어진 모양, 인체의 해부학적 구조를 담아내려고 진지하게 노력을 기울인 이는 아무도 없었다. 예술가들은 대개 부나 명성을 누리지 못했다. 다시 말해 그들은 유서 깊은 신성한 전통에 따라 노역하는 장인 내지 성직자들이었고, 그러한 전통을 바꾸려는 열망이 없었다.

이러한 전통과 오늘날 해마다 그 도시로 수백만 명의 방문객을 끌어들이는 예술은 별개의 것으로, 그 사이에는 깊고 깊은 골이 존재한다. 그러한 전통에는 미켈란젤로나 레오나르도 다빈치Leonardo da Vinci, 라파엘로의 작품에

사실주의로의 움직임. 즉, 비잔틴 양식의 성모마리아와 아기예수(왼쪽)는 치마부에의 손에서 인간다운 이미지(오른쪽)가 된다. 치마부에가 묘사한 예언자들(아래쪽) 역시 인물을 묘사하는 혁신적인 초상화 기법을 가능케 한다.

서 볼 수 있는 활력이나 개성이 전무했다. 르네상스 회화를 특징짓게 되는 기교, 야심, 개념적 또는 시각적 깊이도 전혀 찾아볼 수 없었다. 우리는 르네상스 시대 어느 교황의 초상화 앞에 서면 그의 생김새를 정확히 알 수 있다. 중세 전임자들의 경우에는 불가능한 일이었다. 13세기 말에 뭔가 극적인 일이 벌어졌고, 그러면서 그림이 그려지는 방식, 그림을 보는 방식 그리고 오늘날 우리가 예술을 보는 방식이 바뀌었다. 어찌된 일인지 알아보려면 두 화가를 살펴봐야 한다. 바로 치마부에Cimabue와 조토Giotto다.

1240년에 태어난 치마부에는 평범한 시골 귀족 출신으로, 어린 나이부터 그림에 푹 빠졌다. (바사리가 1550년에 펴낸 저서 《미술가 열전》[22]에 따르면) "장

---

22   국내에서는 《르네상스 미술가 평전》(한길사)으로 출간되었다. (옮긴이 주)

부나 다른 종이에 사람, 말, 집, 그밖에 온갖 상상의 것들을 그리면서 온종일 시간을 보내"려고 수녀원 부속학교에 다니는 동안 무단결석을 일삼았다. 이처럼 규율을 지키지 않고 제멋대로인 아이였지만 다행히 부친은 아들의 특이한 취미를 받아주었고, 심지어 작업 중인 비잔틴 화가들을 며칠이고 지켜보면서 시간을 보내게 해주기도 했다. 그렇게 한 보람이 있었다. 얼마 지나지 않아 치마부에는 비잔틴 화가들보다 그림을 더 잘 그리게 된 것이다. "부단히 연습하는 가운데 천성이 아주 크게 돕다 보니 단기간에 소묘와 채색 모두 그를 가르친 스승들의 양식을 훨씬 능가할 정도가 되었다." 고향에서 멀리 떠나온 이 그리스 장인들이 제멋대로인 이 젊은이를 어떻게 대했을지 궁금해진다. 학교에서 공부하기를 내켜하지 않는 마음과 자발적으로 그들의 발밑에서 수련하고자 하는 기꺼운 마음뿐인 청년을 말이다.

치마부에는 직접 주문 의뢰를 받게 되었다. 그가 그린 현존하는 성모화 가운데 하나를 보면 그가 화법을 얼마나 진전시켰는지 드러난다. 종교적 이미지를 기계적으로 복제하는 방식을 물리친 것이다. 이 제단화(그림 우상단과 하단의 세부 확대 부분)는 1280년경 새로 지어진 산타트리니타(성삼위일체) 성당에 놓기 위해 피렌체에서 그려졌다. 현재는 도보로 5분 거리에 있는 우피치Uffizi 미술관에 소장되어 있다. 이 작품의 의뢰는 치마부에가 작업하는 모습을 지켜본 그리스 예술가들에게는 틀에 박힌 일과였을 테지만, 그의 손을 거치면서 새로운 가능성의 세계가 열렸다.

치마부에의 그림을 본 관객은 확실히 그 작품이 뭔가 특별하다고 느꼈다. 그도 그럴 것이, 그림이 완성되자 전에 없이 요란하게 군중이 모여 "크게 기뻐하고 나팔을 불면서" 산타트리니타 성당까지 열을 지어 운반한 것이다.

왜 이토록 이례적일 정도로 열렬한 갈채를 받았을까?

치마부에가 그린 성모마리아는 밋밋하고 상징적인 모습이 아니다. 은은하게 키아로스쿠로chiaroscuro, 즉 명암법을 써서 턱과 양손에 형체와 생명을 부여했다. 빛과 그림자를 처리하는 명암법은 이후 피렌체 화가들만의 특징적인 기법이 된다. 성모의 양손은 현실적인 자세를 취하고 있으며 우아하고 의미심장하다. 옷자락도 입체적인 느낌을 준다. 이 성모마리아는 그의 비잔틴 일족과는 다른 몸에 거한다. 또 삼차원 공간에 앉아 있는데, 치마부에가 왕좌의 구조에 원근법을 시도한 것이다. 그리고 성모마리아와 예수, 천사들은 뭉뚱그려 표현하자면 평온무사한 얼굴을 하고 있지만, (61쪽 그림 하단) 이들의 아래쪽에 그려진 예언자들의 얼굴은 생생히 살아 있고 표정에 감정이 잔뜩 실려 있다. 아마도 기증자들을 충실히 그려낸 초상화일 듯싶다.

조르조 바사리Giorgio Vasari는 유의미한 최초의 르네상스 역사서인 《미술가 열전》을 쓰면서 치마부에를 가장 중요한 자리에 배정했다. 바로 제1권의 첫 번째 예술가로. 바사리는 단언한다. 만약 이 모든 것의 시작점을 알고자 한다면, 치마부에만 한 이가 없다고. 바사리는 치마부에가 그 일을 어떻게 해냈는지도 알려준다. 치마부에는 선임자들과 달리, 그리스 화가들과 달리, "장부와 종이"에 사람들을 "실물대로"("그 시절에는 새로운 방식") 그렸다고 바사리는 단호히 주장한다.

치마부에는 아주 운 좋게도 기독교 유럽에서 최초로 젊은 예술가가 그림을 그릴 종이를 구할 수 있었던 시기인 1250년대에 성장했다. 그 자신이 대단한 실력을 가진 화가이자 스케치와 소묘의 열혈 수집가였던 바사리는 사생寫生(이전 그림들의 모사模寫가 아니라)이 치마부에가 지닌 기량의 원천이라고 밝혔다. 그래서 치마부에가 "장부나 다른 종이에" 그린 일상적인 주제의 라이프드로잉life drawing[23]을 신경 써서 언급하면서 "새로운 도법과 화법의 첫 시작"의 공을 그에게 돌렸다. 상인이 쓰는 원장과 잉크병을 들고 토스카나의 전원 지역을 돌아다닌 청년 치마부에는 스케치북을 발명했다.

환호하는 군중이 치마부에의 작품을 들고 피렌체 거리를 따라 행진했을 때, 어린 조토는 분명 갈구하는 눈빛으로 뚫어지게 그 광경을 지켜보았을 것이다. 피렌체 도심에서 일하는 대장장이의 아들로 태어난 그는 당시에 이미 귀를 때리는 뜨거운 쇠질 소리가 끊이지 않는 아버지의 대장간에서 도망치듯 나와 치마부에의 도제로 들어가 있었다.

1280년대에 치마부에가 주의 깊게 봐주는 가운데 그림을 배운 것은 결과적으로 아주 좋은 출발이었다. 오래 지나지 않아 피렌체뿐 아니라 이탈리아 전역에서 오로지 실력만 보고 조토를 찾는 사람들이 늘어났다. 그는 나무판이나 회반죽에 그림을 그렸고, 스승과 마찬가지로 종교적 작품에 실물과 똑 닮은 초상(하우메 왕을 도운 교황 클레멘스 4세, 어디에나 있는 피렌체 상인들을 두고 한마디 했던 교황 보니파키우스 8세의 초상화 등)을 집어넣었다. 조토가 파도바에서 그린 작품 가운데 하나인 〈비탄Lamentation〉(그리스도에 대한 애도 Mourning of Christ)은 그 짧은 몇 년 사이 그의 회화술이 얼마나 더 멀리 나아가게 되었는지 여실히 보여준다.

이 그림을 보는 현대인이라면 누구든 가장 먼저 그림 속 장면의 "사실주의realism"를 알아챌 것이다. 모든 인물은 인체비율이 잘 잡혀 있고 포즈가 생

---

23   인체나 동물 등 생물을 보고 있는 그대로 생동감 있게 그리는 것. (옮긴이 주)

생하며 살아 있는 듯하다. 비잔틴 예술의 등장인물과 달리 이들은 행동이 자연스럽다. 서로 교감하고 사건에 반응한다. 조토는 빛과 그림자, 시점 처리로 만들어낸 깊이의 착시를 통해 관객을 그들의 한복판으로 끌어들인다. 마치 그 장면에 속한 일원인 듯한 느낌을 자아내는 것이다. 이 작품의 구도는 정형화된 관습이 아니라 독창성을 공표한다. 두 인물이 우리를 등지고 있지만, 조토가 옷 주름을 어찌나 잘 살려놓았는지 그들이 어떤 자세를 취하고 있는지 확연히 드러난다. 비대한 사지와 앙상하게 각진 몸을 그리는 이탈리아의 비잔틴 화가들 가운데 어느 누구도 그처럼 위험한 행보를 시도하리라고 상상하기는 힘들다. 게다가 그들에게 그럴 만한 능력이 있었으리라고 보기도 어렵다. 서양미술의 가장 위대한 혁신가로 꼽히는 조토는 회화의 새로운 방식뿐 아니라 그림을 보는 새로운 방식도 선사했다. "그는 신성한 이야기가 마치 바로 우리 눈앞에서 벌어지고 있는 듯한 착각을 불러일으킬 수 있었다"라고 미술사가 에른스트 곰브리치Ernst Gombrich는 힘주어 말했다. 그의 발명은 심대한 영향을 미쳤다.

누구든 수련 중인 예술가가 이 모든 새로운 기법, 즉 빛과 그림자, 형태, 질량, 옷 주름의 관찰, 비율, 원근법, 자세, 생김새와 개성의 포착을 개발할 수 있는 방법은 오직 하나였다. 다름 아닌 소묘, 그것도 많이 그리는 것. 바사리는 소묘를 두고 "우리 예술의 아버지"라고 표현했다. 반면, 동시대 사람인 베네데토 바르키Benedetto Varchi는 소묘를 "모든 예술의 어머니"로 보기를 선호했다.

종이가 나오기 전 서유럽에서 만약 그림을 그리고자 한다면 남자로 태어나 독신서약을 하는 편이 좋았다. 대개의 경우 양피지와 잉크는 성직자의 전

조토는 그림을 보는 사람이 그 속으로 거의 걸어 들어갈 수 있을 법한 장면을 그렸다.
1304~1306년에 그려진 이 프레스코화 〈비탄(그리스도에 대한 애도)〉은
파도바의 한 은행가를 위해 그린 작품이었다.

유물이었기 때문이다. 성직자들의 의무는 값비싼 재료를 한낱 사적인 충동에 낭비하는 것이 아니라 하느님의 말씀을 영광되게 하는 것이었다. 이 성직자들, 그리고 최초의 대학으로 모여든 평신도 필경사들은 여타 시각예술보다 캘리그래피calligraphy(서체)를 높이 샀다(성경 말씀의 중추적인 중요성을 고려해볼 때 당연한 일이었다). 따라서 린디스판Lindisfarne 복음서나 켈즈Kells의서 같은 이른바 암흑기Dark Ages라 불린 시대의 위대한 필사본은 멋들어진 서체와 대충 그린 인간의 얼굴과 몸을 병치하는 경우가 잦았다.

교회가 고집한 양피지는 우리의 청년 예술가가 작업하는 속도를 지연시켰을 것이다. 양피지는 물리적 특질 때문에 빠른 스케치 작업을 하기에는 답답한 매체였다. 1400년 피렌체 사람 첸니노 첸니니Cennino Cennini는 회화 기

법서인 《예술의 서 Il libro dell'arte》[24]에서 양피지에 그림 그리는 과정을 서술했다. 우선 닭 뼈를 태워 가루를 낸 다음 양피지 낱장에 일일이 밑 작업을 해줘야 하고, 희미한 첨필(은필 또는 납과 주석 합금) 선을 진하게 만들고 싶으면 붓에 잉크를 묻혀 덧그려야 했다. 그에 비해 종이는 준비 작업 없이 사용할 수 있고, 첨필이든 펜이든 분필이든 목탄이든 똑같이 선을 그리면 지워지지 않고 그대로 잘 유지되었다. 가느다란 평행선을 그어 음영을 넣거나 깊이감을 줄 수도 있었다. 첸니니는 초록색이나 분홍색, 회색, 파란색, 자주색으로 종이를 염색하는 법도 설명해놓았다. 원장의 휴대성이 어떤 장면이든 독자적인 주제로 만들었다. 첸니니는 "자연이야말로 모든 가능한 예시 가운데 최고다"라고 썼다. 게다가 양피지 가격의 10분의 1인 값싼 종이 덕분에 예술가들은 "매일 항상 어김없이 뭔가를 그릴" 수 있었다.

이 모든 재료의 장점은 자연스럽게 스케치북의 크나큰 이점으로 이어졌다. 다시 말해 예술가가 한 작품에 들일 수 있는 준비 과정의 질이 크게 개선된 것이다. 수백 장짜리 원장이 제공하는 공간의 여유 덕분에 예술가는 개인적으로 사생하는 것이 가능했을 뿐 아니라 최종 주제, 디자인, 구도, 실행에 전념하기 전에 계획을 세우고 그림을 수정할 수 있었다. 꼼꼼한 준비 작업(최종 계획 또는 밑그림으로 이어지는 거듭된 습작)이 조토를 선임자들보다 상당한 우위에 서도록 만들었을 것이다. 그의 복잡하고 정교한 구도, 그리고 실수를 용인하지 않는 매체인 프레스코[25]에서 발휘한 솜씨에서 보이는 우위

---

24   국내에서는 《회화술》(미진자)로 출간되었다. (옮긴이 주)
25   회반죽 벽에 그리는 벽화 기법. (옮긴이 주)

말이다.

스케치북 덕분에 예술가는 자신만의 고유한 스타일과 레퍼토리도 개발할 수 있게 되었다. 즉, 나중에 참조할 만한 일련의 재료를 모아놓는 추가 기억 장치였던 셈이다. 첸니니의 책이 나온 지 100년 뒤 레오나르도 다빈치가 다음과 같은 글을 썼듯 말이다.

> 그리고 메모하라. 항상 지참해야 하는 작은 책자에 가벼운 필치로, 아주 정성껏 간수하면서. 대상의 형태, 자세나 위치는 너무나도 무한하기에 기억만으로 간직할 수 없는 탓이다. 그러니 이 스케치들을 길잡이이자 스승으로 삼아 간직하라.

조토는 이 새로운 발명품을 쉽게 이용할 수 있었다. 파브리아노의 제지소가 종이를 생산하기 시작한 때인 1267년경에 태어난 데다, 상업적으로 활기가 넘치는 최대 지역 상권에서 성장했기 때문이다. 고품질의 종이를 언제든 용이하게 쓸 수 있었던 덕분에 치마부에가 보유한 것과 동일한 기술을 익혀 그 기량을 거장의 수준까지 올려놓을 수 있었다. 그리고 스케치북 덕분에 어디든 가는 곳마다 얻은 영감을 기록으로 남길 수 있었다. 우리는 그가 이탈리아를 두루 여행했음을 알고 있다. 또 그가 피렌체에서 그린 프레스코화에 프랑스 중부의 부르주Bourges에 있는 조각품들이 아주 자세히 묘사된 것을 보면, 그곳 역시 틀림없이 가봤음직하다는 의견을 내놓은 전문가들도 있다. 스케치북을 가지고 수백 가지 참고용 자세나 견본을 쉽게 모사하고 보관할 수 있었기에 예전보다 훨씬 폭넓은 레퍼토리를 보유하게 되었다. 예술가들은 선대는 상상할 수 없던 방식으로 아주 갑작스레 드넓은 영향력의 문을 자신들에게 열어주었다.

수백 년 뒤, 데이비드 호크니David Hockney는 특유의 직설적인 어조로 이러한 수신과 송신 과정의 중요성을 역설하게 된다.

> 한 갤러리에는 실제로 "스케치 금지No Sketching"라는 경고문이 붙어 있더라고요. 불쾌하기 짝이 없었습니다! 나는 이렇게 반문했어요. "스케치 작업 없이 대체 이것들이 어떻게 벽에 걸렸다고 생각하는 겁니까?"

호크니가 한 말의 요점은 어떤 작품을 그저 보는 것만으로는 충분하지 않다는 것이다. 다시 말해 예술가가 그 작품을 통해 배우고자 한다면 직접 기록해봐야 하고, 그렇게 함으로써 그 작품의 의미를 더욱 제대로 헤아리게 된다. 예술은 이런 식으로 살아가고 성장한다.

견본서model book, 즉 오랫동안 예술과 건축 견본을 공유하는 데 사용된 "코르누코피아cornucopia"도 종이의 도입으로 변화를 겪었다. 가령 1230년 프랑스의 건축업자 빌라르 드 온느쿠르Villard de Honnecourt가 펴낸 모음집에는 몇 가지 기계 설계도와 더불어 고딕 건축양식 33장이 들어가 있다. 또 같은 시기에 나온 12쪽짜리 볼펜뷔텔 견본서Wolfenbüttel Musterbuch에는 비잔틴 양식으로 그려진 몇 안 되는 그리스도와 복음 저자들 모습이 나와 있다. 그런데 르네상스 시대의 작업실에서 나온 견본서에는 100종에 가까운 참고용 삽화가 실려 있었다. 도제들은 그것을 손, 발, 나체, 동물, 식물, 건물 등에 대한 견본으로 활용하며 기량을 높이고 레퍼토리를 구축해 나갔다. (15세기 피렌체인이었던 베노초 고촐리Benozzo Gozzoli의 작업실에서 나온 소묘처럼) 현존하는 여러 사례에 등장하는 소묘의 다양성을 보면, 예술이 비잔틴의 장르화genre painting에서 멀어져 마음이 열리고 눈이 열리는 데 중요한 역할을 했음을 시사한다.

이 지점에서 회의론자들이 증거를 요구하는 것도 무리는 아니다. 조토가 예술을 완전히 바꿔놓았다는 사실은 우리 모두 인정할 수 있다. 또 청년기에 그가 살던 고장에서는 백지 장부가 흔했다는 사실도. 그런데 시기적으로 일치한다는 것 말고 이 두 가지 사실을 어떻게 연결해야 할까? 조토가 스케치북이나 코르누코피아를 남겼을까? 답답하게도 둘 모두 보이지 않는다. 게다가 이 시기에 최초로 피렌체인들이 장부에 그림을 그리는 일이 벌어졌다고 단언하는 바사리의 글은 그로부터 250년이 지난 뒤에 쓰인 데다, 그의 저서 《미술가 열전》에는 왜곡된 사실이 많았다.

조토의 혁신적인 천재성을 설명하려면 인격 형성기에 그의 환경이 어떻게 달라졌는지 질문해야 한다. 선배들과 달리 무엇에 노출되었을까? 이 시기에 피렌체는 갈수록 부유해졌지만 문화는 근본적으로 바뀌지 않았다. 1270년대와 1280년대에도 사람들은 50년 전, 즉 화가들이 비잔틴 관습에 따라 기형적인 성모마리아와 괴상한 느낌을 자아내는 아기예수를 내놓던 시절과 다름없이 살아가고 기도했다. 가장 유의미한 차이는 기술적인 부분이었다. 즉, 1267년에 태어난 조토는 마찬가지로 대단히 혁신적이었던 동시대인인 시에나의 두초Duccio와 로마의 카발리니Cavalini처럼 이탈리아에서 최초로 종이가 일상적인 재료이고, 노트가 일상적으로 보이는 물건이었던 세대에 속했다.

조토의 스케치도, 준비 작업물도 현재까지 남아 있는 것이 없는 탓에 그가 스케치북을 어떻게 사용했는지 정확히 알 길이 없고, 지면에 그려진 것들을 통해 예술가로서 그가 발전해 나가는 과정을 지켜보는 일이 불가능하다. 후원자들은 예술가들의 스케치북은 수집하지 않았다. 펄프로 만들기 쉬웠으므로, 오래된 노트는 가장 쓸 만한 페이지만 뜯긴 채 제지소에 되팔려 재활용되었을 것이다. 현존하는 수많은 낱장 소묘는 이런 식으로 스케치북에서 찢어낸 것들이다. 그러다 보니 미술사에는 원래 한데 묶여 있다가 여기저기 흩어진 스케치를 다시 연결하는 데 헌신하는 바쁜 영역이 존재한다. 그 사이 작업실의 견본서들은 아마 너덜너덜 다 떨어질 때까지 사용되었을 것이다. 모든 작업실마다 틀림없이 있었을 텐데, 그중 소수만이 전해진 것을 보면 말이다.

온전한 상태로 우리에게까지 오게 된 시기적으로 가장 이른 스케치북은 피사넬로^{Pisanello}의 것들이다. 피사넬로는 1395년 피사(당시 피렌체와 밀접한 유대 관계를 맺고 있던 도시)에서 태어났다고 추정되는 인물이다. 빼어나게 아름다운 그의 스케치들을 한 권으로 묶은 코덱스 발라르디$^{Codex\ Vallardi}$는 현재 루브르 박물관에 있는데, 스케치북이 당시에 이미 얼마나 중요해졌는지 보여준다. 한 페이지에는 꽃 다섯 송이, 양말을 신은 한쪽 다리, 오징어를 그린 습작이 있다. 되는 대로 그린 식물 스케치들, 메달리온^{medallion}[26] 도안, 로마 조각상 모사, 채색 서체 디자인, 기계도, 건축 습작이 그려진 페이지들도

---

26 대형 메달, 동근 형태로 된 부조 작품, 큰 메달 모양의 보석을 지칭한다. (옮긴이 주)

있다. 가슴이 풍만한 한 여성이 발코니를 내다보는 모습을 대충 잉크로 그린 스케치는 관음적인 면모가 엿보인다. 윗니가 아랫니를 과도하게 덮은 과개교합overbite과 거대한 턱을 빼닮게 그린 도시 유지들의 캐리커처가 천상의 기운을 풍기는 초상화 습작들과 자리를 다툰다. 손, 말, 머리모양을 그린 소묘도 있다. 쥐, 원숭이, 도마뱀, 증기병의 소묘도 있고, 새만 잔뜩 그린 소묘도. 전부 피사넬로가 그린 것은 아니다. 400쪽에 달하는 이 코덱스에는 그와 그의 도제들 그리고 동료들(레오나르도 다빈치를 비롯한)이 자신만의 기발하

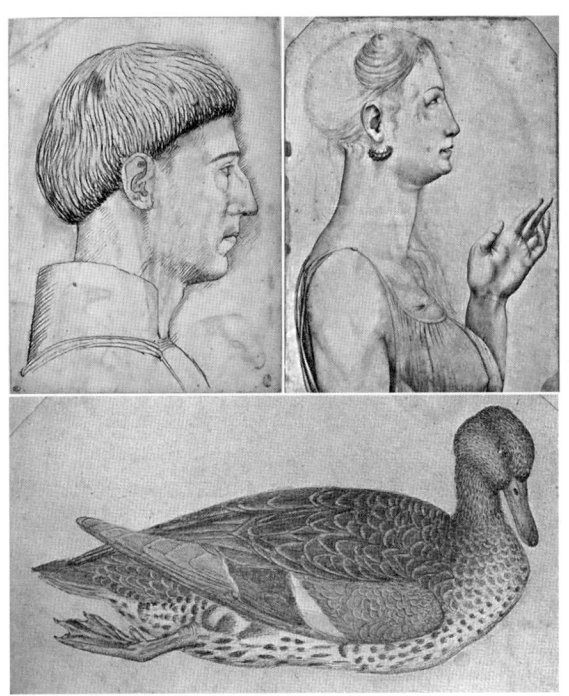

루브르박물관에 소장된 1415년경의 〈코덱스 발라르디〉에는 피사넬로 등이 그린 작품이 들어가 있다. 남자의 옷깃에 그어진 가느다란 평행 빗금에 주목하기 바란다. 바로 14세기에 출현한 기본적인 소묘 기법이다.

고 엉뚱한 생각에 따라 채운 여러 스케치북에서 가져온 여러 부분이 꿰매어져 있다. 그런데 스케치북이 사용될 수 있는 쓰임새를 살펴보면, 타의추종을 불허할 만큼 탁월하다. 치마부에와 조토가 사생을 시작한 이후로 수세기에 걸쳐 분명 사라지고 말았을, 그와 유사한 경이로운 스케치들을 생각하면 가슴이 쓰리다.

다행히 시간이 흐르면서 인식이 바뀌었고 르네상스 후기부터는 더욱더 많은 예술가의 스케치북과 예비 단계의 소묘가 살아남게 되었다. 수집가들은 소묘의 가치를 더욱 알아보게 되었고 현재 여러 개인 소장가와 대학교, 갤러리가 흥미로운 사실을 드러내는 수천수만 가지 사례를 보존하고 있다. 이를 통해 예술가들의 지적·기술적 여정을 굉장히 친밀하게 따라가며, 그들의 작업실에서 이루어진 집단 수련을 파악할 수 있다.

조토의 스케치북은 그에게 기법을 부단히 개발하는 실천 기회 그리고 예술 관행의 기본 원칙을 바꿀 방법들을 제공했다. 그 과정에서 인생도 달라졌다. 대장장이의 둘째아들이 감히 꿈꾸지 못할 만한 방식으로 말이다. 바삐 돌아가는 작업실(과 40명에 이르는 조수들) 덕분에 그는 아버지가 용광로에 불을 때던 대장간이 있었던 거리를 대부분 사들일 수 있을 만큼 부유해졌다. 자수성가하여 피렌체를 이끄는 주요 시민으로 꼽히게 되었고, 찬양받았으며, 여행 경험이 풍부했다. 당시 다른 기록들에서와 마찬가지로 단테의 《신곡》에도 조토의 명성이 언급되어 있다. 그는 고향 도시의 물주들뿐만 아니라 여러 추기경과 교황, 왕자들과도 접촉할 기회를 누렸다. 이렇게 출세가도를 달리는 와중에 조토는 그가 살았던 시대 이후로 모든 서양의 구상화 figurative painting를 뒷받침해온 시각적 문법을 개발했다. 그리하여 조토의 혁신

가운데 대다수가 표준 관행이 되었는데, 곰브리치가 언급했듯 그때 "이탈리아인들은 완전히 새로운 예술의 시대가 이미 시작되었다고 확신했고, 그들의 판단이 옳았다."

남은 우리도 실재했던 예술가들의 스케치북으로 덕을 보고 있다. 여전히 주로 눈에 띄지 않는 상태일지라도 말이다. 우리가 감탄하며 바라보는 화랑의 벽에 걸린 그림은 여러 습작과 스케치, 실험, 가망 없는 버려진 연구 가운데 빙산의 일각에 불과하다. 한편 인스타그램은 #urbansketch(도시스케치), #dailydrawing(매일드로잉) 같은 해시태그가 달린 아마추어 스케치부킹sketchbooking 기술 역시 건재하다는 사실을 드러내 보인다. 우리를 즐겁게 하는 무수한 몰스킨 노트에 담긴 주목할 만한 기량의 콘텐츠를 한데 모으는 것이다. 이처럼 영감을 자극하는 풍성한 기쁨을 누릴 수 있는 까닭은 독창적이고 기발한 소수의 토스카나 청년들 덕분이다. 이들은 비잔틴 관습의 한계를 초월하여 혁신을 거듭했다. 다시 말해 붓에 물감을 찍었을 때 무엇이 가능한지 재정립하고, 삼차원을 이차원으로 만들고자 하는 사람이라면 누구든 직면하게 마련인 숱한 문제를 계속해서 조금씩 고민하여 답을 알아낸 것이다.

상업혁명의 원료가 이미 예술혁명을 촉발한 터였다. 이탈리아 중부에서는 재산과 세력을 통해 독실함을 과시하고, 부가 급증하며, 사회적으로 한 수 앞선 환경 덕분에 치마부에와 조토 같은 젊은 인재를 위한 기회가 창출되었다. 그 온상에서 스케치북이 발명된 것은 기막힌 우연이었다. 그리고 그 과정 전체에는 기분 좋은 공명이 존재한다.[27] 이탈리아 사업가들은 새로운 상업 도구와 기술, 개념적 틀을 개발하고 나서 예술가들에게 큰돈을 썼고, 그 돈을 받은 예술가들 역시 자신들만의 고유한 기술과 개념적 틀을 발전시켰다. 그리고 다들 노트를 집으로 가져가서 훨씬 더 많은 쓰임새를 찾아내고 있었다.

---

27 법인, 자본가, 오늘날 우리가 살고 있는 중상주의적 세계의 기원에 대해 아주 많은 것을 보여주는 현존하는 원장을 작성했던 페루치가 지금은 조토의 위대한 작품 중 일부에 대금을 지불한 가문으로 가장 크게 기억되고 있다. 흥미로운 사실을 드러내는 사례다.

4장 | 리코르다, 리코르단체, 치발도네

집으로 간 노트, 1300~1500년 피렌체

숫자를 능숙하게 다루게 해줌으로써 노트는 피렌체 상인들에게 날마다 그 가치를 입증했다. 이 유용한 발명품을 가게나 회계 사무소에 두는 것으로는 성에 차지 않았던 그들은 그 어느 때보다 사적인 방식으로 노트를 사용하기 시작했다.

첫 번째는 리코르단체ricordanze, 즉 가계부였다. 피렌체의 상업이 팽창함에 따라 자본가 계급의 관심 사안도 확대되었다. 다시 말해 수익을 토지와 부동산에 투자했고 임대료를 징수했다. 세금을 내고 지참금을 챙기거나 걷었으며, 자선단체에 기부하고, 벌금을 물고, 직원들을 고용하고, 도박을 하고, 서로 돈이나 주식을 빌려주었다. 이 모든 행위에는 반드시 기록 작성이 필요했다. 그러니 근대적 사업에 한창 정력적으로 투자 중인 사람들에게는 가정에도 동일한 기법을 적용하는 것이 충분히 자연스러워 보였다. 대부분은 이미 리브리 세그레티libri segreti, 즉 개인 사업 원장을 보유하고 있었다. 뭐든 일반직원이나 부기 담당자들의 눈에 지나치게 민감하다고 여겨지는 기밀 거래 내역을 기록하는 용도였다. 그러다 보니 피렌체 기록 보관소에는 조수처럼 주기적으로 되풀이되는 한 집안의 번성과 지위의 부침 과정을 놓치지 않고 기록해놓은, 대대로 이어져 내려온 경우가 많은 14세기와 15세기의 개인 재무 노트 수백 권(가끔은 달라진 문화를 나타내는 증거로, 여성들이 작성한 경우도 있다)이 남아 있다. 이 문서들은 역사학자들에게 귀중하다(우리는 당시의 여느 도시보다 피렌체에서의 삶에 대해 더 많은 것을 알고 있다). 그러나 한 개인의 성격이나 특성에 관해 조금이라도 감을 잡으려면 보통은 행간의 의미를 파악해야 한다. 예를 들어 스트로치Strozzi 가는 세금을 제때 내지 못한 농민이나 소작농들에게 돈을 빌려주는 일을 전문으로 했다. 다시 말해 채무자가 빌린 돈을 갚지 못할 경우 그의 재산을 빼앗는 방식으로 자신들이 소유한 땅과 은행 잔고를 동시에 착실히 불려나갔다. 다만 대지주들이 언제나 그렇듯 이 집안사람들 역시 소득 신고서를 어떻게든 부채, 악성채무, 그 밖의 고민에 대한 이야기로 채워냈다.

1340년대에 피렌체를 덮친 재앙으로 인해, 피렌체인이 리코르단체를 쓰는 방식이 진화했다. 많은 피렌체인이 처음으로 재무 기록을 보다 개인적인 회고록으로 채워 넣어야 할 필요성을 느꼈고, 흑사병의 최초 충격이 서서히 사라져가던 때에도 그 관행을 이어나갔다. 이러한 리브로 디 리코르다libro di ricorda(회고록)나 리브리 디 파밀리아libri di famiglia(가서家書)[28]는 전형적으로 자손에게 조상의 위업을 가르친다는 목적을 갖고 있었다. 가족사(대개는 영광스럽게 그려진)와 자신의 행적에 관한 저자의 설명이 결합된 것이 일반적이

---

28   이 노트들은 종종 일기로 지칭되는 바람에 혼란을 초래하지만 실은 일기가 아니다. 다만 리브리 디 세그레티의 금융거래 기록 옆에 나란히 적혔을, 당시의 상세한 기록에서 끌어다 썼을 게 분명한 아주 세세하고 시시콜콜한 이야기가 적힌 경우가 많다. 레코르디, 리코르단체, 리브리 디 파밀리아와 리브리 디 세그레티를 구별 짓는 미세한 양식의 차이는 허물어지기 일쑤다. 이런 노트들은 대부분 그 주인들이 그저 자기 좋을 대로, 내키는 대로 썼기 때문이다.

었다. 가령 1374년 폴리뇨 디 콘테 데 메디치Foligno di Conte de' Medici는 마음먹고 자리를 잡고 앉아 집안의 혈통에 관한 사연을 풀어냈다. 즉 "지금도 대단하지만 과거에는 훨씬 더 대단했던, 그러나 용맹한 인물이 부족한 탓에 결과적으로 축소되기 시작한 우리 선조들이 획득한 지위"에 대해서 말이다. 이때만 해도 메디치가는 피렌체에서 그리 중요하지 않은 구성원이었다. 그러니 폴리뇨의 희망에 찬 낙관적인 해석은 본인의 씨족집단(흑사병으로 3분의 2가 사망했다)이 그것의 중요성에 대한 감각을 조금이라도 상실할지 모른다는 불안을 드러낸다. 이 점에 있어서 그는 걱정할 필요가 없었다. 사촌 조반니가 곧 그가 상상할 수 있었던 것보다 더 큰 권력과 부로 가는 길 위에 집안을 올려놓을 테니 말이다.

이보다 더 자신감으로 똘똘 뭉친(실제로 모험과 스릴이 넘치는 활극이 따로 없는) 사례는 1412년 부오나코르소 피티Buonaccorso Pitti가 쓴 흥미진진한 액션으로 가득 찬 리코르다ricorda다. 상인의 아들로 모험심이 충만했던 그는 부다페스트에서 런던까지 유럽을 두루 돌아다니는 와중에 싸움을 일삼고, 장사를 하고, 도박(가장 자주한 일이었다)을 했으며, 교황, 황제, 프랑스 왕과 협상하고, 고향인 피렌체로 돌아와서는 여러 공직을 차지했고, 열한 명의 자식을 둔 아버지가 되었으며, 남의 이목을 끌 정도로 상당한 멋쟁이였다. 메디치와 마찬가지로 피티 역시 독자를 상정하고 글을 썼다. 즉, 그는 자식들과 남들이 본인의 대담한 행동에 경탄하기를 바랐다.

반면, 그와 동시대 사람인 그레고리오 다티Gregorio Dati는 오로지 "내가 세상을 떠난 뒤"에야 읽히도록 남몰래 장부를 쓰고 있음을 우리에게 알려준다. 그러면서 자신의 인생을 구성하는 소재로부터 나온 서사를 조작하지 않는다. 그는 집안 역사의 근거로 삼는 리브리 디 파밀리아에 대한 체계적인 참조 표시로 이야기를 시작한다("나는 1362년 4월 15일에 태어났다. 이 사실은 85쪽에 별표로 표시된 목록에 기록되어 있다"). 그리고 이 부분이 뒤에 이어지는 내용에 대한 어조를 정한다. 즉 사업 제휴, 시민으로서의 책무, 이정표가 될 만한 집안의 대사大事를 꼼꼼하게 연대순으로 기록한다. 견직물을 만들고 판매했던 다티는 종종 머리말("메모란다Memoranda, 1393", "거래장부, 1405")을 적고는 아래쪽에 그때 회사와 집에 무슨 일이 있었는지 요약해놓곤 했다.

"아이들-1422" 같은 주제의 머리말은 부기가 일정 정도 필요했다. 당시 56세였던 다티는 세 아내와 사별한 상태였고 이미 자식을 스무 명이나 봤는데 그중 다섯이 살아남았다. 그러고는 네 번째 아내인 카테리나와의 사이에서 여섯 명의 자식을 더 얻었다. 다티는 아이들의 출생과 사망(세 명이 살았다)을 다른 회계장부의 항목에 깔끔하게 상호 참조해놓는다. 그는 아이들이 각각 찾아오고 떠나갈 때마다 경건한 방식으로 대응(한날에 자식 둘을 잃고 나서 그는 "신께서 그 아이들을 축복해주시길, 그리고 우리에게는 불굴의 용기로 그 아이들의 상실을 견딜 은총을 주시길"이라고 쓴다)한다. 그가 분명 느꼈을 기쁨과 고통은 넌지시 비치기만 할 뿐이다.

그러니 다티의 비밀 노트는 어느 정도는 회계장부이자, 어느 정도는 회고록이고 어느 정도는 족보다. 다시 말해 그의 고향 도시에서는 당시에 이미 보편화되었던 여러 장르의 개성 넘치는 조합인 것이다. 게다가 주기적 구조 덕분에 현대의 일기 내지 일지에 훨씬 더 가깝기도 하다. 이따금 그는 저도 모르게 옆길로 새서 이 새로운 영역으로 더욱 깊숙이 들어선다. 예를 들면 아래와 같이 돌발적으로 중년의 자기성찰을 한바탕씩 펼쳐내곤 했다.

1404년 1월 1일

이 지독한 삶에서 우리의 죄가 우리를 수많은 영혼의 시련과 육신의 정념에 처하게 함을 나는 안다. 40년 전에 태어난 이후로 내가 신의 계명을 거의 유념하지 않았음도 안다. 나 자신의 교화될 힘은 불신하지만, 정도正道를 따라 차츰 나아지기를 바라는 나는 오늘부터 엄숙한 교회 절기[29]에 가게에 나가거나 영업하는 일을 삼갈 것을 다짐한다. 내가 예외를 허락할 때마다 하느님의 가난한 자들에게 1피오르노 금화를 구호금으로 나눠주기로 약속한다. 이 내용을 글로 적어놓았으니 아마 나의 약속을 지킬 것이고, 약속을 깨는 일이 생기면 부끄러워할 것이다.

바로 이 부분, 그리고 날짜가 기입된 몇 안 되는 다른 항목들은 다티의 장부를 토스카나 지방의 기록 보관소에 현존하는 대부분의 수많은 회계장부, 연대기, 리코르다, 리코르단체, 리브리 디 파밀리아와 구별 짓는다. 여러 감정을 경험했을 때 노트에 그 감정을 적음으로써, 그리고 다른 독자를 전혀 상정하지 않은 채 씀으로써 다티는 새로운 형식을 실험하고 있었다. 우리가 600년 뒤에나 제대로 이해하기 시작할 형식을.

세기가 바뀔 때쯤 피렌체의 거의 모든 상인 집안에서는 리코르단체를 썼다. 실제로 한 역사학자는 이렇게 서술한다. "중세 말 토스카나 지방의 도시인들은 쓰기 열풍에 걸린 듯 보였다. 다시 말해 그들은 자신이 보는 모든 것

---

29 교회력에 따라 교회가 전통적으로 지켜오는 기념일들. (옮긴이 주)

14세기에 피렌체 인근의 프라토에 살았던 상인 프란체스코 다티니Francesco Datini의 것인 전형적인 리코르단체(왼쪽)와 메모리알레(오른쪽).

을 기록해야겠다는 욕망에 사로잡혔다." 그러나 여전히 독특한 지역적 현상에 머물렀다. 즉, 뭔가 피렌체(시에나와 루카Lucca에도 현존하는 사례가 있듯, 보다 정확하게는 "토스카나 지방")만의 고유성이 존재한 것이다. 그런데 유럽 전역에서 문해력이 증가하고 종이가 널리 이용 가능해졌음을 고려해볼 때, 왜 꼭 이 지역에서만 그랬는지는 이유가 분명하지 않다. 제노바와 베네치아, 무역에 있어서 유일하게 만만찮았던 피렌체의 경쟁 상대인 두 도시 모두 부기 기술을 숙지하고, 종이와 잉크를 풍부하게 공급받는 상인 수천 명의 본거지였다. 또 두 도시 모두 흑사병으로 고통받았다. 그런데도 이 도시들에서는 현존하는 그와 같은 장부들이 얼마 되지 않는다.

앞서 언급한 세 저자 모두 하나같이 본인 또는 친척들이 보유했던 공직을 신경 써서 기록했다는 점을 짚어내는 역사학자들도 있다. 가령 다티는 '대공국의 5인의 수호자들'의 일원이었는데, 그는 이 자리를 두고 "하느님 앞에서는 공과에 상응하는 대우를 받을지 몰라도 세상 사람들에게는 경멸을 얻게 되는 짐스러운 직책"이라고 표현했다. 피티는 피스토이아의 포데스타Podestà, 즉 최고행정관이 되었는데 그는 이 자리가 더는 달갑지 않았다. "나는 극구 반대했다. 그리고 혼신의 힘을 다해 반대의 뜻을 밝혔다." 자발적으로 수락하든 아니든 간에 그러한 공직은 어떤 것이든 주요한 직업적 성취로 간주되었다. 그러니 공개적으로 회고록을 쓴 피티도, 남몰래 사적으로 쓴 다티도 그 부분을 신경 써서 기록한 것은 십분 이해가 된다. 그런데 피티가 자신의 고질적인 도박벽에 대해 쓴 것이나, 다티가 자신의 충만한 신앙심을 열정적으로 표출한 이유는 이것으로 설명되지 않는다. 이 두 사람은 노트를 재무관리는 물론이고 개인적 표현에도 사용한다는 발상을 아무렇지 않게 받아들였다.

리코르단체를 쓰는 데는 문맹조차 전혀 장애물이 될 수 없었음을 보여주는 증거도 있다. 1452년 1월 피렌체에서 60킬로미터가량 떨어진 마을 마르차노에서 소작하는 베네데토 델 마사리치아Benedetto del Massarizia라는 소작농은 키우는 황소 6마리의 방목권으로 9리라를 지불했다. 우리가 이 사실을 아는 이유는 그가 이 같은 거래 내역이 전부 상세히 적힌, 크기가 약 11×14센티미터인 작은 노트를 썼기 때문이다. 이 노트는 수십 년 동안 이어지면서(베네데토가 죽은 뒤에는 다른 가족 구성원들이 계속 지켜나갔다) 온갖 종류의 거래를 망라하게 되었다. 지참금, 집세, 대출금, 생산물 판매량, 직물 구입, 건축 자재, 먹이. 이 수첩은 소작농의 삶에 관한 훌륭한 전체 그림을 제공한다. 그런데 베네데토는 한 번도 그 노트를 작성한 적이 없었다. 대신에 어떤 거래를 기록해야 할 일이 생기면, 공증인이나 가장 가까이 있는 글을 읽고 쓸 줄 아는 사람에게 노트를 넘겼다. 이 노트에는 30여 개의 손들이 쓴 항목이 기재되어 있다. 장인들, 은행가들, 수사들, 사제들, 교사들의 신원이 모두 확인되고, 예루살렘 기사단 소속의 기사도 한 명 있다.

마사리치아의 노트를 전사하고 편집한 두초 발레스트라치Duccio Balestracci가 지적하듯, 이 같은 기록물들은 베네데토 같은 소작농들의 "승리였다." "소작농들을 지주들과 동등한 입장에 올려놓았기" 때문이다. 만약 노트가 없었다면 지주들이 시골생활을 좌지우지했을 테니 말이다. 거래 내역을 보면 흉작, 질병, 난동을 부리는 병사들 때문에 주기적으로 재앙이 닥쳤어도 그 노트의 주인이 영리한 수완가여서 재산을 착실히 불려나갈 수 있었다는 사실이 드러난다. 그런데 베네데토가 특이한 사례는 아니었다. 발레스트라치는 그 노트를 통해 "푸줏간 주인, 포목상 다섯 명, 견직공, 제화공, 은행가와 대금업자 다섯 명, 술통 제작자, 안장 제작자 두 명, 의류상 두 명, 양모공 두 명, 장인 목공, 가게 주인, 금세공인, 재단사, 그밖에 업종과 지위가 불확실한 다섯 사람"이 틀림없이 유사한 장부를 작성했다는 사실을 추론해낸다. 거래 내역을 해명 가능하고 법적으로 인정되는 상태로 확실히 만듦으로써 노트는 부자들로부터 빈자들을 보호했고, 경제적 도약과 사회적 역량 강화의 수단이 되었다.

한편 피렌체 도시민은 문맹이 극히 드물었고 다른 유럽인보다 자녀교육을 더 진지하게 받아들였다. 한 사람에게 주어지는 인생의 기회에서 앞선 문해력과 수리력이 현저한 차이를 만들어내곤 했다. 다시 말해 상인은 항상 빽

빽한 숲처럼 들어찬 각종 수익률, 이자율, 교환비율, 보험료, 이익 점유율을 협상하려면 숫자를 잘 다뤄야 했고, 남자가 그 도시의 공직에 참여하려면 논리와 자신감, 선례를 가지고 주장을 제시하면서 논쟁을 벌일 수 있어야 했다. 일상적인 상거래에 부기나 정치적 영향력이 필요하지 않은 사람들(푸줏간 주인, 통장이, 대장장이)조차 매년 카사토casato, 즉 소득 신고서를 빠짐없이 작성해야 했다. 따라서 스스로 글을 읽고 쓰는 능력과 산술 능력을 갖추는 데는 그럴 만한 이유가 있었던 것이다.

그러다 보니 어린 자녀에게 글자를 가르치는 일은 으레 어머니 몫으로 여겨졌다. 이어서 대다수 남자아이들은 초등학교에 가서 글쓰기를 연습하고 기초 라틴어를 배웠다. 열한 살가량 되면, 아들이 장사에 나서기를 원하는 부모들(피렌체에서 절대 다수인)은 아이를 사립 주산학교abaco school로 보내 상업 산수를 익히고 이탈리아 문학을 읽도록 했다. 교회나 법률 쪽으로 갈 아이들은 주산학교 대신 문법학교grammar school로 가서 라틴어, 수사학 그리고 당시에 이미 재보급되기 시작한 작품들을 쓴 로마 문인들을 공부했다. 여자아이들의 경우 양상이 더욱 들쭉날쭉했다. 어머니나 여성 가정교사와 함께 집에서 공부를 이어가는 아이도 있었고, 결국 수녀원으로 가게 될 확률이 높은 소수의 아이들은 여자 교사들이 있는 학교로 갔다. 그런데 집에서든 주산학교에서든 문법학교에서든 학업을 마칠 즈음에는 대다수 청년이 평생 유지할 한 가지 습관을 들이게 되었다. 아이들은 치발도네를 썼다.

발음이 낭랑하고 근사한 명사인 치발도네zibaldone가 정확히 언제 등장했는지, 원래 어떤 의미였는지는 아무도 모른다. 14세기 중반, 이 단어에 관해 시기적으로 가장 이른 기록에는 추가 정의 없이 피렌체 속어라고만 언급되어 있을 뿐이다. 따라서 이 단어가 "엉망진창" 내지 "뒤죽박죽 섞인 것"과 같은 종류의 뜻을 지닌다고 맥락상으로 추론할 수밖에 없다. 15세기의 상인이자 예술후원자 조반니 루첼라이Giovanni Rucellai는 자신의 치발도네를 두고 "una insalata di più herbe", 즉 각종 허브샐러드라고 했다. 뭔가 알록달록 다양하고 건강에 좋다는 인상을 풍긴다. 그런데 이 무렵 치발도네라는 단어는 가장 지속적인 응용의 하나로 이미 노트에 단단히 따라붙은 상태이기도 했다. 이 일상적인 요리 용어가 개인적인 선집anthology, 즉 잡문집miscellany을 의미하게 된 것이다.

기본 원칙은 간단했다. 좋아하는 조각글을 발견하거나 유용한 내용을 찾게 되면 개인 노트에 그대로 옮겨 적는 것이다. 많든 적든 원하는 만큼, 깔끔하게 또는 내키는 대로 베껴 쓸 수 있었고, 적든 많든 하고 싶은 만큼 참조할 수 있었다. 이 모음집은 운문 또는 산문, 허구나 사실에 기반한 내용, 주제와 관련되거나 임의적인 내용, 종교적이거나 세속적인 내용, 라틴어로 쓰이거나 토스카나어로 쓰인 내용 등등 이러한 요소 가운데 무엇이든 어떤 식으로든 섞일 수 있었다. 물론 그림을 그려 넣을 수도 있었다. 노트 자체는 크거나 작거나, 호화롭거나 실용적일 수 있었다. 보카치오Boccaccio(바르디Bardi가 출신 은행가의 아들) 같은 일부 부유한 문인은 값비싼 양피지로 만든 치발도네를 갖고 있었고, 전문 필경사에게 대가를 지불하고 글쓰기를 맡겼다. 삽화를 넣거나, 새로운 발췌문이 시작되는 부분마다 첫머리 대문자에 정교한 그림 장식을 그려달라고 의뢰하는 사용자가 많았다. 그런데 현존하는 사례에는 노트 주인들이 이러한 과업을 완수할 짬을 내지 못하는 바람에 남게 된 공백이 자주 나타난다.

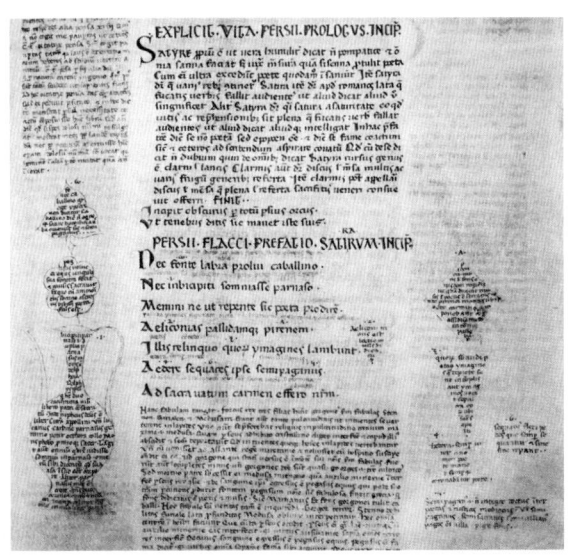

은행가의 아들인 보카치오는 필경사들에게 돈을 주고 자신의 치발도네를 엮게 할 만큼 형편이 넉넉했다. 재미있는 이 레이아웃에는 로마 시인 플라쿠스의 글에서 따온 발췌문들이 담겨 있다.

주로 남자들이 썼지만 다 그런 것은 아니었다. 우리는 많은 아내와 누이, 딸 들이 집안의 남자들이 갖고 있던 장부를 이용했으리라고 추정할 수 있다. 치발도네란 항상 그 주인만의 특유하고 개인적인 것이기는 해도 반드시 사적이거나 내밀한 것은 아니었다. 즉, 치발도네에서 가장 흥미로운 부분을 친구들과 공유하기도 하고, 친구들의 치발도네에서 마음에 드는 것을 보면 베껴 쓰곤 했다. 다 쓴 치발도네는 팔거나 상속자들에게 물려주기도 했는데, 아버지가 쓰다 만 부분을 아들이 이어받아서 쓴 경우도 많다.

심지어 집안에 분란을 일으킨 사례도 있었다. 한 노트는 도입부에 "이 장부는 그리스도기원 1458년 피에로 디 세르 니콜로 디 세르 베르디아노가 본인과 가족 등의 관상contemplation을 위해 작성했다"라는 제사題詞가 적혀 있다. 피에로는 이어서 이 장부가 그의 아들로 짐작되는 지롤라모 디 피에로 아리기에게 가기를 바란다는 뜻을 전하는 글을 쓴다. 이 부분 밑에는 줄이 그어져 있고 그 아래에 또 다른 손글씨로 "누가 양아치 아니랄까 봐 입에 침도 안 묻히고 거짓말하는 것 좀 보게. 정신 나간 떠버리 양반"이라고 쓰여 있다. 이 치발도네의 다른 곳에서 소유권을 주장하는 지롤라모의 형제 바르톨로메오가 이 문장을 집어넣었을까?

사람들은 치발도네에 뭘 적었을까? 한마디로 뭐든 다 적었다. 라틴어로 쓰인 시, 토스카나어로 쓰인 시, 기도문, 책에서 뽑은 발췌문, 노래, 요리법, 목록, 하여간 그밖에 무엇이든지. 치발도네를 광범위하게 연구해온 리사 카보리차Lisa Kaborycha는 15세기의 한 가지 사례를 든다. 지극히 전형적으로 그 치발도네에는 "치료법과 요리법, 해몽, 점성술 예언, 식재planting의 최적기에 관한 조언, 성 베르나르가 레몽에게 보낸 가짜 사도서신, 기도문, 시, 발라드, 콜루초 살루타티Coluccio Salutati와 안토니오 푸치Antonio Pucci 그리고 단테가 쓴 다수의 소네트"처럼 다양한 소재가 들어가 있다. 또 다른 전문가 아르만도 페트루치Armando Petrucci는 치발도네가 "의학 처방, 종교적인 글, 새벽 기도문, 사랑 서정시 옆에 나란히 성문 통행료와 통화 환율"을 보존한 것을 찬양했다.

루첼라이는 아들들을 염두에 두고 치발도네를 엮었다. 즉, 그들에게 보탬이 되도록 도덕계율, 사업과 시민의 의무에 관한 조언을 담았다. 그와 같은 시기에 살았던 조각가 기베르티Ghiberti는 비트루비우스와 플리니우스의 번역문, 로마 건축양식 소묘, 피렌체와 시에나 예술의 역사, 자신의 회상록을 모았다. 이것들을 가지고 그는 자신만의 고유한 이론적 견해(광학, 비율, 해부학에 관한)를 엮어냈다. 그 모음집이 휴머니즘 예술교육의 기초를 형성하리라는 의도가 명확했던 것이다. 가업과 함께 이 노트들도 물려받은 손자 보나코르소Bonaccorso 역시 본인의 노트를 남겼다. 조부의 가르침을 인용하되 수많은 종, 대포, 기중기, 승강장치의 도해가 추가되어 있다. 따라서 이 두 사람의 치발도네는 완전히 다르다.

피렌체인은 자신들의 새로운 취미를 사랑했다. 연구자들은 기록 보관소의 치발도네를 보면서, 이 노트들의 인기가 시간이 흐르며 점차 올라가다가 피렌체가 유럽에서 지적 생활의 중추로 제2의 전성기를 누렸을 15세기에 절정에 이르는 과정을 추적할 수 있다. 이제 책은 일상용품이 되면서 보통 사람들이 문자언어를 향유하는 방식에 지대한 영향을 미쳤다. 그전에는 수도원, 대학, 궁정 등 소수의 특권적인 장소에서만 이용할 수 있었던 문헌

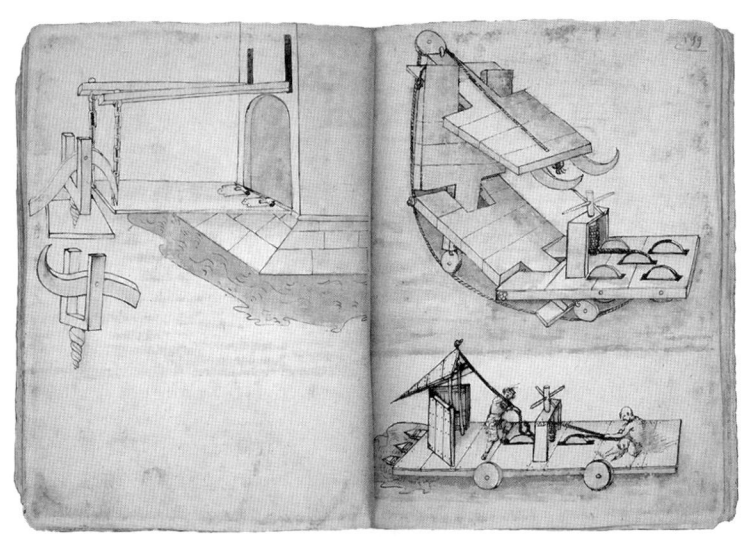

보나코르소 기베르티는 브루넬레스키Brunelleschi가
피렌체대성당의 돔을 건설하기 위해 개발한 각종 기계를 기록했다.

이 이제는 가정으로 들어가게 되었다. 즉, 책이 읽히거나 쓰일 수 있는 공간으로서 수도원 스크립토리움scriptorium(필사실)의 기울어진 책상에 식탁이, 그리고 가게의 계산대가 합류하게 된 것이다. 이 새로운 장소들에서 사람들이 독서하는 방식 역시 새로워졌다. 그들은 현지어로 글을 쓰는 작가들의 물결(단테, 페트라르카, 보카치오뿐 아니라 오늘날에는 잊힌 수많은 작가들)을 즐겼다. 그리고 어떤 기관에 속한 도서관에서 책을 보던 학생 또는 성직자와 달리 혼자서 조용히, 심지어 침대에서도 책을 읽을 수 있었다.

상당량의 문헌을 베껴 쓰는 것과 관련된 노고가, 필사자가 그 글을 이해하고 공감하는 방식을 변화시킨다는 점에도 주목해야 한다. 어떤 시나 편지를 옮겨 적을 때 쓰는 사람은 어쩔 수 없이 단어 선택, 어순의 미세한 부분에 주의를 기울이면서 여러 번 읽을 수밖에 없다. 그러면서 결과적으로 어느 학자의 말마따나 "그들이 구입한 텍스트로 누릴 수 있었던 것보다 더욱 친밀하고 유의미한 경험"을 향유하게 된다. 텍스트를 진정으로 즐기려면 이처럼 베껴 쓰는 의미 있는 노고를 떠맡기만 하면 된다. 그러고 나면 그 텍스트를 훨씬 더 잘 알게 되고 그 진가를 제대로 알아보게 된다는 사실을 발견한다.

이 새로운 습관은 기존에 필경사들이 지속적으로 해오던 일과 어떻게 연결되었을까? 역사학자 로스 킹Ross King은 그동안 피렌체에서 융성한 고급 필사본 제작 문화를 기술해왔다. 피렌체에서는 전문 필경사와 공증인들(그리고 일부 부유층의 비서들)이 주문받은 공식 필사본을 거의 언제나 양피지에 제작했다. 이 같은 사본들은 지극히 아름다웠을 텐데, 부유한 고객들을 대신해 필사본을 의뢰한 서적상들은 본문에 대단히 신경을 썼다. 킹은 그 예로 위대한 서적상 베스파시아노 다 비스티치Vespasiano da Bisticci(1421~1498)가 자신이 제작한 신판이 반드시 원저자의 의도에 가능한 한 충실하도록 하려고 어떤 고서(가령 플리니우스의 《박물지》)의 현존하는 수많은 사본을 어떻게 비교하곤 했는지 이야기한다. 필경사들은 펜을 다르게 움직였다. 세로획을 알아보기 힘든 기존의 고딕체를 그만두고, 베스파시아노와 동시대인이었던 포조 브라촐리니Poggio Bracciolini(1380~1459)가 그 자리에 추천한 아름다우면서도 명료한 "앤티크체", 즉 인본주의적인 필사체를 채택한 것이다.

베스파시아노와 포조 그리고 이들의 동료들은 코시모 데 메디치Cosimo de'Medici[30] 같은 부유한 후원자의 자금 지원을 받아 유럽 곳곳의 수도원을 샅샅이 뒤져가며 암흑기에 살아남은 희귀한 고전 텍스트를 찾아내, 신선한 번역문, 재발견된 것들, 새로운 문학작품으로 가득한 아름다운 필사본을 지속적으로 공급했다. 여러 해 동안 피렌체에 교황궁이 존재했다는 점 역시 학자들을 그 도시로 끌어들이는 요인이 되었다. 책벌레끼리 만나 읽은 것을 토론하는 풍경이 새로운 도서관과 서점을 중심으로 이루어지며 풍성한 지적 생활을 자극했다. 이러한 고급 문해력은 르네상스 시대에 지적 중량감을 더하면서 의심의 여지없이 유럽 문화에 심대한 영향을 미쳤다. 그렇기에 킹은 단테의 《신곡》 필사본을 100편이나 제작해 번 돈으로 한둘이 아닌 여식들의 지참금을 마련한, 전설적인 14세기의 필경사 같은 이 시기의 영웅들을 찬양한다.

그런데 값비싼 양피지 코덱스에 애써 공들인 그 같은 노력의 결과물은 소

30　1444년경 코시모가 자신이 기증하기도 한 필사본으로 가득 채운 산마르코 도서관을 열었을 때 윗대의 폴리뇨가 상술한 고난과 시련은 아득히 멀어졌다.

수정예의 독자만을 상정할 수 있을 뿐이었다. 단테가 널리 읽히고 보편적으로 추앙받으며 새로운 문학의 토대가 되려면(요컨대 단테가 단테가 되는) 필경사의 복제만으로는 충분치 않았다. 그의 글이 훨씬 더 많은, 보다 다양한 독자에게 전해진 것은 좋아하는 문장을 이 치발도네에서 저 치발도네로 옮겨 적고, 집에서 그것들을 읽고 또 읽고, 가족이나 친구들과 공유한 수많은 평범한 사람들에 의해서였다. 게다가 이들은 능숙해지려면 몇 년씩 걸리는 격식체인 고딕체나 앤티크체가 아니라 상인과 공증인이 사용하던 속도가 빠른 필기체로 필사했다. 그러니까 정확하게, 그러면서도 빠르게 글을 써야 했던 사람들 말이다.

그렇게 노트는 독자에게 또 다른 독서 방식을 제공함으로써 문학을 민주화했다. 그런데 노트는 작가에게 또 다른 집필 방식을 제공하기도 했다. 치발도네를 쓰는 사람들이 선호했던 또 다른 작가인 페트라르카(1304~1374)는 상업 생태계의 중요한 구성원인 공증인과 법조인의 습관과 재료를 채택했다. 그래서 오늘날 학자들은 낱장에 적힌 메모에서 종이 노트의 초고로, 마지막으로 고급 양피지에 쓰인 최종판으로 완성된 책까지 그의 아이디어가 진전되어 가는 과정을 추적할 수 있다.[31] 노트에서 이뤄지는 중간 단계는 창조성의 측면에서 가장 중요했고 오랫동안 지속되기도 했다. 즉, 페트라르카는 40년 동안 《서정시집 Il Canzoniere》에 수록될 시에 공을 들였다(이때는 출판사의 마감일이라는 게 없던 시절이었다). 이 같은 노고는 분명 제값을 했다. 세

---

31 부기 담당자들이 차변과 대변을 맞춘 거래 내역을 줄을 그어 지웠듯 공증인들도 작업 초안(바스타르델로 bastardello)에서 최종 버전으로 옮길 때 해당 문구를 선을 그어 지우도록 교육받았다는 점이 눈에 띈다. 페트라르카의 부친과 조부 모두 공증인이었다.

상을 떠날 무렵 이 시인은 로마에서 이미 계관시인의 자리에 올라가 있었기 때문이다.

페트라르카와 친구 사이였던 보카치오(1313~1375)의 치발도네를 통해 우리는 노트가 작가들을 돕는 또 다른 방식을 볼 수 있다. 즉, 향후 참조하고 인용하기 위해 영향을 줄 만한 것들을 수집하는 공간을 제공하는 것이다. 청년 시절 보카치오는 아버지가 동업자로 근무한 바르디 가의 은행에서 비참한 상업 도제 살이를 견디다가 전업 작가가 되기 위해 도망쳤다. 그는 무려 세 권이나 되는 치발도네를 남겼다. 두 권은 필경사들이 양피지에 쓴 것이고 나머지 한 권은 '치발도네 말리아베키아노Zibaldone Magliabechiano'로 알려진 초고 노트로 그가 직접 쓴 것이다. 학자들은 그의 영향력 그리고《데카메론Decameron》을 비롯한 그의 작품에 미친 효과를 감별하기 위해 그 노트들을 면밀히 살펴보았다. 그런데 보카치오의 치발도네는 인상적인 독서의 깊이를 드러낸다. 이슬람교의 창시자 무함마드(마호메트)의 생애, 에우리피데스, 플리니우스, 페트라르카와 주고받은 편지 등등. 그러다가 결국에는 그의 작품이 많은 치발도네에 등장하게 된다. 아리스토텔레스, 키케로, 세네카 같은 고대 그리스로마 문인들과 나란히 놓인(그들과의 대화에 투입된) 상태로 말이다.[32]

이 모든 것은 피렌체만의 일이었을까? 그렇기도 하고 아니기도 하다. 유

---

32 시보다 문학의 경우가 더욱 그랬다. 단테가《신곡》집필에 착수하기 불과 10년 전 마르코 폴로는 유럽에서 최초로 국제적 서사가 담긴 논픽션 베스트셀러가 될 책을 구상하고 있었다. 1298년경 제노바의 감옥에 갇힌 상태에서 폴로는 대필 작가 루스티켈로 다 피사와 함께 자전적 여행기인《동방견문록》을 썼다. 애석하게도 육필 원고는 전혀 남아 있지 않아서 두 사람이 그 작품을 어떻게 지었는지에 관해서는 아무것도 알 수 없다.

럽 전역에서 노트를 쓰는 사람들 역시 비공식적인 개인 선집을 만들었다. 즉, 스코틀랜드에서 폴란드까지 현존하는 여러 사례가 있다. 그런데 그런 책들은 대부분 수백 년 전에 유실되거나 펄프가 되었을 게 분명하다. 1300년대 말 네덜란드와 독일의 데보티오 모데르나devotio moderna("근대적 경건") 운동의 추종자들은 라피아리아rapiaria를 쓰도록 권장받았다. 이 명칭은 '움켜잡다'라는 뜻의 라틴어 'rapere(라페레)'에서 유래했다. 그러니 그 노트들을 "복주머니grab-bag"라고 할 수도 있겠다. 독실한 사람들은 이 경건한 노트에 성서에 입각한 독서를 통해 얻은 구절이나 관념을 수집하고 영적 통찰을 더했다. 게다가 쓰는 행위는 나아가 반추로 이어져 쓰는 사람이 자신이 베껴 적은 지혜의 말씀으로부터 득을 보게끔 도왔다. 《그리스도를 본받아The Imitation of Christ》(엄청나게 인기몰이를 한 책)는 저자인 즈볼러Zwolle 출신의 수도승 토마스 아 켐피스Thomas à Kempis의 라피아리아로 세상에 나왔다. 다만 대부분의 라피아리아는 사적인 것에 머물렀기에 대체로 그 주인과 함께 묻혔고 이 관행은 한 세기가 지나지 않아 소멸하고 말았다.

그러나 피렌체 사람들(그리고 그 도시를 둘러싼 환경)은 다른 어떤 곳보다도 더 빨리, 그리고 보다 완전하게 그 가능성을 붙들었다. 좋아하는 문학이 반드시 항상 곁에 있도록 만듦으로써 삶을 풍요롭게 일군 그들 덕분에 신진 작가들은 폭넓은 독자층을 금세 찾을 수 있었다. 대부분 가정에서는 선반에 책 한두 권쯤은 소장하고 있었고 서적 복제와 제작은 여타 유럽의 모든 도시를 앞질렀다. 학자인 크리스티앙 베크Christian Bec가 진행한 이 시기에 관한 연구에 따르면, 르네상스 시대에 고인이 된 피렌체인 582명의 유품 목록 가운데 무려 책이 1만 574권이나 올라가 있었다. 인당 평균 18권씩인 셈이다.

당연하게도 피렌체는 재발견된 고전 텍스트를 르네상스 휴머니즘humanism의 열쇠로 바꿔놓을 학자들에게 알맞은 보금자리가 되어주었다. 활기로 뒤끓는 이 도시의 문학 문화 속에서 그들은 수용적인 독자층, 토착어에 대한 자신감, 언제든 사용할 수 있게끔 준비된 각종 번역문과 주석, 인문주의자humanist들이 창출한 새로운 작품을 발견할 수 있었다. 이곳 사람들은 그전부터 이미 대대로 고대 문헌을 향유해왔고 "그 문헌들에 담긴 지혜의 가치를 잘 알았던" 것이다. 이곳에서는 새로운 문학적 관행도 발달했다. 즉, 작가들은 작품을 쓰는 데 필요한 견본과 영감을 쉽게 수집할 수 있었고 그것을 연마하는 데 도움이 되도록 변호사와 상인의 기법을 변용할 수 있었으며, 오늘날 우리가 입소문이라고 하는 식으로 "내용"을 공유하는 박식한 인구 가운데 많은 독자를 빠르게 찾아낼 수 있었다.

리코르다, 리코르단체, 치발도네는 피렌체가 상업적 우위를 확립한 13세기에 도래하여, 피렌체에서 최초로 배출한 위대한 문인과 화가 들이 영향력을 발휘한 14세기 동안 인기가 점차 상승했으며 르네상스가 꽃을 피운 15세기에 절정을 맞았다. 부자든 빈자든 토스카나 사람들은 이 세 가지 유형 모두, 그리고 어떤 범주에도 딱 떨어지게 들어가기를 거부하는 무수한 혼종 노트에 자신의 사회적 위치를 기록했고, 응당 자랑스러워할 만한 급성장하는 문화를 찬양했다.[33]

---

33   식자율literay rates은 입증하기가 어렵기로 악명 높다. 그러나 피렌체의 식자율이 여타 거의 모든 지역보다 높았다는 강력한 증거가 존재한다. 이를테면 1427년 소득 신고서 10건 중 8건은 납세자 본인이 작성했는데, 재산 소유자 중 작문 실력을 가진 이들의 비율이 높음을 나타낸다. 역사학자 로널드 위트Ronald Witt는 피렌체가 "그 뒤로 300, 400년이 지나는 동안 유럽에서는 다시 못 볼" 식자율을 가지고 있었다고 결론 내렸다.

다음 장에서는 분위기를 바꿔 어느 외부인의 노트를 자세히 살펴본다. 중세에 가능했던 삶에 관한 우리의 시각에 도전하는 노트를. 그러자면 피렌체의 강력한 라이벌로 꼽힌 도시로 시선을 돌려야 한다. 바로 베네치아다.

5장 | 알렉산드리아의 후추

로도스의 미카엘의 서, 1434년 베네치아

"이 필사본의 중요성과 특별한 속성은 아무리 과장해도 지나치지 않다." 경매번호 54번에 대한 카탈로그 항목은 첫 구절부터 이렇게 일갈했다. 이 문장을 읽던 팸 롱Pam Long은 반박할 수가 없었다. 2000년대 말 런던의 경매회사 소더비즈Sotheby's에서 발송한 판매 카탈로그가 매사추세츠공과대학교 MIT의 디브너과학사연구소Dibner Institute of the History of Science에 있던 그에게 가 있었다. 이 연구소의 희귀본 학예사 벤 와이스Ben Weiss(아이작 뉴턴과 벤저민 프랭클린의 필사본을 좋아했다)가 과학과 기술을 연구하는 역사학자인 롱에게 그 목록을 알린 터였다.

롱과 와이스는 그 항목("조선, 항해, 수학에 관한 육필 비망록"이라는 표제가 붙은)을 살펴볼수록 더욱더 강하게 흥미를 느끼게 되었다. 400쪽짜리 중세 노트는 날이면 날마다 판매용으로 나오는 게 아니다. 게다가 제대로 검토된 적이 한 번도 없는 이 노트는 신비감을 풍겼는데, 내용의 독특한 다양성으로 인해 신비로움이 한층 더해졌다. 보아하니 그 노트에는 선박 건조 지침, 항해사를 위한 유럽 해안 안내, 베네치아 선단의 각종 규칙이 담긴 듯했다. 그러니 해군사의 노다지나 마찬가지였다. 그런데 이 노트에는 생뚱맞게도 점성술, 문장학紋章學 그리고 100쪽 분량의 수학 문제도 들어 있었다. 노트의 주인인 미칼리 다 루오다Michalli da Ruoda라는 사람이 알려지지 않은 인물이라는 점은 두 사람의 학문적 호기심을 더욱 자극하기만 했다. 이 사람은 누구였을까? 무엇을 썼을까, 그리고 왜 썼을까?

이 노트는 30여 년간 세상에 나온 적이 없었다. 그러다가 1966년에 주인이 바뀌었는데, 이번에도 역시 소더비즈에서 5500파운드에 어느 개인 수집가에게 팔렸다. 와이스와 롱은 같은 일이 또다시 벌어질까 봐 노심초사했다. 추정가가 10만 파운드를 넘어가는데도 불구하고 두 사람은 이 필사본의 비밀을 풀고 싶다는 간절한 바람을 놓지 못했다. 마침내 경매에 응찰해도 좋다는 허락을 얻어 설레는 마음으로 런던의 경매장에 전화로 참여했다. 보스턴에 있는 동료들은 아직 잠든 사이에. 그러나 경매사가 입찰을 개시하자마자 가격이 줄곧 오르더니 어느새 예산을 초과하고 말았다. 두 사람이 벌벌 떨던 사이 주머니가 가장 두둑했던 익명의 수집가가 30만 파운드를 치렀다. 그리하여 신비의 사나이 미칼리는 순식간에 두 사람의 관심을 사게 되었던 만큼이나 금세 사라져버리고 말았다.

그런데 몇 달 뒤 난데없이 노트의 새 주인이 디브너연구소로 연락을 해왔다. 그러니까, 철저하게 익명을 보장한다는 조건 하에 연구 목적으로 그 필사본을 열어봐도 된다는 얘기였다. 그러나 롱은 처음에 망설였다. "전혀 내키지 않았어요. 보통 일이 아닐 거라는 걸 알았으니까요." 중세 베네치아인이 손으로 쓴 필사본이니 전문가의 전사와 번역이 반드시 필요했을 뿐 아니라, 상당 부분은 그가 전문지식이 전혀 없는 분야인 수학과 관련된 내용이었다. 항해나 점성술에 대해서도 아는 것이 별로 없기는 매한가지였다. 롱이 마음을 바꾸는 데는 놀랄 만한 우연한 만남이 필요했다.

어느 늦은 밤, 샌프란시스코공항에서 롱은 미국화폐학협회에서 오랫동안 학예사로 일한 동료 학자 앨런 스탈^Alan Stahl과 뜻하지 않게 마주쳤다. 자정 무렵 출발 대합실에서 야간 항공편을 기다리던 중 롱은 스탈에게 그 필사본에 대한 이야기를 들려주었다. 그러다가 두 사람은 스탈이 지닌 흔치 않은 일련의 다양한 능력이 어쩌면 비밀의 문을 여는 데 도움이 될 수도 있겠다는 사실을 알게 되었다. 베네치아 화폐제도 전문가인 스탈은 중세 베네치아를 파악할 수 있었고, 베네치아 기록 보관소에 대해 모르는 게 없었다. 게다가 그에게는 시간이 있었다. 바로 얼마 전에 정리해고를 당한 참이었다.

뉴잉글랜드로 돌아오는 길에 롱은 디브너연구소장 데이비드 맥지^David McGee를 영입해 그 필사본을 조사하여 비밀을 벗길 연구팀의 핵심을 완성했다. 이 삼인조는 전문가들을 추가로 더 뽑아야 한다는 것을 알고 있었고, 이는 충분히 가능해 보였다. 헌데 두 가지 문제가 있었다. 우선 첫 번째로 "디브너 연구소는 해체되는 중이었다"라고 롱은 말한다. MIT의 지원이 사라진 뒤 연구진은 새로운 둥지를 찾아야 했고, 수년이 걸릴 프로젝트에 필요한

경매번호 54번. 비망록이 아니라 15세기의 무역, 미신, 수학 퍼즐이 한데 담긴 야심 찬 모음집.

작업을 지원하는 데 전념할 수 없었다. 이것은 두 번째, 보다 직접적이고 시급한 문제의 핵심을 차지했다. 롱이 그때를 회상하며 말하는 대로 "우리는 빈털터리였다."

롱과 스탈, 맥지는 조금도 굴하지 않았다. 자신들의 도전과제를 지원해줄 전문가 팀을 꾸리기 위해 사람들을 모으는 와중에 연구비 지원서를 여기저기 숱하게 제출했다. 놀랍게도 그들이 접촉한 거의 모든 전문가 연구팀에 합류하겠다는 뜻을 전했을 뿐 아니라 지원금도 들어오게 되었다. 50만 달러에 가까운 금액을 약속받았고, 그러면서 존립 자체가 어려운 상황이었는데도 그 시점에 디브너 연구소는 더욱 관심을 받게 되었다. 필사본 소유주의 제안은 공식적으로 수락되었다.

이처럼 규모가 크고 서로 멀리 떨어져 있는 팀은 파손되기 쉬운 필사본 하나를 가지고 모든 일을 할 수 없었다. 다시 말해 하나의 시발점으로서 복제, 즉 전체 사진 세트가 필요했다. 전문 사진가가 한 장씩 일일이 촬영한 다음 디브너 연구소의 금고에 보관했다가 이 이미지들을 스캔하여 맥지가 인터넷 포털로 발송할 수 있도록 한 덕분에 연구팀은 일을 시작할 수 있게 되었다. 텍스트는 프란코 로시Franco Rossi가 전사한 다음 스탈이 영어로 번역했다. 이 번역문이 전송되자 연구팀은 그 노트에 관한 소더비즈의 설명글이 자신들이 읽으면서 드러난 이야기를 거의 제대로 담아내지 못했음을 알게 되었다. 다름 아닌 야망과 모험 그리고 평생에 걸친 배움(학자 집단의 마음을 가장 크게 움직이는 자질)에 관한 이야기였다.

연구팀은 곧바로 그 노트가 미칼리의 중년기, 특히 1434년에 대부분 쓰였음을 확인했다. 또 저자의 관심사와 우선순위의 변화를 반영하는 전적으로 특유한 개성적인 패치워크라는 사실도 알게 되었다. 이 노트를 파악하기 시작하려면 독자는 맨 첫 부분이 아니라 180쪽을 펼쳐야 한다. 바로 미칼리 다 루오다(로도스의 미카엘Michael of Rhodes)가 자기 경력의 골자를 보기 좋게 정리하여 제시해놓은 부분이다.

작은 어촌인 만프레도니아Manfredonia는 부츠 모양의 이탈리아 본토에서 툭 튀어나온 부분인 가르가노Gargano반도의 남쪽에 자리한다. 1260년경 이 마을을 재건한 신성로마제국 호엔슈타우펜Hohenstaufen 황제가의 후손 덕분에 독특하게 게르만식 명칭을 얻게 되었다. 그러나 1401년 6월 5일 베네치아의 대형 군용 갤리선이 입항할 당시에도 여전히 작은 항구에 지나지 않았다. 이 일은 분명 중요한, 특히나 한 십대 소년에게는 인생을 바꿀 만한 사건이었을 것이다. 열여섯 살이었던 미칼리는 이미 고향에서 멀리 떠나온 상태였다. 그는 로도스에서 성장기를 보냈는데, 그곳에서 어느 배의 노예로 만프레도니아까지 1200여 킬로미터를 노 저어 왔을 개연성이 있다.

베네치아 갤리선을 움직이는 것은 노예들이 아니라 급여를 받는 자유인들이었다. 그러니 미칼리는 큰 관심을 갖고 그 배를 보았을 것이다. 베네치아 갤리선의 소프라코미토sopracomito, 즉 선장은 피에트로 로레단Pietro Loredan이었다. 베네치아의 주요 귀족 가문에 속한 집안의 유명한 자제였다. 그 갤리선은 베네치아 경호선단, 다시 말해 베네치아의 선박과 식민지, 귀중한 화물을 보호하는 해군에 소속되어 있었다. 지중해 지역은 경쟁자들로 득실댔다. 헝가리인, 오스만투르크인, 알바니아인들은 멀리 떨어진 베네치아의 정착지들을 압박했고, 카탈루냐의 해적들과 제노바 선단은 베네치아의 배들을 공격했다. 해마다 베네치아 선단이 파견되어 지중해와 흑해를 가로지르며 화물을 호위하고 적선을 공격했다. 로레단의 갤리선도 그 같은 임무를 수행하고 돌아오는 길에 만프레도니아에 들른 참이었다. 어쩐 일인지 소년은 사공 자리 중 하나를 꿰찰 수 있었다. 그는 자기 이름을 "카스텔로 교구의 테오도로의 아들 미칼리"라고 했다.

미카엘은 사다리의 제일 아랫단, 즉 노잡이로 로레단의 선원에 합류했다. 150명가량 되는 사공 중 한 명으로, 박봉에다가 한데서 지내고 노 젓는 자리에서 잤으며 엄격한 규율과 가혹한 벌금제도를 따라야 했다. 사공 생활은 고되었지만 보상이 없지는 않았다. 그중에서도 으뜸은 자유 시간이었다. 바람이 유리하게 불어서 갤리선이 돛으로 나아갈 수 있는 경우, 사공들은 몇 시간이고 원하는 대로 보낼 수 있었다. 미카엘은 주사위놀이나 하면서 자유 시간을 허비하지 않은 듯 보인다. 동승한 하급 항해사들 중에는 미천한 신분도 포함되어 있어서 청년 미카엘이 노 젓는 자리에서 위로 올라갈 수 있겠다는 희망을 품기에 충분했다. 그러니 그들의 대화를 귀동냥하면서 베네치아 말을 배웠으리라고 상상할 수 있다.

늘 똑같은 200개 집안의 협소한 인력풀에서 배출되는 상인들이 자기네 화물을 그 도시국가의 상선에 실을 권리를 따내려고 입찰했기에, 해마다 일군의 새로운 귀족들이 경호선단을 지휘하는 자리에 선임되는 일이 벌어졌다. 따라서 결과적으로 이렇게 신규 임명된 제독과 선장들이 해마다 항해사와 승무원단을 새로 선발하게 되었다. 위계는 엄격했고 경쟁 방식으로 진급이 이루어졌으며 고용 보장이 전혀 이루어지지 않았다. 다시 말해 연말이면 모두 해고되었기에 다들 새 직장을 알아봐야 했다.

디브너 연구팀은 노트의 한 대목을 통해 미카엘이 이런 시스템에서 한 단계 한 단계 올라가는, 당시로서는 사실상 거의 유례를 찾아보기 힘든 과정을 따라갈 수 있었다. 로레단의 배에 처음 승선한 지 33년이 지나 중년이 된 미카엘이 경력 전체를 깔끔하게 조망해 적어둔 덕분이었다. 매년 맡게 된 근무에 대해 그는 상선을 탔든 경호선단에 있었든 자신의 지위와 자신이 모신 함장들을 기록해놓았다. 참여한 전투, 그리고 그 범위가 현재 벨기에에 속한 슬뤼Sluys에서 루마니아의 탄Tan, 이집트의 알렉산드리아까지 이르는 자신이 항해했던 항구들도 언급했다. 13페이지 분량인 이 부분은 현존하는 것 중 유럽에서 시기적으로 가장 이른 전문 이력서다.

이 시기에 평민의 경우 완벽한 전기는 거의 알려져 있지 않다. 사실상 유럽의 거의 모든 낮은 신분에게는 "경력career"이라는 개념 자체가 어불성설로 보였을 것이다. 땅을 일구는 집안이나 장사하는 집안에서 태어나면 평생토록 그 일에 묶여 지냈으니 말이다. 노트의 이 부분을 보면 미카엘이 바로 이런 고리를 끊는 것 말고는 더 바라는 게 없었고, 만프레도니아 해안에서 기회를 붙잡아 실제로 그 일을 해냈다고 주장하는 것을 분명히 알 수 있다.

그러나 스탈이 미카엘의 이야기를 확증할 만한 아무런 보강 증거를 발견하지 못했더라면 이 모두는 별 의미가 없었을 것이다. 다행히 그는 관련된 증거를 찾아낼 수 있었다. 항해사들의 임명에 관한 상세한 기록이 베네치아 국립기록 보관소의 한구석에 숨겨져 있었고, 스탈은 베네치아의 군선단과 상선단 사이를 옮겨 다닐 때마다 거듭 언급된 미칼리 다 루오다라는 이름을 알아보았다. 결정적으로 이것들이 그 노트를 창조한 사람의 신원을 확인해주었다.

베네치아에 고용되어 일하게 된 뒤로 미카엘은 베네치아어를 유창하게 구사할 수 있도록 만들 시간이 생겼다. 로마자로 바꿔 쓴 로도스 그리스어 몇 줄은 그리스어가 미카엘의 모국어였다는 사실, 그리고 어릴 때 쓰는 법을 배우지 못했다는 사실을 보여준다. 그가 미천한 집안 출신으로 보이는 이유다. 미카엘은 시종일관 신경 써서 깍듯한 격식체로 글을 썼는데, 그가 잠재적 고용주들을 대상으로 이 글을 작성하고 있었음을 강력히 시사한다. 디브너 연구팀은 격식을 차려서 기재한 간결하면서도 함축적인 항목과 스탈이 기록 보관소에서 발견한 내용을 연결 지음으로써 미카엘의 출세 과정을 따라갈 수 있었다. 그는 지중해 동부를 종횡으로 누빈 지 4년 만에 처음으로 지위가 올라갔다. 그런데 이때는 바쁠 대로 바쁜 시기였다. 즉, 1403년 10월 그가 탄 배는 모돈Modon(펠로폰네소스반도의 메토니Methoni)으로 파견된 베네치아 군대 소속이었다. 그곳에서 제노바 선단을 물리치고 경쟁 도시국가들 간의 끊임없는 힘겨루기에서 우위를 되찾았다.

이듬해에 아마도 아직 십 대였을 미카엘은 처음으로 베네치아의 생명선이나 다름없던 상선들 가운데 하나에 오르는 자리를 따냈다. 난생처음 그는 서쪽으로 항해하면서 잉글랜드와 플랑드르 지방으로 향했다. 면직물 그리고 비단과 향신료 같은 사치품을 실은 갤리선 네 척의 호위함으로 말이다. 더 위험한 수역의 장거리 항해였지만 발전의 계기에 해당하기도 했다. 다시 말해 미카엘은 전투의 위험이 덜한 상태였을 뿐 아니라 포르타타portata, 즉 도중에 내다팔 화물을 한 상자 가져올 수 있는 권리를 향유하기도 했던 것이다. 시칠리아에서 사우샘프턴까지 가는 동안에 들른 중간 기착지에서 선원들은 해안으로 우르르 몰려가 후추, 생강, 직물, 무기를 비롯해 사물함에 보관해둔 고가품을 팔곤 했다. 돌아오는 길에 그렇게 얻은 수익을 베네치아로 가져갈 토산품에 투자할 수 있었는데, 아마 월 12파운드인 기본급보다 이런 거래를 훨씬 중하게 여겼을 공산이 크다.[34]

매년 가을마다 베네치아로 돌아오면 선원들은 하선한 뒤 그 도시에서 겨울을 났다. 미카엘은 이 휴식기를 독학에 사용했다. 이때 그는 읽고 쓰는 법을 배웠을 뿐 아니라 일생에 걸친 놀랄 만한 열정, 바로 수학을 발견하기도 했다.

"기묘해요"라고 맥지는 그 필사본과 제일 처음 조우했을 때를 떠올리며 말한다. "밑바닥부터 고생해서 출세한 사람이 썼으리라고는 전혀 예상 못할 거예요." 첫 180페이지는 오로지 수학 문제, 게다가 굉장히 복잡한 수학 문제로만 이루어져 있었다. 디브너 연구팀은 그 문제들을 분석하기 위해 전문가인 라파엘라 프란치Raffaela Franci 교수를 기용할 수밖에 없었다. 번역을 해나가던 프란치 교수는 점점 더 미카엘의 실력을 높이 사게 되었다.

피렌체와 마찬가지로 베네치아에도 주산학교와 프리랜스 수학 가정교사가 수두룩했고, 그 도시를 부유하게 만든 상업 기술을 젊은 세대에게 교육했다. 미카엘이 따른 표준 수업 계획서는 직접적으로 관련된 현실적인 상황에서 발생할 만한 모든 문제를 제시했다. 따라서 미카엘이 단정한 손글씨로 기재한 첫 번째 항목이 이윤과 가격 책정에 관한 문제 제기인 데 프란치는 놀라지 않았다.

---

34 1두카토 금화의 가치는 4.5리브리/파운드 정도였다. 스탈이 추정한 바에 따르면 베네치아에서는 한 달에 대략 1두카토 금화 정도면 살아가는 데 무리가 없었다. 따라서 선원의 임금은 생활형편이 괜찮은 편이었음을 의미했다.

동업자 네 명이 회사를 차린다. 첫 번째 사람이 3월 첫째 날에 15두카토ducato 금화[35]를 넣는다. 두 번째 사람이 5월 첫째 날에 25두카토 금화를 넣는다. 세 번째 사람이 10월 첫째 날에 40두카토 금화를 넣는다. 네 번째 사람이 11월 첫째 날에 80두카토 금화를 넣는다. 그러고 나서 네 사람은 이듬해 2월 마지막 날까지 회사를 유지했고, 100두카토 금화의 이윤을 냈다. 묻겠다. 이 네 사람이 각각 가져가야 할 몫은 얼마인가.

그밖에도 시장, 주사위놀이, 변호사사무소, 부둣가, 건설현장에서 이뤄지는 시나리오들이 등장한다.

그런데 프란치는 미카엘이 자신이 던진 질문을 단순히 실용적인 도전과제로 간주하지 않았음을 금세 깨달았다. 문제가 간단하든 복잡하든 그는 결론에 이르기까지 대체로 다양한 경로를 따라가는 모든 단계를 전부 보여주었다. 노트의 첫 페이지부터 연산의 기저에 깔린 패턴에 대한 강렬한 관심이 뚜렷이 보였다. 대수학algebra은 미카엘의 마음을 사로잡았다. 그는 경탄하며 그 창시자("사라센saracen 사람[36] 알지브란Alzibran")의 공로를 인정하고 나서 중요한 대수방정식 6가지를 소개했다. 비실용적인 영역을 계속해서 깊이 파고들어 가다가 근(제곱근, 세제곱근 등 거듭제곱근)까지 다루면서 $a\sqrt[3]{b}$는 $\sqrt[3]{(a^3 b)}$과 같다는 결과 값을 사용하고, "만약 10의 세제곱근에 6의 제곱근을 곱하

---

35 베네치아 금화로 두카트ducat 금화라고도 한다. (옮긴이 주)
36 중세 유럽에서 서아시아의 무슬림을 지칭하던 말이다. (옮긴이 주)

고 싶다면 왜 그렇게 할 것인가?" 같은 대부분 상인이 확실히 답했을 법한 문제를 냈다. 수학자 미카엘은 이 분야와 사랑에 빠진 게 분명했다. 그리고 출세에 필요한 정도를 훨씬 뛰어넘는 수준까지 지식의 한계를 밀고 나갔다.

4년 뒤 선원 미카엘은 마침내 처음으로 사다리의 위쪽으로 올라가게 되었다. 마리노 카라벨로Marino Caravello의 경호선단에서 6인으로 구성된 프로데르proder, 즉 상급 이물사공 중 한 명이 된 것이다. 이 역할로 돈을 더 벌었고, 결정적으로 그 배의 상급 항해사들의 눈에 더 잘 띄게 되었다. 이후 10년에 걸쳐 그는 꾸준히 나아갔다. 프로데르로 2년을 보낸 뒤 노키에로nochiero의 자리로 올라갔다. 노를 젓는 게 아니라 전투에 나가 싸우도록 되어 있는 하급 항해사였다. 7년 뒤 그는 파론paron(갑판장 또는 항해사와 비슷한 직책)으로 진급하는 데 성공했다. 이 시기의 어느 시점엔가 그는 생활기반이 충분히 안정되어, 베네치아 사람인 도로테아와 결혼하면서 귀한 베네치아 시민권을 공식적으로 취득했다. 그러나 아내는 1415년 아들 하나와 아마도 딸인 듯한 자식 하나를 남긴 채 세상을 떠났다.

1416년경 31세 무렵 미카엘은 이미 베네치아 해운업계에서 출중한 인물로 자리매김한 터였다. 이민자인데다 항해사로 진급하는 데 성공한 소수의 갤리선 사공 중 한 명으로 기대 이상의 성취를 이룬 인물이었다. 그런데 그해 5월 미카엘은 15년쯤 전에 처음으로 노를 잡게 해준 귀족 피에트로 로레단이 이끄는 선단에서 두드러지는 명예를 얻었다. 갈리폴리Gallipoli 앞바다에서 그동안 줄곧 베네치아 선박을 괴롭힌 상당한 규모의 튀르키예 선단을 무력으로 진압함으로써 베네치아인들은 인구에 회자될 승리를 거두었다. 전투가 끝났을 때 문득 정신을 차린 로레단(화살 하나는 그의 얼굴을 뚫었고, 또

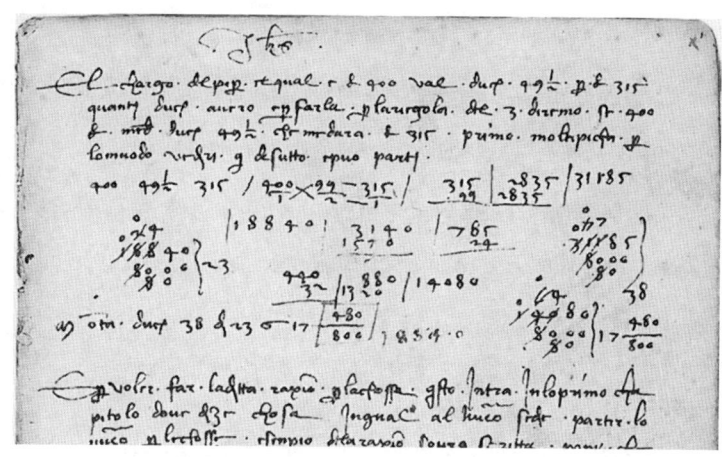
산수와 대수학에 대한 애정. 미카엘의 노트 첫 부분은 온통 수학 문제가 차지하고 있다.

다른 화살 하나는 그의 왼손에 꽂혔다)은 불과 열두 명의 전사자만 대가로 치르고는 1000여 명의 포로와 처치 곤란할 정도로 많은 적선을 소유하게 되었음을 깨달았다.

베네치아는 에게 해의 패권을 되찾았다. 미카엘의 경력은 그가 이 승리에 일조한 덕을 톡톡히 본 듯하다. 그의 이력서에는 1417년에 또다시 승진한 기록이 나온다. 바로 호모 데 콘세이오homo de conseio라는 직책을 맡아 브뤼헤Bruges로 항해한 것이다. 오늘날로 따지면 이등항해사 정도 되는 이 상급직에는 여러 항해 책임이 따랐는데, 이러한 사실이 반영된 것이 바로 미카엘의 노트에서 160쪽 분량으로 포르톨라노portolan 해도에 할애된 부분이었다.

육분의sextant와 크로노미터chronometer가 발명되어 선원들이 육지가 보이지 않는 곳에서 자신의 정확한 위치를 찾아낼 수 있게 되기 전에는 포르톨라노(영어로는 rutter)가 유럽에서 가장 중요한 항해 수단이었다. 조수와 방향에 대한 편람으로, 항로의 주요 지점 사이에 있는 육지의 중간지점 waypoint을 통해 먼 바다에서 항해 중인 선원들에게 길을 알려주었는데, 일반적으로 나침반과 함께 사용했다. 덕분에 항해사는 암초나 바위를 피하고 해안을 따라서 또는 개방수역을 가로질러서 진로를 따를 수 있었다. 예를 들어 미카엘은 잉글랜드 남해안의 중요한 항구인 샌드위치 Sandwich에 접근하는 법을 설명한 지침을 다음과 같이 적어놓았다.

> 달이 북쪽-남쪽에 있는 시기, 즉 만조 때를 알아둬야 한다. 그리고 들어갈 준비가 되면 서쪽과 북서쪽 사이의 육지에 숲이 보일 것이다. 그러면 화살 두 개 길이 정도 되는 거리를 유지하면서 좌측에 육지를 둔 채 이 숲 쪽으로 배를 몰아라. 종탑 세 개가 보이면 작은 종탑까지 그 숲 쪽으로 배를 몰면 된다.

기타 등등. 베네치아, 산탄데르 Santander, 슬뤼에 대해서도 이와 유사하게 상세한 지침을 제시했다. 세 곳 모두 접근하기가 까다로운 중요한 항구들이다.

훌륭한 포르톨라노와 나침반이 있으면 숙련된 선원은 누구든지 유럽 전역의 해안지대 주변을 안전하게 항해할 수 있었다. 인쇄술이 나오기 전인 시절이니 당연히 손글씨로 쓴 사례들을 지키려고 무던히 애썼다. 앞선 수세기 동안 살아남은 소수가 선원들 사이에서 대물림되었다. 대체로 양피지(특히 습한 환경에서는 종이보다 질기고 튼튼하지만, 앞서 봤듯 가격이 비싸서 상당한 투자인 셈이었다)에 쓰였다는 사실만 보더라도 그 가치를 알 수 있다. 공로를 인정받아 마땅한 자리에 언제나 기꺼이 치사하는 사람답게 미카엘은 자신의 포르톨라노에 담긴 지침들은 "플랑드르 바다의 도선사" 추안Zuan(조반니 Giovanni 또는 존John) 피레스Pires라는 사람의 공 덕분임을 밝힌다.

그런데 한 가지 문제가 있었다. 아니, 더 정확히는 일련의 문제들이 존재했다. 디브너 연구팀에 속한 지도학자이자 베네치아 토박이이기도 한 피에로 팔케타Piero Falchetta는 이 지침들을 전부 현대의 지도들과 대조하여 확인해보았는데 깜짝 놀랄 만한 결과가 나왔다. 알고 보니 추안 또는 미카엘 둘 중 한 사람이 그 지침들을 누가 봐도 신뢰할 수 없도록 만드는 실수를 줄줄이 저지른 것이다. 다시 말해 미카엘의 포르톨라노는 유럽의 통상로에 대한 유익한 안내서이기는커녕 실제로는 골칫덩어리나 다름없었다. 바위가 있는 장소가 틀렸고 거리를 잘못 생각했으며 사용자를 위험한 모래톱으로 향하게 했다. 노트의 첫 100페이지가량을 보면 미카엘이 정확성에 매료되어 있었음을 알 수 있다. 그렇다면 왜 이처럼 불안정한 정보를 그토록 수고로움을 감당하면서 일목요연하게 보존하려고 했을까? 1418년부터 줄곧 귀중한 선박과 화물을 보호하는 역할을 맡고 있었음을 감안하면 당혹스러운 일이었다. 그는 정말로 이 부실한 길잡이를 사용해서 바다로 갈 수 있었던 것일까?

이 노트는 미카엘의 기질과 관련하여 또 다른 놀라운 면모를 드러냈다. 바로 소묘와 회화에 대한 애호였다. 수많은 밧줄 매듭 장식, 그가 수학적 해법을 분명히 보여줘야 할 때 사용한 도해는 물론이고 노트에는(거의 300페이지 가까이) 미카엘의 자아상을 언뜻 감지할 수 있는 기묘한 부분도 들어가 있다. 맥락에서 꽤 벗어나 미카엘은 자신만의 문장紋章(평민이기에 결코 과시할 기회가 없었을 문장)을 고안한다. 그것은 통상적인 형태(배의 키가 얹힌 방패)를 취하고 있다. 다만 로레단 가문의 문장을 받치고 있는 사자처럼 귀족

가문의 문장에 들어가는 짐승 대신 그는 자신을 쥐로 표현한다. 그것도 피를 흘리면서 죽어 있는 고양이를 틀어쥔 모습으로. 우아한 백합, 또는 로레단 가문의 방패에 그려진 장미 대신 순무 한 쌍이 문장의 양 옆에 배치되어 있다. 계급 분노가 이토록 고상하게 표현된 경우도 드물었다.

당연히 이 인상적인 이미지는 베네치아 귀족사회가 부과한 유리천장을 맞닥뜨렸을 때 미카엘이 느낀 좌절감에서 촉발되었다. 미카엘은 평민이었기에 결코 선단을 통솔하거나 본인 소유의 화물을 베네치아 갤리선에 실을 수 없었다. 그리고 매년 나오는 하급직 가운데 가장 각광받는 자리(아르미라이오armiraio와 호모 데 콘세이오)는 개인이 임명하는 것이 아니라 무려 17명의 후보자가 단 하나의 역할에 입후보하는 선거를 통해 주어졌다. 따라서 미카엘의 기록(지원한 46개의 직책 중 8번 선출 성공)은 아주 대단한 결과였다. 특히 베네치아 태생이라는 이점이 없는 사람치고는 말이다.

1431년 터닝 포인트가 찾아왔다. 피에트로 로레단의 휘하로, 이번에는 익숙지 않은 포르토피노Portofino 연안의 수역에서 제노바인들을 상대로 싸운 또 다른 전투에서 미카엘은 "ferido e vasto(부상을 입고 망가졌다)." 이듬해에 올리브유 무역을 관장하는 관청의 서기 자리를 구하는 데 실패한 미카엘은 다시 로레단이 이끄는 경호선단으로 들어갔다. 군선 항해는 이번이 마지막일 터였다. 즉, 그 후로는 줄곧 상선만 타게 된다.

2년 뒤 미카엘은 무지 노트를 사서 채우기 시작했다. 그사이 앞길은 조금씩 밝아지고 있었다. 귀족 출신이 아닌 아주 노련한 선원들이 보수가 더 나은 곳을 찾아 우르르 빠져나가는 상황에 직면한 원로원은 상선단으로 이득을 챙기는 투자자들을 압박해 그런 선원들을 더 고용하게 했다. 이러한 변화가 새로운 기회를 줄 것임을 알아본 미카엘은 수학을 접고, 이력서를 꼼꼼히 작성했다. 그는 달력표, 복무규정, 포르톨라노(셋 다 첫 눈에 면접단에 깊은 인상을 줬을 법한 것들이다)를 추가했다. 또 자신의 배움의 폭이 얼마나 넓은지 보여주기 위해 황도십이궁을 표현한 채색 삽화 12점을 그려냈다. 이는 전문지식보다는 열정을 입증하는 것들이지만, 그는 분명 이 정도면 윗사람들에게 충분하리라고 판단한 듯하다.

베네치아 선단은 요구가 많은 고용주이기는 했으나 미카엘은 더 높은 힘, 즉 하느님 역시 섬겼고 절대적인 그의 신앙심은 노트 전체에 반영되어 있다. 대부분의 지면 맨 위쪽에, 그러니까 그가 쓴 모든 내용을 굽어보는 자리에 그리스도의 머리글자를 두고 양옆으로 한 쌍의 십자가를 배치해놓았다. 성 세바스티아노Saint Sebastian와 성 사바Saint Sava에 올리는 짧은 기도문 모음은 미카엘의 가장 긴급한 다양한 걱정거리를 반영한다. 즉, 그는 고기를 잡기를, 열이 내리기를, 고문에도 자백하지 않기를, 뱀을 쫓고 물려도 목숨을 건지기를, 분만을 유도하기를, 치통이 낫기를, 상처가 멎기를, 그리고(마지막으로) 익사하지 않게 막아주고 전투에서 해를 입지 않게 지켜주기를 기도한다. 또 해마다 유월절과 부활절의 정확한 날짜를 계산하는 데도 여러 페이지를 할애했다. 달력을 따져보는 복잡한 과정이 필요한 일인 만큼 자신의 수학 실력을 시험해볼 기회로 삼았을 것이다. 그러나 세속적인 21세기에 그 노트를 조사하던 학자들이 미카엘의 독실한 신앙심을 보여주는 가장 뭉클한 증거로 여긴 것은 글이 아니라 그림이었다.

노트의 400페이지에, 그러니까 수학 퍼즐과 플랑드르 갤리선 한 척을 건조하는 데 필요한 목재 견적서 사이에, 한 아이를 진 채 강을 건너는 남자의 전신 삽화가 자리하고 있다. 미카엘과 동시대인이라면 누구든지 아기예수를 지고 있는 성 크리스토포로Saint Christopher임을 곧바로 알아봤을 것이다. 성 크리스토포로는 성인 가운데 유일하게 그의 보호를 얻어내는 데 어떠한 기도도 요구하지 않았다. 기도 대신 그저 그의 그림을 보기만 해도 해를 입지 않도록 막아줄 터였다. 즉, 매일 아침마다 이 그림을 그저 힐끗 보기만 하면 성 크리스토포로가 온종일 그를 보살필 터였다. 육로든 해로든 여행길의 온갖 위험(특히 돌연사와 멜랑콜리)으로부터 지켜주면서 말이다. 연구팀이 마침내 이 노트를 손에 쥘 기회를 얻었을 때 이 페이지가 다른 부분보다 유독 더 닳아 있었던 것은 바로 이런 이유 때문이었다. 그러니까 숱하게 넘겨보느라 손때가 묻어 꼬질꼬질해지고 나달나달해진 것이다. 실제로 미카엘은 매일 아침마다 확인했음이 자명하다. 그 성인을 보며 애써서 하고자 하는 일들에 대해 가호를 빌었던 것이다.

마지막으로 미카엘은 배를 의장艤裝[37]하는 것에 관해 길게 쓴 내용으로 노트를 채워 마물렀다. 이 부분은 완벽한 프로의 통달한 솜씨라는 인상을 준다. 그런데 디브너 연구팀의 조선 전문가 마우로 본디올리Mauro Bondioli는 이 필사본을 검토하는 과정에서 갈수록 감동과 놀라움이 사그라졌다. 선박 건조 매뉴얼로는 무용지물이고, 선체 의장 안내서로는 그보다 나은 편이기는 해도 본문 내용이 오류투성이인데다 뒤로 갈수록 뜻을 헤아리기가 더욱더 어려워졌기 때문이다. 그림도 점점 더 대충 그려졌다. 미카엘은 심지어 한 번도 언급한 적 없는 설명글이나 삽화가 들어갈 자리를 빈칸으로 그냥 남겨

---

37 출항 준비를 위해 배에 필요한 모든 선구, 기계 등을 장비하는 것을 말한다. (옮긴이 주)

두기까지 했다.

역설은 이 노트의 중심부에 이미 드러나 있었다. 미카엘은 수학 부분에서 자신이 정확하고 분석적인 정신의 소유자이며, 인내심이 있고 피나는 노력을 아끼지 않을 사람임을 입증했다. 그런데 포르톨라노에서, 그리고 조선 부분에서는 당혹스러울 정도로 영문 모를 엉성함을 내보였다. 이 부분들은 만약 그가 베네치아 선단에서 잘나가고자 하는 마음이 있었다면 가장 중요한 대목임이 분명했다. 그렇다면 어째서 그는 진지하게 여기지 않았을까? 혹시 머릿속에 보다 차원이 높은 것들(가령 50년 뒤의 부활절 날짜나 x의 6제곱근)이 있어서였을까? 혹시 견본들, 즉 추안 피레스의 포르톨라노와 베네치아의 조선소이자 무기고였던 아르세날레Arsenale의 조선 매뉴얼에 대한 접근이 제한되어서였을까? 혹시 지나치게 서둘렀던 것일까?

우리는 미카엘이 1434년에 노트를 작성하기 시작했음을, 그리고 수백 쪽에 달하는 이 노트를 본문과 삽화로 채우는 데 분명 여러 날 오랜 시간이 걸렸을 것임을 알고 있다. 어쩌면 1435년 여름, 선단의 승무원으로 일하게 된 때에 맞춰서 완성했을 수도 있지만, 그보다는 다음에 이어서 임명된 직책을 맡았을 때인 1436년 1월까지 시간이 걸렸을 개연성이 더 커 보인다. 여하간 그가 이 새 노트를 들고 콜레조Collegio(당시 채용을 담당했던 위원회)에 보고하는 모습을 그려볼 수 있다. 총독과 고문들을 위해 노트의 페이지를 휙휙 넘기면서 말이다. "보십시오. 여기에는 제 지식, 제 경험, 제 전문성, 제 충성심, 제 신앙심, 제 신뢰성이 담겨 있습니다. 실망시켜 드리지 않겠습니다"라고 미카엘은 말한다. 평가해야 할 후보가 워낙 많은데다 고용한 승무원들을 태울 배도 많은 탓에 콜레조는 아마 그 노트의 지면을 겉핥기식으로 대충 훑는 것 이상으로 검토해보지는 않았을 것이다. 그 말인즉슨 포르톨라노와 조선에 대한 기록은 아무런 논의 없이 통과되었을 수 있다는 얘기다.

1436년 새 노트를 손에 든 채 미카엘은 가장 성공적인 선거를 치러냈고, 그때껏 탐냈던 역할인 플랑드르 상선단의 아르미라이오 자리를 처음으로 따냈다. 베네치아의 봉직에서 평민이 얻을 수 있는 가장 높은 지위였다. 미카엘은 8차례나 더 항해에 나섰다가 1445년 예순 살 즈음 "대저울steelyard의 자리"를 받았다. 대저울은 상품의 무게를 재는 데 쓰이는 큰 저울이었는데, 하는 일은 그것과 그리 관련되지 않은 듯 보인다. 이는 베네치아에 특히 괄목할 만하게 기여한 엄선된 숫자의 선원들에게 연금을 주어 명예퇴직을 시키는 방식이었다.

미카엘은 그때껏 아직 노트와의 관계를 끝내지 않은 상태였다. 그는 시간 순서대로 된 계산, 포르톨라노, 항해 수학을 다른 노트에 베껴 쓴 다음 피에트로 디 베르시Pietro di Versi라는 젊은 항해사에게 팔았다. 매년 콜레조 선거에 나갔던 피에트로는 짐작컨대 미카엘의 노트 복제본을 명함으로 사용한(미카엘의 이름을 지우고 그 위에 자기 이름을 써넣었다) 듯하다. 그리고 미카엘은 이력서에 가정생활에 관한 세부 내용을 처음으로 추가했다. 아내들과 아들의 죽음을 표시한 몇 줄을 더한 것이다. 이 노트가 공적 문서라기보다 사적 문서가 된 뒤에야 비로소 미카엘은 자신이 세 번 결혼했으며, 아들 테오도리노(이 기록이 없었더라면 그 존재가 전혀 알려지지 않았을)가 1422년에 사망했다고 기록했다.

그즈음 베네치아 기록 보관소와 관련해서는 노련한 베테랑이 된 스탈은 결국 먼지를 뒤집어쓴 상자를 발견했다. 상자에는 공증인 니콜로 그루아토

미카엘이 그린 개성 넘치는 염소자리와 전복적인 문장.

Nicolò Gruato가 1440년대에 쓴 미카엘의 유언장 초안이 들어 있었다. 1441년에 초안이 작성되고 4년 뒤에 유언 보충서가 추가되어 수정된 그 유언장은 질병, 사별, 잠식하는 가난이라는 상황을 고스란히 담고 있었다. 미카엘은 얼마 되지 않는 돈(가난한 자들에게 1두카토금화, 불우한 이들을 위한 무료숙소인 호스피스에 1두카토금화)을 남겼고, 짐작컨대 노트가 포함되었을 나머지 재산에 대해서는 구태여 명세서를 작성하지 않았다. 아마 노트는 이미 그전에 야심찬 젊은 뱃사람에게 팔았을 것이다.

마지막 한 가지 질문이 여전히 남았다. 즉, 디브너 연구팀은 발견한 것들을 세상에 알리기 전에 그 필사본을 뭐라고 해야 할지 결정해야 했다. 리코르단체, 치발도네, 상인들의 프라티카 델라 메르카투라pratica della mercatura와 여러 특징을 공유하기는 했지만 정말이지 독특했다. "노트"라는 명칭은 그처럼 장대하고 풍성한 삽화가 들어간 개요서를 온전히 보여주지 못하는, 딱 떨어지지 않는 표현이었다. 그런데 미카엘 본인이 육필로 쓴 목차 위에 직접 적어놓은 제사가 이미 답을 건네고 있었다. In questo libro pono qui per singollo de ttutte raxion("이 책에서 나는 모든 종류의 지침을 하나씩 차례대로 조목조목 제시한다")라고 써놓은 것이다. 그리하여 로도스의 미카엘의 서Book of Michael of Rhodes가 되었다.

당당하고 분명한 이 제목은 책과 잘 어울린다. 달리 말하면, 수많은 자서전보다 미카엘의 내면생활을 더욱 솔직하고 완전하게 표현한다. 즉, 그의 지적 성장, 그의 영적 욕구, 그가 응당 자랑스러워했을 만한 경력을. 미신적인 동시에 각고의 노력을 기울인 신앙심을 간증한다. 노트의 주인이 세계 최고 조직의 일부가 되는 상황에서 느낀 소속감을 구현한다. 만약 미카엘의 가정생활(세 번의 결혼생활, 자식들)에 관한 설명이 극히 적은 것이 이례적으로 느껴진다면, 그저 우선순위가 다른 데 있었던 한 남자의 성향이 반영된 것일 수 있다. 전체적으로 볼 때 그 노트는 미카엘의 정체성, 그의 자아상, 그의 자의식을 표현, 아니 구현한다. 당시로서는 혁신적인, 아주 놀라울 정도로 오늘날에 가까운 방식으로 말이다.

연구 작업은 완료되었고, 디브너 연구팀은 해산했다. 그리고 이들이 펴낸 판본의 미카엘의 책(사진과 학식이 담긴 1500쪽에 달하는 호화로운 세 권짜리)은 다년간의 수고를 거쳐 출판되기에 이르렀고 극찬을 받았다. 그리고 비밀을 내어준 그 필사본(연약하고 오래되었으며 유일무이한)은 조심성 많은 주인에게 돌아가 다시금 숨어버렸다. 다음번에 공개석상에 등장하는 것은 아마도 소더비 경매의 카탈로그에서일 것이다.

6장 | 악처들 그리고 양모로 틀어막은 입

잉글랜드로 가는 노트, 1372~1517년

영국 독자들은 제프리 초서Geoffrey Chaucer의 《캔터베리 이야기Canterbury Tales》를 공부하면서 보카치오에 대해 처음으로 알게 된다. 이 작품에 담긴 이야기 가운데 여섯 편은 보카치오의 《데카메론》에 나오는 이야기를 너무하다 싶을 정도로 끌어다 쓴 것이다. 초서의 대학생, 소지주, 상인, 면죄사, 장원 청지기, 선원은 하나같이 토스카나 지방의 독자들이 익히 아는 이야기를 다시 들려준다. 게다가 두 작품의 공통된 구조(일시적으로 우연히 만나게 된 이질적인 집단이 들려주는 이야기)는 누가 봐도 분명하다. 그런데 인쇄술이 나오기 전인 시절에 어떻게 한 영국인이 불과 몇 년 전, 살던 곳에서 1600킬로미터가량 떨어진 소도시의 방언으로 쓰인 이야기 모음집을 표절할 수 있었을까? 그리고 이 연관성을 통해, 노트가 토스카나 지방을 떠나 외부로, 나아가 유럽 전역으로 이동한 방식과 관련해 무엇을 알 수 있을까?

노트의 사연에서는 아주 흔하듯, 첫 번째 질문에 대한 답은 이탈리아와 잉글랜드를 잇는 무역로 네트워크에 있다. 초서는 에드워드 3세 밑에서 외교관으로 일했고 1372년 12월 서른 살 무렵 무역특사로 런던에서 제노바로 파견되었다. 자유항 거래에 합의함으로써 제노바 상인들이 잉글랜드의 양모 수출에서 보다 큰 몫을 요구할 수 있도록 하여 두 도시 간에 거래가 증가하도록

하는 책무를 맡았다. 초서는 이 공식 임무를 성공적으로 이행했는데, 그가 올린 경비 청구서를 통해 그 존재가 확인되는 비밀 업무 역시 수행했다.

제노바에서 공식 업무를 마무리 지은 뒤 초서는 내처 남쪽으로 내려가 피렌체로 가서 바르디 상사 측 사람들을 만났다. 전에 보카치오의 부친이 몸담았던 회사이기도 한 바르디 상사는 불과 몇 달 전 잉글랜드 왕에게 약 7000 피오리노 금화를 빌려준 터였다.[38] 이 비밀 회동이 진행되는 동안 초서는 허가를 받아 그 도시를 자유롭게 출입할 수 있었다. 피렌체는 흑사병의 유린으로 쇠약해졌지만 여전히 유럽의 시각과 문학 문화의 최첨단에 있었다. 일찍이 초서에 관한 글을 썼던 작가들은 그 시인이 이 여행에서 페트라르카와 보카치오를 모두 만났으리라고 추측했다. 그러나 주지의 사실에 보다 제약을 받는 현대의 학자들은 당시 페트라르카가 멀리 떨어진 파도바에 거주했다는 사실, 그리고 초서는 단테에 더 관심이 있었던 것으로 보인다는 점을 지적한다. 그는 어쩌면 자신을 초대한 사람들로부터 《신곡》을 받았을 수도 있고 아니면 피렌체의 수많은 카르톨라이 중 한 곳에 사본을 주문했을 수도 있다. 다만 어떻게든 그 책을 집어 들었음은 틀림없다. 그가 런던으로 돌아가자마자 쓴 《명성의 집The House of Fame》에 《신곡》의 영향력이 분명히 나타나 있기 때문이다. 초서 전문학자인 매리언 터너Marion Turner는 "단테와 보카치오의 시는 초서의 주요한 영감이 되었다"라고 언급하면서 "이탈리아 시는 초서 같은 시인들을 완전히 바꿔놓았다"라고 서술한다. 초서의 작품은 구석

---

38 짐작컨대 이 회동에서 그전에 영국 재무부에 심하게 덴 적이 있는 바르디가에 대출금 상환을 추가적으로 재보증해주려고 했을 것이다.

구석 샅샅이 영향을 받았다. 형태, 장르, 기법, 플롯, 나아가 훗날 셰익스피어가 수용하게 되는 10음절 시행(또는 약강 5보격)까지. 급속도로 이탈리아의 문학 언어가 된 토스카나 지역의 방언 역시 초서에게 자신이 쓰던 런던 사람 말투가 지향할 만한 하나의 본보기를 제공했다.

초서는 언제나 야심만만한 사람이었던 만큼, 선도적인 토스카나 작가들이 얼마나 높이 평가되는지 주목하지 않았을 리 없다. 페트라르카는 로마와 베네치아, 나폴리 궁정에서 귀한 대접을 받는 일종의 시詩 왕족이 되어 있었다. 그리고 초서의 전기 작가 중 한 사람이 서술하듯 보카치오는 피렌체의 "문화 대변인"이 되었다. 초서는 개인용 노트가 얼마나 풍부하고 저렴한지도 틀림없이 목도했을 것이다. 모든 회의마다 사무원들이 참석하여 상세한 원장을 참조했을 테고 가정집에 초대받은 경우에는 분명 치발도네, 리코르단체, 리브리 디 파밀리아를 봤을 것이다. 그리고 그보다 훨씬 덜 부유한 피렌체인들이 소유한 서적의 숫자만으로도 분명 부러운 감정이 들었을 것이다. 작품에 드리운 긴 그림자로부터 초서가 1372년과 1373년 피렌체에서 보낸 몇 개월이 이 젊은 시인이자 외교관에게 지대한 영향을 미쳤다고 추정할 수 있다.

초서가 외교관으로서 이룬 성취는 귀국 후 보상을 받았다. 즉, (제노바인들과의 새로운 거래 합의로 후한 이익을 얻은) 왕은 하루에 포도주 1갤런이라는 이례적인 혜택을 선사했고, 랭커스터 공작 곤트의 존 John of Gaunt (에드워드 3세의 아들이자 초서의 후원자)은 거기에 연금 10파운드까지 더해주었다. 초서가 맡은 그다음 역할은 런던의 수출입을 관리감독하는 일이었다. 이탈리아 인맥, 유창한 다국어 실력, 외교적 수완을 보유한 그는 타고난 적임자였다. 초서는 12년 동안 이 자리를 지키면서 여행은 간간이 할 뿐, 이 안정기를 문학적 루틴을 정착시키는 데 활용했다. 달리 말하면 이 시기에 그는(여러 직업적 책무에도 불구하고) 그 어느 때보다 글을 많이 쓰게 되었다. 이탈리아에서 돌아온 직후 집필에 착수한 《명성의 집》에서 그는 외고집의 삐딱한 성정을 묘사한다. 오로지 집으로 돌아가 책에 파묻히려고 사무실에 원장을 놔두는 것이다.

> For when thy labour doon al ys,
> And hast mad alle thy rekenynges,
> In stede of reste and newe thynges
> Thou goost hom to thy hous anoon,
> And, also domb as any stoon,
> Thou sittest at another book
> Tyl fully daswed ys thy look.
>
> 그대는 일을 완수하고
> 장부정리를 모두 끝내면
> 휴식을 취하거나 다른 일을 찾아 나서는 대신
> 곧장 집으로 가지
> 그러고는 돌멩이처럼 묵묵히
> 또 다른 책 앞에 앉아 있지
> 두 눈이 완전히 멍해질 때까지

이 시에서 "또 다른 책another book"은 저자가 읽고 있는 필사본 또는 그가 쓰고 있는 노트 둘 중 하나를 의미할 수 있다. 다만 초서가 사무실에서 하는 업무와 집에서 하는 일이 별반 다르지 않다는 점에서 후자를 시사한다고 볼 수 있다. 만약 그 책들이 종이로 만들어졌다면(당시 영국에서는 종이와 양피지가 모두 원장에 사용되었다) 아마 이탈리아산産이었을 것이다. 그러니까 잉글랜드의 양모 꾸러미를 가지고 갔다가 토스카나의 고급 옷감 여러 필을 싣고 돌아오는 바로 그 선박들에 낱장 종이가 실려 런던에 도착했을 것이다. 1372년 이후 몇 년 동안 이어진 초서의 시인 활동은 토착어 문학 관념이 얼마나 밀접하게 이탈리아의 국제무역망을 따라 움직여갔는지 보여준다. 게다가 그의 작품은 회계학(흥미진진한 신생 지식 분야)을 도덕적 심판에 대한 은유로 빈번하게 활용함으로써 이러한 무역을 관념으로 구현한다. 그의 전기를 쓴 매리언 터너는 그러한 발상이 초서에게 얼마나 중요했는지 언급하면서 그를 "회계사무소의 시인"이라고까지 일컫는다.

1378년 초서는 다시 이탈리아를 방문했다. 밀라노공국에 외교사절로 가게 된 것이다. 그는 그곳에서 마주한 뒷말이 무성하고 시기가 난무하는 궁정에는 감명받지 않았다. 그런데 비스콘티Visconti 가의 포악한 군주들은 자신들의 으리으리한 도서관 장서에 대해서만큼은 이례적으로 관대했고, 초서는 훗날 자신의 저술에 강력한 영향을 주게 될 필사본을 여러 권 입수했다. 그는 돌아오자마자 《캔터베리 이야기》의 집필에 공을 들이기 시작했다. 〈바스 여장부 이야기The Wife of Bath's Tale〉에서 화자보다 까마득히 어린 다섯 번째 남편 잰킨Jankyn은 치발도네(애석하게도 초서는 이 토스카나 용어를 사용하지 않지만)³⁹를 쓴다. 그가 즐겨 읽는 "악처들 wikked wyves"에 관한 고전과 종교적 이야기를 개인적으로 엄선해 모아놓았는데, 하나같이 음탕하거나 여성혐오적인 관점이 담겨 있다.

> He hadde a book that gladly, night and day,
> For his desport he wolde rede always.
> 그는 밤이고 낮이고 그토록 기꺼이 책을 들고 있었다.
> 위안이 되는 놀이 삼아 항상 읽곤 했다.

여성혐오로 가득한 그의 선집에 있는 대로 화가 난 바스 여장부는 세 페이지를 뜯어내고는 남편의 머리를 주먹으로 내리친다. 그러자 잰킨은 아내의 등짝을 때리면서 되갚아준다. 이 폭력적인 장면을 두고 치발도네가 이미 잉글랜드에서 잘 알려져 있었다는 증거로 해석하는 현대의 독자들도 있다. 그러나 나는 정반대의 주장을 하려고 한다. 첫째, 만약 그런 노트 또는 개인 선집이 일반화되었다면 초서가 잰킨의 습관을 그처럼 상세히 설명할 필요를 느끼지 못했을 것이다. 둘째, 만약 초서의 동시대인 가운데 대다수가 그런 노트를 썼다면 지금처럼 몇 안 되는 숫자가 산재하는 것이 아니라 현존하는 노트가 더 많았을 것이다.⁴⁰ 초서의 이야기에서 앨리슨 Alisoun과 잰킨은

---

39 만약 그가 이 단어를 영어에 도입했더라면 오늘날 이런 노트들 그리고 유사한 개인 모음집을 지칭할 때 시대착오적이고 부정확하게 비망록 commonplace book이라는 단어를 사용하는 수고를 크게 덜어주었을 것이다.
40 초서가 살았던 당시에 나온 4가지 필사본만이 조건에 부합하는 듯하다. 바로 영국도서

싸운 뒤에(잰킨의 치발도네를 불길 속으로 던짐으로써) 둘 사이의 불화를 해결한다.

초서가 이탈리아 문학 문화와 노트를 접촉한 일이 어떤 식으로 그의 저술 방식에 영향을 미쳤을까? 그가 직접적으로 알려줄 리 만무하지만, 우리는 어느 정도 경험에서 우러난 추측을 할 수 있다. 첫째, 그는 틀림없이 치발도네를 아이디어, 참고자료, 인용구 그리고 뭐든 유용해 보이는 무작위로 떠오르는 생각을 저장하는 공간으로 활용하는 이탈리아식 관행을 이어나갔을 것이다. 둘째, 페트라르카처럼 초서 역시 다수의 초고를 써볼 수 있다는 데서 오는 이점을 누렸다. 즉, 또 다른 시에서 초서는 그렇게 한 다음 최종 버전을 자신의 필경사 애덤에게 넘겨 튼튼한 명품 양피지에 깔끔히 베껴 쓰도록 하는 과정을 서술하면서, 애덤이 "부주의necglygence" 때문에 저지르는 실수를 불평하는 대목이 나온다.

따라서 초서 본인은 노트를 사용했고 노트에 대한 글을 썼으며 노트가 사용될 수 있는 갖가지 방식을 알았다. 그러나 이탈리아의 제지소 그리고 상품이 잘 갖춰진 비아 데이 리브라이의 카르톨라이에서 멀리 떨어져 있던 그의 동포들은 대부분 그러지 못했다.[41] 이것이 그의 독자층에 어떤 영향을 미

관의 MS Harley 4011, 더블린 트리니티대학교의 MS 432와 MS 516, 예일대학교 바이네케도서관의 MS 163이다. 4권 모두 개인 문집이지만, 하나같이 피렌체의 일반적인 치발도네보다 더 정돈되고 격식을 갖추었으며 종이가 아닌 양피지에 작성되었다. 현존하는 토스카나 지방의 치발도네가 수백 권인 것에 비하면 초라한 숫자다.

[41] 이 시점에도 영국제도British Isles 전역에서는 여전히 양피지가 종이보다 훨씬 보편적이었다. 이탈리아에서는 그보다 새로운 재료를 이미 오랫동안 채택해서 써왔는데도 말이다. 케임브리지대학교 도서관에 있는 종이에 쓰인 영어 필사본 가운데 초서가 살았던 14세기의 것은 6편에 불과하지만 15세기의 것은 100편이 족히 넘는다.

1405~1410년경 제작된 초서의 《캔터베리 이야기》
엘즈미어 필사본Ellesmere Manuscript에 그려진 바스 여장부.

쳤을까? 단순한 숫자 비교만으로도 사정을 알 수 있다. 첫 100년 동안 《캔터베리 이야기》의 필사본은 55편이(38편가량 되는 짧은 미완성 유고와 함께) 살아남는다. 그런데 단테의 《신곡》은 그에 상당하는 수치가 800편을(누구라도 지속적으로 기록할 수 있는 너무나도 많은 발췌문과 더불어) 넘어간다. 초서의 동시대인들도 사정은 비슷하다. 즉, 윌리엄 랭글런드William Langland의 《농부 피어스Piers Plowman》는 현재 50개의 사본이 존재하고, 존 가워John Gower의 《연인의 고백Confessio Amantis》은 49개의 사본이 현존한다. 이는 유럽의 전반적인 상황을 반영한다. 이렇듯 극적인 수준의 격차가 발생한 데는 여러 이유가 있다. 피렌체의 광장 곳곳에서 펼쳐진 대중 독서도 그중 하나였지만, 한 가지 중요한 이유는 분명 단테의 작품에서 뽑아 쓴 발췌문들이 치발도네를 통해 널리 퍼졌다는 점이었을 것이다. 다시 말해 아무리 부유하더라도 재미

있게 읽으리라는 사실을 모른 채 소수의 독자가 1만 4000행에 달하는 시의 필사본을 주문하고 의뢰했겠느냐는 얘기다. 잉글랜드에서는 작품 수준과 무관하게 그보다 적은 수의 사람들에게 문학이 보급되기까지 더 오랜 시간이 걸렸다.

그 밖의 유럽 전역에서도 유사한 양상이 벌어졌다. 스페인어, 독일어, 네덜란드어의 경우 소수의 중세 작품이 동시대의 사본 40여 편으로 현존하는데 전해 내려오는 것은 대부분 그보다 현저히 적다. 심지어 샤를 5세가 서적광인데다 그의 궁정은 시에 미쳐 있어서 현지의 필경사와 서적상이 먹고 살 걱정이 없었던 파리조차 독자층은 그리 대단치 않았다. 프랑스와 베네치아의 궁정시인(이자 유럽에서 여성으로는 최초로 작가생활을 업으로 삼은) 크리스틴 드 피잔Christine de Pizan은 15세기로 넘어갈 무렵 대단한 명성을 누렸지만, 작품 가운데 대다수는 몇 안 되는 최고급 증정본으로만 현존한다. 수백 년 동안 유럽 대륙에서 가장 인기 있는 시 가운데 하나였던《장미 이야기Le Roman de la Rose》는 100권이 채 되지 않는 숫자만이 현재 존재한다. 실제로 제작된 사본이 대부분 유실되었다는 점을 감안하더라도 상황은 분명히 그려진다. 유럽의 어떤 문학 언어도 인쇄술이 발명되기 전까지는 토스카나를 따라잡을 일이 없었다.

런던 사람들은 동시대를 산 피렌체인처럼 결코 그 정도로 개인용 치발도네를 쓰지 않았다. 그런데 살아남은 한 가지 진귀한 유물은 유사한 분위기를 풍긴다. 런던의 포목상(직물 장수) 존 콜린스John Colyns는 1517년경에 엮은, 수도 런던에서의 삶에 관해 생생한 창을 열어 보여주는 노트 한 권을 남겼다. 332쪽 분량의 2절판 지면에는 콜린스의 관심을 끈 온갖 것들이 꽉 들어

유럽 최초의 여성 전업 작가였던 크리스틴 드 피잔이 한 무리의 남성에게 책을 읽어주고 있다. 파리에 있었던 그의 필사실에서 그려진 그림이다.

차 있다. 시, 수수께끼, 역사적 연대기, 인용문, 왕과 왕자들의 행적, 법적 주의사항, 양피지에 금박 입히는 법에 대한 설명, 런던의 교회 목록, 일기예보("월요일에 초승달이 뜰 때 그 달에서 곧 강우가 있을 것이다") 등등. 치발도네와 마찬가지로 콜린스의 노트 역시 그로 하여금 자신의 문학적 선호를 표현하고, 가장 좋아하는 텍스트를 모은 선집을 만들고, 대단히 위계적인 번성하는 사회에서 자신의 위치를 자랑스레 나타낼 수 있게 해주었다.

그런데 이 노트에는 콜린스가 오로지 가장 신뢰하는 가족, 친구들과 공유했을 부분도 들어 있다. 다름 아닌, 왕의 최고 고문 울지Wolsey 추기경의 차오르는 권력에 대한 불만을 쏟아낸 80행의 운문이다. 이 시에는 (울지의 미천한 혈통을 언급하면서) "막된 종자, 푸줏간 주인의 상놈의 자식이 그러한 명예를 누리면서 통솔하고 통치하는 꼴을 보는 것"은 정직한 잉글랜드 남자가 도저히 견딜 수 없는 일이라고 적혀 있다. "그는 교묘한 이유를 내세워 전하의 눈을 멀게 하고 / 대역죄로 당신을 해치고 있습니다"라고 시인은 왕에게 경고한 다음, 울지가 국토를 빈곤하게 만들고 귀족들을 "양모로 입을 틀어막아" 침묵하게 했다고 고발한다. 그는 공개적 담론이 막혀 있다고 불만을 토로한다. 그래서 이 시인은 비록 왕권에 대한 충성심을 표현하는 수많은 항변에도 불구하고 "두려워서 감히 실명으로는 글을 쓰지 못한다." 따라서 콜린스의 노트는 단순히 유용한 정보, 좋아하는 시, 사회적 지위를 나타내는 표지를 수집하는 데 그치지 않았다. 말하자면 그의 노트는 반대 의견을 개진하는 공간이기도 했다.

콜린스처럼 노트 쓰기에 아주 열심인 경우가 런던에서도 있긴 했다. 그가 살았던 시기에 나온 유사한 책들의 몇 가지 사례가 전해지기도 했다. 그러나 이 관행은 이탈리아에서만큼 유행한 적이 한 번도 없었다. 그 이유에 대해서는 여러 근거를 댈 수 있다. 낮은 문해율, 덜 혁신적인 상업, 더 계층화된 사회, 더 비싼 종이 그리고 궁정을 제외하고는 활동이 거의 없는 더 잠잠한 지적 네트워크. 천박한 독서 습관 때문에 아내를 화나게 만든 잉글랜드의 잰킨스들은 거의 없었을 것이다. 더군다나 〈바스 여장부 이야기〉를 즐기는 독자 역시 그보다 더 적었을 것이다.

콜린스가 죽고 나서 한 세기가 채 지나지 않아 런던은 혁신적인 노트 작성자들의 온상이 될 터였다. 그러나 그 습속은 서서히 도래했다. 독립적인 태도를 지닌 개인들이 뭐가 됐건 영국 문화의 전반적인 변동을 반드시 반영하지는 않는 개인적인 방식으로 노트를 사용하면서다. 이는 개인적인 노트가 14세기, 15세기, 16세기에 어떻게 유럽 전역으로 확산되었는지 반영한다. 그러니까, 하룻밤 사이에 갑자기 밀려든 것이 아니라, 날마다 일하면서 노트를 사용했던 이따금 자기성찰적이었던 인물들이 주로 저녁에 백지를 보면서 그것을 어떻게 채울지 궁리하면서부터였다.

7장 | 수를 누린 LHD 244

화음을 넣어 노래하기, 1450~1600년경 볼로냐

보카치오가 초서에 미친 영향력에 관한 이야기는 북쪽으로 향하는 지식의 이동을 그리고 있다. 그런데 아이디어는 남쪽으로 흐르기도 했다. 레오나르도 다빈치, 라파엘로, 티치아노는 모두 네덜란드 화가들이 가장 먼저 통달했던 유화 기법을 아주 적극적으로 수용했다. 그리고 현재 멜버른의 한 도서관에 있는 아주 작은 노트 한 권도 유사한 문화 전송에 대한 독특한 통찰을 제공한다. 이 노트가 그곳에 있게 된 것은 오스트레일리아 태생인 루이즈 핸슨다이어Louise Hanson-Dyer 덕분이다. 중세 필사본과 초기 활자본의 열혈 팬이었던 그는 1920년대와 1930년대에 프랑스와 잉글랜드에 거주하면서 평범하지 않은 수집품을 차곡차곡 모아나갔다. 가장 볼품없어 보이는 품목 가운데 하나로, 서가번호 LHD 244로 알려진 이 물품은 놀라운 사연을 들려준다. A6가 조금 안 되는 크기에 118쪽짜리 지면으로 이루어진 닳아빠진 그 작디작은 노트는 15세기 후반기 이탈리아에서 작성되기 시작했고, 100여 년 동안 여러 다양한 손에 의해 주석이 달리면서 계속 사용되었다.

이 노트는 만듦새가 굉장하다. 안에는 최소 7가지 종류의 종이가 들어가 있는데, 4쪽에서 24쪽까지 그 범위가 불규칙하게 묶인 상태로 제본되어 있다. 페이지가 해지고, 내지가 헐거워져서 풀을 붙여 고정해놓은 부분이 두어 군데 있다. 그 과정에서 48페이지가 유실되었음을 보여주는 아주 오래된 쪽 번호는 사용 빈도가 아주 높았음을 드러내는 흔적이다. 매우 흥미롭게도 마주 보는 두 페이지를 어느 시점엔가 접착제로 붙였는데, 아마도 거기에 쓰인 것을 감추려고 그랬던 모양이다. 다른 페이지들은 표지에 딱 맞도록 잘라내 다듬어져 있었다. 제본업자들이 뚫은 구멍들을 보면 지면이 최소 세 차례 다른 식으로 배열되어 하나로 철해졌음을 짐작할 수 있다.

이러한 재료들의 혼합만큼이나 개성 넘치는 다양한 글꼴도 그에 견줄 만큼 만만찮다. 달리 말하면 어떻게 보느냐에 따라 그 노트는 고문서학자에게 꿈이거나 악몽이거나 둘 중 하나다. 우리가 양피지에 쓰인 채색 필사본을 떠올릴 때 연상하게 마련인 두껍고 진한 블랙레터black-letter체인 고딕 텍스투알리스textualis 세미로툰다semi-rotunda와 고딕 로툰다rotunda가 흘림체인 공문서용 손글씨체 챈서리chancery와 이탤릭체(우리가 종이에서 더 자주 보는 사무용 서체)와 나란히 놓여 있다. 못해도 열 명이나 되는 서로 다른 필자가 확인되었다. 다만 성씨가 기록된 것은 벨베데리스Belvederiis가 유일했다. 다른 세 사람은 두 가지 서체를 엇바꿔 씀으로써 문제를 더욱 복잡하게 만들었다. 그러다가 이후의 저자 중 한 사람이 앞서 말한 모든 서체의 글자들을 자신만의 지극히 개인적인 혼종으로 어렵사리 결합해냈다. 펼칠 당시 이미 100년이 넘었던 그 지면에 기록하면서, 선배가 해놓은 작업의 여백에 빈번하게 주석을 달았던 것이다.

낡아빠지고 앞뒤가 안 맞고 변변찮아 보일지언정 LHD 244는 음악학자들에게는 귀한 보물이다. 그 안에는 빠짐없이 전부 베껴 쓴 음악논문과 다른 출처에서 가져온 주석이 뒤섞인 채 담겨 있다. 즉 통틀어 약 40개인, 주로 음악이론을 다루는 라틴어와 이탈리아어로 작성된 텍스트가 부분부분 들어가 있다. 40쪽에 이르는 대위법(당시 태동기였던 화음 기술)에 대한 소개로 시작한 뒤 이어서 오늘날 팔분음표, 사분음표, 이분음표 체계의 전조가 되는 방법을 활용해 멜로디와 리듬의 기보법을 다룬다. 이 대목에는 가장 오래되고 단순한 교회음악인 평성가plainchant에 대한 소개, 베이스 선율 위에 음을 추가하는 요령, 〈예언자 예레미아의 애가Lamentations of the Prophet Jeremiah〉 가운데 하나에 붙인 곡도 들어가 있다. 응용을 위해 그림과 도해가 간간이 삽입되어 있다. 가령 악상 기호로 뒤덮인 눈에 도드라지는 빨간 선과 검은 선의 한손 그림은 "귀도의 손guidonian hand"을 보여주는 일례로, 악보를 보고 바로 연주할 자신이 없는 이들에게 도움이 되도록 시각화한 것이다. 익숙한 흑백 건반 위에 오르간 파이프를 그려 넣은 도해도 있다. 교황 보니파키우스 8세가 집대성한 교회법에서 발췌한 문장을 통해 이 노트의 주인은 교회에 속한 일원으로서 자신들의 권리를 상기한다. 또 성 프란치스코Saint Francis의 단식 목록, 프란치스코 성인들에게 헌정된 교송antiphon(시편psalms에 곡을 붙인 음악) 모음을 비롯한 다른 발췌문들은 이 노트의 주인이 프란치스코회 수사들이었음을 시사한다. 방언과 철자를 보면 그 태생지가 피렌체보다는 볼로냐에 더 가깝다는 사실을 알 수 있다.

유용한 약식성의 측면에서 LHD 244는 치발도네와 유사하다. 그러나 세부 제작 과정을 보면 순전히 오락적인 선집보다는 약간 더 복잡하고 숙고를 거친 것임을 짐작할 수 있다. 다른 곳에 존재했던 그 같은 텍스트들의 알려진 날짜와 결합하여 종이와 글씨체, 음악을 분석한 바에 따르면 이 노트는 15세기 후반기에 작성되기 시작한 것으로 나타났다. 그런데 1600년까지 여전히 내용이 새로 추가되고 논평이 달리고 정정이 이루어지면서 이례적일 정도로 긴 가용수명을 줄곧 누리게 되었다. 최초로 이 노트를 면밀히 연구한 음악학자 제이슨 스토슬Jason Stoessel은 LHD 244가 음악이론의 기본 원칙이 담긴 어느 교사의 편람이었다가, 프란치스코회의 어떤 재단에서 한 주인으로부터 다음 주인으로 전해졌다고 결론 내렸다. 수사들은 이 노트의 도움을 받아 세대를 거듭하며 연주하고 노래하는 법을 배웠다.

스토슬이 동료들과 함께 그 텍스트를 자세히 검토하여 프란치스코회 수사들이 어떤 종류의 음악을 만들고 있었는지 알아내게 되었을 때, 그들은 LHD 244가 그 사용기에 일어난 크나큰 변화를 증언한다는 사실을 발견했다. 이 노트는 지멜gymel이라고 알려진 영국에서 발생한 화성의 혁신을 기록하고 있다. 지멜은 하나의 성부를 제창하는 둘 이상의 목소리가 별안간 다성음으로 나뉘면서 풍성하고 질감이 살아 있는 화음을 내다가 다시 하나의 선율로 돌아가는 기법이다. 지멜은 상당한 기량을 요하는데, 흔히 하듯 즉흥적으로 연주되는 경우에 특히 그러했다. 그러다 보니 14세기가 지나는 동안 영국의 작곡가들과 음악가들이 그 형태를 가다듬는 데 수십 년이 걸렸고 그 후 15세기에 유럽 대륙으로 퍼져나갔다.

이 노트의 생애의 다른 쪽 끝에서는 두 가지 목록이 베이스 선율 위에 화음을 넣는 것에 대한 33가지 상세한 조언(아베르티멘티avvertimenti)을 제시한다. 이 요령들은 17세기 초 음악의 새로운 발전을 반영한다. 바로 바소 콘티누오basso continuo(통주저음) 연주법이다. 한 악기가 지정된 반주(악보에 제시된)를 연주하는 가운데 또 다른 악기가 조화로운 음색을 더하면서 화음을 만들어내는 것인데, 이 화음은 악보에 나와 있을 수도 있지만 대체로 즉흥적으로 만들어내는 음악가의 소관으로 남겨져 있었다. 작곡가보다는 연주자들을 겨냥한 LHD 244의 요령들은 뜻하지 않게 3온음으로 떨어지는 일을 피하면서 음계가 오르내릴 때 베이스에 적절한 음률을 얹는 법을 보여준다. 3온음은 워낙 거슬리는 음정이어서 "디아볼루스 인 무시카diabolus in musica(음악의 악마)"라는 별칭이 붙을 정도였다.[42] 오늘날 우리는 즉흥연주자라고 하면 재즈연주자를 떠올리게 마련이다. 그런데 LHD 244는 교회음악가, 특히 오르가니스트가 그 어느 때보다 정교하고 복잡해진 여러 형식을 숙지하면서 즉석에서 생각하는 법을 어떻게 익혔는지 보여준다.[43]

중세 교회음악에 관한 필사본이 많이 남아 있는데, 그중에는 하나의 성서대에 놓인 것을 성가대 전체가 읽을 수 있도록 글자와 악보가 크게 작성된 압도적인 크기의 어마어마한 코덱스들도 있다. 이런 필사본과는 스펙트럼 상에서 반대편 끝에 자리하는 것으로 스토슬은 '쾰른의 아나의 노래집 Liederbuch der Anna von Köln'을 지목했다. LHD 244와 거의 같은 시기에 작성되기 시작한 매력적인 이 작은 노트에는 라인강가의 한 수녀원에 소속된 수녀들이 수집한 라틴어와 독일어, 네덜란드어 노래가 담겼다. 이 시기가 끝나갈 무렵, LHD 244의 주인들이 통주저음 주법을 습득하고 있던 바로 그때, 원

---

42 악마를 불러내려면 C와 F#을 한 번에 연주하거나 지미 헨드릭스Jimi Hendrix의 〈퍼플 헤이즈Purple Haze〉 도입부를 들으면 된다.

43 그전까지는 1000년 동안 단선율로 음의 높낮이나 음량에 극적인 대조가 없는 그레고리오성가Gregorian chant가 일반적이었다. 1000년경 기보법이 도입되기 전까지는 연주곡목 전체를 암기해야 했고, 도제식 음악교육은 10년 동안 이어졌다. 그러다가 아레초의 구이도Guido of Arezzo가 오선에 악보를 기록하는 기보법을 표준화하면서 교육기간이 1~2년까지 내려가게 되었고 교회음악도 현저한 수준으로 더욱 흥미로워졌다.

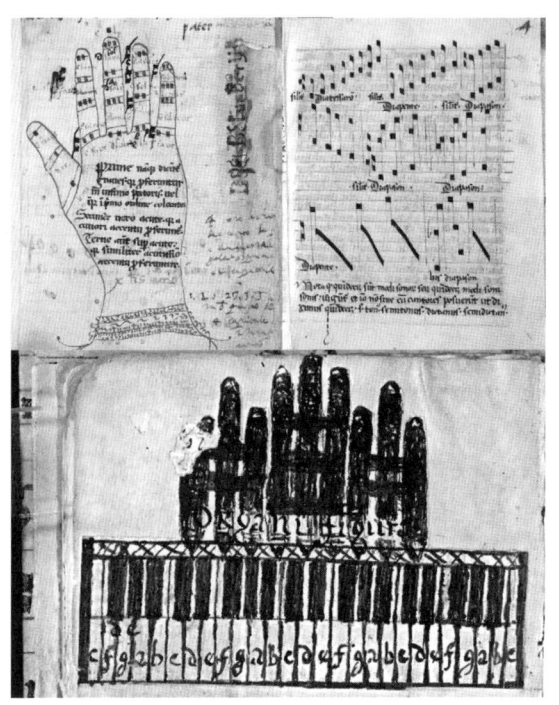

LHD 244의 작곡가들은 그림을 활용해 악상을 전달했다. 18세기 말 이전의 작곡가 모두가 그랬듯 이들도 손으로 직접 오선을 그려야 했음을 주목하기 바란다.

저의 존 볼드윈John Baldwin of Windsor은 커다란 원장에 수백 곡의 모테트motet[44]를 수집했다. 우리에게는 여러 음악논문의 수많은 정식 사본도 있다. 인기 있는 토스카나 지방 노래들의 가사를 모아서 정리해놓은 치발도네도 많다. 그러나 LHD 244는 오랜 기간에 걸쳐 진화한 한 가지 예술형식을 포착하고, 그것이 음악가들 사이에서 어떻게 전파되었는지 보여주는 방식에 있어서 독특하고 유일무이하다. 음악이론에 관한 이러한 정식 연구는 클래식음악

---

44 종교 합창곡의 일종인 다성 성악곡. (옮긴이 주)

이 전례적 성가liturgical chanting에서 훗날 바흐, 모차르트, 베토벤이 대가의 경지에 이르게 되는 화성적 정교함(이 부분에 있어서는 니나 시몬Nina Simone과 존 콜트레인John Coltrane도 포함된다)으로 발전해간 과정을 보여준다.

LHD 244의 심각한 상태와 겹겹이 달린 주석은 이 노트가 작업노트였음을 드러낸다. 연말에 종료되고 오직 참고용으로만 보유했던 사업 원장이나, 신경 써서 가정에 보관했던 치발도네와 달리, 이 노트는 수십 년 동안 줄곧 상용되었다. 이 노트의 주인들은 제자들을 가르칠 때나 본인이 작곡하여 작품을 만들어낼 때마다 매일 같이 그 안에 적힌 내용을 참조했던 것이다. 내지와 접지는 떨어져 나가거나 분해되었다. 두 페이지는 그 내용이 교리상 지지를 잃자 풀로 이어 붙여졌다. 그리고 이 노트는 한 차례 이상 수선과 재제본이 필요했다. 어떤 상황에서도 살아남은 것은 기적에 가까운 일이다. 그런데 결과적으로 바로 이 점이 한 가지 질문을 내놓는다. LHD 244의 여러 주인들 가운데 이것을 새 노트에 말끔하게 베껴 쓴 이가 어째서 한 명도 없었을까? 그처럼 작은 코덱스라면 비용도 아주 적었을 테고, 필사 작업도(서사시를 전부 베껴 쓰는 일이 일상적이었던 시대에) 능히 감당할 만한 수준이었을 텐데 말이다. 왜 그들은 떨어지면 조심스레 다시 철하고, 우연히 발견한 새 자료를 지속적으로 추가하면서 계속 이 작은 노트를 찾아보았을까?

어쩌면 감상벽이 답을 줄 수 있을지도 모르겠다. 누더기 같은 흉터투성이의, 그러면서도 실용적인 이 노트는 분명 손에서 손으로 전해지며 가치를 획득했을 것이다. 갈수록 지식과 뉘앙스가 서서히 부착되면서 커진 것이다. 자식이 없는 프란치스코회 수사들이 계승해온 신실하고 한결같은 그들의 동반자였던 이 노트는 아마도 그 수도회 공동체 안에서 함께 살아가고 죽어

가면서 하느님의 영광에 대한 음악을 만들기 위해 합심하는 동안 사제 간에 점점 깊어진 유대를 상징하게 되었을지도 모른다. 어쩌면 이 노트는 그 나름대로 성유물relic이 되었는지도 모른다.

만약 LHD 244의 관리자들이 실제로 볼로냐에 거주했다면 그 도시를 찾아온 어느 저명한 방문객을 위해서도 틀림없이 연주하고 노래했을 것이다. 여행 경험이 풍부했던 그 사람 역시 프란치스코회 수도사로 1501년 볼로냐 대학교에서 학생들을 가르쳤다. 그도 노트의 가치를 이해했고, 장차 유럽 전체에 두루 지식을 전송하는 데 한몫하게 된다. 다만 그의 전문분야는 음악이 아니라 수학이었다.

8장 | "아아, 이러다간 아무것도 끝내지 못하겠구나!"

두 노트지기, 1455~1519년 이탈리아

 부기와 회계라는 실용적 기술과 개념적 혁신은 하룻밤 사이에 유럽의 온 저잣거리로 퍼져나가지 않았다. 상인들은 본인의 필요에 따라, 그리고 원리를 제대로 파악한 정도에 따라 제각기 다른 방식으로 그 기법들을 적용했다. 아마티노 마누치만큼 엄격하게 사용하는 경우는 소수에 불과했다. 멀리 떨어진 곳일수록 상황은 훨씬 들쭉날쭉했다. 직관에 반하는 부기의 각종 개념과 틀은 전문적인 훈련을 요했기에, 이탈리아 전역에 주산학교가 확산되었고, 베네치아로 공부하러 오는 독일 상인 자제들의 행렬이 끊임없이 이어졌다. 이들은 대운하에 자리한 폰다코 데이 테데스키Fondaco dei Tedeschi, 즉 독일인 상관商館에서 지냈다. 브뤼헤, 런던, 안트베르펜의 동시대인들은 이러한 교육망을 접하지 못했다. 양모 공급업자나 지주들은 이탈리아 고객들이 가지고 있는 원장의 지면에서 무슨 일이 벌어지고 있는지 대략적으로 짐작만 했을 뿐, 거래 내역을 차변과 대변에 둘 다 기록하는 동시에 복잡한 방식으로 그 두 항을 맞추면서 이 원장에서 저 원장으로 거래 내역을 옮겨 적는 기술을 완전히 습득한 사람은 거의 없었다. 그들이 이 전문지식을 마침내 이용할 수 있게 된 것은 상인이나 은행가 덕분이 아니었다. 유랑생활을 하던 어느 프란치스코회 수사 덕분이었다.

루카 파치올리Luca Pacioli는 부유하거나 저명한 집안의 출신이 아니었다. 그러나 역사에 상당한 족적을 남길 수 있게 해준 두 가지 재능을 보유했다. 바로 수학과 네트워킹이었다. 파브리아노와 피렌체의 중간 지점인 산세폴크로Sansepolcro라는 작은 고향마을에서 통상적인 주산 교육을 받은 뒤 파치올리는 1464년 베네치아로 옮겨 갔다. 아직 십대였던 그는 리알토Rialto에 있는 한 학교에서 학업을 이어나가며 모피상 안토니오 롬피아시Antonio Rompiasi의 세 아들의 가정교사로 일했다. 파치올리는 한 세기 전에 로도스의 미카엘이 수집한 것과 유사한 실용적인 문제로 상업산술을 가르쳤다.

당시 베네치아는 이미 유럽에서 가장 큰 도시이자 세계에서 가장 역동적인 국가 중 한 곳이 되어 있었다. 갤리 상선들이 벌어들인 부로 오늘날 우리가 보는 여러 교회와 궁전에 돈을 댔다. 동시에 이 도시는 산업과 지식의 중추이기도 했다. 게다가 파치올리가 롬피아시의 세 아들을 가르치는 동안 그곳에서 최초로 인쇄기가 탄생했다. 1468년 마인츠(13년쯤 전에 구텐베르크가 성경을 찍어낸 곳) 출신 독일인 형제가 베네치아에 정착했고, 1년이 지난 뒤부터 책을 인쇄하기 시작했다. 형제가 키케로의 편지를 묶어서 출간한 초판은 금세 재판을 찍었다. 5년이 지나지 않아 베네치아에서는 인쇄소 12곳이 가동되면서, 아주 두꺼운 종교서와 고전의 아름다운 판본을 제작했다. 파치올리는 틀림없이 호기심을 품고서 이러한 발전상을 지켜보았을 것이다. 정작 본인은 출판할 만한 가치가 있는 글을 전혀 쓰지 않았을지라도(게다가 인쇄된 책 한 권을 살 수 있을 만한 형편도 분명 아니었을 테지만) 말이다.

1470년 롬피아시 집안을 떠나 파치올리는 로마로 이주했다. 그리고 예술가이자 건축가이며 암호전문가이자 철학자이고 시인이자 운동선수였다는 점에서 어쩌면 모든 르네상스인을 통틀어 가장 르네상스적인 만능인이라고 할 만한 레온 바티스타 알베르티Leon Battista Alberti와 우정을 나누기 시작했다.[45] 파치올리보다 연배가 43년 위인 알베르티는 이미 30년쯤 전에 원근법을 뒷받침하는 수학을 계산해냈다. 1435년 《회화론De Pictura》이라는 저서를 완성하면서다. 파치올리를 만날 당시 교황청 상서원의 서기관이었던 그는 청년 파치올리의 멘토가 되어 (연이은 두 명의 교황을 비롯한) 교회의 최고위직 인사들과 접촉할 수 있게 해주고, 결정적으로 갈수록 커져만 가는 바티칸의 도서관을 개방해주었다.

　1472년 알베르티가 세상을 뜨자 파치올리는 다시 여행길에 올랐다. 그는 프란치스코회 수사가 되었다. 바티칸 인맥 덕분에 프란치스코 수도회의 통상적인 청빈 의무로부터 면제되는 특별허가를 얻어낼 수 있었고, 수도원에 정주하지도 않았다. 대신 파치올리는 성직자 지위로 보호받으면서 다툼이 끊이지 않는 이탈리아의 여러 국가를 자유로이 돌아다녔고, 그 후로 20년 동안 로마, 자다르, 페루자, 나폴리, 우르비노 사이를 오가며 여행하고, 공부하고, 가르치면서 시간을 보냈다. 우르비노에서는 그 도시의 젊은 대공을 가르치기도 했고, 어쩔 수 없이 떠나야 한 적도 있었다. 1491년 짐작컨대 뭔가 성적으로 부적절한 행위로 인해 산세폴크로에서 젊은 남성들을 가르치는 일을 금지당한 것이다. 여기저기 이동해 다니는 생활방식은 그의 조사활동에 도움이 되었다. 그는 여행길에서 배움을 얻을 만한 수학자들을 찾아냈고, 희귀 필사본을 찾아 수도원의 서고를 샅샅이 뒤졌다. 1494년 초 베네치아로

45　알베르티의 노트는 분명 엄청났을 텐데, 안타깝게도 현존하지 않는다.

돌아왔을 때 그는 짐 속에 상당한 양의 필사본을 챙겨왔다.

베네치아는 이미 그를 맞을 만반의 준비가 된 상태였다. 초반에 몰아친 고전작품의 호화 판본 돌풍은 결국 파산 속출(초창기 인쇄소 12곳 중 9곳이 망했다)로 끝나고 말았지만, 현지에서 생산되는 저렴한 종이를 등에 업은 동시에 교육용 도서와 학습 안내서라는 좀 더 믿을 만한 시장을 발견하면서 신생 출판 산업이 다시금 딛고 일어선 상태였다. 파치올리가 떠나 있는 동안 프랑스와 독일의 숙련된 인쇄업자들이 도시로 몰려들었고, 당시 약 200곳의 인쇄소가 성업 중이었다. 이제는 든든한 연줄을 보유한 프라Fra[46] 루카는 후원자와 출판업자를 모두 찾아냈다. 베네치아에서 가장 유서 깊은 귀족가문으로 꼽히는 집안의 자손인 마르코 사누도 Marco Sanudo로부터 자금을 확보한 상태에서, 수학에 지대한 관심을 가진 파치올리는 자신이 가져온 엄청난 필사본을 파가니노 데 파가니니 Paganino de Paganini에게 넘겨 책의 인쇄를 맡겼다. 이 인쇄 장인은 전문적인 수학 지식이 없는 탓에 오자를 놓친 경우가 수두룩했지만, 그것은 거의 문제가 되지 않았다. 그가 1년간 들인 노고는 중대한 결실을 낳았다.

자신이 알아낸 수학 지식을 총망라하여 집대성한 야심작인 파치올리의 《산술집성 Summa de arithmetica, geometria, proportioni et proportionalita》은 모든 종류의 다양성을 묶어버리는 '헐렁한 괴물 baggy monster' 같은 책이다. 일반적인 2절판 크기의 고급 용지에 거의 50만 개의 단어를 자간을 바짝 붙여 빽빽하게 인쇄한 650쪽 분량의 이 책은 유럽의 수학 지식의 수준을 포괄적으로 압

---

46 '형제'라는 뜻으로 수사의 이름 앞에 붙는 칭호다. (옮긴이 주)

축해서 보여준다. 게다가 폭넓은 독자층을 상정한 책이기도 했다. 즉, 프라 루카는 라틴어가 아니라 일상적인 비격식체인 토스카나어로 써서 기초교육을 받은 사람이라면 누구나 쉽게 접근할 수 있도록 했다. 이 책은 이론과 실용산술에 관한 일반논문(파치올리가 어느 수도원의 서가에서 발견한, 당시에는 거의 알려지지 않은 피보나치의 《산반서Liber Abaci》 등)과 대수학, 통화 변환, 곱셈표, 이탈리아 국가들의 도량형, 유클리드기하학의 요약, 아르키메데스와 유클리드, 피에로 델라 프란체스카Piero della Francesca에 관한 설명 소개를 결합해놓았다. 그리고 안쪽 깊숙이 파묻혀 있는 《산술집성》 제9권에서는 간결하면서도 굉장히 알아보기 쉽도록 복식부기 과정을 제시하면서, 정확히 어떻게 사업을 운영해야 하는지(그리고 어째서 피렌체-베네치아의 복식 기장 체계가 최고의 방법인지) 상세히 설명한다. 그는 이렇게 서술한다. "복식 기장이 없었다면 사업가들은 밤에 쉬이 잠을 이루지 못했을 것이다. 근심걱정으로 밤새 깨어 있었을 테니."

상업산술을 가르치면서 수십 년에 걸쳐 갈고 닦은 프라 루카의 명쾌한 지침들은 그처럼 잠 못 이루는 밤을 맞지 않도록 복식부기의 원칙과 실제를 완벽할 정도로 명확하게 제시한다. 그는 아라비아숫자를 사용하는 법, 손익계정을 만드는 법, 재무제표의 초안을 작성하는 법, 연말에 결산하는 법 등등을 설명한다. 아마티노 마누치가 봤더라면 완전히 마음을 놓았을 것이다. 또 파치올리의 "베네치아식" 대변·차변 열의 채택이 제공한 명확성의 진가를 알아보았을 것이다. 마누치 시대 이후에 도입된 간단한 레이아웃 요령으로, 등식의 양변을 보다 용이하게 시각화하는 방법이었다. 이러한 기법들 덕분에 이탈리아의 상업은 200년 동안 줄곧 흥성하면서 바르디 가와 메디치가 같은 다국적기업을 추동하고 제노바, 베네치아, 피렌체의 광범위한 무역망을 지탱했다. 그런데 이제 파치올리는 이 같은 연결성의 범위를 확장시켰다. 그는 정부당국과의 거래를 원활히 하고("공무원들은 선의를 지니고 있지만 경험이 부족하다"), 세금을 조정하며, 동업관계의 경계를 분명히 설정하고, 경비를 관리하며("잃은 내기"는 "특별 항목"으로 계산해야 한다), 부업으로 별도의 사업체를 운영하고, 출장비 내역을 처리하며, 계산서를 만들고, 결산하고, 회계연도 말에 마감하는 데 부기가 어떻게 활용될 수 있을지 보여주었다. 파치올리가 직접 쓴 내용에 따르면 다음과 같다.

> 상업적으로 발생하는 각종 문제와 규칙은 하나같이 백중[47] 단위, 천 단위, 파운드, 온스, 투자, 판매량, 이윤, 손실, 출장 또는 상품 운송, 무게, 양, 이곳저곳의 돈 때문에 발생한다. 그리고 가격 계산은 이윤, 손실, 용기의 중량, 증여, 신탁, 다양한 지역에서 부과되는 수입세와 수출세, 중개인들을 통해 붙는 판매세, 운송비, 요금, 마구간 설비, 고용, 임대차, 지대, 집안 살림을 맡은 고용인들의 봉급, 대리인들의 수수료, 일꾼의 임금처럼 짐작되는 기타 모든 강제 징수금에 따라 제한받는다. 상관습에 따른 평가절상, 평가절하, 금은, 구리, 무게의 경중, 모든 도량 단위의 과잉과 부족, 길이, 너비, 높이, 두께.

---

47 헌드레드웨이트hundredweight라고도 하며 cwt로 표기한다. 영국에서는 1cwt가 112파운드(약 50킬로그램), 미국에서는 100파운드(약 45킬로그램)다. (옮긴이 주)

그는 상업산술에 편지 쓰기, 기록 관리, 서류 철하기(나아가 업장 노트, 할 일 목록의 주요소)에 관한 훌륭한 실무 지침을 추가했다. 요컨대 《산술집성》 제9권은 15세기가 제공할 수 있었던 경영대학원MBA 교재에 가장 근접한 것이었다. 그런데 포부가 남다른 이 책의 독자들이 소화한 제일가는 교훈 가운데 하나는 바로 모든 사업에는 최소한 4권의 백지장부(메모리알레, 즉 일기장, 조르날레, 즉 분개장, 콰데르노, 즉 총계정원장, 그리고 서신용 대장)가, 어쩌면 스콰르토폴리아squartofoglia, 즉 폐기 대장waste book까지 총 5권이 필요하다는 가르침이었다. 이 장부들은 "큰 문제와 혼란"을 피하기 위해 제대로 관리되어야 했다. 당신의 재운은 당신의 노트들에, 그리고 당신이 그 노트들을 얼마나 잘 활용하는지에 달렸다.

경영서로서 이 책을 원하는 독자도 있었지만, 순전히 수학과 기하학을 배우고 싶어 하는 독자도 있었다. 이러한 두 독자층이 한꺼번에 파치올리의 벽돌책으로 달려들었다. 파가니니는 평균적으로 찍어내는 부수인 2000부를 훨씬 뛰어넘는 수량을 다 팔았다. 그리고 파치올리는 (이례적으로) 베네치아 당국으로부터 오늘날의 저작권에 해당하는 이 책에 대한 복제권copyright을 인정받아 작업물이 무단 복제되는 일을 막을 수 있었다. 그는 공개강연을 진행했고, 현격한 지위 상승을 알려주는 표지인 초상화가 그려졌다. 야코포 데 바르바리Jacopo de'Barbari가 그린 그의 초상화에는 잘생긴 빨간 머리 학생에게 유클리드기하학을 설명하고 있는 수사 파치올리의 모습이 담겼다. 프라 루카는 당시에 이미 마에스트로Maestro 루카가 되어 있었고, 자신의 노동으로 섭섭지 않을 정도로 이문을 남긴 파가니니는 이후로 10년간 그 책의 재판을 두 차례 더 찍게 된다.

파치올리는 당대의 수학 지식을 모으고 보급함으로써 이뤄낸 놀라운 성취 덕분에 유럽 지성사에서 가장 중요한 인물로 꼽히게 되었다. 본인만의 고유하고 유의미한 사상은 전혀 없었음에도 불구하고 말이다. 만약 그가 교제한 저명한 벗들의 그림자에 가려지지 않았더라면, 파치올리는 아마 오늘날 더 많이 알려졌을 테고, 더 크게 찬양받았을지도 모른다. 1496년 파치올리의 독자 중에 그와 같은 토스카나 사람으로 119리라를 내고 《산술집성》[48] 한 부를 구입한 이가 있었다. 그 사람은 자신의 후원자인 루도비코 스포르차Ludovico Sforza에게 베네치아에 있던 파치올리를 밀라노로 불러들이라고 권유했다. 두말할 것 없이 그처럼 걸출한 연줄이 생겼다는 데 신이 난 파치올리는 서쪽으로 길을 나섰고, 그렇게 역사상 가장 고무적인 지적 관계 중 하나가 시작되었다. 그 후로 10년 동안 대부분의 시간을 함께 보내는 벗이 되는 파치올리의 독자는 다름 아닌 레오나르도 다빈치였다.

두 사람은 외모가 전연 딴판이었다. 레오나르도는 얼굴형이 길쭉하고 턱수염과 머리카락을 길게 길렀으며 대체로 모자에서 양말까지 대담하고 화려한 분홍색과 자주색 차림이었다. 파치올리는 약간 창백한 얼굴과 삭발한 머리를 꾸밈없는 금욕적인 가운으로 에워싸고 다녔다. 게다가 파치올리와 달리 레오나르도는 여러 조수들, 그리고 살라이라는 도벽이 있는 십대와 함께 지내는 정신없는 집안을 챙기느라 좀체 혼자 있는 법이 없었다. 그러나 이런 차이점을 차치하면, 다섯 살 터울(레오나르도가 더 어렸다)인 두 사람은

---

48 《산술집성》은 비싼 책이었다. 잘나가던 레오나르도가 보유하고 있던 저축액의 10분의 1가량, 또는 파치올리가 맡았던 자리인 대학교원의 주급 총액 정도에 해당하는 금액이었을 것이다.

베네치아에서 강의 중인 프라 루카 파치올리를 그린 야코포 데 바르바리의 초상화. 파치올리의 뒤쪽에 보이는 남성의 정체가 화가 알브레히트 뒤러Albrecht Dürer라는 설도 있다.

공통점이 많았다. 둘 다 피렌체 외곽에 자리한 소도시의 평범한 집안에서 성장했고, 잠시도 가만히 있지 못하는 성정이었으며, 광범위한 호기심을 특히 기하학에 대한 큰 관심과 결합했고, 게임과 마술, 수학 퍼즐을 즐겼다. 또한 현재 거의 사실로 추정되는 동성애 성향으로 야기된, 본인들이 자초한 곤경도 권위를 활용해 넘김으로써 살아남았다. 알베르티의 책을 면밀히 읽은 독자였던 만큼 레오나르도는 로마의 그 박식가와 파치올리가 예전에 친밀한 사이였다는 점에 틀림없이 강한 흥미를 느꼈을 것이다. 파치올리는 스포르차의 궁정 한복판에서 빛나는 매력적이고 사교적인 스타를 보고(대부분의 사람들처럼)충격에 가까운 강렬한 인상을 받았을 개연성이 크다.

통상通商은 레오나르도가 결코 흥미를 느낀 적이 없었던 몇 안 되는 현상에 속했다. 할 일 목록을 보면 부기가 아니라 "마에스트로 루카에게 [제곱] 근으로 곱셈"하는 법을 배우고 싶어 했다는 사실을 알 수 있다. 그는 이미 《산술집성》의 배수, 분수, 마방진 부분을 다 꿰고 있는 상태였다. 파치올리의 다른 독자들과 달리 레오나르도에게는 노트를 써야 한다는 말을 할 필요가 없었다. 어디든 가는 곳마다 노트를 들고 다녔으며, 다 채운 노트들이 벌써 여러 권 잔뜩 쌓여 있었기 때문이다. 그 노트들을 들여다보기 전에 우리는 그러한 규칙적인 습관이 어디에서 비롯하였는지 물어봐야 한다.

아주 어린 시절부터 레오나르도는 유용하면서도 창조적인 방식으로 백지장부를 쓰는 사람들 틈에서 생활했다. 빈치Vinci라는 소도시에서 자란 소년 레오나르도는 주산학교에서 기초적인 상업산술 교육을 받았고, 양심적이고 성실한 부기의 중요성을 배웠다. 그의 부친(피렌체에서 거주하고 일했다)과 조부(사생아로 태어난 레오나르도를 데리고 살았다)는 모두 공증인이었는데, 각종 증서와 계약서의 초안을 작성하는 데 작은 노트를 사용했고, 리브리 디 세그레티에 가계부를 썼다. 애석하게도 둘 중 어느 한 집안의 치발도네도 전해지지 않는다. 그러나 이때는 피렌체에서 노트의 전성기였으므로, 레오나르도는 분명 그에 관해 모르는 게 없었을 것이다. 그도 그럴 것이, 십대 시절에 이미 치발도네와 관련된 지역경제와 밀접한 관계를 맺고 있었기 때문이다. 피렌체에서 그는 성공한 예술가인 안드레아 델 베로키오Andrea del Verrocchio의 도제가 되었는데, 베로키오가 다름 아닌 서적 공방을 운영했던 것이다. 카르톨라이가 밀집한 책방 거리에서 살짝 벗어난 비아 기벨리나Via Ghibellina에 있는 베로키오의 자택 바깥에 작업장이 있었다. 베로키오(본업은 메디치가를 위해 조각품을 만들어내는 것이었다)는 그곳에서 치발도네를 주문

받아 제작하기도 했다. 적어도 3권 정도가 현재 남아 있는데, 선별된 작품의 밀접한 유사성과 삽화(수준이 높지 않아서 확실히 레오나르도의 손과는 무관하다)를 통해 베로키오의 공방에서 생산된 것임을 확인할 수 있다. 그중 한 권에는 첫 번째 주인이 출처와 가격을 자랑스레 기록해놓았다. "이 장부 한 권에 지불되는 가격으로, 10리라가 들었다." 틀림없이 쉽게 구할 수 있는 다른 백지장부들이 있었을 것이다. 이를테면 직원들과 도제들이 참고했을 베로키오의 스케치북과 견본서들 말이다. 그러니 레오나르도가 자신만의 노트를 쓰기 시작한 것도 놀랄 일은 아니다.

그러나 순전히 그 방대한 규모와 범위, 질적인 측면에서 레오나르도의 노트는 차별화된다. 치발도네를 썼던 숱한 피렌체인들 가운데, 스케치북을 썼던 그 모든 이탈리아의 예술가 또는 기술자들 가운데, 노트를 가지고 레오나르도가 했던 일을 해낸 사람은 단 한 명뿐이었다. 레오나르도의 노트를 더 제대로 이해하기 위해 나는 레오나르도 다빈치에 관한 연구의 주요 권위자로 꼽히는 마틴 켐프Martin Kemp 교수와 이야기를 나눴다. 켐프 교수는 지난 50년 동안 레오나르도의 노트를 면밀히 연구해왔다. 동시대의 노트라는 보다 광범위한 맥락에서 레오나르도의 노트를 볼 수 있는지 질문하자 그는 "사실상 그와 아주 유사한 것은 없어요"라고 말한다. "현존하는 것 중 가장 가까운 것은 공학기술 노트나 피렌체, 시에나, 독일에서 나온 논문들입니다. 그러나 안의 내용을 보면 아주 다르죠." 레오나르도의 노트는 기베르티나 루첼라이가 썼던 것과 같은 치발도네나 야코포 벨리니Jacopo Bellini가 갖고 있던 것과 같은 예술가들의 견본서와도 딱 맞아떨어지지 않는다. "특이했죠. 동시대인은 뭐가 뭔지 전혀 갈피를 못 잡았을 거예요"라고 켐프 교수는 결론 내린다.

따라서 1496년 말 파치올리가 레오나르도의 노트를 보았을 때 분명 깜짝 놀랐을 것이다. 오늘날 우리가 어두침침한 박물관의 진열장에서 드물게 엿볼 기회를 얻거나, 아니면 이제는 접근성이 좋아진 훌륭한 디지털화된 버전의 노트들을 마우스로 클릭해서 봤을 때 놀라는 것처럼 말이다. 처음에는 순전히 그 양만으로도 깊은 인상을 받았을 것이다. 6000여 장(달리 말하면 1만 3000페이지)이 살아남았는데, 전문가들이 추산한 바에 따르면, 원본 전체의 약 4분의 1에 해당하는 분량이라고 한다. 이는 레오나르도가 1년에 약 1000페이지의 속도로 노트를 채워나갔음을 의미한다. 그것도 하나같이 강박적이라고 할 만큼 각종 소묘, 도해, 특유의 거울 글씨로 온통 도배하다시피 하면서 말이다. "어느 시점엔가 알아냈어요. 만약 그것들을 모두 모아서 합하면 대략 50권에 달하는 학술서 분량의 책을 썼음이 분명하다는 사실을요. 그는 결코 쉬는 법이 없었어요"라고 켐프 교수는 말한다.

피렌체의 부기 담당자처럼 레오나르도 역시 서로 다른 목적에 따라 서로 다른 판형의 노트를 썼다. 공식적인 2절판 대형 장부부터 뭐든 생각거리나 관찰거리가 번뜩 떠오를 경우에 대비하여 허리띠에 끼워 넣고 다닌 작은 포켓북까지 엄청나게 다양하다. 보다 중시되는 논문을 엮을 때는 낱장을 접어 만든 접지를 묶어서 모은 뒤 하나로 제본하여 한 가지 주제에 관한 기록들이 한 곳에 있도록 만들었다. 그는 하루에 몇 시간씩 노트에 글을 쓰고 그림을 그렸던 게 분명하다. 파치올리가 놓쳤을 리 없는 습관이다. 그는 레오나르도의 어깨 너머로 무엇을 보았을까?

강박적인 반복과 변주. 다시 말해 레오나르도는 어떤 관심사항을 발전시킬 때, 유용성 여부에 상관없이 수년간 쉴 새 없이 조금씩 잠식해 들어가곤 했다. 따라서 파치올리는 200개의 볼록거울 그림, 수천 개의 기하 도표, 비행 기계와 곤충, 새를 그린 500개의 삽화, 물의 방향을 바꾸거나 물을 끌어올리거나 퍼 올릴 수 있는 장치들의 100여 가지 설계도를 봤을지도 모른다. 이러한 집요함은 레오나르도가 지닌 매우 중요한 핵심 자질 가운데 하나였다. 그러면서 장난스럽기도(일정한 간격으로 불쑥불쑥 등장하는, 턱이 코에 닿을 듯 독특하게 생긴 "합죽한" 노인의 옆얼굴을 그린 스케치 수십 점을 달리 어떻게 설명하겠나?) 했다. 이 그림들은 레오나르도가 해당 지면에 놀이삼아 즐기면서 그린 소묘였던 것으로 보인다.

레오나르도는 뭔가를 분석적으로 보는 가장 좋은 방법은 바로 그것을 그려보는 것임을 잘 알았다. 물에 매혹 당한 그는 파도, 소용돌이, 회오리, 거품, 개울, 물살, 와류를 수도 없이 그렸다. 인체도 마찬가지였다. 그는 40명이 넘는 살아 있는 인간들의 몸을 측정하여 그 비례를 기록했고, 30구가량의 시체를 열어보고 골격, 척추, 손과 발의 뼈를 그렸다. 근육과 힘줄을 겹겹이 쌓아 그것들의 복잡하고 정교한 상호작용을 더욱 제대로 이해하고자 했고, 잘라낸 두개골과 움푹 들어간 눈구멍 안에 든 눈, 자궁 속의 태아도 그림으로 남겼다. 심장 주변의 혈류를 분석하여 세계 최초로 동맥경화증을 사후 진단했으며, 대동맥판이 솟구쳐 흐르는 피의 역류를 어떻게 관리하는지 알아냈다. 그는 실눈을 뜨고 입술과 혀의 아주 미세한 근육, 그리고 그보다 훨씬 작은 안구 뒤에 자리한 중심와 ^{fovea}를 관찰했다. 해부학 논문 한 편에만 명인다운 고도의 기교를 보여주는 그림 240점과 단어 1만 3000개가 들어가 있는데, 말馬에 대해서도 거의 비슷한 수준으로 다루었다. 그는 달 표면에 관해 상세히 연구하면서 빛이 반사되는 방식을 설명했다. 그는 색채를 분석했는데, 태양의 움직임에 따라 나뭇잎의 색조가 어떻게 변화하는지 주의 깊게 기록하고, 풍경이 저 멀리 옅게 희미해지는 모습을 묘사했다.

이러한 그리기 습관은 그의 가장 중요한 분석 도구 가운데 하나와 맞물렸다. 바로 유추analogy다. 이 예술가는 자연을 자세히 그리다 보니 기저에 깔린 구조와 겉으로 드러난 디테일을 모두 파악할 수밖에 없었다. 그리고 이런 식의 면밀한 검토는 레오나르도가 돌돌 말린 머리카락과 물의 움직임, 발아하는 씨앗과 인간의 심장 주변 혈관, 밧줄과 지렛대, 그리고 힘줄과 뼈 사이의 유사성에 주목하면서 놀라운 연결 짓기를 하도록 이끌었다. 이러한 연결 짓기는 산만함(켐프 교수의 표현에 따르면 "병적인 수준의 수평적 사고lateral thinking")을 드러내는 증거일 테지만, 그 결과는 "그가 언제나 더 나아간 가능성을 볼 수 있었다"는 것이었다.

그런데 파치올리는 선화線畵뿐 아니라 글도 보았을 것이다. 레오나르도는 글쓰기 또한 강박적으로 했기 때문이다. 즉, 그의 소묘에는 대부분 글씨가 번지는 일을 피하기 위해 왼손으로, 그리고 오른쪽에서 왼쪽으로 오해의 여지없이 확실한 필체로 쓴 텍스트 같은 것이 따라붙는다. "그 글씨들은 읽기가 힘들어요. 거꾸로 뒤집혀서가 아니라 그냥 극도로 끔찍한 중세 말기의 손글씨라서요"라고 켐프 교수는 말한다. "어떻게 한 사람이 그토록 경이로울 정도로 펜을 자유자재로 쓰면서 동시에 그토록 지독한 악필일 수 있었는지 도저히 이해가 안 갔죠." 레오나르도는 시각적 관찰을 언어적 표현으로 바꾸었다. 일례로, 한 노트에서는 8페이지 분량으로 물이 움직이는 방식을 관찰한 730가지 그림을 열거하고, 그것을 묘사하는 67가지 단어를 늘어놓는다. 그는 여행자들의 이야기를 수집했다. 상인들의 대화를 활용하여 레반트 지역을 둘러본 여정에 관한 설득력 있는 이야기를 꾸며냈다. 그는 여러 전문가와 자신이 읽은 책을 통해 알게 된 내용을 기록했다. 파치올리는 알베르티의 《회화론》 옆에 나란히 적힌 자신의 《산술집성》에서 옮겨 쓴 문장들을 우연히 발견했을지도 모른다. 레오나르도는 프란체스코 디 조르조$^{Francesco\ di\ Giorgio}$가 쓴 건축에 관한 논문을 소장하여 주석을 달기도 했다. 그리고 오비디우스의 《변신이야기》와 단테의 《신곡》에서 뽑아 쓴 발췌문을 비롯하여 치발도네를 구성하는 몇 가지 주요소들도 섞여 들어가 있었다.

파치올리는 레오나르도가 자신의 생각을 보다 제대로 다루기 위해 종이에 적어서 외재화하고 있음을 곧바로 알아차렸을 것이다. 그런데 이 지점에서 그 과정이 전체적으로 완전히 더 높은 차원으로 올라가는 것을 지켜볼 수 있었다. 레오나르도는 일단 관찰하고 나면, 지금까지도 눈부시게 빛나는 풍부한 상상력을 발휘한 창조적인 작업을 시작하곤 했던 것이다. 그의 설계는 고용주들의 가장 실제적인 필요에 부합할 만한 것들이었다. 운하, 갑문, 제분소, 해자, 그리고 그런 것들을 건설하는 데 필요한 토공기계와 준설기, 채굴기, 또 펌프와 파이프, 밸브, 사이펀, 분수, 그리고 기중기와 승강장치, 인쇄기, 보일러장치, 그라인더, 물레방아. 그는 전장을 가로질러 금속을 날리는 대포(실제로 제작되지는 않았다)와 무대용 대포(폭죽을 쏘는 용도로 실제로 제작되었다)를 설계했다.

제약 없이 상상력을 뛰놀게 하면서 그는 12가지 비행기계를 설계했고, 결국은(마찰 저항 덕분에) 하나같이 성공적으로 작동하지는 못하리라고 끝맺는 영구운동 장치들로 28페이지를 엮었다. 켐프 교수는 이러한 작업물의 대부분을 꼭 현실성이 있지는 않더라도 잠재적 고용주들에게 강한 인상을 남기려고 의도된 "보여주기식 과시"라고 표현한다.

　레오나르도의 그림 실력은 베로키오의 작업실에서 받은 예술교육의 수준을 반영했다. 그런데 과학적 관찰 능력 덕분에 조토가 그랬듯 선배들을 능가할 수 있었다. 파치올리는 레오나르도의 노트에 든 내용과 레오나르도가 공적으로 의뢰받은 작품을 비교해보면서 창작자가 습득한 과학적, 수학적, 해부학적 지식이 그림에 어떤 식으로 표현되었는지 즉각 알아보았을 것이다. 두 사람이 처음 만났을 때 레오나르도는 〈최후의 만찬The Last Supper〉을 그리고 있었다. 12년쯤 뒤 두 사람이 헤어질 때는 이미 〈모나리자Mona Lisa〉를 그리기 시작한 상태였고, 그사이에 완성까지는 아니더라도 거대한 말 조각(청동 약 80톤이 소요되는), 스포르차 가문의 성에 들어가는 무수한 장식벽화, 오늘날까지 경이감을 자아내는 그림들을 비롯하여 여남은 주요 작품에 공을 들이고 있었다. 일명 〈철공업자의 아름다운 부인La Belle Ferronière〉으로 알려진 〈밀라노 귀족 부인의 초상〉, 〈성 안나와 함께 있는 성모자The Virgin and Child with St Anne〉, 〈성모와 실패The Madonna of the Yarnwinder〉는 하나같이 그 노트들과 다수의 연결성을 내보인다. 피부에 떨어지는 빛, 바위틈에서 자라난 꽃 한 송이, 손가락 끝, 동그랗게 말린 머리칼, 늘어뜨린 망토, 폭포의 급류. 즉, 모든 디테일, 모든 효과가 그 노트들의 지면에 그려진 습작과 매칭될 수 있다.

　그런가 하면, 그저 레오나르도라는 인간 존재와 관련한 일에서 비롯한 보다 일상적인 기록도 존재했다. 그러니까 여행 때 챙길 각종 물품과 옷가지의 목록, 그림을 그리는 데 쓰는 도구들, 결코 완벽하게 습득하지 못한 언어인 라틴어 어휘. 그는 직원들의 임금과 어머니의 장례식에서 발생한 비용을 빠

코덱스 트리불자누스Codex Trivulzanus에서 레오나르도는 권위 있는 라틴어에서 온 단어들을 열거했다. 장난스러운 "합죽한" 옆얼굴은 그의 노트에 반복적으로 나오는 이미지다.

짐없이 기록했다. 그는 가계도를 그렸는데, 아마도 본인과 이복형제들 간에 전개된 논쟁적인 관계를 분명히 보여주기 위해서였던 것 같다. 그는 친구들과 후원자들에게 보낼 편지, 궁정에서 열린 토론회의 연설문, 심야 스탠드업 코미디공연의 대본에 등장할 법한 제멋대로 날뛰는 음경에 대한 호통 글의 초안을 작성했다. 그는 미완성 작품들, 공부할 작정인 영역들, 자문을 구하고 싶은 전문가들의 목록을 열거했다. 마에스트로 루카를 언급한 바로 그 목록에서는 "밀라노를 그리"고 "갑문, 운하, 물레방아 수리하는 법을 배우기"로 계획했다.

그런데 호기심을 자극하는 한 가지 부재가 존재한다. "그 노트들과 관련하여 가장 독특한 점 가운데 하나는 바로 개인적인 내용이 전무하다시피 하다는 거예요"라고 켐프 교수는 언급한다. 내적 자기성찰의 결여는 레오나르도가 일반적으로 보인 누구도 막을 수 없는 크나큰 탐구심과 극적인 대조를 이루는데, 이 특징은 심지어 가장 감정적인 순간(켐프는 레오나르도가 아버지의 죽음을 마치 리브로 데이 모르티libro dei morti에 그 사실을 기재하는 공증인처럼 기록하는 방식을 든다)에도 적용된다. 다른 경우(살라이가 문제를 일으키고 있다거나, 당국에서 사후 해부를 방해하고 있을 때)에는 레오나르도가 뭔가 거슬리는 데서 오는 약간의 짜증스러움을 실제로 드러내기도 하지만, 어디까지나 경미한 수준인데다 극히 드문 일이다. 그보다 자주 등장하는 것은 자신의 주의 산만함이나 진척 없는 상황을 인지했을 때 살짝 분노가 섞인 짜증을 표현하는 것이다. "아아, 이러다간 아무것도 끝내지 못하겠구나!" 그의 여러 노트에서 되풀이되는 주제다.

"등골이 찌릿함" 이 노트들을 보는 경험에 대해 질문을 받은 켐프 교수는 두드러지게 동적인 언어를 쓴다. "물질로서 그 노트들은 보기 드문 밀도를 지녔어요. 이처럼 깨알 같은 글씨로 엄청난 속도로 굉장히 급하게 쓰인 작은 노트들이죠. 필사적이라고 할 만한 밀도죠. 뭔가 다른 것이 떠오르면 얼른 메모해야 했어요. 그러고는 원래 하던 생각으로 되돌아가고 딴 데로 빠졌다가 다시 그 페이지로 돌아가 덧붙여 쓰게 되는, 아주 정신없는 일이죠." 그리고 이러한 생각의 흐름이 한창 진행되는 와중에 "도식적인 것부터 자연주의적인 사실적 이미지까지 시각적 강렬함과 관찰의 섬세함"을 갖춘 보다 정제

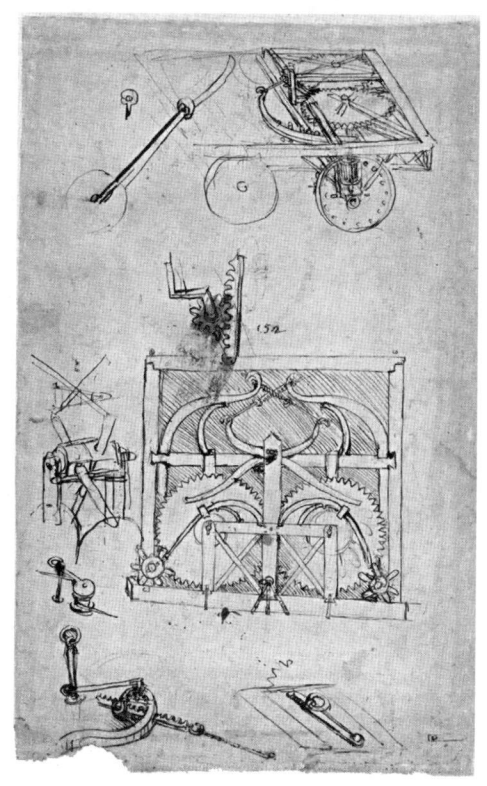

코덱스 아틀란티쿠스Codex Atlanticus에 수록된 용수철 추진 기계장치.

된 그림들이 극적인 대조를 부여한다.

레오나르도와 파치올리는 가까운 친구사이가 된 듯하다. 그리고 분명 진지하고 열정적인 지적 관계를 맺으면서, 여러 번 이주하는 동안에도 내내 서로의 벗으로 자리를 지켰다. 밀라노, 만토바, 피렌체에서 두 사람은 저마다 전문지식을 넓히고 서로 지식을 교환했다. 레오나르도는 비례, 대칭, 수학적 원근법, 피보나치 수열 같은 수학적 현상, 황금비를 공부하면서 파치올리의 수학적 학식을 캐냈고, 파치올리의 다음 책에 들어간 일련의 근사한 삽화를 그려줌으로써 은혜를 갚았다. 1498년 2월 마에스트로 루카는 새로 사귄 친구의 "은혜로운 왼손"이 삽화를 그린 《신성비례De Divina Proportione》를 완성했다. 이때 레오나르도는 4면으로 된 정사면체에서 20면으로 이루어진 정이십면체까지 6가지 플라톤 입체Platonic solid에 관한 정확한 창이 되어주는 일련의 삽화를 통해 달인의 경지에 오른 원근법과 기하학을 뽐냈다. 레오나르도의 노트처럼 파치올리의 새 책은 페이지마다 여백에 각종 기하학 개념을 명확히 설명하는 원, 삼각형, 사각형들이 가득했다. 마에스트로 루카는 이번만큼은 서둘러 인쇄하지 않았다. 대신에 필사본 형태로 책을 배포했다. 광범위한 독자층을 권세 있는 명문가의 독자층과 맞바꾼 것이다.

2년쯤 지난 뒤, 두 사람이 프랑스의 밀라노 점령을 피해 만토바로 이주했을 때, 파치올리는 체스 문제에 관한 책인 《체스 게임에 관하여De Ludo Schaccorum》를 지었다. 그는 최종판으로 인쇄하지도, 배포하지도 않았다. 현존하는 유일한 원고는 스키파노이아schifanoia, 즉 "심심풀이"용으로 만토바의 백작부인이자 르네상스 시대의 가장 중요한 후원자로 꼽힌 이사벨라 데스테Isabella d'Este에게 헌정되었다.

이 자그마한 노트는 2006년 슬로베니아와 맞닿은 이탈리아 국경의 고리치아Gorizia에 있는 어느 팔라초의 서재에서 재발견되었다. 아주 흥미롭게도 퍼즐에 대한 설명글마다 각각 한 줄로 그은 지움 표시가 되어 있다. 부기 담당자가 분개장에서 원장으로 거래 내역이 옮겨졌음을 나타내거나, 공증인이 초안에서 서명이 필요한 최종문서로 어떤 조항이 옮겨졌음을 보여줄 때와 같은 방식으로 말이다. 이는 어느 시점엔가 전문 필경사가 필사본을 만들려고 이 노트의 내용을 옮겨 적었거나, 파치올리 본인이 직접 본문을 처음부터 끝까지 다시 읽으며 각 퍼즐을 재검토하는 과정에서 지웠을 가능성을 제기한다. 대충 그린 도해들을 레오나르도의 것으로 보고 싶어 하는 사람들도 있지만, 그가 그 그림을 그렸다거나, 체스 말의 모양이 "황금비"를 구현하고 있다고 가정할 만한 하등의 이유가 없다. 다만 레오나르도가 이사벨라를 실제로 그렸고, 그의 초상화를 그리는 데 전념하기는 했다.

파치올리는 거의 같은 시기에 이 체스 책과 똑같이 놀이삼아 만든 또 다른 책을 완성했다. 바로 《숫자의 힘에 관하여 De Viribus Quantitatis》인데, 숫자 게임과 카드 속임수, 수수께끼, 추론 문제를 엮은 책이다. 이 책에서는 레오나르도가 자주 언급되는데, 내용의 대다수가 그의 노트에서 찾아볼 수 있는 퍼즐과 겹친다. 두 사람의 작업물이 수적으로 퍼즐에 편중된 것은 파치올리나 레오나르도에게 만토바 생활이 무료했음을 나타낸다. 그리하여 둘은 1500년 3월 피렌체로 떠나게 되는데, 레오나르도는 도중에 아주 잠깐 베네치아를 방문했다.

이제 너나 할 것 없이 바빠지고 벌이가 좋아진 두 사람은 피렌체에서는 밀라노나 만토바에 있을 때만큼 가깝게 지내지 않은 듯하다. 레오나르도는 한결같이 다양한 포트폴리오에 몰두하면서 군사장비와 방어시설을 설계하고, 아르노 강의 운하화 계획을 세웠으며, 〈모나리자〉를 그리기 시작했고, 이사벨라 데스테가 초상화 작업의 진행상황을 확인하려고 보낸 대리인들과의 만남을 미뤘다. 또 가장 중요한 것으로 꼽히는 해부작업(동맥경화증으로 사망한 100세가 넘은 노인의 해부)을 진행했고, 〈새의 비행에 관한 코덱스〉, 기하학·물리학·해부학·역학의 뛰어난 통합, 그리고 아마도 이탈리아의 먼지 자욱한 길을 따라 걸었던 수많은 여정에서 영감을 얻었을 주행기록계의 도해를 비롯하여 갖가지 내용으로 노트의 지면을 계속해서 채워나갔다.

한편 파치올리는 1년에 100피오리노금화를 받고 대학에서 유클리드기하학을 가르치는 자리를 맡았고, 어느 지방귀족에게 《신성비례》의 사본을 만들어주기로 했으며, 피렌체 당국의 요청으로 교육용 기하학 입체 일습을 제작했다. 둘 사이가 멀어졌지만, 사이가 틀어질 만한 일은 전혀 없어 보인다. 그리고 1508년경 두 사람은 또다시 각자 이주를 앞두고 있었다. 이번에는 서로 다른 방향으로, 근본적으로 다른 목적에 따라 움직였다.

레오나르도는 새로운 후원자를 이미 구한 상태였다. 그때껏 어느 누구보다도 부유하고 권세 있는 후원자. 바로 프랑스 왕 루이 12세였다. 넉넉한 보조금을 지원받으면서 그는 밀라노, 로마, 피렌체, 볼로냐를 오가며 수십 년 동안 한결같이 해온 개성 넘치는 자신만의 독특한 회화, 소묘, 글쓰기, 탐색의 길을 추구해나갔다. 한편 파치올리는 베네치아의 인쇄소로 돌아갔고, 분주히 한 해를 보내면서 무려 세 권의 책을 출간했다. 바로 《신성비례》(이 책에 실린 레오나르도의 그림은 목판인쇄로 옮겨지는 과정에서 얼마간 시달림을 겪었다), 주석을 단 유클리드기하학 번역서, 장대한 《산술집성》의 재판이었다. 세 권 모두 결과적으로 성공했다. 그동안 유산을 단단히 지켜온 그는 몇 년 동안 페루자와 로마에서 교단에 섰다가 은퇴하여 고향 산세폴크로로 돌아갔고, 1517년 향년 70세의 일기로 생을 마감했다.

프라 루카가 세상을 떠나고 그의 저작권이 만료되면서 《산술집성》의 실용적인 짧은 챕터들이 기하학과 순수수학의 덩어리 안에 묻혀 있다가 발굴될 수 있었다. 이는 피보나치나 유클리드와 지난하게 씨름하는 것보다 돈 버는 데 더 관심 있는 독자들에게는 한편으로 분명 마음이 한결 가벼워지는 일이었을 것이다. 아닌 게 아니라, 600쪽 분량인《산술집성》의 내용 가운데 부기를 다루는 부분은 27페이지에 불과했던 것이다. 1540년 도메니코 만초니Domenico Manzoni라는 베네치아의 인쇄업자가 출처를 표기하지 않은 채(파치올리 본인도 자료의 출처를 대부분 알리기는 했으나 다는 아니었다) 그 내용을 발췌하되, 파치올리의 요점을 분명히 보여주는 수백 가지 유용한 예제를 추가했다. 만전을 기하고자 만초니는 책의 제목을《이중 원장Quaderno Doppio》으로 변경했다. 이 책은 마에스트로 루카의 원서보다 훨씬 잘 팔려서 6, 7판까지 찍을 정도였고, 그 여파로 개작물과 번역물이 쇄도했다.

첫 번째 주자는 네덜란드의 작가 얀 임핀 크리스토펄스Jan Ympyn Christoffels였다. 그가 낸 버전의 책이 나오자 순식간에 프랑스어판과 영어판이 등장했다. 그리하여 피렌체의 황금기에 지불하는 대가로 양모를 공급하고 대출이자를 지급한 지 300년이 지나서야 잉글랜드의 독자들은 마침내 자신들이 가담했던 재무의 작동방식을 이해할 수 있게 되었다. 그러고는《산술집성》의 독일어 판이 나왔다. 그러나 이것은 시작에 불과했다. 역사학자 제인 글리슨화이트는 피렌체-베네치아식 부기법에 관한 파치올리의 책이 "150여 종의 저작물로, 스웨덴(1646)에서 덴마크(1673), 포르투갈(1758), 노르웨이(1775), 러시아(1783)까지 1800년경에는 유럽 전역에서 출간되는" 데 영향을 주면서 확산되는 과정을 보여준다. 파치올리가 취합해서 정리한 피렌체-베네치아식(유럽에서는 "이탈리아식"으로 알려진) 기법은 상업 실무뿐 아니라 유럽경제 전체를 이루는 토대가 되었다.

안트베르펜에서는 시몬 스테빈Simon Stevin이라는 어느 상인의 사무원이 1570년대에 복식 기장을 배웠다. 1590년대 즈음 그는 나이 어린 오라녜

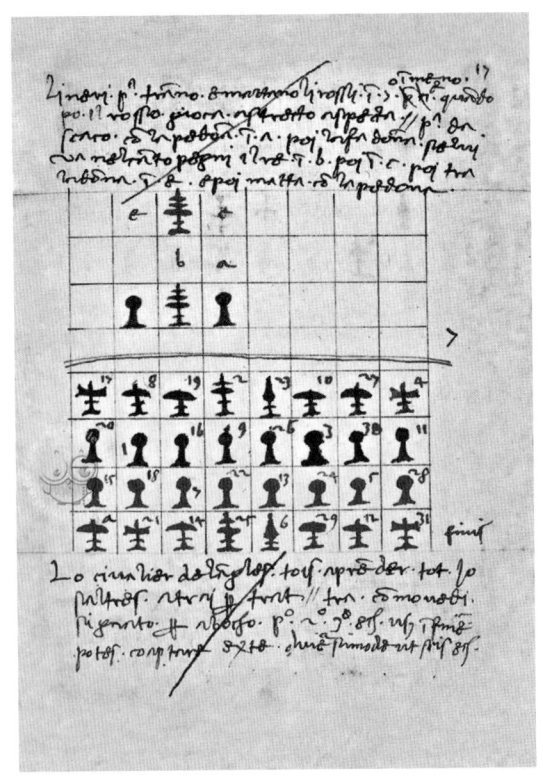

체스 문제에 관한 파치올리의 노트. 아마도 검토와 확인을 거친 뒤 줄을 그어 지운 듯하다.

모리스Maurice of Orange 왕자의 가정교사가 되었다. 그리고 "이탈리아 방식으로" 부기를 가르침으로써 네덜란드가 유럽국가 중에서는 최초로 제대로 된 정부회계를 향유하는 국가가 될 수밖에 없도록 만들었다. 네덜란드인들은 번창했고, 시간이 흐르면서 이웃국가들도 그 뒤를 따랐다. 오늘날 모든 기업이 13세기 피렌체에서 고안된 규칙에 따라 대차대조표와 손익을 계산하듯, 모든 자본주의국가는 적어도 이론상으로는 그와 유사하게 합리적이고 잘 조직된 체계에 따라 나라를 운영한다. 파치올리의 《산술집성》은 결과적으로 역대 가장 중요한 책 가운데 하나가 되었다.

이런 일이 벌어지는 동안 레오나르도의 노트는 어떻게 되었을까?

만인이 천재성을 인정한 이 위대한 인간은 파치올리가 죽고 나서 2년 뒤 피렌체에서 멀리 떨어진 루아르Loire 계곡의 어느 성에서 세상을 떠났다. 최후의 순간까지 그는 노트를 계속 추가해 나갔다. 가장 마지막에 기록한 항목 가운데 하나는 프랑스 궁정 사람들이 사냥여행을 하는 동안 머무를 수 있는 조립식 이동주택에 관한 계획이었다. 또 물의 움직임에 대한 그의 오랜 집착은 파괴적인 홍수와 집채만 한 파도를 그린 일련의 종말론적 소묘로 표현되었다. 1519년 4월 23일 그는 유언장에 서명했다. 책과 그림, "도구들"을 몽땅 젊은 조수인 프란체스코 멜치Francesco Melzi에게 남긴다는 내용이었다. 열흘 뒤 레오나르도는 눈을 감았다. 멜치는 아버지 같은 존재의 상실을 애도하는 감동 어린 편지를 레오나르도의 이복동생들에게 써 보냈고, 레오나르도의 노트는 그의 차지가 되었다.

"멜치는 노트를 그 위대한 인물의 기념물로 소중히 간직했어요"라고 켐프 교수는 나에게 말한다. 레오나르도의 거의 모든 동료의 스케치북은 그동안 사라진 반면, 레오나르도의 노트가 조금이나마 살아남은 것은 다름 아닌 멜치 덕분이다. 그는 노트를 분류하여 레오나르도가 쓴 글 가운데 본질적인 한 부분을 그와 직접적인 관련이 없는 외부인들도 읽을 수밖에 없도록 만들었다. 멜치는 수많은 자료 노트로부터 〈코덱스 우르비나스Codex Urbinas〉, 즉 이탈리아와 프랑스 예술가들의 작업실에서 돌아다닌 《회화론》을 엮어냈다. 구도, 빛, 해부학 같은 주제에 관한 레오나르도의 사상을 소화하는 그 논문은 수년에 걸친 탐색의 결실로, 1500년대에 융성한 한 유파 전체(레오나르디스모Leonardismo)에 영감을 주었다. 1550년대에 멜치를 인터뷰한 바사리는 흥미롭게도 익명의 밀라노 화가가 레오나르도의 글을 더 많이 출간하려고 시도했던 일을 언급한다. 하지만 출간은 실패했고, 아무런 성과 없이 끝났다. 평생에 걸쳐 지속적으로 반복된 레오나르도의 강박적인 노고(관찰, 소묘, 글쓰기, 메모, 목록 작성, 관측, 추측, 설계, 이론화, 공상)는 여전히 딱 한 부로만 남아 있었다. 오직 멜치만이 판독할 수 있는 지독한 글씨체로 보존된 채.

레오나르도의 노트는 수많은 손을 거쳐 갔다. 보물처럼 귀하게 여기는 주인들과 방치하다시피 하는 주인들을 자주 오가며 전해졌다. 프란체스코 멜치는 앞쪽 진영에 속했다. 그는 50년 동안 그 노트들과 기록물을 맡아서 보관했다. 그의 아들 오라치오는 후자에 속했다. 그것들을 물려받자마자 밀라노에서 서쪽으로 20킬로미터 떨어진 아다Adda 강 위에 자리한 집안의 저택인 빌라 바프리오Villa Vaprio의 다락에 몽땅 팽개쳐두었다. 1587년 렐리오 가바르디Lelio Gavardi라는 집안의 가정교사가 팔아넘길 요량으로 노트 13권을 훔쳤다. 그런데 막상 일을 저지르고 나서는 겁을 집어먹고 건축가인 조반니 마젠타Giovanni Magenta를 중재자로 삼아 그를 통해 오라치오에게 노트를 돌려주기로 했다. 이번에도 역시나 그 노트들의 가치를 이해하지 못한 오라치오는 마젠타에게 보관을 맡겼다. 그리하여 이때부터 그 소장품은 흩어지기 시작했다. 가장 과감한 구매자는 스페인의 조각가 폼페오 레오니Pompeo Leoni였는데, 자신만만한 창조적 반달리즘vandalism이라고 할 만한 행위의 일환으로, 자신이 선호하는 논리에 따라 노트를 다시 묶기 위해 필사본을 해체했다. 그는 밀라노에서 노트의 일부를 팔았던 듯하다. 몇몇 소유주를 거친 14권은 결국 밀라노 암브로시아노도서관Ambrosiana Library의 소장품이 되었다. 1608년 레오니가 스페인에서 사망하자 상속인 폴리도로 칼치Polidoro Calchi는 남은 노트를 경매로 처분했다. 일부는 왕실 소장품으로 스페인에 남았고, 찰스 1세가 구입한 일부는 현재 윈저 성에 숨어들어 있다. 찰스 1세의 대리인 아룬델 공작Duke of Arundel도 본인이 직접 한 권을 입수했다. 그의 손자가 물려받았지만 (동시대 사람인 일기작가 존 에벌린John Evelyn에 따르면) "책 같은 것에 별로 뜻이 없"었던 탓에 설득을 당해 왕립학회에 기증했고, 그곳에서 훗날 영국박물관British Museum으로 가게 되었다. 이런 식이었다. 우리는 그 노트들 (아마도 그림보다는 글이 더 많을 노트들) 가운데 다수가, 어쩌면 대부분이 영영 사라졌다고 확신할 수 있다. 이 수집품의 온전한 보존을 해친 보다 심한 타격으로, 나폴레옹 보나파르트Napoleon Bonaparte가 밀라노를 점령했을 때 파리에 가져다 놓으려고 암브로시아나에 있던 노트와 기록물을 훔쳐 간 일이 있다. 워털루 전투 이후 반환되기는 했지만 전부 돌려받지는 못했다. 이러한 일련의 과정을 거치면서 이 노트들에는 오늘날까지 우리가 아는 그 이름들 (마드리드 코덱스Madrid Codex, 레스터 코덱스Leicester Codex, 코덱스 아틀란티쿠스)이 붙었다. 레오나르도는 결코 사용한 적이 없고, 내용과도 전혀 무관한 이름들이.

스페인인이건 프랑스인이건 영국인이건 이탈리아인이건 이 노트의 주인들 중에서 그 안에 묻힌 아이디어의 진정한 가치를 조금이라도 짐작한 사람은 아무도 없었다. 1644년 벤체슬라우스 홀라르Wenceslaus Hollar는 코덱스 아룬델Codex Arundel 속의 얼굴들을 기초로 일련의 에칭화를 찍어냈다. 그러나 이 37점의 에칭화는 레오나르도가 내놓은 결과물 가운데 극히 작은 단편에 해당했고, 그의 다양한 관심사에 대해서는 아무런 힌트도 주지 않았다. 그러다 보니 괴테나 월터 페이터Walter Pater 같은 시각적 사상가들이 그의 회화에 대해 구구절절 설명하는 글을 쓰고, 예술가 레오나르도를 숭배하는 추종자들이 꾸준히 증가하기는 했지만, 이를테면 그가 자처했고, 그의 생계활동 가운데 대부분을 차지하기도 했던, 과학자이자 공학자 레오나르도는 수백 년 동안 잘 알려지지 않은 채 남아 있게 된다.

어째서 레오나르도는 파치올리와 함께 베네치아로 가서 책을 출간하지 않았을까? 만약 노트에 적힌 글을 깔끔하게 정리했더라면, 무리 없이 후원자와 인쇄업자를 찾았을 테고, 친구와 동시에 여러 권의 책이 인쇄되는 모습을 볼 수 있었을 텐데 말이다. 성경 속 홍수 이야기에 의구심을 던지는 화석에 관한 논문은 위험한 이단적 제안일 수 있었다. 그러나 해부학 연구나 회화 그리고 소묘 연습에 관한 전문적인 글, 인체 비례에 대한 지침, 그림자에 관한 논문, 〈새의 비행에 관하여〉, 그리고 1492년 레오나르도가 참여한 회화와 조각의 우열을 비교하는 공개토론 내용인 〈파라고네Paragone〉는 모두 독자층을 찾았을 것이다. 그러니까, 만약 그가 일에 착수할 준비만 되어 있었다면 말이다. 거울상으로 글을 쓰고 읽곤 했으니 식자공들과 뭔가 통하는 면이 있었을 테고, 베네치아의 운하 점검과 마찬가지로 보다 개선된 인쇄기 설계를 당연히 즐겼을 것이다.

그러나 그 자체로 방대한 이 노트들은 인쇄에 곧바로 착수할 준비가 거의 되어 있지 않았다. "그의 기준에 따르면 상당히 일관성 있는 지면들이 넘쳐나"지만 "그중에 실제로 출판할 수 있을 만한 건 하나도 없어요"라고 켐프 교수는 말한다. 가령 멜치의 사후에 나온 《회화론》 판본은 무려 18권에 달하는 노트들의 원문과 대조·확인하는 과정이 반드시 필요할 터였다. 다른 문제도 시각적 작업, 특히 해부학 습작들에 수반되었다. 레오나르도는 그것들을 출판할까도 생각했지만, 목판화나 (그보다 비싼) 동판화로 옮겨서 제작할 경우 그림의 질을 용인할 수 없는 수준까지 타협해야 하리라고 판단했다. 모든 디테일을 허투루 여기지 않는 과학자에게는 위험 부담이 너무도 큰 일이었다.

게다가 레오나르도가 일 년 내내 인쇄소를 뻔질나게 드나드는(파치올리처럼) 모습은 상상하기가 어렵다. 구상해야 할 기계가 있고, 해부해야 할 시체들이 있으며, 매만져야 할 미완성 그림들이 있고, 책임지고 해야 하는 돈 되는 토목설계 자문 일이 있는 때에 말이다. 이사벨라 데스테의 초상화를 재촉하라는, 아무도 부러워하지 않을 골치 아픈 과업을 맡고 오게 된 그 성직자는 레오나르도의 "무계획적이고 극도로 예측 불가능한" 일상을 두고 불만을 터뜨리면서 "그는 오로지 하루하루 사는 데 급급한 모양새다"라는 글을 남겼다. 이처럼 짜증스러울 정도로 답답한, 차분하지 못한 성정은 당연히 강박적인 창조성에 필요 불가결한 요소였다. 파치올리는 어떤 일이 끝났다고 보고 선을 그어 매조지할 수 있었다. 그러나 레오나르도에게 이는 사뿐히 뛰어넘는 데 실패하기 일쑤인 정신적 장애물에 해당했다. 그는 그림들을 수십 년 동안 미완성 상태로 두었으니(리사 델 조콘도Lisa del Giocondo는 20대 초반이었을 때 〈모나리자〉의 모델로 포즈를 취했으나, 레오나르도가 여전히 그 그림을 작업하다가 세상을 떠났을 때 그녀의 나이는 39세였다) 자신의 필사본과 노트도 비슷하게 생각했을 것이 자명하다.

이로 인해 우리가 얼마나 많은 손해를 보았는지는 짐작만 할 수 있을 뿐이다. 그런데 이제는 레오나르도의 뇌리를 사로잡았던 문제 가운데 대다수가 해결되면서 그 노트들에 담긴 관찰내용, 가설, 추론이 얼마나 시대를 앞서갔는지 알 수 있다.

인체를 살펴보면서 그는 다른 누구보다도 400년이나 앞서 생명 유지에 필수적인 대동맥판의 신비로운 작동방식을 풀어냈다. 그는 치근齒根을 객관적으로 묘사한 최초의 인간이기도 했다. 또 200년 뒤의 프레데릭 라위스 Frederik Ruysch보다 먼저 인체 장기의 주형을 제작한 유일한 사람이었다. 개구리와 개의 신경계에 관한 그의 실험은 1739년 알렉산더 스튜어트Alexander Stuart 전까지는 반복되지 않을 터였고, 1490년대에 이루어진 근육군에 관한 그의 분석은 인간공학ergonomics이라는 20세기 과학의 전조가 된다. 토스카나의 산비탈에서 나온 고래 뼈 화석을 살펴본 그는 생흔학ichnology이라는 과학을 창안한 것이나 다름없었다. 생흔학은 1820년대 전까지는 두 번 다시 탐구되지 않을 터였고, 그 산등성이들이 한때는 해저였다는 그의 정확한 추론은 1785년에 출간된 제임스 허턴James Hutton의 《지구 이론Theory of the Earth》을 앞지른 것이었다. 추진력에 관한 그의 서술은 1687년에 발표된 뉴턴의 운동 제1법칙과 유사하다는 인상을 준다. 크리스티안 하위헌스Christiaan Huygens보다 150년 앞서 그는 구멍을 통과하는 파동의 회절을 입증했다. 즉, 훗날 하위헌스가 하게 되듯, 빛이 파동의 형태로 움직인다고 이미 추론한 것이다. 두 표면 사이의 마찰은 접촉 면적과 무관하다는 그의 실험적 발견은 1699년 기욤 아몽통Guillaume Amontons이 알아낸 마찰의 법칙과 일치했다. 그의 설계와 아주 유사한 볼 베어링ball bearings은 1800년대에 이르러서야 쓰이게 될 터였다. 그는 1839년에 최초로 특허를 받은 아이작 배빗Isaac Babbitt의 합금과 놀라우리만치 유사한 반反마찰 금속 합금을 고안했다. 그는 공기역학, 유체역학, 역학을 적어도 100여 년 동안 필적할 자가 없을 만큼의 수준으로 줄곧 연구했다. 그가 "헬리콥터를 발명"하지 않은 것은 분명하지만, 양력을 어느 정도 발생시켰을 만한, 아마도 극장용이었을 기계장치를 실제로 설계했다.[49]

레오나르도가 발견한 사실들에 관한 이러한 (미완의) 목록을 마주하면, 멜치가 그 노트들에 대해 세심하고 주의 깊은 관리자의 임무를 다한 것이 잃어버린 기회로 보일 수 있다. 만약 멜치가 그 노트들을 베네치아나 어느 대학교의 도서관이나 하다못해 피렌체의 카르톨라이로 가지고 갔더라면, 누군가가 읽었을지도 모를 일 아닌가? 본인도 대단한 노트지기였던 갈릴레오는 그 노트들이 오라치오 멜치의 다락에 있는 동안 피렌체와 피사, 파도바에서 학생들을 가르치고 있었으니, 분명 크게 관심을 가졌을 것이다. 만약 레오나르도의 통찰을 16세기의 여러 독자들과 학생들, 교수들(지적 네트워크)이 구할 수 있었다면, 어떤 지성의 꽃들이 활짝 피어났을까?

레오나르도의 노트들(켐프 교수의 표현에 따르면 "언어와 이미지의 지성사에서 비할 데가 없는")의 그늘진 사후는 죽은 뒤에도(비록 익명이나 마찬가지일지언정) 오래도록 강렬하게 타올랐던 파치올리의 경력에 비춰볼 때 극명하게 대비된다. 레오나르도가 더 위대한 사상가였음은 의심의 여지가 없으나, 그의 창조적 성취는 친구가 내놓은 《산술집성》의 보편적 채택에 따른 강력한 영향력에 비하면 거의 아무런 인상도 남기지 못했다. "이탈리아 방식"에 따

---

49 레오나르도의 창작물이 워낙 다양하고 방대하다 보니, 1970년대에 어느 비양심적인 학자가 레오나르도가 그린 한 쌍의 원에 선 몇 개를 덧그려 그 위대한 인물이 자전거를 발명했다고 주장하자 많은 사람이 아무런 의심 없이 그대로 믿었을 정도였다.

른 현금와 신용거래의 이동으로 흥성한 상업제국, 산업제국, 식민제국들이 처음에는 유럽을, 이윽고 전 세계를 지배할 터였다. 레오나르도의 노트들은 처음에는 밀라노 외곽의 어느 다락에, 그러다가 왕실과 귀족들의 대저택 서재에 묵묵히 읽히지 않은 채로 있는 동안 말이다.

게다가 파치올리의 책은 어디든 가는 곳마다 메모리알레, 조르날레, 콰데르노, 스콰르토폴리아에 대한 수요를 자극했다. 한마디로 노트에 대한 수요를.

9장 | 오, 남들이 한 말을 기록하는 고통과 수고란!

비망록, 1512년~현재

루카 파치올리는 자신이 유럽 역사의 흐름에 얼마나 지대한 영향을 미칠지 꿈에도 예상하지 못했을 것이다. 그래도 현지에서는 실제로 어느 정도 명성을 누렸는데, 1508년 8월 베네치아 산바르톨로메오 San Bartolomeo 성당에서 청중 500명을 상대로 공개강연을 했다. 관객 중에는 로테르담의 에라스뮈스 Erasmus of Rotterdam 도 있었다. 훗날 "적층된 미로처럼 서로 얽힌" 기하학적 형상과 "눈속임을 위해 여기저기 배치된" 대수적 표기법으로 독자와 청중을 어리둥절하게 하여 손들게 만들기를 즐기는 수학자들을 경멸하며 불만을 터뜨리게 되는 인물이다. 그는 수학자들이 인위적인 문제를 만들어내는 것은 오로지 그런 문제들을 풀어냄으로써 귀가 얇아 쉬이 속아 넘어가는 사람들에게 강한 인상을 남기려는 목적이라고 개탄했다. 두 사람 다 몰랐지만, 파치올리와 에라스뮈스는 공통점이 있었다. 에라스뮈스는 앞으로 유럽인들의 노트 사용에 미칠 영향력 면에서 파치올리에 버금가는 인물이었다.

파치올리와 마찬가지로 에라스뮈스 역시 성직자가 되었다. 처음에는 네덜란드의 아우구스티누스회 수도승(이때 근대적 경건 운동의 종교적 치발도네인 라피아리아를 보았다)이었다가 나중에 사제가 되었다. 또 파치올리처럼 가르치고, 연구하고, 인맥을 쌓고, 여행을 다니고, 무엇보다 책을 냈다. 교부들의 말씀을 번역하고 고전의 잠언과 격언을 수집했다. 그가 쓴 교과서와 종교 편람은 어마어마하게 팔렸다. 아마 1530년대에 인쇄된 모든 책 가운데 10권 중 1권은 그의 책이었을 것이다.

최고로 잘 팔린 책 가운데 하나는 1512년에 발표한 《풍부한 문체의 기초에 관하여De Utraque Verborum ac Rerum Copia》였다. 현재는 일반적으로 《풍부함에 관하여De Copia》라는 제목으로 알려져 있는데, 에라스뮈스는 이 책에서 독자들에게 작문과 수사법에 대한 지침을 제공했다. 교사와 학생을 대상으로 글을 쓰면서 코피아copia, 즉 풍부함의 기술을 활용하여 설득력 있는 주장을 만들어내는 법을 보여주었다. 이 기법을 구성하는 필수 요소는 두 가지였다. 바로, 표현의 다양성과 주제의 다양성이다. 전자에는 은유법, 풍유법, 과장법, 의성법 같은 기법들이 포함되었고, 후자는 다양한 출처에서 가져온 "여러 증거와 논거의 풍부한 축적"에 좌우되었다. 학생들은 주장을 참신하고 설득력 있는 방식으로 제시하는(설교단에서 토론하는 경우든 법정에서든) 데 도움이 될 만한 모든 종류의 예시문을 모아야 했다.

광범위한 지식 또한 그 자체로 바람직하고 가치 있었다. 에라스뮈스는 "모든 종류의 저자"에 통달해야만 한 인간이 배웠다는 소리를 들을 수 있다고 서술했다. 그리하여 학생들에게 다음과 같이 읽고 모으기를 독려했다.

> 이야기나 우화, 속담, 의견, 대비, 비교, 유사, 유추, 그밖에 과거에 행해지거나 말해진, 또는 다양한 국가의 관습에서 파생하거나 역사학자, 시인, 철학자, 성서의 여러 경전에서 비롯하거나 옛 시절, 근래의 역사에서 유래한 것들 그리고 우리네 삶이나 군대 또는 시민의

행동에 속한 것들, 관용이나 용기나 지혜(기타 등등 무한정으로, 이런 목록에는 끝이 없으니)에 관한 사례들과 같은 종류는 어떤 것이든.
그러나 사람들은 아주 오래되고 훌륭하며 국가와 관련된 여러 사례에 크게 감명받는다.

자신들이 모은 "소재의 덩어리"를 필요에 따라 조합하고, 저마다 선택한 것을 주제에 따라 "공용 공간common place[50]"에 논리적으로 배열하는 것은 각 독자의 몫이었다. 《풍부함에 관하여》는 이 이상의 실용적인 지침은 전혀 제공하지 않았는데도 독자들은 어떻게 해야 할지 잘 알았다. 무수히 많은 사람이 노트를 집어 들었고, 글을 읽을 때마다 발췌문과 인용문을 기록하기 시작했다.

판매량에 있어서 《풍부함에 관하여》는 파치올리의 《산술집성》을 무색하게 만들 정도였다. 에라스뮈스는 그 후로 20년에 걸쳐 본인이 직접 개정판을 세 차례나 발표했고, 그의 생전에 다른 사람들에 의해서도 추가로 80여 종이 더 제작되었다. 후안 루이스 비베스Juan Luis Vives, 필리프 멜란히톤Philip Melanchthon, 프랜시스 베이컨Francis Bacon 같은 휴머니스트 학자들 역시 기본개념을 발전시켜서 표제어와 색인을 활용하여 원재료를 정리하는 방식으로 비망록을 작성하는 법을 실질적으로 자세히 설명하는 책을 펴냈다.

인용문의 수집은 에라스뮈스가 발명한 것이 아니었다. 1400년 전 소小 플

---

50 이 단어 자체가 메모할 가치가 있는 문구를 뜻하기도 하며 영어로 commonplace book은 비망록을 지칭한다. (옮긴이 주)

리니우스는 삼촌인 대☆ 플리니우스가 "발췌문을 뽑아서 적지 않으면서 책을 읽는 경우가 결코 없었고, 아무리 나쁜 책이어도 좋은 구절이 아예 없지는 않은 법이라고 말하곤 했다"라고 썼다. 이런 부단한 필기 습관 덕분에 소 플리니우스는 "두루마리의 양면에, 그것도 깨알 같은 글씨체로 쓰인" 코멘타리오commentario(논평) 160편을 유산으로 남겼다. 로마의 식자층은 이 기술을 일컬어 발췌술ars excerpendi이라고 했다. 그러나 로마제국의 몰락에 뒤이은 문자문화의 붕괴로 이 기술은 거의 자취를 감추고 말았다. 한 권의 책은 보통 장황하게 복제되거나 아예 복제되지 않았고, 사적인 호화로운 필기용 코덱스를 보유한 학자는 소수였다.

종이 노트와 치발도네가 도입되면서 상황이 바뀌었다. 그러나 앞서 봤듯 그 속성이 주로 기분전환용 오락과 같아서, 노트 주인이 즐기는 것을 넘어 조금이라도 체계적인 원칙을 보유한 경우는 극히 드물었다. 정보의 처리방식을 체계화함으로써 에라스뮈스의 비망록은(상인들의 원장이 재무에 대변혁을 일으켰듯) 노트를 정보기술, 즉 데이터가 저장되고 범주화되고 필요할 때 검색할 수 있는 하나의 하드웨어로 탈바꿈시켰다.

그 함의를 파악하고자 나는 근세의 노트 필기 전문가 앵거스 바인Angus Vine 교수와 이야기를 나눴다. "16세기가 끝나갈 무렵 문법학교나 대학교에 다닌 사람은 누구나 메모를 하고 보관하는 법을 잘 알았을 거예요. 그런데 비망록을 작성하는 일은 절대 그 자체로 끝이 아니에요. 추후에 뭔가를 만들어내거나 공직에 나갈 때를 대비하는 것이 언제나 핵심이죠"라고 그는 나에게 말했다.

비망록 작성의 주창자들은 단순히 보다 설득력 있는 연설의 틀을 잡는 방법 이상의 지적 혜택들을 지목했다. 우선, 주어진 텍스트를 초록하게 된 독자는 누구든 글을 더 집중해서 읽을 터였다. 발췌할 구절을 선별하려면 판단력을 발휘하는 수밖에 없는데, 이는 다름 아닌 또 다른 네덜란드 학자 유스튀스 립시위스Justus Lipsius가 Non colligo, sed seligo("나는 모으지 않는다, 나는 선택한다.")라는 라틴어 속담으로 요약한 이점이기도 했다. 주어진 발췌문이 들어갈 적절한 공용 공간common place(즉, 표제어 밑의 로쿠스locus[51])을 선별하려면 그 관념과 훨씬 심층적으로 관계해야 했다. 그리고 일단 발췌문이 제자리를 찾고 나면, 이미 쓰인 것과 병치되면서 추가적으로 미묘하게 다른 의미의 차이를 생성하는 경향이 있었다. 손으로 옮겨 쓰는 물리적 수고 역시 인용문을 머릿속에 더욱 확실히 고정시켰다. 또 다른 학문적 발췌자인 예수회 소속의 예레미아스 드렉셀Jeremias Drexel이 말했듯 Notae propriae, notae optimae, 즉 "나만의 기록이 최고의 기록이다." 마지막으로, 잘 정리된 비망록은 일종의 외재화된 기억으로 기능했다. 달리 말하면, 역사학자 앤 블레어Ann Blair가 언급하는 대로 "선별한 구절을 암기해야 하는 부담으로부터 독자를 해방시켰다." 이는 결과적으로 "추론과 반추를 위한 정신적 수용력을 확보할 수 있게 했"는데, 신간 서적이 나오는 속도가 사람들이 책의 내용을 완전히 숙지하는 능력을 훨씬 앞지른 시대에 특히나 유용했다.

《풍부함에 관하여》가 성공하자 그 결과로 비망록이 급속도로 유럽의 교실에서 고정 비품이 되었다. 16세기 두 교사의 이야기는 그 여파를 여실히 보여준다. 에라스뮈스가 세상을 뜬 지 4년 뒤인 1540년 체셔Cheshire에서 태

---

51 라틴어로 '곳, 자리, 장소, 좌석, 책 또는 문서의 부분'을 의미한다. (옮긴이 주)

어난 존 브라운소드John Brownsword라는 청년은 위턴Witton에 있는 학교에 다녔다. 브라운소드가 기록한 바에 따르면, 그 학교에서 존 브렉트거들John Brechtgirdle은 오비디우스의 《변신이야기》, 호라티우스, 베르길리우스 등 여러 고대로마 작가들에 더해 《풍부함에 관하여》를 비롯한 에라스뮈스의 여타 저작들이 포함된 강의계획서에 따라 그를 가르쳤다. 1560년 브렉트거들은 위턴을 떠나 미들랜즈Midlands의 교구목사가 되었다. 그리고 그로부터 5년이 흐른 뒤 현지에서 자신이 운영하는 문법학교의 교사로 예전에 가르쳤던 제자를 채용했다. 브라운소드는 몇 년 동안 그곳에서 교편을 잡았다가 다시 체셔로 돌아갔다. 그의 후임으로 들어온 사이먼 헌트Simon Hunt는 1564년 브렉트거들이 세례를 준 한 소년을 가르쳤다. 장갑제조업자의 아들인 그 아이의 이름은 윌리엄 셰익스피어William Shakespeare였다.

브라운소드가 남긴 커리큘럼은 셰익스피어가 학교에서 무엇을 어떻게 배웠는지 우리가 명확히 알 수 있도록 해주는데, 비망록 작성이 핵심적인 역할을 했다.[52] 이 습관은 그 젊은 시인에게 큰 도움이 되었다. 거의 모든 희곡이 홀린셰드Holinshed의 《연대기Chronicles》, 플루타르코스의 《영웅전》, 보카치오의 《데카메론》 같은 기존의 원재료를 변용하여, 이러한 작품들의 플롯, 등장인물, 이미지를 신선한 방식(바인 교수의 표현에 따르면 "다양한 출처를 섞어서 변형시키는 방식")으로 활용하고 있다. 셰익스피어의 동료들(그중에서도 벤 존슨Ben Jonson, 크리스토퍼 말로Christopher Marlowe, 존 웹스터John Webster)도 하

---

52 라틴어로 토론 또는 대화, 가령 철학과 요리 각각의 중요성에 대해 원고를 보면서 논쟁할 때 에라스뮈스가 추천하는 또 다른 기법도 마찬가지였다.

나같이 유사한 방식으로 작업했다. 또 다른 동시대 사람인 박식가 프랜시스 베이컨의 말마따나 "창작의 재료"를 제공하는 데 비망록보다 "더 유용한 것은 좀체 있을 수 없다." 에라스뮈스의 발명이 없었다면 런던의 극장들은 훨씬 형편없는 얘깃거리를 제공했을 것이다.

바인 교수는 비망록에서 나온 또 다른 문학 장르를 지목한다. 바로 에세이다. 프랑스의 귀족 미셸 드 몽테뉴Michel de Montaigne는 표제어에 따라 여러 사례와 반례를 조합함으로써 두려움, 나이듦, 카니발리즘, 편지 부치기처럼 다양한 주제를 탐구하고 검토할 수 있었다. 107편의 에세이 한 편 한 편마다 각종 일화, 민간의 지혜, 고전 참고문헌을 차곡차곡 쌓아 모든 주제를 다각도로 살펴보는 단편작품으로 만들어 여러 관념과 선례를 점검하고 확인하고 분석했다. 1580년 파리에서 최초로 출간된 그 에세이들은 엄청나게 인기몰이를 했고, 유럽 전역에서 모방자들(프랜시스 베이컨도 그중 한 명이었다)이 속출하게 만들었다.

비망록은 자코비안Jacobean 시대[53]의 극작가들에게 중요했으나, 오늘날 남아 있는 것은 하나도 없다. 다행히 현재 영국도서관에 있는 존 밀턴John Milton의 노트는 볼 수 있다. 렉스Rex, 레스푸블리카Respublica, 데 디보르티오De Divortio(왕, 공화국, 이혼) 같은 표제들 밑에 다섯 가지 언어로 된 갖가지 재료를 수집해놓았다. 같은 세기의 후반기에 철학자 존 로크John Locke는 알파벳 순서와 주제에 따라 비망록을 작성하는 방법에 관해 전체를 할애한 책 한 권을 쓰게 된다. 솔직히 말해서 이 책은 명쾌한 유용성을 지닌 방식을 지나

---

53 영국 제임스 1세(재위 1603~1625년) 시대. (옮긴이 주)

치게 복잡하게 만든 것이라 해도 과언이 아니었다. 40년 뒤 조너선 스위프트Jonathan Swift는 《젊은 시인에게 건네는 조언Advice to a Young Poet》에서 "직업이 거짓말쟁이인 시인들은 기억력이 좋아야" 하기에 "비망록은 장래를 준비하는 시인이 존립하는 데 없어서는 안 되는 존재다"라고 썼다.

그로부터 한 세기가 지난 뒤 로크의 방식을 간소화한 인물인 런던의 출판업자 R. 핏키슬리Pitkeathley는 "문인"을 "유머나 우아함, 위트, 풍자로 가득한 구절들을 애지중지하면서 사교를 위한 이브닝파티에서 그것들을 유포하는" 사람이라고 묘사하며 또 다른 이점을 지적했다. 이 현상은 얼마간 퍼져나가게 되었다. 바인 교수는 사람들이 "최고의 구절을 보존"하려고 극장과 교회에 비망록을 가져갔고, 저술가들은 비망록을 쓰는 독자들을 염두에 두고서 인용할 만한 텍스트를 의식적으로 만들어내기 시작했다(17세기식 사운드바이트soundbite[54])라고 말했다. 이윽고 영어에서 뭐든 그런 뻔한 말, 자명한 이치 내지 진술이 "commonplace"로 알려지게 되면서, 이 단어는 금세 "평범한" 또는 "특별할 것 없는"이라는 의미를 갖게 되었다.[55]

풍부한 문체는 산문에 영향을 미쳤다. 즉, 17세기와 18세기의 글은 대부분 우리에게 너무 과하다는 인상을 준다. 그러니 에라스뮈스를 탓하고 싶은 마음이 들게 마련이다. 그는 한 가지 기법으로서 간결성을 찬양하기는 했다. 다만 간략하게만. 다시 말해《풍부함에 관하여》에 따르면, 그 제목이 암시

---

54 뉴스 인터뷰 또는 연설 등의 핵심 내용을 축약한 문구. (옮긴이 주)
55 비망록commonplace book과 연관된 영어 단어 commonplace는 '아주 흔한(일/것), 평범한(일/것), 다반사, 진부한 말, 상투어, 비망록에 적은 중요한 어구나 문장'이라는 뜻이 있다. (옮긴이 주)

하듯 표현 방법은 많으면 많을수록 좋다. 연설문과 설교문은 대개 그 저자들이 각종 발췌문과 인용구, 선례를 가능한 한 많이 욱여넣는 바람에 오늘날 우리가 참을 수 없을 지경이라고 여길 정도로 장황하게 이어졌다. 반대의견을 내는 목소리는 가뭄에 콩 나듯 했다. 런던에 살았던 스위프트의 동시대인인 헨리 펠턴Henry Felton이라는 사람은 비망록 작성을 두고 "어리석은 노역"이라고 했다. "내가 이때껏 보아온 이 쓰레기 더미가 다 뭐람! 오, 남들이 말한 것을 기록하는 고통과 수고라니, 그것도 스스로 할 말이 전혀 없는 사람들이나 주워섬기는 것을!"이라고 한탄하면서 말이다.

이 무렵에는 《지혜의 우물》, 《지혜로운 생각 모음》, 《간결하면서 가장 유명한 성경 말씀들》 같은 식의 제목을 단 활자본 비망록 선집이 다수 등장했다. 이 책들은 광고의 가장 강력한 약속을 보여주는 초창기의 전형이었다. 바로, 노력 없이 얻는 이득의 약속. 에라스뮈스, 드렉셀, 그리고 선구적인 화학자 로버트 보일Robert Boyle은 이런 식의 태도를 질색하며 결사반대했을 것이다. 이들에게는 선별하여 옮겨 적는 바로 그 일이 다름 아닌 핵심이었다. 그러한 과정을 통해 안목과 식별력을 키우고 정신을 훈련했기 때문이다. 그런데 그 같은 책들은 일종의 부담되는 요구사항(게다가 바인 교수가 언급하듯, 에라스뮈스의 추종자들이 설정한 비망록 작성의 본보기들은 모방하기가 힘들었다)을 해결해주었다.

비망록 작성은 진지하게 받아들일 경우 노력이 수반되는 수고로운 일일 수 있었지만, 적어도 글쓰기라는 행위 자체는 종이의 질이 꾸준히 향상되고, 더 부드러워지고, 더 저렴해지면서 훨씬 용이해지고 있었다. 이탈리아와 독일 남부, 프랑스는 오랫동안 최고의 종이를 만들어왔다. 그런데 에라스뮈

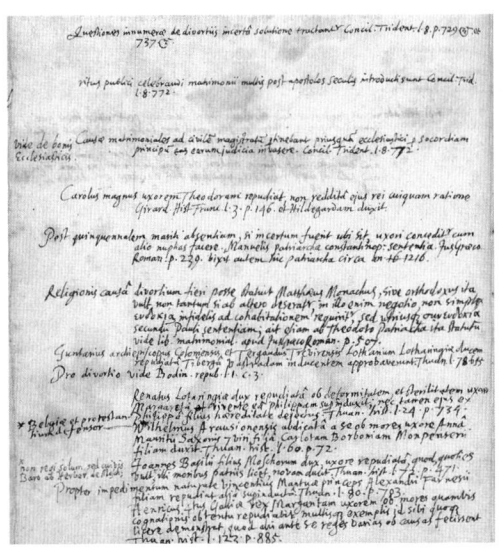

밀턴의 비망록에는 《실낙원Paradise Lost》에 대한 메모,
그가 쓴 정치적 소논문들과 더불어 초서, 단테, 마키아벨리의 인용문도 담겨 있다.

스 이후의 세기에는 제지업이 북쪽과 동쪽으로 확산되면서 다트퍼드Dartford 에서 리비우Lviv까지 여러 소도시에 상업적으로 성공을 거둔 제지소가 생겨났다. 이 과정은 30년전쟁이 벌어지는 동안 가속화했다. 수많은 독일의 제지업자들이 어쩔 수 없이 이주하게 되면서, 그들의 전문기술이 유럽 대륙 전체로 분산된 것이다. 종이 수요가 줄곧 늘기만 하면서 낡은 아마 천과 헌옷의 가격이 인상되었다. 그러다 보니 제지소에서는 천 조각을 다지기에 앞서 등급을 나눠 올이 가장 굵고 거친 천과 제일 심하게 낡은 천으로 값싼 인쇄용지를 만들었다. 종이의 표면이 더 거칠고 흡수성이 크더라도 그냥 넘어갈 수 있음을 인쇄업자들이 깨달으면서 (내절 강도로 측정되는) 서적용지의 품질은 장기간 저하되기 시작했다. 그런데 필기용지는 그보다 괜찮은 원료로 만들어지면서 표면이 훨씬 더 고르고 더 강하고 더 부드러워졌다. 역사적 추세의 역전을 효과적으로 보여주듯 17세기는 나아가 실롱스크(실레지아)에서 페르시아로 종이가 수출되는 것을 목도한 시기이기도 했다. 이제는 유럽의 운기가 상승세를 탔다.

에라스뮈스의 교육적 신념이 지대한 영향력을 발휘했을지라도, 다른 한편으로 그의 관점은 확실히 역행적(《풍부함에 관하여》에서는 여성을 아동, 야만인, 노예와 나란히 줄 세운다)이었다. 그러나 그렇다고 해서 여성들이 자신만의 비망록을 쓰지 못한 것은 아니었다. 17세기 초의 몇몇 사례들(대부분 매우 종교적인)이 현존한다. 토머스 브라운 경Sir Thomas Browne(저서《의사의 종교Religio Medici》로 베스트셀러 작가가 된 또 다른 저술가)의 두 딸 메리와 엘리자베스는 한 권을 나눠 썼는데, 이따금 아버지 대신 그의 비망록을 작성하기도 했다. 이 노트들은 흔치 않은 비차별적 포용성으로 배움을 향유했던 친밀한 가족관계를 증언한다. 토머스 경은 엘리자베스의 노트 중 한 권에 딸이 밤마다 낭독해준 책의 목록을 열거해놓는다. 뼛속까지 여성혐오적이었던 에라스뮈스가 부적절하다고 여겼을 법한 역사서와 여행서가 다수 포함된 모음이었다.

엘리자베스 브라운이 비망록을 쓰기 시작할 무렵 존 벨John Bell이라는 연쇄 창업가serial entrepreneur가 문해력을 갖춘 인구가 급증한 도시인 런던의 중심부에 자리한 스트랜드Strand가에 서점을 열었다. 벨은(1930년대에 펭귄북스Penguin Books를 만들게 되는 앨런 레인Allen Lane처럼) 기회를 포착했다. 1777년과 1783년 사이에 그는《초서에서 처칠까지 대영제국을 완성한 시인들The Poets of Great Britain Complete from Chaucer to Churchill》 109권을 권당 고작 6실링의 가격으로 발간했다. 그는 후속작으로 (삽화가 들어간 20권짜리)《영국의 연극 British Theatre》,《셰익스피어 작품집The Works of Shakespeare》, 〈더 월드The World〉라는 가십성 신문, 최신 유행을 다룬 전면 컬러 삽화와 나란히 정치, 과학, 서평을 싣는 혁신적인 여성잡지 〈라 벨 아상블레La Belle Assemblée〉를 펴냈다.

그러나 벨의 가장 큰 소득원은 자신이 쓴 《비망록Common-Place Book》이었다. 1770년에 처음으로 발간한 이 책은 비망록을 써야 한다는 것은 알지만 시작하는 법을 모르는 향상심에 불타는 사람들을 대상으로 했다. 《로크 씨가 추천하고 실천한 원칙에 따라 일반적으로 구성된 벨의 비망록Bell's Common-Place Book Form'd generally upon the Principles Recommended and Practiced By Mr Locke》은 로크의 방식을 몇 페이지로 발췌, 인용해 압축한 다음 "학생, 즉 독서가"와 "여행자, 즉 관찰자" 양쪽 모두를 위한 예시를 제공했다. (벨은 〈라 벨 아상블레〉를 발행했으면서도 정작 여성은 이 책의 소비자 층으로 상정하지 않았다.)

이 단순한 발명품은 불티나게 팔렸고, 벨은 분명 꽤 짭짤한 수익을 누렸을 것이다. 그도 그럴 것이, 첫 몇 페이지 말고는 전부 백지인 250쪽짜리 《비망록》은 권당 가격이 《대영제국의 시인들》보다 4배나 비싼 1파운드 5실링인데다, 조판이나 인쇄 작업이 거의 필요하지 않았기 때문이다. 그는 연이어 훨씬 짤막해진 지침 뒤에 거의 400쪽에 달하는 백지로 구성한 포켓판까지 기민하게 내놓았는데, 이 역시 결과적으로 성공을 거두었다.

저마다의 주인들이 기재한 각 판형의 몇몇 사례들이 현재 영국도서관에 남아 있다. 그것들을 넘겨보는 것은 글쓴이의 특유한 사정을 불완전하게 구축해나가는 것이다. 즉, 그 사람들이 몰두하고 있는 것에 대해서는 많이 알아내지만, 그 사람들 본인에 대해서는 알 수 있는 것이 거의 없다. 한 가지 사례에는 신문기사 스크랩, 라틴어와 영어로 된 시, 서퍽Suffolk의 묘비에 새겨진 글귀들, 희극적인 운문, 이스트앵글리아East Anglia의 지역사에 관한 토막정보, 가족들이 보낸 편지, 1755년 리스본 지진에 관한 긴 설명, 그밖에 예측 불가능한 기타 등등의 내용이 들어가 있다. 양조 사업에 대한 언급이 거듭 등장하고, 심지어 "아일랜드식 삶은 감자" 조리법("삶을 때 소금을 약간 넣으면 맛이 확 달라진다")도 나와 있다. 그러나 우리는 비망록 작성자의 실체에 관해서는 아는 바가 전혀 없다.

뒷부분에서는 처음에 아주 산뜻하고 또렷했던 글씨체가 엉망이 된다. 잉크 얼룩이 지면에 온통 번져 있다. 게다가 신장결석, 천식, 숨 가쁨, 학질, 썩

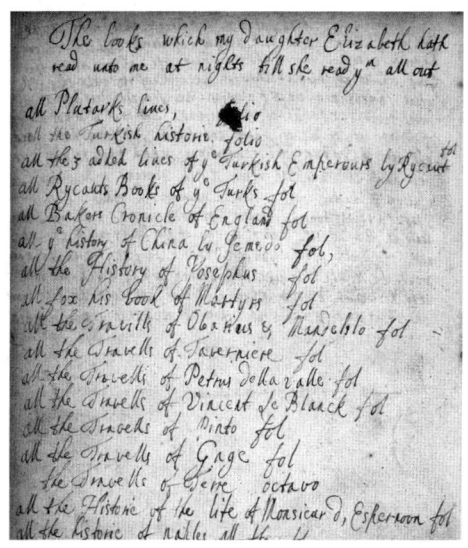

1770년대에 쓰기 시작한 엘리자베스 브라운의 비망록에는
밤에 아버지에게 읽어준 책의 목록이 들어가 있다.

은 이, 쉰 목소리, 배앓이, 폐결핵, 통풍, 치통 치료법이 죄다 등장한다. 한 페이지 전체에 아편 팅크laudanum 조제법이 휘갈긴 필체로 쓰여 있는데, 펜이 지나간 모든 획마다 고통이 그득하다. 글쓴이는 그(남성임이 확실하다)가 고통스럽게 늙어가고 있다고 우리에게 말해주지 않는다. 그럴 필요가 없기 때문이다. 우리는 글에서 이를 자연스럽게 알 수 있다.

그런데 그는 누구였을까? 우리는 이 비망록이 빨라야 1782년 이후부터 쓰이기 시작하여 1795년에 끝났다는 사실을 알고 있다. 글쓴이는 이스트앵글리아에 살았던 듯하다. 이 노트에 옮겨 적은 칼레Calais에서 온 편지는 이름의 이니셜이 T. T.인 사람이 써 보낸 것이다.

맥주 마니아들이 내가 나아가야 할 방향을 제대로 제시해주었고, 공식기록은 이들이 제공한 단서가 사실임을 확인해주었으며, 계보 사이트가 그 틈을 메워주었다. 앨런 브루어리Allen Brewery는 지금은 사라졌지만 수백 년 동안 노리치Norwich 인근에서 맥주를 생산했다. 티머시 톰프슨Timothy Tompson이라는 사람이 1811년에 소유주로 기록되어 있다. 그러나 그는 1819년까지 살았으므로 설득력 있는 후보가 될 수 없다. 이 비망록의 작성자는 1780년대에 누가 보더라도 건강 악화에 시달렸기 때문이다. 그보다 가능성이 높은 쪽은 아마도 티머시 톰프슨의 부친인 스택하우스 톰슨Stackhouse Thomson일 것이다. 1782년에 그는 63세였고, 이미 아내와 사별한 상태였으며, 확실히 가업에서 손을 떼고 있는 상황이었다. 그래서 지방의 교회묘지를 찾아다니고, 브리스틀Bristol과 당시 인기 있던 배스Bath를 두루 여행하고, (그 비망록에 시시콜콜 장황하게 기록된) 1784년 바살러뮤 박람회Bartholomew Fair에 참석할 수 있는 여가시간이 생긴 것이다. 스택하우스는 1799년에 세상을 떠났다. 그 노트에 마지막 항목을 기재한 지 4년이 지나서였다. 그는 우리 같은 범인凡人인 듯 보인다.

그의 노트가 오늘날 우리에게 해줄 수 있는 이야기는 뭘까? 아이작 뉴턴Isaac Newton, 새뮤얼 피프스, 장바티스트 콜베르Jean-Baptiste Colbert, 나아가 로도스의 미카엘과 달리 이 노트의 저자는 위대한 발견이나 나랏일, 국제관계와 아무런 관련이 없다. 스택하우스는 시인도, 예술가도 아니었고 그의 문학 취향은 세련되지 못했다. 그러나 그는 후손이 아니라 자신을 위해 글을 썼다. 그리고 300여 쪽을 채울 정도로, 또 친구들과 가족에게까지 기록을 남겨달라고 요청할 정도로 그 노트를 소중히 여겼다. 그의 관찰 내용은 본인 말고는 누구에게도 중요하지 않을지 모른다. 그러나 이런 기록물이 수세기 동안 그 주인들이 심취한 대상에 관한 내밀한 기념물(특별할 것 없고 읽기 힘들면서도 하나같이 특유한)로 살아남을 수 있다고 생각하면 멋지지 않은가?

19세기에 비망록은 점차 인기가 식었다. 일기와 스케치북이 보다 대중화되면서다. 20세기 중반 무렵 이 단어는 그렇고 그런 잡문집을 내는 출판업자들을 제외하고는 어느 누구에게도 더는 그다지 큰 의미를 지니지 못했다. 이러한 흐름을 거스르며 1970년에 출간된 W. H. 오든Auden의 《어떤 세계: 어느 비망록A Certain World: A Commonplace Book》은 나태Accidie("심장의 권태 내지 동요")에서 글쓰기Writing까지 400쪽에 걸쳐 쭉 이어지는 장대한 회귀이자 진실로 보기 드문 것, 즉 시종일관 생의 의지를 견지하며 읽을 수 있는 고전적인 휴머니즘적 비망록이다. 배우 알렉 기네스Alec Guinness의 《비망록Commonplace Book》은 2000년 8월 그가 세상을 떠나면서 남긴 연습일지 두 권을 합친 것이다. 좋아하는 책에서 뽑은 발췌문, 극장에서 있었던 일화, 거리에서 우연히 듣게 된 말 들로 이루어진 이 책은 보석과도 같은 현대판 치발도네다.

동시대 작가들 중에도 이런 습관이 있노라고 인정하는 경우가 있다. 소설가 니컬슨 베이커Nicholson Baker는 본인만의 "습자책copybook"을 유쾌하게 시도한다. 그는 이렇게 말한다. 글을 베껴 쓰면 "상태가 개선되는 것은 물론, 평온하게 안정될 수 있다. 필사는 친밀하고 배타적인 집중의 한 형태로 보일 수도 있으나, 평화로운 명상적 마음챙김의 중요한 요소 또한 마찬가지로 갖고 있기 때문이다. 종이클립을 만지작거리면서 노는 것처럼 말이다."

게다가 다른 무엇보다도 판매량에 울고 웃었던 존 벨은 워터스톤스Waterstones나 반스앤노블 매장의 선물용 도서 코너를 봤더라면 환호성을 질렀을 것이다. 출판업자들이 독자를 유인하기 위해 영감을 주는 약속으로 백지 노

작자 미상인 노퍽Norfolk의 비망록 가운데 두 페이지. 한쪽에는 맥주 양조장의 목록이 적혀 있고, 다른 한쪽에는 장어 한 마리가 여백에 꽤 멋들어지게 그려져 있다.

트를 판매하는 그 요령을 아직도 시도하고 있는 공간이니 말이다. 당당함이 뿜어져 나오는 활자가 찍힌 표지들은 당신이 지금 보고 있는 노트의 종류(저널, 다이어리, 노트, 플래너)를 알려준다. 당신이 제공해야 할 내용을 제안하는 표지들도 있다. 나의 개인비서, 생각 공간, 빛나는 아이디어, 노트와 꿈 등등. 벨의 경우처럼 자기계발이라는 모호한 개념이 지금도 여전히 최고의 셀링 포인트selling point다. 즉, 제목이 그보다 구체적(독서 일지, 와인 노트, 나의 레시피, 마음챙김 산책 기록)일수록 노트의 무한한 잠재력이 어쩐지 줄어드는 느낌이 든다.

전성기 때 비망록은 사람들이 근대를 살아나가는 방식을 바꿔놓았다. 이를테면 문화사학자 로버트 단턴Robert Darnton은 17세기 독자들에 관해 "그들은 텍스트를 여러 단편으로 해체한 다음 새로운 패턴으로 조합했다"라고 서술한다. "이는 세상사를 이해하려는 부단한 노력의 일부였다. 세상이 온갖 신호로 가득했기 때문이다. 즉, 그것을 통해 자신이 갈 길을 읽을 수 있었다." 더 먼 곳을 탐험하고, 더 많은 책을 출간하며, 더 많은 상품을 교역하고, 더 많은 서류를 만들어내고, 전반적으로 스스로 삶을 더 복잡하게 만든 상황에서 유럽인들은 정보를 감당 가능한 수준의 모듬으로 분류함으로써 자신들의 세계를 이해할 수 있었다.

어느 정도는. 에라스뮈스는 자신의 우려가 보편적인 양, 그가 다루는 주제들은 문명인이 지성과 도덕이 충만한 삶을 살려면 통달해야 하는 모든 것에 해당한다고 자신 있게 적었다. 그는 학생들에게 여러 역사학자와 철학자, 시인, 극작가, 신학자들을 언급했다. 또 모든 연령과 모든 나라 출신 작가들의 글을 읽으라고 권했다. 그러나 의학이나 그 어떤 신생과학도 고려하지 않앉으며, 그가 꿈꾼 이상적인 휴머니즘적 교육에는 가장 기능적인 산술을 넘어서는 수학은 전혀 포함되지 않았다. 휴머니즘적 비망록은 이러한 것, 즉 치발도네에서는 결코 볼 수 없었던 방식으로 글쓴이의 범위를 제한하는 역할을 한 표제어들을 반영했다. 만약 에라스뮈스가 베네치아에서 그 더운 날에 파치올리의 공개강연을 좀 더 즐겼더라면 그의 독자들이 보다 균형 있게 아우른 강의계획서의 덕을 봤을지도 모를 일이다.

10장 | 한 입구에서 다른 입구로 동양과 서양이 흐른다

세계양, 1519~1522년

노트의 초창기 응용방식 가운데 항해와 관련된 경우가 워낙 많다 보니 항해일지가 노트의 역사에서 응당 눈에 띄는 중요한 자리를 차지하리라고 예상할 만하다. 앞서 우리는 상인들(최초의 노트 사용자들)이 노트를 들고 유럽을 돌아다닌 과정, 그리고 선원들과 그 밖의 여행자들이 각자 개인용 노트를 어떻게 창조적이고 실용적인 온갖 방식으로 사용했는지 보았다. 따라서 노트가 발명되고 나서 수백 년이 흐르는 동안 대부분의 선박이 공식 일지를 작성하지 않았다는 사실, 그리고 1600년 이전 시기의 것 중 현존하는 사례는 극소수에 불과하다는 사실은 놀랍다. 가령 콜럼버스가 직접 쓴 일지는 신기원을 연 항해가 있은 지 20년이 채 지나지 않아 종적을 감췄다. 그런데 역사상 가장 유명한 것으로 꼽히는 항해에 관하여 아주 흥미로운 정보를 던져주는 일지 하나가 살아남는 데 성공했다.

우리가 5장에서 만나본 로도스의 미카엘이 세상을 떠난 이후의 세기에 항해학은 이미 일사천리로 앞서가 있었다. 중세 베네치아 선원들의 경우 해상에서 자신의 위치를 추정하는 정확한 방법은 육지의 고정된 지점을 참고하는 것 말고는 없었다. 그런데 16세기경에는 유능한 항해사라면 태양의 고도를 측정함으로써, 그리고 그것과 결부된 계절별 지구의 기울기에 따라 조정함으로써 위도를 합리적으로 추산할 수 있었다. 한편 중국에서 새로이 도입된 자기나침반 덕분에 향상된 방향 탐지가 가능해졌다. 이러한 요인들, 그리고 콜럼버스가 이끈 항해의 막대한 재정적 수익금이 모험가들로 하여금 육지가 보이지 않는 "푸르른 먼 바다"로의 항해를 시도하게끔 부추겼다. 그리하여 유럽에서는 원정의 시대가 시작되었다.

1519년 프란시스코 알보Francisco Albo(알바Alba 또는 알바나Albana일 가능성도 있다)라는 스페인의 고급 선원은 페르디난드 마젤란Ferdinand Magellan의 원정대에 합류하기로 계약을 맺었다. 포르투갈 태생이지만 지금은 스페인의 가장 유명한 뱃사람으로 꼽히는 마젤란은 스페인의 카를로스 1세[56]가 부여한 과업, 즉 동인도의 향신료 제도Spice Islands(현재 인도네시아 말루쿠 제도Maluku Islands)로 가는 새로운 서쪽 항로를 찾아내라는 임무를 맡게 된 터였다. 그에게는 선박 5척(트리니다드Trinidad 호, 콘셉시온Concepción 호, 산안토니오San Antonio 호, 산티아고Santiago 호, 빅토리아Victoria 호)으로 구성된 선단, 그리고 자신이 10년 전에 납치한 말레이어를 구사하는 노예 엔리케 데 말라카Enrique de Malacca를 포함한 승무원 270명이 주어졌다. 그리스 히오스Hios 섬 출신인 알보는 항해사로 트리니다드 호에 합류했다. 9월 20일 세비야에서 출항한 선단은 산루카르 데 바라메다Sanlúcar de Barrameda에서 대서양으로 진입했다.

알보가 쉽게 읽히는 비격식 필기체로 작성한 그 기록은 현재 세비야의 한 기록 보관소에 있는데, 그 항해를 특별히 철저하게 또는 체계적으로 기록해야 한다는 압박감을 전혀 느끼지 않았음을 보여준다. 실제로 8000킬로미터

---

56 그는 동시에 신성로마제국 황제 카를 5세였고 에라스뮈스와 서신을 교환하기도 했다.

에 이르는 첫 구간을 지나는 동안(현재 리우데자네이루인 곳까지 이르는 비교적 단순한 대서양횡단 운항) 그는 기록을 단 한 줄도 남기지 않았다. 그러나 선단이 계속해서 남쪽으로 내려갈수록 주요 지형지물을 기록하고, 태양의 위치를 활용하여 원정대가 얼마나 남하했는지 가늠하기 시작했다.

내용은 항상 이런 식으로 기재되어 있다.

> 1520년 1월 1일 일요일, 내가 태양으로 알아낸 위도는 84°이고, 적위는 21°23′이었다. 그리고 극으로부터의 고도는 27°29′이 되었다. 또 첫째 날 이후로 여러 날 우리는 남서쪽으로 갔고, 그다음에는 서쪽으로, 그리고 넷째 날에는 남쪽 서쪽 ¼ 남쪽으로 갔다.

알보의 위도 측정값은 우리가 브라질해안을 따라 내려가는 항해의 진행 상황을 재현할 수 있을 정도로 충분히 믿을 만하다. 그러나 그 외에는 유용한 정보가 거의 없다. 즉, 해안선에 관한 설명은 얼마 없고 조수나 날씨, 해류에 관한 기록도 전무하다.

열흘 뒤 선단은 서쪽으로 깎아지른 듯 급하게 들어가는 해안지대를 발견한다. 어쩌면 이곳이 그들을 파견하여 발견하라고 했던 아메리카대륙을 관통하는 뱃길인지도 몰랐다. 선단은 남서쪽으로 향하면서 망망대해로 나아가는 두 척과 현지를 탐사하는 세 척으로 갈라진다. 다시 모여서 물맛을 보자마자 그들은 자신들이 발견한 것이 광대한 아메리카대륙을 관통하는 평온한 경로가 아니라, 현재 우리가 라플라타 강이라고 하는 것의 거대한 입구임을 깨닫고 실망한다. 그리하여 그들은 남서쪽으로 내처 가다가 겨울에 접어들어 해가 점점 짧아지자 산훌리안San Julian의 어느 만에서 몇 달 동안 휴식기를 보낸다. 이곳에서 알보의 글은 더 길고 상세해진다. 선단이 몇 달 동안 정박해 있었다는 점을 고려하면 그렇게 긴 편은 아니지만 말이다. "혹 없는 낙타처럼 생긴 안타anta 가죽을 뒤집어 쓴 인디언들이 많이 왔다. 그들은 튀르키예의 활과 아주 흡사한 나무로 만든 활을 들고 다닌다. 그리고 화살은 자기네 것 같은데, 끝부분에 쇠 대신 돌화살촉이 달려 있다. 그들은 아주 날쌘 주자들이고, 잘 만들어진 인간들이다. 잘 빚어졌다"라고 그는 기록한다.

겨울이 끝나기를 기다리며 그 만에서 5개월을, 그러고 나서 남쪽으로 몇 킬로미터 떨어진 강어귀(현재 산타크루스Santa Cruz)에서 6주를 더 보낸 뒤 선단은 항해를 계속하다가 1520년 10월 21일 또 다른 물길을 발견한다. 알보의 설명은 점점 더 숨 가빠진다.

앞서 말한 달의 21일에 육지로부터 5리그league[57] 떨어진 곳에서 내가 태양으로 알아낸 위도는 정확히 52°였다. 그리고 그곳에서 우리는 만처럼 트인 공간을 보았다. 그 입구에서 오른편에는 아주 긴 사취spit[58]가 있고, 우리가 이 사취보다 앞서 발견한 곳은 버진스 곶Cape of the Virgins으로 불리며, 사취는 위도 52°, 경도 52½°에 있고, 이 사취에서 건너편 부분까지 거리가 대략 5리그쯤 되는데, 이 만 안에서 우리

57　오래전에 사용한 거리 단위로, 약 3마일(4킬로미터 정도)에 해당한다. (옮긴이 주)
58　부리 모양 모래톱으로 모래부리 또는 모래곶이라고도 한다. (옮긴이 주)

는 폭이 1리그 정도 될 법한 해협을 발견했다. 이 입구에서 그 사취까지 동양과 서양이 보이고, 그 만의 왼편에는 물길이 크게 휘도는 굽이가 있는데 그 안에는 여울이 많다. 그런데 그 해협으로 들어갈 때 그 입구에서 3리그가 채 떨어지지 않은 곳에 있는 몇몇 얕은 물을 조심해야 한다. 그리고 그곳을 지나면 모래 후미inlet 두 개가 나오고 이윽고 열린 물길이 나올 텐데, 주저하지 말고 자유로이 전진하면 된다. 그리고 이 해협을 지나자 또 다른 작은 만이 나왔고, 그러고 나서 우리는 첫 번째 것과 똑같은 종류의 해협을 하나 더 발견했는데, 한 입구에서 다른 입구로 동양과 서양이 이어진다.

다시 말해 임무는 완수되었다. 항해일지의 한 페이지 반에 걸쳐 줄줄이 이어지는 이 중대한 발견의 세부 내용에서 한껏 들뜬 알보의 의기양양함이 감지된다.

마젤란의 배들은 한 달 넘게 그 해협을 탐사한 뒤 저쪽 건너편 끝으로 나가면서 아메리카대륙의 태평양연안을 최초로 거슬러 올라간 유럽 선단이 되었다. 이 항해의 핵심은 아메리카대륙을 탐사하는 것이 아니라 동인도제도로 가는 뱃길을 찾아내는 것인 만큼 마젤란은 곧이어 선단이 태평양 외해로 나가도록 지휘한다. 그런데 이때 알보가 기재하는 항목의 성격이 다시 한 번 달라진다. 이곳에는 묘사할 만한 풍광이 전혀 없다. 그러나 그날그날 위도와 무한해 보이는 푸른 바다를 가로질러 배가 나아가는 방향을 충실히 기록한다. 처음에는 적도의 보다 쾌적한 수역을 향해 북서쪽으로, 그러다가 서쪽으로. 90여 일간 한 치도 다름없이 동일한 구성 방식(날짜, 진행방향, 위도)

트리니다드 호에서 알보가 쓴 일지. 훗날 마젤란해협Straits of Magellan으로 알려지게 되는 곳을 통항하는, 앞서 인용된 구절이 적혀 있다.

으로 줄곧 이어지는 단조로운 목록의 첫 번째 항목에는 "3일에 우리는 NW로 갔고, 46°30′에 있었다"라고 적혀 있다. 무인도를 목격한 것은 두어 번에 불과했다. 그러다가 선단은 마침내 괌에서 사람들과 접촉한다.

그 만남은 삐걱거렸다. 섬 주민과 원정대는 공통 언어가 없었다. 첫째 날에는 현지인들이 배에 올라타서는 기함의 소형보트를 비롯해 "뭐든 되는대로" 훔쳐갔다. 그러자 둘째 날에 기습조가 뭍으로 가서 빼앗긴 것들을 도로 훔쳐왔다. 엿새 뒤인 3월 16일 선단은 현재 필리핀에 속한 사마르Samar 섬에 이르렀다. 그로부터 며칠 뒤 그들은 통역을 담당하는 엔리케가 의사소통할 수 있는 현지인들을 만났다. 다시 말해 간절히 염원한 세계일주가 이미 달성되었다는 증거였다.

알보가 이에 대해 어떤 감정이었는지 우리는 알 수 없다. 여느 때와 마찬가지로 그의 일지에는 감정이 쏙 빠져 있기 때문이다. 다만 그다음에 이어지는 몇 페이지에 걸쳐 기술내용이 다시금 달라진다. 마젤란 선단이 그 사이를 이리저리 누비며 지나간 새로운 섬들에 대한, 급한 대로 만들어 개략적이지만 쓸 만한 지명사전이 된 것이다. 그는 수십 개의 이름을 열거한다. 수부Subu, 보홀Bohol, 파닐롱고Panilongo, 쿠아가얀Cuagayan, 폴루안Poluan, 보르네이Borney. 그는 섬의 위치를 알려주고, 어떤 섬에서 어떤 상품(정향, 금, 생강, 시나몬, 백단)을 조달할 수 있는지, 어떤 섬이 우호적이고 어떤 섬이 그렇지 않은지, 선단이 어디에서 보급을 보충했는지, 화물을 어디에서 구입했는지, 아라비아 상인들을 어디에서 발견했는지 등등을 조언한다.

마침내 그들은 갑판 아래 짐칸인 선창船倉을 가득 채운 채 출항하여 인도양을 가로질러 귀향길에 올랐다. 1522년 5월 희망봉Cape of Good Hope을 돌아 대서양으로 다시 진입한다. 근 2년 만이었다. 두 달 뒤 그들은 베르데곶 제도(카보베르데 제도)Cape Verde Islands라는 환대받는 영토에 당도한다. 이곳에서 알보는 자신이 어느 시점엔가 기록 작성에 있어서 실수를 저질렀음을 발견하고 깜짝 놀란다. "그들은 우리를 무척 환영했고, 우리에게 필요한 식량과 물품을 제공해주었다. 이날은 수요일이었는데, 그들이 세기로는 목요일이었다. 그러니 내가 보기에는 아무래도 우리가 그전에 하루를 착각한 것 같다"라고 적는다. 그곳에 있던 어느 누구도 태양이 움직이는 것과 같은 방향인 서쪽으로 세계일주를 하는 바람에 선단이 하루를 잃어버렸다는 사실을 깨닫지 못했다. 훗날 쥘 베른Jules Verne의 소설에 등장하는 인물인 피니어스 포그Phineas Fogg가 동쪽으로 향하는 바람에 하루가 더 생겼듯 말이다.

그러다가 그들을 호의적으로 맞아주었던 주민들이 돌변하여 알보와 동료 선원들을 다른 선박에 포로로 태워 스페인으로 돌려보내겠다고 위협한다. 알보는 드물게 내러티브 재주를 내비치며 "우리는 침로를 바꿀 테니 기다리겠다고 말했다. 그리하여 우리는 다른 침로를 택해 돛을 활짝 펴고 출항하여 그곳을 떠났다"라고 적는다.

7주가 지난 뒤 그들은 귀국했다. 그 항해에 관한 기록, 그리고 새로운 뱃길에 대한 값을 매길 수 없는 정보를 가지고 온 알보도 함께. 그런데 그 일지는 알보가 빠트리고 있는 것(그것도 상당히 많이)에 대한 의문을 증폭하기도 한다. 다섯 척의 배가 세비야를 떠났다. 그런데 단 한 척, 빅토리아 호만 귀환했다. 270명이 출항에 나섰다. 그런데 22명이 돌아왔다. 게다가(모든 것 중 가장 놀라운 누락으로) 알보는 원정대장인 마젤란 본인이 사라진 248명 중 한 명이라는 사실을 언급하지 않았다. 사라진 배들과 사라진 사람들에게 과연 무슨 일이 벌어졌을까? 알보가 기록하지 않기로 마음먹은, 그들을 덮친 재앙은 대체 무엇이었을까?

다행히 알보가 전하는 이야기(그 항해에서 나온 현존하는 유일한 원본 노트이기는 하지만)가 우리에게 전해 내려오는 유일한 기록은 아니다. 소수의 다른 생존자 가운데 한 명인 안토니오 피가페타Antonio Pigafetta라는 이탈리아인 역시 일지를 썼다. 이 일지는 금세 증정본(양피지 채색 사본)으로 필사되었는데, 그중 한 권이 신성로마제국 황제이자 스페인 국왕인 카를 5세에게 전해졌다. 항해의 관점에서는 유용성이 떨어지지만, 그럼에도 불구하고 피가페타의 기록은 틈을 메워준다.

알보의 서술과 달리 피가페타가 전하는 이야기는 그 항해가 잇단 재앙을 견뎌내는 과정이었음을 드러낸다. 브라질을 향해 남쪽으로 가는 동안 대서양에서 폭풍우가 닥쳤고, 승무원들은 적대적인 포르투갈 선박들의 추격 때문에 내내 두려움에 떨었다. 한 선원은 남색男色으로 처형되었고, 그와 함께 붙잡힌 소년 역시 의심스러운 정황에서 물속으로 떨어져 숨졌다. 이 일이 있고 난 뒤에는 반란 시도가 이어졌다. 산안토니오 호의 선장 후안 데 카르타헤나Juan de Cartagena가 선단을 장악하고 항로 변경을 시도한 것이다. 마젤란은 그를 제압했지만, 다른 두 선장의 강력한 권고에 따라 그의 목숨을 살려주었다. 승무원들은 리우데자네이루에서 잠시 휴지기를 가지면서 원기를 회복하고 기분전환을 하는 시간을 누렸으나, 그 뒤로 오랫동안 이어진 월동 기간에 한바탕 살벌한 내분이 촉발되었다. 카르타헤나, 그리고 그와 같은 편에 선 두 사람인 루이스 멘도사Luis Mendoza와 가스파르 데 케사다Gaspar de Quesada는 선박 세 척을 탈취했다. 마젤란은 대담한 기습을 개시하여 그중 한 척을 탈환했고, 또 다른 선박은 항복했으며, 마지막으로 남은 선박은 상황이 돌아가는 형편을 지켜보던 승무원들이 충성심을 되찾으면서 수복했다. 이 사건의 여파로 멘도사는 칼에 찔려 죽었고, 케사다는 목이 매달린 다음 몸이 묶인 채 사지가 찢겼으며, 카르타헤나는 어느 불모의 섬에 버려졌다. 다른 공모자들은 고문을 당하거나, 해안에 유기되거나, 처벌 의무가 지워졌다.

알보는 이 피비린내 나는 일련의 사건 전체에 대해 한마디도 하지 않는다. 그는 놀라우리만치 심각한 망각 능력을 발휘하면서 산티아고 호가 산타크루즈 강 근처의 어느 사주sandbar에 난파되었다는 사실도 기록하지 않는다. 게다가 마젤란해협을 통과하는 뱃길을 묘사하는 그의 서사시적 문장에는 산안토니오 호가 그곳에서 사라지는 바람에 원래 다섯 척이었던 선단 가운데 오직 세 척만이 태평양으로 빠져나갈 수 있었다는 결정적인 세부 내용이 빠져 있다. 적도를 따라가는 여정에 관한 알보의 반복적인 기록은 그 단조로움은 제대로 포착하지만, 굶주림 때문에 19명을 잃은 일도, 마젤란이 사나흘 걸리리라고 호언장담한 그 구간을 지나는 데 실제로는 석 달이 걸렸다는 사실도, 또(그들이 비축해둔 바다표범고기가 산패하는 바람에) 승무원들이 결국 톱밥, 쥐, 자신들이 타고 있는 배의 밧줄에서 떼어낸 가죽조각까지 먹는 지경에 이르렀다는 사실도 언급하지 않는다.

그들이 마침내 당도한 섬들에 관한 알보의 설명에도 역시 이와 유사하게 누락된 부분이 많다. 무엇보다도 특히 마젤란 본인의 운명에 관한 내용이 생략되어 있다. 마젤란은 세부Cebu 섬(알보의 지명사전에는 등장하지 않는 지명)에서 발생한 소규모 충돌에서 살해당했다. 콘셉시온 호를 버리고 떠나야 했다는 사실은 실제로 언급하지만, 포르투갈 선박들과 조우한 일, 중국 범선 한 척을 공격한 일, 선단장이 두 차례나 교체된 일, 스페인어를 하는 무슬림들과의 만남, 그리고 트리니다드 호를 잃은 일은 화제로 꺼내지 않는다. 빅토리아 호가 인도양을 횡단하는 동안에만 아사한 사람이 20명에 이르렀다는 사실 역시 눈에 띄지 않는다.

알보의 놀라운 간과에 대해서는 두 가지 설명이 가능하다. 일부 학자들은 훗날 자신을 위태롭게 만들 가능성 때문에 갖가지 음모와 반란에 관해 어떠한 문자기록도 남기지 않으려고 했다는 의견을 제시한다. 게다가 알보는 피가페타가 따로 기록을 남기고 있다는 사실을 틀림없이 알았을 것이다. 피가페타의 일지를 당연히 읽어봤을 테고, 따라서 피가페타의 이야기를 보완하기 위해 순수하게 항해일지만 기록하기로(결과적으로 그렇게 되었다) 마음먹

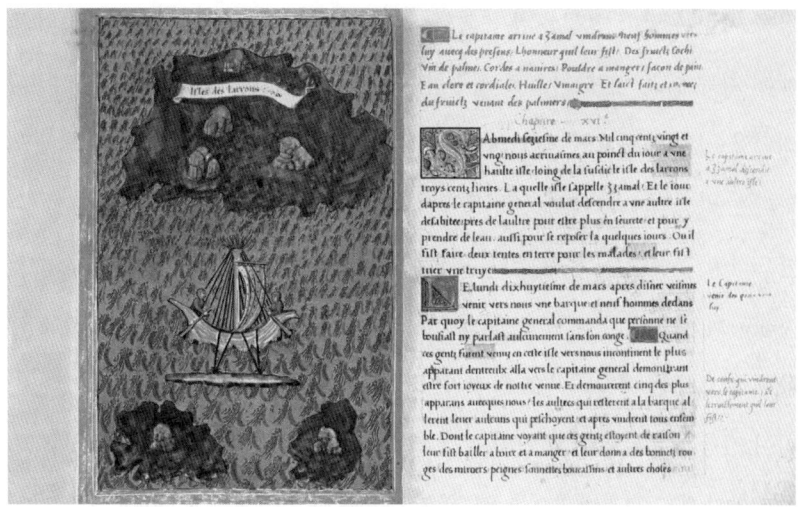

피가페타가 쓴 일지의 채색 사본. 마젤란의 명성을 회복하기 위한 활동의 일환으로 샤를 1세를 위해 프랑스어로 번역되었다.

었을 것이다. 우리는 알보의 일지를 통해 그 항해의 경로를 알 수 있고, 주로 피가페타의 일지를 통해 이런저런 사건을 알게 된다.[59]

피가페타는 마젤란의 손상된 이름을 회복시키는 데 얼마간 기력을 바쳐야 했다. 알고 보니, 마젤란해협에서 마지막으로 목격된 산안토니오 호는 사실 스페인으로 돌아왔었다. 그리고 마젤란이 세부 섬에서 죽어갔을 때처럼 그 배의 승무원들은 세비야로 돌아와서는 비열하게도 그의 인격을 훼손하기 시작했다. 고문과 압제를 자행했다는 이유로 죄를 물어 그를 고발한 것이다. 마젤란의 아내와 아들은 가택연금에 처해졌고, 마젤란에게 끝까지 충

---

59 훨씬 더 짧은 불완전한 일지가 하나 더 있었다. 극동 지역에 있다가 나중에 다른 경로를 통해 스페인으로 돌아온 선단에서 나온 것이었다. 몇몇 다른 생존자의 구두증언도 존재하나, 알보와 피가페타의 기록만큼 내용이 충실한 것은 없다.

절을 지킨 유일한 선원은 투옥되었다. 피가페타가 자신이 모셨던 함장의 명예를 회복하고, 세계 최초로 성공한 세계일주를 이끈 지도자이자 대서양과 태평양을 잇는 중요한 해협의 발견자로 우리에게 전해 내려오는 이름이 귀환하는 빅토리아 호에서 선장 역할을 맡은 고급 선원 엘카노^{Elcano}가 아니라 반드시 마젤란이 되도록 만드는 데는 혼신을 다하는 결연한 조직적 활동(장대하고 화려한 저 채색 필사본들을 비롯해)이 필요했다. 피가페타는 9년을 더 살다가 고향인 이탈리아로 돌아가서 죽었다. 지칠 대로 지친 알보에게 무슨 일이 있었는지는 알려져 있지 않다.

  답답하게도 피가페타의 노트 원본은 현존하지 않는다. 그러나 그가 마젤란의 명예를 회복하는 데 그 노트들을 사용한 방식은 사건 발생 당시에 직접 작성된, 게다가 효율적으로 활용된 기록의 힘을 잘 보여주는 좋은 본보기다. 알보의 노트는(마젤란과 엘카노의 항로를 믿을 만한 수준으로 확인해주는 것 외에) 우리에게 뭔가 다른 것을 알려준다. 그러니까 그들이 이 행성에서 가장 멀리 떨어진 구석까지 자신들의 세력 범위를 넓혀간 바로 그때도, 더군다나 고용주들이 선박과 화물, 대포, 승무원에 거금을 투자했는데도 유럽의 선원들은 체계적인 항해일지가 얼마나 유용할 수 있을지 깨닫지 못했다는 사실이다. 뒷장에서는 이러한 상황이 어떻게 달라졌는지, 그리고 그 변화가 오늘날 우리에게 어떤 의미인지 살펴보려고 한다.

11장 | 청어의 왕

피시북, 1570년 네덜란드

이 이야기는 몇 번이고 되풀이해서 지중해의 통상로 되돌아갔다. 그런데 유럽에서 번영을 구가한 항로는 지중해 무역로만이 아니었다. 북쪽으로 1000킬로미터 떨어진 북해와 발트해에도 그곳의 상인들과 상품들이 있었다. 그런데 이 북부의 상업이 그 시절의 노트 가운데 가장 호기심을 자극하고 흥미로운 사실을 드러내 보이는 한 권을 간접적으로 우리에게 제공했다. 우리는 청어에게 고마워해야 한다.

살이 기름지고 잔가시가 많은 이 작은 생선은 영국제도에서 두루 발견할 수 있는데, 북해와 북대서양에 엄청나게 많은 개체수가 산다. 수세기 동안 북부 유럽의 모든 민족이 이 물고기를 쫓아다녔다. 그러다가 1570년대 즈음 네덜란드인들이 명실상부한 청어 무역의 일인자가 되었다. 그들이 특별히 고안한 헤링 버스^{herring buss}[60]로 불린 어선 수백 척이 해마다 셰틀랜드제도, 스코틀랜드, 아이슬란드 연안의 풍부한 심해 어장으로 출항하곤 했다. 그곳에는 수십억 마리에 달하는 청어 떼가 수 킬로미터에 걸쳐 그들을 기다리고 있었기에 어선들은 저마다 별 어려움 없이 그물 한가득 청어를 잡을 수

---

60   쌍돛대 또는 세 돛대 어선. (옮긴이 주)

있었다. 그런데 어시장에서 수주일 씩 떨어져 있는 경우, 죽은 물고기로 가득 찬 선창은 있으나마나다. 여느 해산물과 마찬가지로 청어 역시 금방 상하는 탓이다. 기발한 네덜란드인들은 이 문제를 해결하는 기술을 개발했다. 선원들은 어망 한가득 물고기를 끌어올리고 난 다음 날 오전에 잡은 생선의 내장을 제거하는 작업에 착수했다. 대부분의 내장을 끄집어내되 유문맹낭 pyloric caeca이라는 작은 부위 하나만 그대로 남겨 둔다. 그러고는 손질한 청어를 소금을 채운 커다란 통에 넣어 보관하는데, 그렇게 하면 소금물이 생선의 부패를 막고, 유문맹낭에서 분비되는 소화효소 트립신trypsin이 생선살을 부드럽게 하면서 더욱 감칠맛이 돌게 만들 터였다. 이 작업을 마친 뒤 선원들은 다시 어망으로 돌아갔고, 선창이 가득 찰 때까지 이 과정을 반복하는 식이었다.

숫자로 보면 굉장했다. 숙련된 어부 한 사람이 몇 초에 한 마리씩 내장을 제거하고 한 시간에 2000마리까지 보관처리 작업을 마칠 수 있었다. 대형 청어잡이 배 한 척이 60톤을 선적한 채 귀항할 수 있었다. 매년 약 500척의 하링바위선haringbuisen으로 구성된 네덜란드 선단이 파견되어 거의 2억 마리에 달하는 청어를 내장 제거 후 염장 처리했다. 이 정도 물량은 네덜란드 인구가 소비하기에는 너무 많았기에 잡은 청어는 대부분 발트 해 시장인 독일, 폴란드, 러시아로 수출되었다. 네덜란드 상인들은 목재와 곡물을 다시 실어왔고, 남쪽으로도 그와 유사하게 염장에 쓸 프랑스와 스페인 산 바다소금으로 교역이 이루어지면서 양쪽에서 모두 상당한 수익을 올렸다.

이 상업은 네덜란드 경제의 주된 동인 가운데 하나로, 그 시대의 성공신화였고, 다들 그 중요성을 이해했다. 수익성이 큰 이 어선단은 요새화한 항구에서 호위를 받으며 무리지어 항해했고, 네덜란드의 조선공들은 외국인에게 하링바위선을 건조해주는 것이 금지되었다. 트립신(다른 민족들은 이 비법을 아직 발견하지 못했다) 덕분에 네덜란드의 염장 청어는 고급품으로 취급되었고, 당국은 이 수출품의 품질을 면밀히 감시하면서 승인을 통과한 통에 일일이 뜨겁게 달군 쇠붙이로 품질보증 인장을 찍었다. 따라서 성공한 생선상인은 상당한 소득을 얻음과 동시에 공동체에서 중요한 위치를 점했다. 1570년대에 가장 번성하고 가장 저명한 사람 중 한 명이 바로 아드리안 쿠넌Adriaen Coenen이었다. 그런 그가 우리에게 아주 근사하면서도 독특한 노트 한 권을 남겼다.

어부의 아들인 쿠넌은 북해 연안에 자리한 스헤베닝언Scheveningen에 살았다. 수백 년 동안 드넓은 모래해변에 어선들이 줄지어 늘어서 있던 곳이었다. 이 도시의 공식 어시장에 소속된 경매인이자 허가를 받고 해변에서 표류물을 수집하는 비치코머beachcomber였던 그는 63년을 사는 동안 평생 해양생물과 끊임없이 접촉했다. 그의 피스북Visboek("피시북fishbook"과 발음이 비슷한데 바로 그 뜻이다)은 자신의 지식을 모아서 쓴 육필 개요서로, 수산업뿐만 아니라 쿠넌이 살던 시대에 나날이 커져간 이해와 질서에 대한 욕구를 설명하는 데도 도움을 준다.

피스북에 대해 더 많이 알아보고자 나는 헤이그에 소재한 코닝클레이커 비블리오트헤이크Koninklijke Bibliotheek의 필사본 전시 책임자인 예룬 판도멜러Jeroen Vandommele와 이야기를 나누었다. 그곳은 쿠넌이 수많은 어선의 하역을 지켜보았던 해변에서 마음 편히 걸어갈 수 있는 거리에 있었다. 그 책을 취급할 수 있는 소수에 속한 판도멜러는 어쩌다 방문객에게 그것을 자랑스레 내보이게 될 때면 천진난만하게 애정을 드러낸다. "네덜란드 도처에서 어부들이 잡은 생선을 팔러 스헤베닝언으로 오곤 했어요"라고 그는 나에게 말해준다. "청어 같은 흔한 생선들인데, 신기한 것들도 있었죠. 그래서 쿠넌은 본인이 접한 모든 생선을 자기 노트에 수집하게 된 거예요." 쿠넌은 어부들이 한 말을 언급하면서 어쩌다 어망에 함께 걸려든 보다 진기한 어류가 잡힌 날짜와 장소를 기록한 다음, 믿을 만한 권위자들(가장 자주 언급된 것은 플리니우스와 스웨덴의 사제 올라우스 마그누스Olaus Magnus였다)의 책 내용을 덧붙였다. 그러면서 앞선 시대에 나온 그 자료들을 유의미하게 개선시켰다. 바로 정확한 삽화를 추가한 것이다. 플리니우스의 책에는 삽화가 아예 없었고, 올라우스 마그누스의 책에는 삽화가 없다시피 했다. 그리하여 쿠넌이 그려 넣은 많은 그림은 이 지식이 전달되고 해석될 수 있는 방식을 완전히 바꿔놓았다.

당연한 일이지만, 귀한 청어는 그가 설정한 체계 안에서 중대하게 여겨진다. 쿠넌은 청어(잡히는 장소와 염장하는 법뿐만 아니라 관련된 어부의 사연)에 한 절section을 통째로 할애한다. 가령 주로 잡히는 어종과 같은 어망에 아주 간헐적으로만 올라오는 특히나 맛 좋은 생선인 '청어의 왕'을 언급하는 내용으로 한 페이지를 채우기도 한다. 성대gurnard를 말하는 듯한데, 의기양양하게 금관을 뽐내며 외로이 홀로 있는 표본의 수채화로 그 대상을 위엄 있게 그려낸다.

쿠넌은 장식이 그려진 글 상자 안에 기록을 모아 담은 뒤 지면을 어두운 색조의 수채화 물감으로 엷게 채움으로써 그것을 배경으로 테를 두른 텍스트와 그림 판이 돋보이도록 만들었는데, 그의 이름과 모노그램monogram이

첨부되기도 했다. 위풍당당한 청어에 관한 이 긴 절에는 북해에서 청어(그리고 고래를 비롯한 다른 종들)가 발견될 만한 위치를 보여주는 어장도 들어가 있다. 그의 노트를 보면 잉글랜드 사람들도 템스강 어귀 인근에서 청어를 잡는다는 사실을 알게 되지만, 행복한 네덜란드 어부들과 달리 그들의 청어에는 세금이 부과됐다.

이것이 바로 쿠넌이 본 대양의 모습이다. 생명과 산업, 각종 사연이 복작대는 분주하고 생산적인 곳. 그의 노트에 대해서도 똑같은 말을 할 수밖에 없다. 800쪽이 넘는 분량에 각 페이지마다 글과 그림이 꽉꽉 들어차 있어서 간략하게 요약하려는 어떠한 시도도 무산시키니 말이다. 다행히 온라인에서 전체를 볼 수 있다. 원본의 상태가 좋지 않아서 2000년대 초에 온갖 군데가 헐거워져 아슬아슬해진 지면들을 처음부터 끝까지 다시 제본한 뒤 디지털화한 덕분에 심란할 일 없이 연구할 수 있게 되었다.

지금 그 노트를 살펴보면 쿠넌이 실행한 연구 프로젝트의 방대한 범위와 자료에 몇 번이고 혀를 내두를 정도로 놀라게 된다. 이 노트에는 한 남성이 진실로 타고난 재능을 발휘하여 그려낸 귀상어 hammerhead shark가 있다. 네덜란드를 떠나본 적이 거의 없을 뿐더러, 그 상어가 잡히는 열대수역 근처에는 틀림없이 한 번도 가보지 못했을 사람이 말이다. 귀상어 한 마리가 스헤베닝언에서 뭍으로 올라왔는데, 상태가 엉망인데다 냄새도 지독해 도저히 먹을 수 있는 상황이 아니었지만 그 죽은 생선을 사다가 집 앞에 매달아놓고 보존했다고 쿠넌은 적어놓았다. 누구였든 그 생선을 제공한 사람은 쿠넌이 이야기해주는 잉글랜드의 불운한 어부보다는 처지가 나았다. 그 잉글랜드 어부는 맛이 형편없는 물고기를 잡아서 팔았다는 죄로 교수형을 당했다.

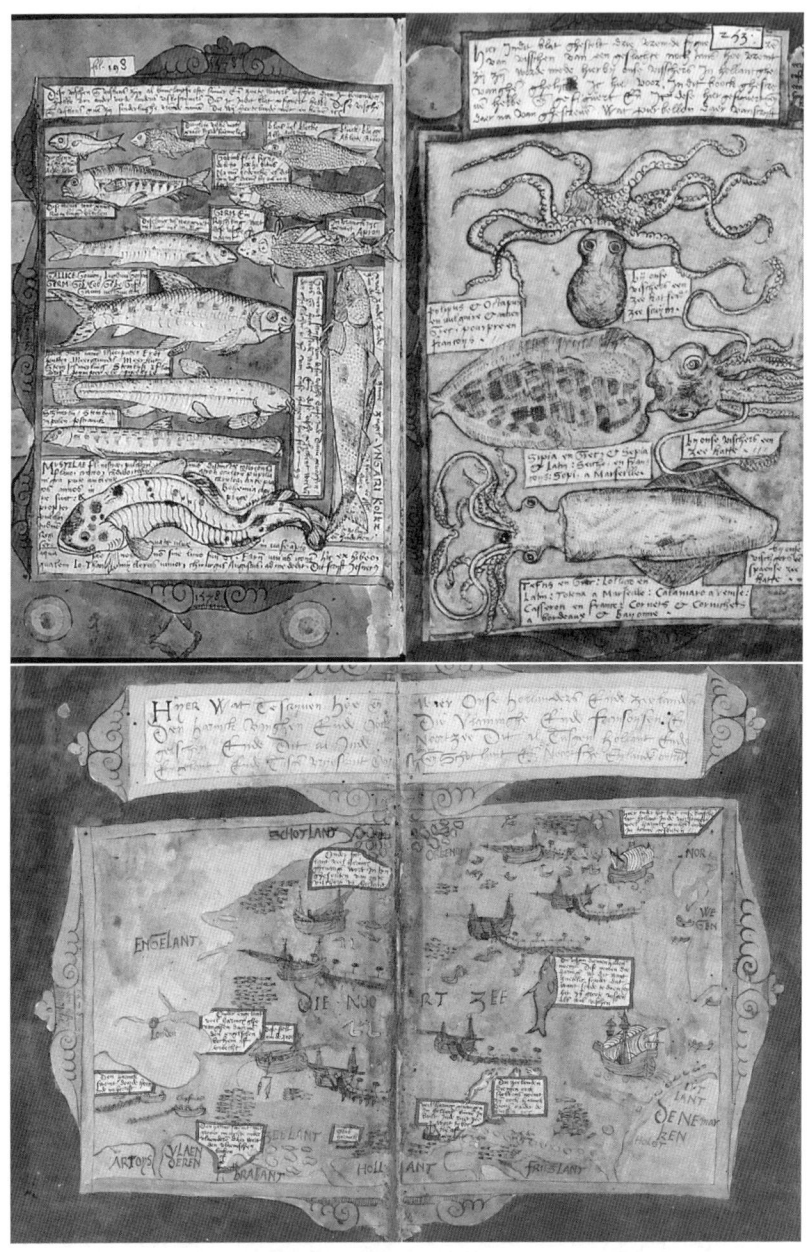

주인공 격인 이미지는 쿠넌이 그린 청어 어장도.
어류마다 라틴어, 독일어, 네덜란드어, 프랑스어로 적힌 이름표가 달려 있다.

쿠넌은 북해의 가자미(청어보다 돈은 덜 되지만 맛으로는 뒤지지 않는)에 여러 페이지를 할애했다. 이런 식으로 온갖 종류의 바다생물마다 절이 할애된다. 문어, 오징어, 장어, 가리비, 새우, 정어리, 대구, 연어, 송어, 거북, 헤엄치거나 물속 깊이 들어가거나 물 위를 떠다니는 것이라면 쿠넌은 알고 싶어 했다.

국제 수산업계는 분류학적 명칭, 즉 학명 문제에 직면했다. "이 물고기들은 아직 고유명사가 없었어요. 그래서 그냥 스헤베닝언에서 부르던 대로 칭하고 있죠"라고 판도멜러는 말한다. 쿠넌은 이러한 불명확함이 못마땅했던 게 분명해 보인다. 즉, 일종의 시각적 용어사전처럼 구성된 한 지면을 보면, 그가 좀처럼 보기 힘든 외래종을 라틴어, 독일어, 네덜란드어, 프랑스어로 된 다양한 이름을 모아 제시함으로써 그러한 상황을 바로잡으려고 시도했음을 알 수 있다.

쿠넌은 앎을 추구하고자 가능한 한 폭넓게 그물을 던졌다. "그는 자신이 활용하는 출처에 대해 그렇게 비판적이지는 않아요"라고 판도멜러는 주의를 준다. 그러다 보니 물고기와 더불어 인어와 바다수도승sea monk, 비늘로 뒤덮인 기이한 개, 이름조차 없는 괴물들이 숱하게 나온다. 한 페이지는 눈에 확 띄는 어떤 바다괴물의 그림과 설명으로 시작한다. 모두 쿠넌이 독일 작가 제바스티안 뮌스터Sebastian Münster의 여러 저작에서 골라 모은 것이었다. 뮌스터가 1544년에 발표한 《코스모그라피아Cosmographia》는 그 시점에 알려진 세계지리에 대한 모든 지식을 취합하여 분석한 책이었다. 충격적인 모습이지만 쿠넌은 뮌스터가 묘사하는 그 괴물이 아마 실제로는 자신이 아래쪽에 그려둔 곱상어dogfish(이 물고기의 가시를 은으로 도금하면 훌륭한 이쑤

시개가 된다)와 더 비슷했을 것이라고 우리에게 알려준다.

당시의 거의 모든 사람들처럼 쿠넌도 고래에 매료되었는데, 이따금 고래들이 네덜란드 해안의 해변으로 올라왔을 때 살펴볼 기회가 생기기도 했다. 한 지면에는 분명 수컷일, 죽은 향유고래 한 마리가 나와 있다. 1577년 7월 안트베르펜 인근 스헬더Schelde 강어귀의 척박한 여울에서 죽은 고래였다. 쿠넌이 찾아가서 고래를 봤을 수도 있지만, 그보다는 이 사건을 기록한 어느 소책자에 실린 판화를 보고 삽화를 베껴 그렸을 개연성이 더 크다.

마지막으로, 쿠넌은 항해를 업으로 삼은 인간들에 대한 흥미로운 사실을 수집했다. 독일어로 쓰인 1578년 마틴 프로비셔Martin Frobisher의 그린란드Greenland 항해기에서 옮겨 적은 이누이트의 생활에 관한 기술 같은 것들을 말이다.

노트를 공들여 작성하는 동안 쿠넌이 페이지에 날짜를 기재했기에 우리는 그가 그전에 쓴 기록들을 바탕으로 피스북을 엮는 데 여러 해가 걸렸음을 알 수 있다. 그는 왜 굳이 이 고생문으로 들어섰을까? 쿠넌은 직업적으로나 사회적으로나 성공을 누렸다. 공직을 따내면서 지속적으로 점점 더 부유해졌다. 어쩌면 이 책이 한몫했는지도 모른다. 잠재적 후원자들에게 지식을 뽐내는 수단으로 말이다. 게다가 쿠넌이 지금은 사라졌지만 유사한 책을 오라녜 왕자에게 헌정했다는 사실을 우리는 알고 있다. 쿠넌은 그보다 신분이 낮은 사람들에게도 그 책을 자랑스레 내보이기를 즐겼음이 틀림없다. 그는 레이던Leiden에서 열린 박람회의 전시 허가를 얻었다. 그곳에서 호기심 많은 행락객들은 1실링에 그가 소장한 수많은 물고기 박제 수집품을 둘러볼 수 있었고, 2실링을 내면 그 책까지 살펴볼 수 있었다. 그가 피스북의 책장을 넘기면서 그 책에 담긴 놀라운 내용들을 가리키며 자신의 박식함을 하나의 쇼로 만드는 오만가지 일을 하는 장면이 상상된다.

판도멜러는 이 노트를 "수생계에 관한 종이 분더카머Wunderkammer"라고 표현한다. 그렇게 본다면 전적으로 시대에 발맞춘 물건이다. 당시는 분더카머, 즉 호기심의 방이 독일과 저지대국가에서 두루 등장하기 시작한 때였다. 눈이 튀어나올 정도로 깜짝 놀랄 만한 이 방에서는 기묘한 수집 물품들(화석, 조개껍데기, 골동품, 동전, 진귀하고 별난 온갖 것들)이 보는 이의 관심을 차지하려고 서로 치열하게 경쟁을 벌였다. 쿠넌의 책처럼 분더카머 역시 과학적인 것과 비현실적인 것(일각돌고래의 엄니는 유니콘의 뿔로 둔갑하기 일쑤였다)이 나란히 놓이곤 했으나, 자연계에 대한 주인의 지식과 호기심에서 비롯한 진실된 기쁨과 즐거움, 즉 레이던에 새로 생긴 대학교의 학생들과 교수들도 아마 틀림없이 공유했을 감정을 드러내기도 했다.

수년 동안 이루어진 탐색과 기록 활동이 없었다면 쿠넌은 피스북을 쓰는 데 필요한 원재료를 결코 모을 수 없었을 것이다. 판도멜러가 관찰한 바에 따르면 "그 노트는 학자들, 그리고 아마추어 학자들이 지식의 근거를 고대에 쓰인 것에만 두지 않고 본인의 경험론에도 기초하고자 애쓴 순간을 보여준다." 그렇다. 그의 책에는 괴물과 인어가 나오지만, 그보다 수적으로 월등히 많은 것은 매력이 덜한 넙치, 서대, 대문짝넙치, 가자미류 같은 것들이다. 그런데 내 생각은 이 정도에 머무르지 않는다. 피스북은 실물 그대로 객관적으로 그려진 삽화가 첨부된 덕분에 그때껏 유럽이 목격한 가장 유용하고 전문적인 자연주의 작품 가운데 하나가 되기 때문이다.

이 노트에는 뭔가 네덜란드만의 특질도 존재한다. 판도멜러는 유럽 학계

쿠넌이 그린 1577년 해변으로 올라온 향유고래. 수컷임이 분명해 보인다.

가 주로 라틴어나 그리스어로 정보를 전달했으나, 네덜란드에서는 "대체로 학자의 삶을 영위하지는 않으나 관심분야가 있고, 얘깃거리가 있으며, 그것을 세상 사람들과 공유하는 아마추어들로 구성된" "토착어 지식망" 역시 번성했다는 점을 지적한다. 실제적인 평범한 언어로 쓰인 피스북은 이러한 지식의 민주화를 구현한다. 대학교수나 왕자만큼이나 라이던 박람회를 찾은 호기심 많은 시민도 접근하기 쉬웠던 것이다.

과하게 장식된 지면과 어마어마한 크기를 보면, 그럼에도 피스북이 사실상 노트가 맞느냐는 질문이 나오는 게 당연할 것이다. 쿠넌의 대담하고 화려한 레이아웃은 어떤 면에서는 그것을 "순수한" 노트보다는 증정용 필사본에 가깝게 만들어 그 격을 높이는 게 아닐까? 그렇다고 볼 수도 있다. 나라면 그 모든 그림과 소용돌이 장식 밑에는 쿠넌이 손수 모아서 만든 개인적인 잡문집이 있다고 주장할 것이다. 열의가 넘치는 바람에 그처럼 아주 실용적인 작업노트를 장식된 전시품으로 바꿔놓았다고 해도, 그로 인해 근저를 이루는 형태가 훼손되지는 않는다. 오히려(로도스의 미카엘이 쓴 노트처럼) 어떤 물건이 기능적인 사적 용도와 과시적인 공적 용도가 조화롭게 작동함으로써 이 두 가지 목적을 동시에 달성할 수도 있음을 상기시킨다.

내가 이 책을 쓰기 위해 이야기를 나눈 다른 사람들과 마찬가지로 판도멜러도 본인의 시간과 전문지식을 아낌없이 내어준다. 그러나 마침내 마무리할 때가 온다. 그는 "잠시만요"라고 하더니 지나가는 말처럼 묻는다. "알붐 아미코룸에 대해서 쓰겠네요, 그렇죠?"

이제 그 이야기를 하려고 한다.

12장 | 아둔한 네덜란드 유행

우정 노트, 1645년 북부 유럽

1535년 3월 17일 평소 성품이 좋고 독실했던 독일의 이발사 페터 베스켄도르프Peter Beskendorf는 저녁식사 자리에서 빵칼을 집어 들어 사위를 찔러 죽였다. 살해 동기는 지금도 여전히 불분명하다. 디트리히 프라이엔하겐은 그의 딸 아네와 결혼한 지 2년밖에 되지 않았는데, 전직 용병인 사위에게 술김에 싸움 실력을 보여주고픈 충동이 일었을 수도 있고, 아니면 그의 변호인이 나중에 의견을 낸 것처럼 일시적으로 악마에 홀렸는지도 모른다. 여하튼 피해자가 피를 흘리자 베스켄도르프는 자신이 곤경에 빠졌음을 깨달았다. 그래도 다행히 그에게는 부탁할 만한 영향력 있는 친구들이 있었다.

마르틴 루터Martin Luther는 그 살인자를 잘 알았다. 두 사람 모두 비텐베르크Wittenberg에 살았다. 엘베Elbe 강의 낮은 제방에 자리한 그 도시에서 루터는 신학을 가르쳤다. 베스켄도르프는 면도칼을 잡기 전 루터 밑에서 수학했다. 손아랫사람이 손윗사람의 머리를 잘라주었는데, 그때마다 두 사람은 신과 신앙에 대해 대화를 나누곤 했다. 시간이 흐르면서 둘은 가까워졌다. 루터는 친구에게 책을 헌정하기도 했다. 오늘날에도 읽히는 실용적인 기도 지침서다. 그러니 모살murder⁶¹ 혐의에 직면한 베스켄도르프가 도움을 간청하며 손을 내밀자 루터는 받아줄 수밖에 없었다. 그런데 그가 친구에 대한 도의적 의무를 행한 방식이 바로 그 도시의 학생들 사이에서 최근에 퍼진 어떤 유행을 전용한 것이었다.

루터는 단순히 비텐베르크의 교수에 그친 것이 아니라 그 도시의 주요한 유명인사였다. 1521년 로마가톨릭교회에서 파문당한 이후로 몇 년 동안 종교개혁의 태두가 되어 학생들을 가르치고, 성서를 번역하고, 넋이 나갈 정도로 몰입한 신자들을 상대로 설교했으며(동역자 필리프 멜란히톤과 함께) 새로운 신학적 질서를 목표로 나아갔다. 남자만 다닐 수 있었던 비텐베르크대학교의 학생들은 그에게 경외심을 품었고, 그들의 영웅은 보통 성경 구절의 형식으로 교훈적인 도덕률을 덧붙여 친필 서명을 해주는 일에 갈수록 익숙해졌다. 학생들이 가지고 있는 성서나 기도서 안쪽 면에, 아니면 사인을 받는 용도로 학생들이 휴대한 슈탐뷔허Stammbücher라는 작은 수첩에 말이다.

그해 여름, 베스켄도르프가 법정에 소환되었을 때 루터는 노트 한 권을 제출했다. 그와 멜란히톤, 그 밖에 다수의 주요 인사들이 작성한 신원보증서와 선처를 호소하는 사유서로 채워진 노트였다. 루터가 쓴 제사는 당연히 성서에서 인용한 것이었다. 바로 요한복음 8장 44절, 예수가 악마를 살인한 자로 지칭하는 대목이다. 베스켄도르프의 변호인은 이 노트를 판사에게 제시하면서 취중에 저지른 범죄임을 강조함으로써 의뢰인이 사형이 아니라 추

---

61   살인의 의도가 있는 살인죄. (옮긴이 주)

방형에 처해지는 고살manslaughter[62]로 유죄 판결을 받게 하는 데 어렵사리 성공했다. 그리하여 베스켄도르프는 말을 타고 달리면 하루 만에 갈 수 있는 데사우Dessau로 이주했다.

시간이 흐르면서 슈탐뷔허가 어떤 변화를 겪었는지 알아내기 위해 나는 예룬 판도멜러와 다시 이야기를 나누었다. 판도멜러가 들려준 바에 따르면, 그 노트가 대학생활의 일부가 되면서 당연히 그 활용법을 둘러싼 관습이 생겨났다. 대체로 축일祝日과 성일聖日에 열린 사인회에는 특정한 의식이 수반되었고, 학생들은 교수나 지역의 주요 인사뿐 아니라 친구들에게도 서명을 부탁하곤 했다. 기재항목은 대체로 한 페이지를 다 차지했는데, 자필 서명과 날짜, 도덕적인 좌우명 내지 경구, 개인적으로 우정이나 존경을 표현하는 문구가 들어갔다. 팔렌틴 빈스하임Valentin Winsheim이라는 학생의 슈탐뷔허는 여성(딱 한 명)에게 서명을 요청했다는 점에서 이례적이었다. 대학교 자체와 마찬가지로 슈탐뷔허의 지면 역시 남성 전용 공간이었기 때문이다.

일단 그런 성차별은 논외로 하면, 이 습속에는 뭔가 상당히 호감 가는 측면이 존재한다. 시간이 흐르면서 하나의 노트에 모아진 고유한 연줄들이 교육과 공유된 신앙심에 기초한 사회적 연결망 안에서 노트 주인의 위치를 공고히 할 터였다. 그것은 형성적 관계formative relationships의 구현으로서 귀한 증표가 된다. 멜란히톤도 이런 이유로 슈탐뷔허를 권했다고 한다. 즉, 그의 학생들이 점차 나이를 먹었을 때, 젊은 날의 베라 아미키티아vera amicitia(참된 우정)와 관련하여 물밀듯이 밀려드는 추억을 촉발하는 페이지들을 발견하게

---

62   고의가 아닌 살인. (옮긴이 주)

되리라는 것이다.

교수들은 교육의 일환으로 여행을 과제이자 임무로 추천했고, 학생들은 자연스레 노트를 가져갔다. 프랑스나 이탈리아에서 어떤 젊은이가 "저명한 학자들을 만나고, 여러 언어를 배우고, 예술을 즐기고, 소중한 관계를 맺고, 시험 삼아 사랑을 해볼" 수 있었을 텐데, 슈탐부흐^{Stammbuch}[63]가 이 모든 활동을 아름답게 보완했다고 판도멜러는 말한다. 이곳저곳 돌아다니던 학생은 어느 새로운 대학교에 얼굴을 내밀고는 신원정보를 증명하기 위해 그 노트를 제시할 수 있었다. 이윽고 적절한 때가 되었을 때 그의 새로운 교수들과 다른 저명한 현지 인사들 역시 그 노트에 서명해달라는 요청을 받을 것이고, 그렇게 해서 그의 신용은 훨씬 더 빛나게 된다. 그 학생이 집으로 돌아왔을 때 이 슈탐부흐는 노트 주인의 교육수준을 실증할 터였다. 다시 말해 루터나 멜란히톤 같은 사람의 자필 서명을 보면 누구라도, 특히 때마침 아들이 이룬 위업의 가치를 확신하지 못하는 부모라면 누구나 깊은 인상을 받을 터였다.

그런데 이것은 그저 청년들의 심심풀이 소일거리가 아니었다. 살면서 나중에라도 새 친구를 사귈 때마다 항목을 새로이 구하는 일을 결코 중단하지 않은 노트 주인들이 많았다. 게다가 독일 학생들이 성장하여 교수나 상인, 성직자가 되면서 이 습관을 그 어느 때보다 널리 전파했다. 네덜란드에서는 1575년 레이던에 최초로 대학이 생겼고, 그곳의 학생들은 열성적으로 슈탐부흐를 가져와 라틴어로 이름까지 다시 지어 사용했다. 알붐 아미코룸^{album}

---

[63] 독일어로 '기념 문구를 적어 넣는 기념첩 내지 방명록'을 뜻한다. (옮긴이 주)

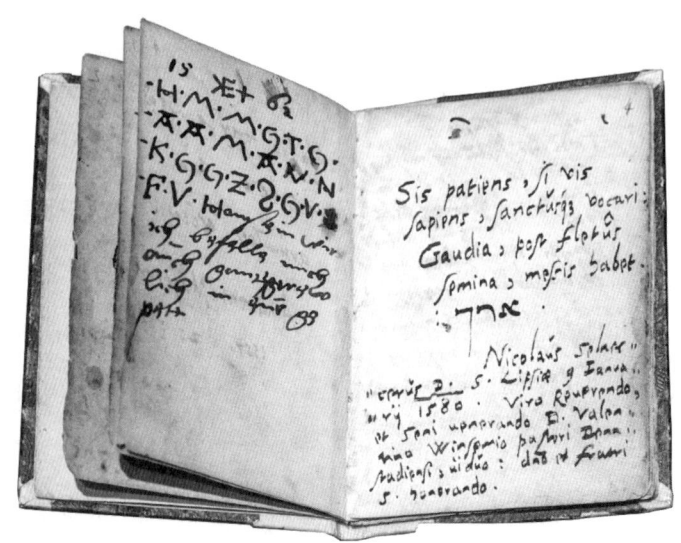

크기가 9×7센티미터에 불과한 아주 작은 이 슈탐부흐는
신학생 팔렌틴 빈스하임의 것으로, 루터의 동역자 멜란히톤의 서명이 담겨 있다.

amicorum, 직역하면 "친구 앨범"이다. 주인들이 더욱더 기꺼이 즐기게 되면서 이 노트들은 더 커지고 더 좋아졌다. 작성자는 보통 자기 집안의 문장을 그려 넣곤 했고, 요청하여 받은 글들은 저마다 지면에 "뜻이 맞는 두 개인의 정신적 결속"을 약속했다. 사람들이 서로의 알붐 아미코룸에 가장 차별화되는 내용을 기재하려고 경쟁하다 보니 온갖 종류의 헌사가 등장하면서 각종 시, 노래, 스케치, 초상화, 풍경화가 전통적인 성경 구절과 자리다툼하는 상태가 되었다.

"문화적 단편들"을 수집하고자 하는 이러한 충동은 같은 시기에 나온 다른 노트들, 특히 비망록의 특징이다. 그러나 정말이지 그토록 신나게 탐닉할 수 있는 존재는 다른 어디에도 없다. "여러 인용문, 그림, 속담, 메모, 노래들이 수집하고, 자르고, 붙이고, 정리하는 광범위한 문화 안에서 옮겨 다녔다"라고 판도멜러는 서술했다. 따라서 그것 말고는 달리 알려진 바가 없는 어느 시민의 변변찮은 알붐조차도 그 시절로 나 있는 창문 하나를 열어준다. 사적인 지면에 자신이 방문한 장소들을 그린 삽화를 간간이 끼워 넣거나, 본인이 가진 것보다 출중한 기량을 발휘하여 그런 풍경을 그려달라고 직업 화가들에게 의뢰하는 노트 주인이 많았다.

이번에도 역시나 기회를 발견한 출판업자들은 전용으로 제작된 노트를 찍어냈다. 가장자리에 꽃그림을 넣거나 고전적인 포르티코portico가 있는 내지를 써서 그 안에 적힌 메시지가 어떤 아름다움 내지 품위를 지니도록 만들었다. 심지어 문장紋章을 넣을 수 있는 무지 형판이 있는 알붐을 구입할 수도 있었다. 예술적 재능이 없는 사람들은 소용돌이 장식이나 투구 그리는 법을 배울 필요 없이 자기 가문의 문장을 추가할 수 있었다.

금욕적인 루터는 아마 이 같은 발전들을 자신의 품위를 다소간 떨어뜨리는 격이 맞지 않는 것으로 봤을 테고, 네덜란드에서 여성들이 알붐을 쓰기 시작했다는 사실도 분명 탐탁지 않게 여겼을 것이다. 네덜란드 여성들의 알붐은 그것이 없었다면 우리가 잘 알지 못했을 관계에 대해 새로운 정보를 제공한다. 1669년에 세상을 떠난 율리아나 더 라우설Juliana de Roussel은 알붐 아미코룸 한 권을 남겼는데, 거기에는 동성 친구들이 신경 써서 그려준 구혼자들에 관한 우화(위 그림 참조) 같은 그림, 스케치와 더불어 자신이 좋아하는 것들(예술, 시, 사회적 지위)이 기록되어 있다. 몇 페이지 더 가서는 친구인 알렉산더르 폰 뷔르흐크스토르프라는 남성이 그린 더 라우설이 나온다. 그 그림에는 두 사람이 함께 보낸 행복한 시간을 은근슬쩍 내비치는 사탕발림 2행 연구couplet가 적혀 있다. Bon vin, belle Dames et bonne viande, Pendu soyt il qui plus demande("훌륭한 와인, 아름다운 여인들, 맛 좋은 고기. 더 많은 걸 바라는 남자는 목을 매달지니"). 어쩌면 이런 작업용 멘트를 날린 폰 뷔르흐크스토르프는 더 이아우카마가 그린 구혼자 중 한 명이었을지도 모른다.

많은 알붐이 원래 주인에 의해 아들이나 형제, 조카에게 대물림되었다. 즉, 여러 세대가 쓴 헌정 글이 수록된 사례들이 존재한다. 노트는 적절한 의식에 따라 서명을 받기 위해 밖으로 나오게 될 때 포도주 한 잔으로 축배를 들게 하는 한 집안의 토템이 되었다.

기묘하게도 유럽 학계와의 강력한 연관성에도 불구하고 알붐 아미코룸은 영국이나 프랑스, 지중해지역에서는 한 번도 유행한 적이 없었다. 실제로 영국에서는 툭하면 조롱의 대상이 되기 일쑤였다. 이를테면 저명한 영국의 작가 토머스 풀러Thomas Fuller는 "그 아둔한 네덜란드 유행, 즉 자기네 친구들의 이름으로 사전을 만드는 그들의 알부스 아미코룸albus [sic]⁶⁴ amicorum"이라고 비웃었고, 왕정복고시대(1660~1700)의 한 희극에서는 독일인 등장인물이 어느 영국인 관객에게 자신의 알붐은 "우리의 한바탕 술잔치에 최고로 유용하"다고 이야기한다. 그러나 수많은 알붐이 네덜란드 황금기로부터 살아남는다. 그리하여 판도멜러가 헤이그에서만 신경 써서 관리하는 알붐이 700권에 달한다.

가장 귀중한 사례는 야코뷔스 헤이블록Jacobus Heyblocq의 알붐이다. 그는

---

64 원문 그대로라는 뜻. (옮긴이 주)

율리아나 더 라우설의 알붐 아미코룸에는 친구인 율리아나 더 이아우카마Juliana de Jiaukama가 그린 이 그림이 들어가 있다. 라우설 가문의 문장이 걸린 어느 나무에서 남자들이 열매를 찾는 모습을 묘사하고 있다. 다시 말해 율리아나 더 라우설의 구혼자들이다.

1645년 자신의 알붐에 "가장 위대한 사상가들 그리고 지체 높은 왕족"으로부터 받은 "뛰어난 헌사들"을 수집하는 것은 물론이고, 그들이 세상을 뜬 뒤에도 오래도록 보존하기로 결심했다. 암스테르담의 라틴어학교Latin school 교장이 된 헤이블록은 그 도시의 지식 엘리트층의 중심부에 자리한 자신의 지위를 활용하여 수백 건의 기재항목을 모았다. 렘브란트는 그를 위해 〈성전의 시므온Simeon in the Temple〉 스케치를 그려주었고, 그 노트에는 얀 더 브라이Jan de Bray가 그린 체스 게임에 대한 매력 넘치는 서막 같은 작품도 있다. 그 그림 속에서 이 예술가는 친구가 없다면 체스 세트는 무용지물이라고 한탄하는 문구로 게임을 청하면서 헤이블록을 건너다보고 있다.

헤이블록의 알붐에서 가장 유명한 페이지 중 하나인 지면에는 네덜란드의 고명한 시인으로 꼽히는 야코프 카츠Jacob Cats가 쓴 시행이 요아네스 콜 Joannes Cool이 그린 모자 쓴 여인의 스케치 바로 옆에 실려 있다. 박식가 아나 마리아 판 스휘르만Anna Maria van Schurman(유럽에서 최초로 대학을 다닌 여성 가운데 한 명)은 사람을 다소 기죽게 하는 글을 써주었다. 구사할 줄 아는 14가지 언어 가운데 두 가지인 아랍어와 고대그리스어로. 스휘르만은 "무지한 인간으로 평생을 사느니 학자로 단 하루를 사는 게 낫다"라고 아랍어로 번역해놓고는, 그 밑에 자신을 위해 선택한 동시에 많은 구혼자를 단념시키는 데도 사용한 좌우명을 그리스어로 덧붙인다. "나의 사랑은 십자가에 못 박혔다." 이 노트는 헤이블록의 고매한 열망에 꼭 맞게 순금으로 각인한 검정색 가죽으로 제본된다. 판도멜러가 기꺼이 인정하듯, 이는 입신양명을 위한 굉장한 활동이다. 그래도 헤이블록이 그처럼 화려하게 빛나는 창공에서 자신의 위치를 기록하고자 그토록 근면성실하게 분투한 것이 우리로서는 잘된 일 아닌가?

특히 독일에서는 알붐 아미코룸이 17세기와 18세기 내내 지속되었다. 모차르트처럼(비록 그는 헌정받아 모은 항목이 11개에 불과했지만) 베토벤도 한 권을 보유했고, 괴테도 마찬가지였다. 작곡가들은 슈탐뷔허에 스케치[65]를 남기는 습관을 들였다. 하이든, 쇼팽, 슈만, 멘델스존, 슈베르트는 하나같이 친구들을 위해 음악곡 한 토막을 써주었고, 리스트가 자신을 흠모하는 여성 팬들에게 해준 일부 친필 서명들이 악보를 온통 채웠다.

16세기에 남성 귀족들 사이에서 생겨났다가 17세기와 18세기에는 중산

---

65   작곡하기 전의 묘사적 소곡, 소품곡. (옮긴이 주)

가장 유명한 알붐 아미코룸, 즉 야코뷔스 헤이블록이 엮은 알붐에 수록된
야코프 카츠의 운문과 요아너스 콜의 스케치.

층의 관행이 된 알붐 아미코룸은 19세기 무렵에는 완전히 부르주아 계층, 그것도 주로 여성의 취미로 간주되었다. 판도멜러는 알붐 아미코룸이 흠모와 애정, 존경을 표현할 수 있게 해주는 한편 사회적 접근을 공식화함으로써 이성과의 접촉에서 아주 약간의 부적절함의 낌새조차 피해야 했던 젊은 여성들에게 유용한 도움이 되었으리라고 추측한다. 20세기에는 사회가 누그러지면서 그 같은 조심성은 불필요해졌기에, 알붐 아미코룸은 또 한 번 진화하여 처음에는 여자청소년의 우정 노트가, 그리고 나서는 네덜란드와 벨기에의 어린아이들이 이따금 썼던 운문이 담긴 푸시 알 poesie album, 즉 추억 앨범이 되었다.

직계후손인 사인북autograph book은 20세기 중반기에 전성기를 누렸다. 알붐과 마찬가지로 그런 노트들 역시 일반적으로 가로로 긴 판형이었고, 서명을 수집하기 위한 용도였다. 그러나 유사점은 이게 다. 극장 뒷문에서 스타들의 손에 찔러 넣는 사인북은 실제로 당신이 아는 사람에 관한 기록이 아니라 당신이 모르는 사람에 관한 기록인 것이다. 그것이 기념하는 친분은 이름 하나를 휘갈겨 쓰는 데 걸리는 몇 초 만에 시작되고 끝난다. 모종의 의식과 함께, 그리고 대개는 엄청난 수고를 들여 서명을 받아내는 알붐 아미코룸은 뭔가 오랫동안 지속되는 것, 그리고 의미 있는 것을 기록한다.

오늘날 남의 눈을 의식하지 않는 영원한 우정에 관한 진술 내지 영감을 북돋는 진술에 대해서라면 우리네 온라인 소셜 네트워크를 살펴봐야 마땅하다. 알붐 아미코룸처럼 처음에는 대학생들 사이에서 어느 정도 반#공식적으로 우정을 고정시키고, 자신의 사회자본을 만인에게 가시화하면서 확산되었다가 광범위한 인구로 퍼져 나갔으니 말이다. 게다가 친구끼리 영감을 주는 인용구와 스케치로 우의를 다지곤 했듯, 오늘날에도 장엄한 풍경이나 고양이 사진을 배경으로 적힌 동기 부여 글들을 교환함으로써 유대를 강화하는 사람들이 있다. 비텐베르크와 암스테르담의 그들에게는 백지 노트가 있었다. 오늘날 우리에게는 페이스북Facebook과 링크드인LinkedIn이 있다. 다만 장점이 많기는 해도 한창 때의 하드카피(종이기록) 선배보다는 그 가치와 중요성이 덜하다. 어쨌거나 판사에게 페이스북 친구 목록을 제시함으로써 모살에서 고살로 양형거래를 한 사람은 아직 없으니까 말이다.

13장 | 여러 보석들

산업 관찰기, 1598년 독일과 이탈리아

중세 말기는 유럽에서 발명 붐이 일었던 때다. 1280년대에 피사에서 안경이 만들어졌고 1301년경 베네치아에 당도했다. 얼마 지나지 않아 기발한 메커니즘을 갖춘 기계식 시계와 괘종시계가 나왔고(파리는 1370년에 처음으로 경험했다), 어느 때보다도 강력하고 복잡한 구조의 제분기, 선박, 펌프, 총, 대포, 승강장치가 등장했다. 이러한 진보는 당연히 제도technical drawing(製圖, 기술도안)의 증가를 수반했다. 현존하는 사례는 대부분 최종 도안(답답하게도 작자미상인)이다. 그런데 (그보다 살짝 뒷 시기에 나온) 노트 일습이 실제로 살아남아 창작과정은 물론이고 유럽의 여러 도시와 문화, 경제를 완전히 바꿔놓은 기술 이동의 과정에 대한 통찰을 제공한다.

1598년 1월 하인리히 시카르트Heinrich Schickhardt는 이탈리아 북부의 산업 도시들을 둘러보는 여행길에 올랐다. 그는 그때껏 뷔르템베르크Württemberg 공작령의 주요 도시인 슈투트가르트Stuttgart와 묄가르트Mömpelgard(현재 프랑스의 몽벨리아르Montbéliard)에서 프리드리히Friedrich 공작의 건설장인master builder으로 직장생활을 했다. 한마디로, 건축가이자 도시계획가이며 엔지니어로 산업 관련 문제의 만능 해결사였다. 이 역할로 그는 유명해졌고, 풍족한 생활을 영위했다. 그럼에도 불구하고 뭔가가 그로 하여금 안락한 집과 한 겨울의 눈 덮인 알프스 산길을 맞바꾸게 만들었다.

그 이유를 알아내기 위해 나는 역사학자인 마르쿠스 포플로브Markus Pop-plow 카를스루어공과대학교Karlsruher Institut für Technologie 교수와 이야기를 나눴다. "당시에는 공학학교나 건축학교가 아예 없었어요"라고 그는 나에게 말했다. "여행은 의무나 매한가지였죠." 특히 이탈리아와 네덜란드의 산업 명소에서 새로운 아이디어를 얻어 오려면 가서 직접 두 눈으로 봐야 했다. 프리드리히 공작은 시카르트가 가지고 돌아올 아이디어가 자신의 공국에 이득이 되리라는 사실을 잘 알았다. 그리하여 시카르트를 (그가 맡은 건설 계획들이 잠시 중단되는 시기인 겨울에) 파견했다. 시카르트가 받은 업무 지침은 광범위했다. 즉 운하, 소금광산, 다리, 성, 제분소, 도시에 유용할 만한 것이면 뭐든지 계속 눈여겨 볼 것. 시카르트는 언제든지 그 일을 할 수 있는 준비된 사람(이미 숙련된 만능인이 됨으로써 자리를 따낸 터였다[66])이었던 데다, 특허권과 저작권, 라이선스 계약이 나오기 전인 이 순수했던 시절에는 그 같은 임무가 산업스파이 행위로 간주되지 않았다.

시카르트는 남서쪽으로 말을 타고서 거침없이 빙판길을 달렸다. 크기가 대략 A5 용지 정도 되는 종이를 접어서 만든 간편한 접책 몇 첩을 들고서. 앞으로 거기에 스케치를 하고, 일기를 쓰고, 여행길에서 마주친 기계장치의 도안을 그릴 터였다. 그 지면들은 사명을 띤 어느 호기심 많은 숙련된 전문 지성인의 생생한 인상을 전달한다.

66　당시에는 거의 모든 기술자가 그러했다. 원칙의 예외는 포술이었는데, 야금학과 화학을 모두 잘 아는 동시에 어느 쪽이건 실수할 경우 발생할 위험의 대가를 기꺼이 감수할 자세가 된 사람만이 할 수 있는 전문 직종이었다.

시카르트의 일기는 여행일정으로 시작한다. 슈투트가르트에서 울름, 아우크스부르크, 인스브루크, 브레너 고개, 트렌토, 베로나를 거쳐 베네치아까지 가는 경로를 설명하는데, 한 달이 넘게 걸린 여정이었다. 그는 뭐든 낯설거나 유용한 것을 보자마자 메모하기 시작했다. 그래서 슈투트가르트에서 말을 타고 불과 이틀만 달리면 되는 거리에 있는 번창하는 상업 중심지 울름에서부터 첫 번째 그림이 나온다. 여기서 그는 배수장치 두 가지(그가 기록하는 여러 가지 중 첫 번째)를 상세히 그린다. 하나는 크랭크축을 통해 피스톤 5개를 구동하는 기발한 수차 동력 펌프고, 다른 하나는 높은 수로로 물을 퍼 올리는, 말 한 마리가 구동하는 준설기 버킷이다. 청사진이라기보다 초안도면인 약도略圖지만, 시카르트는 항상 몸에 지니고 다니는 노트에 각 부품의 크기를 주의 깊게 기록함으로써 나중에라도 기계공이 전체 엔진을 재현할 수 있게끔 해놓는다. 그는 각 기계가 작동 중일 때 퍼 올리는 물의 양을 추산하고(1시간에 "196울름버킷Ulm Bucket"), 양심적이게도 제작자의 이름이 예르크 부오밀러Jerg Buohmiller일 것이라고 성실하게 추정하기까지 한다.

뮌헨의 서쪽에 자리한 란츠베르크에서 시카르트는 흥미로운 지붕다리 설계를 포착하고 더욱 신경 써서 스케치하여 어떤 건축업자든 그것을 가지고 작업할 수 있을 정도의 기술도안을 그려낸다. 그러나 그가 감탄하며 바라볼 대상, 그리고 기록할 만한 대상을 발견하는 일이 많아지면서 분주해지는 것은 다름 아닌 알프스산맥 너머의 트렌토에서다. 처음에 그는 카스텔로 디 부온 콘실리오Castello di Buon Consiglio의 스케치로 또 다른 그림실력을 보여준다. 분명 추운 야외에서 손가락 끝이 빨갛게 얼 정도로 시험에 들게 하는 일이었을 것이다. 그리고 나서는 산타 마리아 마조레Santa Maria Maggiore의 스케치와 도면을 그려낸다. 이것 역시 고향으로 돌아가서 정확히 복제될 수 있게 해줄 터였다. 살짝 불안정한 어설픈 원근감은 조금도 문제가 되지 않는다. 파도바(다시 해수면으로 내려온)에서 그는 요금을 치른 배를 타고 베네치아로 가서 항구의 갑문, 배를 물 밖으로 들어 올리는 말이 끄는 윈치winch, 기발한 가로등의 약도를 그렸다.

베네치아에서 시카르트는 배수 작업 없이 운하를 중심deepening하는 기계의 충실한 기술도면을 한 차례 그려낸다. 그 기계는 기발하게도 웜기어, 톱니바퀴, 래크앤드피니언 케이지 기어를 씀으로써 장치를 조작하는 사람들의 발이 젖는 일 없이 흙을 퍼 올리는 장치 그래버grabber가 내려가고 닫히고 올라가고 비워질 수 있게 했다. 그는 베네치아에서 가장 유명한 몇몇 건축물(리알토 다리, 산마르코 종탑)도 담아낸다. 그러나 베네치아는 그를 그리 오래

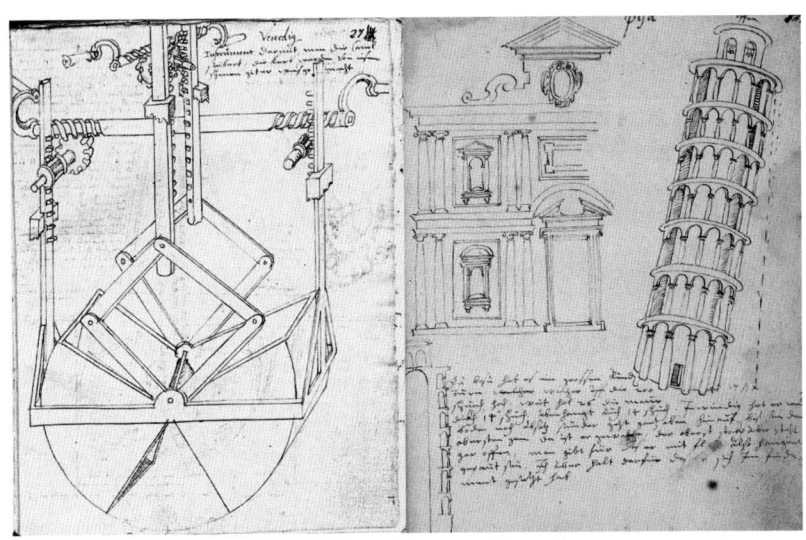

시카르트의 호기심 어린 눈은 운하 증심장치와
피사의 사탑(기울어진 정도를 약간 과장한)을 포착한다.

붙들지 않았다. 그에게는 봐야 할 다른 곳이 너무나도 많았다.

다시 길을 나선 그는 밀라노에 아주 잠시 들르기는 하지만, 그보다 관심이 있었던 것은 80킬로미터 밖에 위치한 카살레 몬페라토Casale Monferrato라는 작은 도시다. 통치자인 느베르Nevers 공작 루이 곤차가Louis Gonzaga가 이제 막 다시금 요새화하면서 재정비한 곳이었다. 그 요새의 혁신적인 육각형 평면도는 시카르트를 사로잡았고, 그는 재료, 노동력, 비용, 소요시간, 해자의 깊이와 너비 등 건설과 관련된 내용을 광범위하게 기록했다. 그러고는 수비대의 규모와 지휘체계에 관한 기록을 남기면서, 느베르 공작이 방어시설보다는 병력에 더 많은 돈을 쓰는 것이 나았을 것이라고 추측하기도 한다.

그리고 거기에서 시카르트가 쓴 4권의 여행기 가운데 첫째 권이 끝난다. 그는 아마 짧은 여행에서 본 기술과 건축으로부터 틀림없이 영감을 받고 슈투트가르트로 돌아갔을 것이다. 프리드리히 공작은 업무보고를 듣고 그 노트에 큰 관심을 보였을 게 분명하다. 장래를 생각하는 진보적 통치자로, 다리와 펌프, 제분소, 해자, 성벽의 잠재적 가치를 잘 이해한 인물이었으니 말이다.

이듬해에 프리드리히 공작은 외교사절로 임무를 맡아 로마로 가는 길에 나설 때 시카르트를 데려갔다. 이 두 번째 여정을 기록한 시카르트의 일지는 첫 번째 여행일지보다 훨씬 좋은 상태로 현존한다. 이 여행기는 밀라노에서 시작하여 카살레의 요새를 잠깐 재방문한 뒤 줄곧 남하하다가 제노바에 이른다. 그곳에서 일행은 잠시 걸음을 멈추고 휴식을 취한다. 그리고 시카르트는 쓸 거리와 그릴 거리를 많이 발견한다. 그중에는 팔라초 투르시Palazzo Tursi도 있는데, 그는 섬세한 잉크 담채로 돋을새김 장식의 디테일을 끌어낸

45° 등각 투영도isometric drawing로 그려놓았다. 뒤이어 이 팔라초의 장식을 그린 평면도와 소묘가 나온다. 혹시 이 건물이 잠재적 견본으로 프리드리히 공작의 눈을 사로잡지 않았을까? 이번에도 역시 시카르트는 건축과 관련한 세목뿐 아니라 비용(8만 크라운)도 기록해놓는다.

곧 일행은 내처 남쪽으로 향한다. 그리고 피사에서 시카르트의 호기심을 자극하는(그리고 따로 소개할 필요가 없는) 한 건축물과 조우한다. 시카르트가 그린 피사의 탑 스케치는 그다지 공정하지는 않지만(기울어진 각도를 두 배나 부풀린다) 그의 기록에는 물리학과 건축의 이 경이로운 결과물에 대한 지대한 관심이 드러나 있다.

일행은 로마에 이른다. 그곳에서 프리드리히 공작은 외교업무에 열중하고, 시카르트는 산피에트로(성베드로)대성당과 팔라초 델 퀴리날레Palazzo del Quirinale를(특히 후자는 초현실적이고 몽환적인 분위기로) 그린다. 그러나 그의 로마 노트에는 그림보다 글이 더 많이 담겨 있다. 성당을 잇달아 방문하면서 한 곳 한 곳 부지런히 성실하게 묘사하는데, 그 도시에 산재한 고대로마의 유물보다는 동시대 건축물에 훨씬 더 큰 관심을 보인다.

이번에도 그는 기계적인 것과 관련된 진기한 것들을 두 눈 부릅뜨고 살펴본다. 가령 통풍에 시달린 교황 클레멘스 8세가 소유했던 휠체어. 시카르트는 팔걸이의 손잡이로 작동되는 휠체어의 조종장치와 제동장치를 묘사한다. 티베르 강의 부력 수차는 이해하기 쉬운 내부 단면도로 그려져 있다.

프리드리히 공작의 임무가 완료된 뒤 일행은 안코나, 볼로냐, 피렌체, 만토바를 거치는 우회경로를 택해 고국으로 돌아갔다. 가는 내내 시카르트는 줄기차게 그림을 그렸다. 몇 페이지고 계속해서 요새, 마차, 제분기 기어, 분

수, 조각상, 파사드, 평면도를. 도중에 휴식을 위해 개방된 정원pleasure garden인 메디치가의 프라톨리노Pratolino 정원에 잠시 들렀을 때 시카르트는 아주 즐거웠던 듯하다. 그는 오롯이 수력에 의해서만 작동되는 자동연주 파이프 오르간의 메커니즘을 얼른 포착하여 담아냈다. 페라라에서는 교회, 팔라초, 석회로lime kiln, 견방적기, 도시의 요새 도면, 올리브유 압착기를 그렸다. 만토바에서 그린 것은 서스펜션suspension이 장착된 마차 도면이었다. 알프스산맥을 넘어 이탈리아를 두루 돌아다니는 수백 킬로미터에 이른 여행을 마친 뒤 프리드리히 일행이 편안한 승차감의 가치를 알아보았으리라고 능히 짐작할 만하다.

1600년 5월 즈음 시카르트는 고국으로 돌아왔다. 제일 먼저 할 일은 그동안 작성한 기록과 그림을 정리하는 것이었다. 그는 노상에서 노트처럼 사용한 작은 종이첩을 한데 모아 A에서 D까지 라벨을 붙인 책으로 제본했다. 노트 네 권에는 모두 쪽수를 매겼는데, 특히 C권에는 "나, 하인리히 시카르트가 이탈리아 여행에서 사랑한 여러 보석들"이라는 표제를 넣어 극적인 느낌을 자아내는 속표지를 만들었다. 19세기에 다시 제본되기는 했어도(그래서 우리는 시카르트가 만든 고대로의 노트는 보지 못한다) 너덜너덜해지고 얼룩투성이인 지면들은 그것이 이탈리아의 들판에서 탄생했다는 것뿐만 아니라, 어떻게 활용되었는지 그리고 집에 돌아와서도 얼마나 빈번히 사용되었는지를 보여준다.

자유분방한 상상 내지 제안은 없을지라도 시카르트의 노트는 레오나르도 다빈치의 노트와 닮아 있다. 호기심과 열린 자세, 놀라운 관심 영역, 필기 메모와 관찰 소묘의 결합이라는 면에서 그러하다. 두 사람 다 기어, 래칫, 지레, 톱니에 매료되었다. 그러나 결과는 상이하다. 앞서 봤듯 레오나르도의 노트는 눈에 띄지 않게 갇히는 바람에 경이로운 발상들의 막다른 길이 되고 말았다. 그러나 시카르트는 프리드리히 공작과 그 상속인들의 아낌없는 자금 지원 덕분에 마음껏 건설작업을 해나갔다. 여행을 떠나기 전 20년 사이 그는 대략 16건의 프로젝트를 완수한 상태였다. 여행을 다녀온 뒤로 30여 년 사이에 50여 건이 더해졌다. 포플로브의 말에 따르면, 펠가르트에서 시카르트는 제지소, 축융소, 상수도와 배수시설을 갖춘 "통합 산업지구를 고안했다." 그는 새로운 르네상스양식을 들여와 여러 성과 교회를 건설하고 재건했다. 터널, 정원, 분수, 제분소, 가정집을 지었고, 도시 두 곳 전체를 맨 땅에서부터 건설했다. 1615년에 화재로 무너졌던 오페나우Oppenau를 재건하고, 중앙광장을 에워싸도록 배치된 거리에 수백 채의 건축물이 들어선(오늘

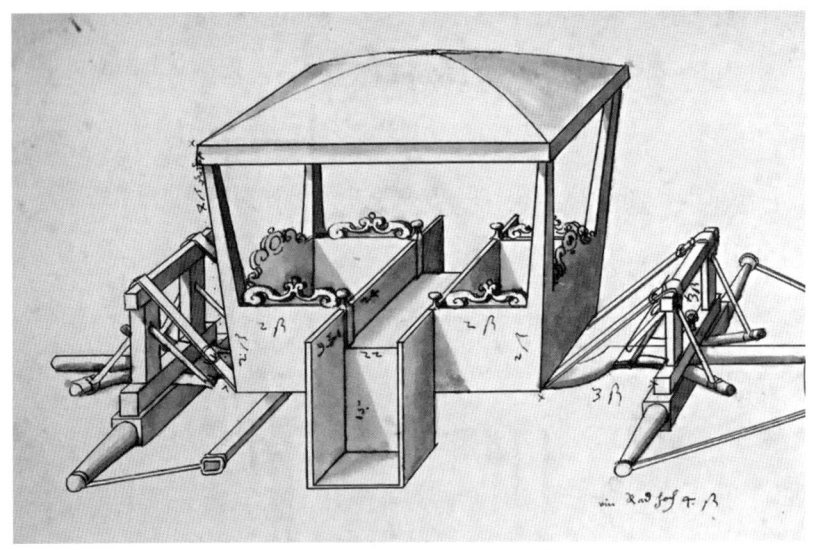

서스펜션 장치가 되어 있는 마차 도면.

날까지 그야말로 실용적이고 안락한 소도시 생활의 완벽한 전형인) 새로운 성읍 프로이덴슈타트Freudenstadt를 구상한 것이다.

시카르트의 노트는 현지 산업을 발전시키는 데도 동원되었다. 그는 대강 그린 밑그림을 정밀한 기술도안으로 발전시켰는데, 작업에 관여하는 장인들과 공유하기 쉽도록 낱장 용지에 그렸다. 예를 들면 펌프를 그린 한 그림에는 음영을 넣고 채색을 하고 세세한 부분을 표현해서 금속공, 석공, 목공이 협업을 통해 작동 가능한 형태를 제작할 수 있도록 해놓는다. 다시 말해 바퀴와 크랭크축, 지레, 물수평기, 파이프작업이 하나같이 완벽하게 알아보기 쉽도록 되어 있다.

우리는 르네상스 시대를 기술 진보의 측면에서는 좀체 고려하지 않는다. 그러나 위대한 화가들이나 휴머니즘 사상가들보다 이 시대의 기술자들이 평범한 사람들의 삶을 훨씬 더 많이 변화시켰다. 이제는 벽난로와 유리창이 있는 가정집이 지어졌고, 상수도를 갖춘 도시들이 건설되었다. 새로운 펌프 설계 덕분에 광산을 파내고, 소금과 석탄, 금속광석을 채굴할 수 있었다. 또 새로운 제분기 설계 덕분에 수력과 풍력이 습지 배수, 올리브 압착, 나무판자 톱질에 활용될 수 있었다. 그리고 새로운 산업(특히 제지)이 유럽 대륙 전체로 확산되었다. 피터 프랭코판Peter Frankopan이 저서 《실크로드 세계사The Silk Roads》에서 언급했듯 "18세기 산업혁명industrial revolution은 흑사병 이후의 세계에서 일어난 근면혁명industrious revolution에 뿌리내리고 있다."

기술사가들은 시카르트를 기계와 산업설계의 확산에서 주요한 인물로 간주한다. 포플로브가 제대로 지적하려고 애쓰듯, 비록 "그가 실제로는 아무것도 발명하지 않았"고, 그가 만든 기계들은 모두 오래 전에 녹과 나무좀에 굴복하고 말았지만 말이다. 시카르트는 어떤 사람이었을까? "우리는 그가 체계적이고 훌륭한 소통가였으며 여러 아이디어에 개방적이었다는 사실은 알지만, 그밖에 그의 성격이나 특성을 감지해내기는 힘들다"라고 포플로브는 인정한다. 다만 한 가지 측면에서 우리는 그가 놀라운 인물이었음을 알 수 있다. 즉 "그는 모든 것을 기록했다. 우리에게는 그가 소유했던 모든 물품 목록, 그의 장서들, 그의 집 그림, 사람들이 그에게 주었던 것들의 목록, 도해, 스케치북이 있다." 기적적으로 살아남은 이 기록물들은 산업시대의 문턱에 있던 유럽의 현장에 대한 독특한 통찰을 제공한다.

시카르트가 이탈리아에서 돌아온 뒤 30년의 세월은 전쟁이 망쳐놓았다. 1629년 뷔르템베르크는 영토의 3분의 1가량을 상실했고, 5년이 지나 신교 세력이 뇌르틀링겐Nördlingen에서 패배하자 복수심에 불타는 제국 군대가 슈투트가르트로 진입했다. 당시 76세였던 시카르트는 어느 병사에게 강간당할 뻔한 친척을 보호하려다가 살해되었다고 한다. 이 군대 역시 자신만큼이나 노트에 의존하고 있다는 사실을 알았던들, 시카르트에게는 그다지 위안이 되지 않았을 것이다. 급료 지불 장부, 점호 명부, 보급 원장은 이제 군 장비에서 중요한 부분을 차지했다. 그러다 보니 각 중대마다 무스테르슈라이버Musterschreiber, 즉 검열부원이 있었고, 각 연대마다 서기관이 존재했다.

30년전쟁의 폭력성은 이탈리아 북부로도 넘쳐흘렀다. 1628년 스페인 군대가 카살레 몬페라토의 요새를 7개월 동안 포위했고, 1629년부터 1630년까지 18개월 동안 또다시 그 요새를 에워싼 채 공격했다. 두 차례 모두 수비대가 끝까지 저항하며 버텨냈다. 그러니까 시카르트를 그토록 매료했던, 많은 비용이 들어간 그 방어시설은 제 가치를 입증한 셈이었다.

14장 | "오래 머물지 않게 하라"

여행자들과 그들의 노트, 1470년~현재

40대 중반에 자신의 여러 "종이 장부들"을 점검하던 잉글랜드의 박식가 프랜시스 베이컨은 무려 28권이나 되는 노트를 동시에 사용 중이라는 사실을 발견했다. 비망록, 치발도네 양식인 발췌문 모음집, 다양한 법 영역에 관한 노트 9권, 그리고 가계부와 철학·과학 탐구용 노트가 그에 포함되었다. 베이컨은 독자들에게 이와 비슷한 노트들을 사용하라고 독려했고, 1587년에 쓴 소론 〈여행에 관하여 On Travel〉에서는 해외로 향하는 청년들에게 다음과 같이 노트 필기를 하라는 조언을 해주었다.

> 하늘과 바다 말고는 보이는 게 하나도 없는 바다여행에서는 사람들이 당연히 일기를 쓰면서, 관찰할 게 차고 넘치는 육로여행에서는 대개 그것을 빠트리니 이상한 일이다. 마치 우연이 관찰보다 기록되는 데 더 적합하다는 듯 말이다. 그러니 사용할 일지 diaries를 가져가도록 하자.

유럽을 두루 여행했으니 베이컨은 이런 제안을 할 자격이 충분했다. 그러나 실은 그럴 필요가 거의 없었다. 일기 또는 일지를 뜻하는 영어 단어

"diary" 자체는 따끈따끈한 신조어였으나, 여행자들은 이미 수백 년 동안 노트에 여행을 기록해오고 있었기 때문이다. 존경받는 군인 존 패스톨프 경 Sir John Fastolf(셰익스피어 희곡의 등장인물 폴스타프Falstaff의 역사적 모델)의 비서 윌리엄 우스터William Worcester는 1470년대에 세인트 마이클스 마운트St Michael's Mount에서 그레이트 야머스Great Yarmouth까지 잉글랜드 남부를 일주하는 일련의 여정에 나섰을 때 그렇게 했다. 자신이 본 거의 모든 것에서 흥미를 발견하는 인간이었던 우스터는 독특하면서도 매우 실용적인 판형에 방대한 기록을 남겼다.

이 시기에 잉글랜드에서는 기성품으로 제작된 노트를 찾기가 힘들었기에 우스터는 임시변통으로 공책을 만들었다. 그는 (우리가 쓰는 A4 용지와 비슷한) 2절판 크기의 낱장 종이를 가져다가 여러 장을 두 겹으로 접어 모서리가 긴 쪽이 만나게 했다. 이렇게 해서 나온 보통의 것보다 길쭉한 형태의 소책자는 두 가지 이점을 제공했다. 첫째, 빳빳하면서 폭이 좁은 접지는 쓰는 이가 그것을 한손에 든 채 다른 한손으로 펜을 휘두르는 동안에도 형태를 유지할 터였다. 둘째, 그 수첩은 소매나 주머니에 쏙 집어넣을 수 있었다. 그래서 이 판형에 "홀스터 북holster book"이라는 명칭이 생기게 된 것이다.[67] 우스터는 다 쓴 접책을 보관했다가 마지막 여정을 끝낸 뒤 사철 제본하여 332쪽짜리 두꺼운 책 한 권으로 만들었다. 바로 현재 《이티네라리아Itineraria》로 알려진 그의 저서다.

---

67   종이사학자 오리에타 다 롤드는 이것이 15세기와 16세기에 보편적인 판형이 되었다고 설득력 있는 주장을 펼친다.

현대 독자들은 그 지면을 판독하기가 어렵다. 그도 그럴 것이, 우스터는 주로 문법에 어긋난 라틴어를 쓰면서 빈번하게 영어와 프랑스어 문구를 삽입했기 때문이다. 그것도 고문서학자들이 앙글리카나Anglicana라고 하는 알아보기 힘든 필체로 말이다. 그러나 전사와 번역을 거친 그의 기록들은 우리에게 그가 몸담았던 세계, 특히 성장기를 보낸 도시인 브리스틀의 생활에 대해 매력 넘치는 통찰을 제공한다. 일례로, 1480년 8월 우스터는 남편을 여읜 지 얼마 안 된 누이를 보러 다시 브리스틀로 갔다. 그런데 시간이 남아돌았던지 도시를 탐색하러 나선다. 그는 모든 거리와 여러 건물들의 거리를 걸음수로 가늠해보는가 하면, 곳곳의 가게와 장터, 교회, 집들을 상세히 설명하면서 거기에 유년기의 기억들, 향토사, 민간설화를 주석으로 달아놓음으로써 케임브리지대학교의 한 도서관에서 재발견된 이후로 줄곧 역사학자들이 매우 귀하게 여겨온 도시생활의 초상을 만들어냈다.[68]

그는 주변 지역을 살피러 도시 바깥으로 나가기도 했다. 한 페이지를 보면 현재는 클리프턴Clifton인 캐슬턴Castleton을 방문한 일이 나온다.

일반인들이 기스턴 절벽Ghyston Cliff이라고 칭하는 곳에서 4분의 1마일(약 400미터)이 안 되는 거리만큼 떨어진 고지 위의 언덕 요새는

---

68 윌리엄의 근면 성실한 기록은 패스톨프의 일을 봐주던 시절에 형성된 습관으로, 그의 지적 생활로 확장되기도 했다. 그는 다른 노트에 독서 과정(초서, 보카치오, 키케로 등 많은 작가들)과 도서 출처를 모두 기록했다. 우리는 윌리엄이 그 책들을 누구한테서 빌리거나 구입했는지, 그 책들을 누구에게 빌려주었는지, 그 책들에 관해 어떻게 생각했는지 알게 된다. 여러 사실과 관념에 대한 이처럼 상세한 기술은 피렌체에서는 유별난 일이 아니었을 테지만, 잉글랜드에서는 그를 이례적인 존재로 만드는 행동이었다.

정복자 윌리엄 시절 이전에 사라센인들 또는 유대인들, 어떤 특정한 기스트Ghyst, 즉 땅바닥에 그려진 어떤 거인이 그곳에 세운 것이었다. 그런데 고대에 아마도 언덕 요새가 워낙 거대하게 건설되었기에 오늘날까지 큰 원으로 층층이 쌓아 올린 거석 무더기와 주변에 여기저기 흩어진 작은 돌들이 남아 굉장한 볼거리가 되고 있다. 그러니까 앞에 말한 돌들은 고리 모양과 거대한 원 모양으로 질서정연하게 놓여 있는 것이다.

애석하게도 이토록 환기적으로 서술된(그러면서도 환상적으로 여겨지는) 이 환상열석stone circle은 그 후로 사라지고 말았는데, 어느 견고한 조지왕조 양식의 건축물로 재활용되었을 것으로 짐작된다. 그런데 윌리엄이 남긴 그 도시에 관한 126쪽 분량의 기록은 그를 최초의 도시 지지地誌학자 중 한 명으로 만들면서 흔한 역설 한 가지를 여실히 보여준다. 즉, 어떤 장소에 대해 그곳 주민들이 남긴 기록보다 방문객들이 남긴 기록을 통해 역사학자들이 더 많은 것을 알게 된다는 사실이다. 이처럼 외부인이 토박이보다 더 예민한 관찰자가 되는 경향이 있다.

윌리엄은 역사와 신화를 자신이 가로지르는 풍경과 생생하게 묶는다. 동굴, 언덕, 강, 절벽에는 하나같이 저마다 고유한 전설이 딸려 있다. 풍경은 전투의 역사, 성인들의 삶, 숭고한 전사들의 행적을 촉발한다. 여울, 다리, 여관, 연락선들이 여행자의 편의를 위해 상세히 기술되어 있으며, 그는 지출 내역도 성실하게 기록해놓는다.

| 스페인 양파 2개 1페니, 비스킷케이크 1페니, 오이 2개 5펜스. |

브리스틀에서 한 달을 보낸 뒤 우스터는 확실히 그만하면 누이에게 혈육으로서의 도리를 다했다고 판단한 듯하다. 노리치Norwich로 되돌아간 그는 작성한 홀스터 북을 순서대로 취합하여 한 권의 책으로 제본했다. 1년이 지난 뒤 그가 67세 정도의 나이에 세상을 떠나면서 그 책은 수백 년 동안 읽히지 않은 채로 남게 되었다.

그 노트들은 방치되었을 수도 있다. 그러나 우스터의 홀스터 북은 살아남았다는 점에서 두드러진다. 즉, 여행자들의 기록과 일지는 적어도 우리에게 전해 내려올 정도의 것이라면, 일반적으로 현장에서 작성된 형태이기보다 깨끗한 사본 내지 간행본의 형태로 전해진다. 한 가지 유명한 사례를 들자면, 압바시야(아바스) 왕조의 대사 이븐 파들란Ibn Fadlan은 현재 러시아에 속한 지역을 10세기 초에 두루 여행했는데, 귀하디귀한 그의 이야기는 그로부터 300년 뒤에 만들어진 딱 한 권 남은 사본 덕분에 우리에게 전해진다.

16세기를 지나는 동안 유럽의 도로는 꾸준한 추세로 더욱더 붐비게 되었으나 여전히 위험천만했다. 여행자들의 이야기는 툭하면 튼튼하게 설치된 교수대를 시민적 자부심의 훌륭한 근원으로 삼으면서 노상강도와 절도 사례를 들려준다. 베이컨(그리고 시카르트)과 동시대인이었던 영국인 토머스 코리앳Thomas Coryat은 "마인츠와 쾰른 사이에는 내가 이때껏 본 것보다 많은 교수대와 거열형 수레"가 있고 범죄자들의 뼈가 "처참하게 산산이 부서진" 채로 있다는 글을 남겼다. 오직 용자들만이 무장호위 없이 길을 나설 테고, 재미로 여행하는 사람은 손에 꼽을 정도였다.

실제로 그렇게 했던 이가 있으니, 루이지 다라고나$^{Luigi\ d'Aragona}$ 추기경이었다. 그는 1517~1518년 로마를 떠나 유럽을 광범위하게 훑어보고자 했는데, 안토니오 데 베아티스$^{Antonio\ de\ Beatis}$라는 이탈리아인 성직자를 고용하여 모험에 관한 일지를 작성하게 했다. 레오나르도 다빈치가 초상화를 그릴 시간을 결코 내지 못했던 만토바의 백작부인 이사벨라 데스테와 사촌지간이었던 다라고나는 열아홉 살의 나이에 추기경이 되었을 정도로 연줄이 탄탄했다. 이제 40대에 접어든 그는 예술에 대한 애정, 그리고 왕족과 어울리고 싶다는 강한 소망을 모두 품고 있었기에, 이 두 가지 욕망을 마음껏 충족하고자 기꺼이 먼 길을 떠났다. 일행의 여행경로는 거대한 고리 형태였다. 알프스산맥을 넘어 바이에른 주로 가서 오스트리아와 독일에 있는 도시들을 줄줄이 지나 저지대국가들과 프랑스 북부, 루아르, 프로방스, 리구리아해안을 종횡으로 누볐다.

데 베아티스의 일지는 들른 곳마다 빠짐없이 상세하게 기술한다. 인스브루크에서 그들은 도시의 독특한 상수도 시설을 감탄하며 보았고, 아우크스부르크에서는 독일을 이끄는 은행가 집안인 푸거^{Fugger} 가의 호화롭게 장식된 저택을 보며 경탄했다. 브뤼셀에서는 색사로 그림을 짜 넣은 라파엘로의 태피스트리를 관람했고, 히로니뮈스 보스$^{Hieronymus\ Bosch}$의 〈쾌락의 정원$^{The\ Garden\ of\ Earthly\ Delights}$〉에 담긴 "기이한 것들"에 경이로움을 느꼈다. 그들은 프랑스 국왕 프랑수아를 만났고, 앙부아즈^{Amboise}에서는 레오나르도 다빈치를 찾아가 그의 마지막 작품이 될 신비로운 〈세례자 성 요한$^{Saint\ John\ the\ Baptist}$〉을 살펴보았다. 프랑스알프스에서는 그리스도의 형상이 흐릿하게 보이는 듯한 신비한 수의(이 수의는 나중에 토리노로 옮겨졌다)를 본 다음, 마르세유에서 인상적인 해적들의 전함을 감상했다. 이는 일생일대의 여행으로, 보람 찬 동시에 기력이 소진되는 일이었다. 여행에서 돌아온 직후 추기경은 통풍으로 꼼짝달싹 못한 채 앓아눕고 말았다. 1년 뒤 그는 눈을 감았다. 그리고 실업자 신세가 된 데 베아티스는 결국 자신이 쓴 《여행안내서Itineraries》의 사본을 판매용으로 제작하게 되었다.

데 베아티스와 동시대를 살았던 알브레히트 뒤러는 독일, 이탈리아, 스위스, 네덜란드를 두루 돌아다녔는데, 마지막 여행에서 일지를 작성하고 수백 점의 스케치를 그렸다. 그가 쓴 타게부흐Tagebuch[69] 원본은 안타깝게도 사라진 지 오래다. 그러나 사후에 제작된 사본 2권에 뒤러가 음식과 숙소에 얼마를 지불했는지, 어떤 예술작품들을 찾아가서 보았는지, 어떤 예술가들을 만났는지, 도박에서 얼마를 잃었는지 나와 있다. 브뤼셀에서 그는 약탈해 온 아즈텍 황금에 관해 열정적으로 기록("이것들만큼 나의 심장을 그토록 기쁘게 해준 것은 내 평생 한 번도 본 적이 없다. 그것들 가운데 절로 경탄하게 만드는 기교가 뛰어난 물건들을 보았고, 이국땅의 사람들의 절묘하고 기발한 재주에 깜짝 놀란 것이다")하고, 헨트Ghent에서는 성 바보St Bavo의 탑에 올라 경관을 찬미하고 자신의 명성을 반추했다.

인쇄술이 확산하면서 서적상들은 여행자들의 이야기가 앞으로 넓은 시장을 개척하리라는 것을 깨달았다. 독자들은 그전에도 항상 이역만리에 관심을 보였다. 즉, 피렌체의 치발도네 중에는 마르코 폴로가 때마침 종이 노트가 널리 보급된 시기인 1300년에 제노바의 어느 감옥에서 쓴 여행서인 《동

---

69 독일어로 '일기, 일지'를 뜻한다. (옮긴이 주)

헨트의 어느 동물원에서 마주친 사자 두 마리를 그린 뒤러의 스케치.

방견문록Il milione》에서 발췌한 문장들이 들어 있는 경우가 많았다. 이제 사람들은 탐험가, 상인, 선원, 모험가들의 더 많은 이야기를 즐길 수 있게 되었다. 베이컨은 여러 여행기를 알았을 텐데, 다른 사람은 몰라도 우선 한 명은 토머스 코리앳이었을 것이다. 그가 쓴 《코리앳의 미숙함Coryat's Crudities》("프랑스, 사부아[사보이], 이탈리아, 일명 스위스라 불리는 헬베티아, 독일, 네덜란드 여행을 5개월 사이에 후딱 해치웠다")은 조지 샌디스George Sandys의 《여행 이야기Relation of a Journey》, 윌리엄 리스고William Lithgow의 《진기한 모험과 지난한 긴 여행Rare Adventures and Painful Peregrinations》과 경쟁을 벌였다. 세 사람 다 일지(모두 원본은 현존하지 않는다)에서 곧장 끌어온 나날의 이야기들을 펼쳐놓으면서 노상의 온갖 위험, 그리고 자신들이 본 것과 만난 사람의 생경함을 강조했다.

이러한 대리체험의 매력에 더해 그 같은 서사는 식민지 개척 시대와도 직접적인 경제적 관련성이 있었다. 리처드 해클루트Richard Hakluyt는 신세계의 착취를 독려하고자 의도된 선집에 가능한 한 많은 것을 수집했다. 셰익스피어의《템페스트The Tempest》는 그 같은 이야기에 기댄 작품이다. 게다가 세계 여행의 중요성이 날로 커지면서 17세기가 지나는 동안 지속적인 흐름이 등장할 수밖에 없었다. 매일 쓰는 일기의 형태를 취하기도 했고 연속적인 줄거리가 있는 하나의 서사로 다시 쓰이기도 했지만, 하나같이 그 기원은 닳아 빠졌으나 현장의 디테일로 가득 찬 실용적인 노트에서 비롯했다.

결과적으로 이들의 독자층은 새로운 문학 장르를 확립하는 데 기여했다. 1712년 에드워드 쿡Edward Cooke이라는 사략선 선장의 회고록《남양南洋, 그리고 세계일주 항해A Voyage to the South Sea, and Round the World》는 해전, 새로운 땅, 낯선 짐승들을 환기했다. 알렉산더 셀커크Alexander Selkirk라는 고립된 어느 스코틀랜드 선원에 관한 일화는 빚에 허덕이던 런던의 한 작가에게 뭔가 보다 독창적인 것의 싹을 제공했다. 즉, 1719년에 처음으로 나온《로빈슨 크루소의 생애와 이상하고 놀라운 모험The Life and Strange Surprizing Adventures of Robinson Crusoe》의 속표지는 그 안에 든 이야기가 허구라는 낌새를 전혀 풍기지 않는다. 게다가 대니얼 디포Daniel Defoe가 자신의 이야기를 풍성한 디테일로 가득 채운(셀커크의 사연만이 아니라 난파사고에 관한 더 많은 이야기를 끌어다 쓴) 덕분에 많은 독자들은 그 작품의 진실성을 확신하게 되었다. 크루소의 섬 생활 가운데 초반부가 일기 형식으로 쓰인 기발한 구조 역시 작품의 신뢰성을 더했다.

같은 지역에서 경쟁관계였던 디포의 라이벌 중 한 명이 풍자적인 반응을 내놓았을 때에야 비로소 독자들은 로빈슨 크루소가 지어낸 인물임을 확실히 알게 되었다. 즉, 찰스 길던Charles Gildon의 《런던의 D(디어쩌고)씨의 생애와 이상하고 놀라운 모험The Life and Strange Surprizing Adventures of Mr. D—De F—, of London》에는 한밤중에 자신이 만들어낸 주인공 크루소와 프라이데이 때문에 깜짝 놀란 그 작가가 자신의 형편없는 성격 묘사에 대한 벌로 어쩔 수 없이 자신이 지은 작품 2권을 먹는다는 내용이 나온다. 이 시점부터 그 여행일지는 이 소설의 이야기와 불가분하게 얽히게 되었다. 그리고 다행스럽게도 그와 마찬가지로 더 많은 원본 노트가 살아남기 시작한다.

허먼 멜빌Herman Melville은(동시대 사람들인 랠프 월도 에머슨Ralph Waldo Emerson, 헨리 데이비드 소로Henry David Thoreau, 너새니얼 호손Nathaniel Hawthorne과 달리) 집에 있을 때는 일기를 전혀 쓰지 않았다. 그러나 여행은 다른 문제였다. 그리고 그가 3년에 걸친 남양 여행에 관해 쓴 상세한 일지들은 성공한 두 권의 논픽션 작품인 《타이피Typee》와 《오무Omoo》로 귀결되었다. 아쉽게도 이 저작들의 원본 일지는 유실되었으나, 이후 문필가로서의 경력을 이어나가기 위해 한창 분투하던 시절에 작성한 여행일지는 현존한다. 멜빌은 늘 주머니에 작은 노트 한 권을 넣어 다녔고, 매일 밤마다 보다 제대로 된 정식 일지를 작성했다. 1849년 옥스퍼드를 방문했을 때 기재한 항목에는 익히 알려진 미국인 관광객 특유의 경외감뿐 아니라, 속뜻에 대한 쉼 없는 분석과 탐색도 드러난다.

옥스퍼드에서 배우면서 어느 부호처럼 묵었다. 모든 대학마다 있는 정원. 수세기 동안 추악한 노동(기업의 불경한 손)에 의해 결코 침범

> 당한 적 없는, 아름다움과 고요에 바쳐진 땅.
>
> 모든 대학마다 식당과 예배당(영혼과 육신에 동등하게 준비된)이 있다.
>
> 당구대에 깔린 녹색 모직 천만큼이나 부드러운 잔디.
>
> 온화하면서도 아름다운 질책으로 미국의 2년차 금지를 꾸짖는 데 이보다 더 잘 맞는 것을 나는 모른다.

이 짧은 인용문에서조차 지적인 톱니들이 윙윙 돌아가는 소리가 들린다. 실상을 효과적으로 보여주는 세부 관찰, 흥미로운 사실을 드러내는 직유법의 적용, 구체적인 것과 추상적인 것의 연결 짓기. 이곳을 방문할 당시 멜빌은 또 다른 작품을 구상하고 있었다. 이전의 여행일지를 활용할 뿐 아니라, 에라스뮈스가 권한 비망록 작성 관행에서 확고히 자리매김하게 될 작업을.

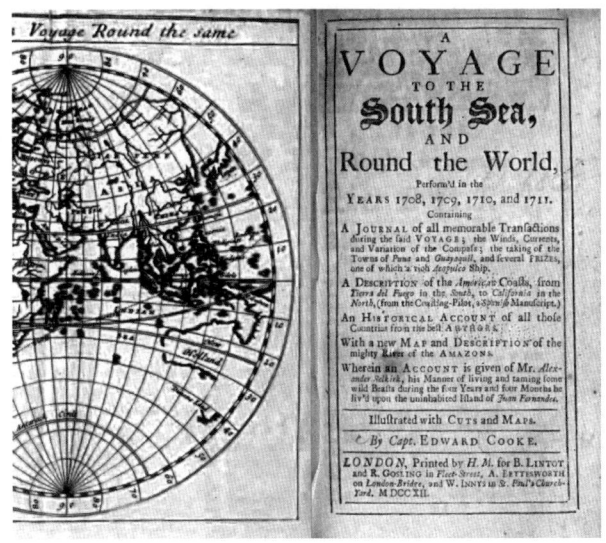

에드워드 쿡의 남양 항해일지는 대니얼 디포의 소설 《로빈슨 크루소》의 주된 영감이 되었다.

사실 《모비 딕Moby Dick》은 흔히 주장되는 것처럼 불멸의 문장인 "Call me Ishmael(나를 이슈미얼로 불러달라)"로 시작하지 않는다. 온갖 종류의 사전, 백과사전, 역사, 성서, 회고록, 시, 연설, 편지에서 끌어온 어원과 발췌문이 장장 18쪽에 걸쳐 이어진다. "어느 사서 보조의 조수한테서 얻은" 것으로 알려진 이 페이지들은 멜빌(또는 어쩌면 이슈미얼)이 열과 성을 다하는 비망록 작성자임을 드러낸다. 창세기부터 다윈의 최신 비글 호 항해기까지 발췌하는 그는 주된 서사의 구조가 르포르타주와 장편 서사시의 분할적 병치임을 암시하는, 대담할 정도로 실험적인 도입부로 담아낸다. 이슈미얼은 툭하면 자신의 이야기(그 흰 고래White Whale를 찾아 나선 에이해브의 여정)를 중단시키고는 딴 길로 빠져 피비린내 나는 고래사냥의 현실을 신문기사 쓰듯 상세히 전한다. 많은 평론가들은 이런 식으로 픽션과 논픽션이 뒤섞이는 것을 소화하기 힘들어했고, 《모비 딕》은 판매 속도가 지지부진했다. 1920년대에 재발견되고 재평가되기 전까지 멜빌의 혁신은 모방하는 사람들이 있다손 치더라도 소수에게만 영감을 주곤 했다.

멜빌보다 상업적으로 훨씬 더 큰 성공을 거둔 마크 트웨인Mark Twain 역시 어디든 노트를 들고 다녔는데, 미시시피강의 증기선을 모는 "견습" 조종사가 되기 위해 수련받는 동안 들인 습관이었다. 스트레스가 많았던 어느 날 밤, 상사인 호러스 빅스비Horace Bixby는 어린 새뮤얼 클레먼스Samuel Clemens(트웨인의 본명)가 뉴올리언스 위쪽의 기항지를 아는지 테스트했다. 소년이 하나도 떠올리지 못하자 빅스비는 조언을 해주었다. 그 뒤로 클레먼스가 따르며 살았던 조언을. "얘야, 작은 메모장 한 권을 꼭 구해서 내가 한 가지씩 알려줄 때마다 곧바로 적어두렴. 조종사가 되는 방법은 딱 한 가지인데, 그건 바로 이 강을 통째로 외우는 것이란다. 그냥 ABC처럼 알고 있어야 해." 얼마 지나지 않아 클레먼스에게는 "여러 도시, '기항지', 사주, 섬, 강굽이, 직선 유역 등등의 이름이 정말이지 꽉 들어찬 수첩이 생겼다." 그리고 조종사 자격을 얻는 길로 무리 없이 가게 되었다. 마크 트웨인으로서도 그는 이 습관을 유지하면서 모든 것을 기록했다. 자신을 당대에 가장 인기 있는 작가 중 한 사람으로 만든, 간결하면서도 함축적인 여담이 뇌리를 스쳤을 때를 포함해서 말이다. 트웨인은 지면에 작은 돌출부가 달린 맞춤형 모델을 비롯하여 여러 포맷을 실험했다. 즉, 해당 지면을 다 쓰자마자 그 색인표를 떼어냄으로써 다음번에 이어서 쓸 부분을 다시 찾기 쉽게 만드는 식이었다.

1872년 잉글랜드 여행 중에는 "고도로 개선된 프랜시스 복사기Francis'

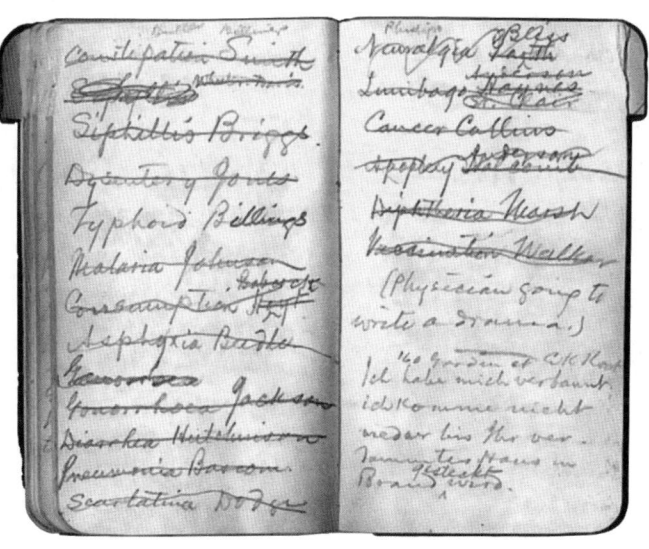

마크 트웨인의 색인 노트 중 한 권. 여기서 작가는 등장인물 이름을 재미 삼아 궁리하고 있다. "Siphillis Briggs(사이필리스 브리그스)"는 아무래도 탈락된 듯하다.

Highly Improved Manifold Writer"로 알려진 또 다른 기발한 체계를 실험했다. 이 노트는 낱장 사이에 양면 먹지를 삽입한 용지를 써서 사용자가 "일반적인 펜과 잉크로 쓰는 단 하나의 글자보다 더 쉽고 더 간편하게" 이중 또는 삼중으로 글을 쓸 수 있게 해주었다. 창작자들보다는 "상업 그리고 전문직 종사자, 여행을 다니는 공동체 구성원"을 겨냥한 이 '복사기' 덕분에 트웨인은 동일한 노트에 자신이 기록한 내용을 2개의 사본으로 만들 수 있었고, 노트를 다 쓰면 한 장 걸러 한 장씩 빼낸 다음 아내에게 보냄으로써 부부가 제각각 여행기 전체를 통째로 보유하게 되었다.

20세기 내내 여행 작가들은 자신이 사용하는 노트를 찬양하거나 신화화했다. 1956년 11월 미국의 작가 A. E. 하치너Hotchner는 파리 리츠 호텔에서 그 호텔의 소유주인 찰리 리츠Charley Ritz[70], 그리고 전쟁 전에 그 호텔에서 지냈던 친구 어니스트와 함께 점심식사를 했다. 그로부터 한참 세월이 흐른 뒤 하치너는 그때의 일을 회상했다.

> 찰리는 어니스트에게 그의 트렁크가 지하실 창고에 있다는 사실을 아느냐고 물었다. 1930년에 그곳에 놔둔 상태 그대로 말이다. 어니스트는 그 트렁크를 보관해두었다는 사실은 기억하지 못했지만, 1920년대에 루이 뷔통Louis Vuitton이 그를 위해 특별히 트렁크를 제작해준 일은 기억해냈다. 어니스트는 그 트렁크가 어떻게 되었는지 궁금해했다. 찰리는 그것을 사무실로 가져오게 했다. 그리고 점심식

---

70 샤를 리츠Charles Ritz를 말한다. (옮긴이 주)

사를 마친 뒤 어니스트가 그 트렁크를 열었다. 옷가지, 메뉴판, 영수증, 메모, 사냥과 낚시 용품, 스키장비, 경마신문, 서신 등 온갖 잡동사니가 가득했다. 그리고 제일 밑바닥에 뭔가가 있었다. 어니스트가 아주 반색하는 반응을 보이게 만든 것이. "수첩이다! 여기 있었네! 드디어 찾았다!" 괘선 노트 두 무더기였다. 1920년대에 그가 파리에 살았을 당시 이곳 학생들이 쓰던 노트 같았다. 어니스트는 가장 좋아하는 카페에 앉아 카페크렘café crème 한 잔을 아껴 마시면서 꼼꼼한 글씨체로 그 노트들을 채웠다. 그것들은 그가 궁핍한 생활을 했던 시절의 장소들, 사람들, 사건들을 묘사했다.

어니스트 헤밍웨이Ernest Hemingway는 그러고 나서 회고록 《파리는 날마다 축제A Moveable Feast》를 쓰기 위해 이 재발견된 노트들을 채굴하면서 4년을 보냈다. 이 책에서 헤밍웨이는 그 노트들이 쓰이는 장면을 다음과 같이 생생하게 그려냈다.

> 겉면이 파란색인 공책들, 연필 두 자루와 연필깎이(주머니칼은 너무 낭비였다), 대리석 상판 탁자, 이른 아침의 냄새, 비질과 대걸레질, 그리고 행운, 이것들이 필요한 전부였다.

이 책은 헤밍웨이가 완성한 마지막 책이 될 터였다. 1961년 4월에 자살했으니 말이다.

여행 작가 패트릭 리 퍼머Patrick Leigh Fermor 역시 자신의 노트를 이야기로 썼다. 가만히 있지 못했던 열여덟 살 때 그는 유럽을 도보로 횡단했다. 옷 몇 벌(그리고 연필, 화첩, 노트, 《옥스퍼드 영시선The Oxford Book of English Verse》, 호라티우스 한 권)만 챙긴 배낭 하나를 메고서. 로테르담에서 (그가 항상 콘스탄티노플이라고 부른) 이스탄불까지 가는 내내 글을 쓰고 그림을 그렸다. 그런데 1934년 1월 뮌헨에서 노트가 든 배낭을 도둑맞고 말았다. "나는 곧바로 두툼하고 표지가 빳빳한 독일제 노트와 화첩에 전부 새로 쓰기 시작했다"라고 그는 훗날 서술했다. 그 노트와 화첩을 가지고 퍼머는 자신이 받은 생생한 인상을 포착했다. 그리고 자칭 "지루함을 모르는" 사람인 그는 우연히 접하게 된 모든 것(사람, 건축물, 옷, 노래, 단어, 관습, 신화, 종교, 역사)에서 흥미를 발견했다. 퍼머는 시종일관 낯선 이들의 환대에 의지했다. 객喜으로 유럽 대륙을 가로지르며 길을 따라가는 동안 이 집주인 저 집주인에게 소개를 간청했고, 소년 같은 매력과 존재의 참신함 그 자체로 그들에게 보답하곤 했다.

1937년 아테네에서 퍼머는 몰도바(몰다비아) 공주인 열두 살 연상의 발라샤 캉타퀴젠Balaşa Cantacuzène과 연애를 시작했다. 그리스에서, 그러다가 루마니아에 있는 캉타퀴젠의 시골 영지에서 함께 살며 그는 자신의 노트를 한 권의 책으로 만들기 시작했다. 그러나 전쟁이 발발하자 영국으로 돌아가기로 결정했다. 노트 한 권, 즉 "그린 다이어리Green Diary"를 남겨둔 채. 1934년 3월 브라티슬라바에서 구입한 노트로, 그곳에서 그리스까지의 여행을 기록해놓았다. 전쟁이 일어나고 이어서 철의 장막이 드리우면서 그와 캉타퀴젠은 수십 년 동안 서로 떨어져 있었다. 이 연인은 1965년에야 다시 만나게 되었다. 그때는 그리스 카르다밀리Kardamyli에 정착한 리 퍼머가 유명한 산문 문장가로 이미 자리매김했을 무렵이었다. 캉타퀴젠은 그보다는 잘 풀리지 못했다. 집이 몰수되었고, 부쿠레슈티의 한 아파트로 이주했다. 그런데도, 소지품을 챙기도록 주어진 15분 동안 정신없이 서두는 와중에도 그린 다이어리를 챙겼다.

기적적으로 다시 수중에 들어온 이 전쟁 전의 유물을 가지고 리 퍼머는 젊은 날의 고되고 긴 보행으로 돌아갔다. 그리고 결국 그것에 관한 두 권의 회고록 《선물 받은 시간A Time of Gifts》과 《숲과 강 사이로Between the Woods and the Water》를 내놓았다. 전후에 새로이 탄생한 모습보다 더 폭력적이면서 더 문명화되었던 그때 그 시절의 유럽을 훌륭하게 환기하는 작품들이었다. 이 책들은 분명 그린 다이어리와 리 퍼머가 다른 일지들로 작성한 기록에 기대고 있었다. 하지만 퍼머가 책상에서 기울인 노력, 즉 작품에 매혹적인 시적 밀도가 생길 때까지 초고를 쓰고, 퇴고를 하고, 재작업을 하고, 형용사를 덧붙인 수고에 더 많은 빚을 지고 있었다.

그렇다 해도 현재 스코틀랜드국립도서관National Library of Scotland에(온라인에도 디지털화 되어) 있는 그린 다이어리는 우리에게 하나의 물건으로서 노트가 지닌 힘에 대해 많은 것을 알려준다. 망가진 표지, 두툼한 은색 포장용 끈으로 대충 맨 모양새, 그 사이에 끼여 있는 500페이지의 누르스름해진 속지들. 천 제본은 모서리 쪽으로 밀려났고 그 다이어리는 지금 책갑에 들어가 있다. 은색 끈으로도 묶여 있는데, 앞쪽에 굵은 빨간색 마커 펜으로 쓴 경고문(왼쪽 두 번째 서랍에 보관된 매우 중요한 다이어리)이 달려 있다. 이 노트가 세월이 지나면서 어떤 전리품 또는 보물이 되었음은 자명하다. 결코 손댈 수 없는 것은 아니지만, 그것이 담고 있는 경험과 추억 때문에 신성시되었다.

끝 쪽에 있는 한 펼침면 부분은 그 어떤 단일한 산문 구절보다도 이 여정

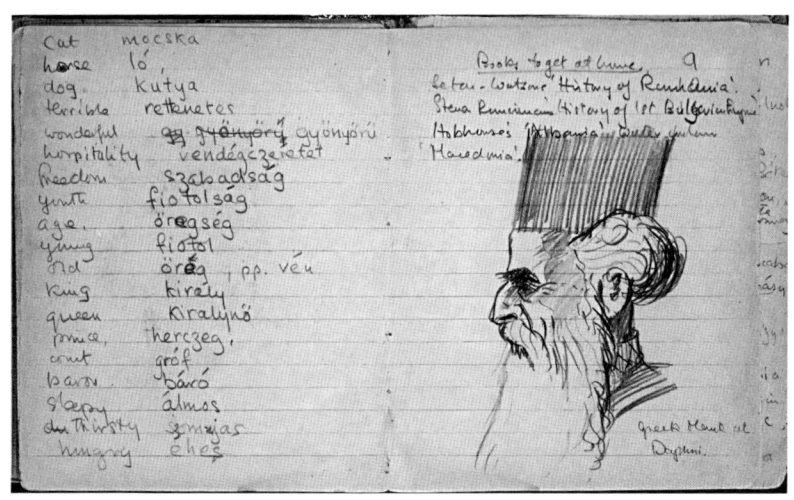

패트릭 리 퍼머가 잃어버렸다가 되찾은 그린 다이어리. 1934년에 쓴 이 노트에는 헝가리어 어휘와 동방정교회 사제의 스케치가 들어 있다.

을 더욱 훌륭하게 환기한다. 여느 수많은 일기작가들처럼 리 퍼머도 노트의 앞쪽에는 매일 그날의 항목을 작성하고, 뒤쪽 지면은 각종 메모, 목록, 끼적이는 낙서, 주소, 기억을 환기하는 것들 등등을 적는 용도로 사용하곤 했다. 253쪽의 펼침면에는 "집에서 구할 책들" 목록(루마니아, 불가리아, 알바니아, 마케도니아의 역사서들)과 아테네 부근의 비잔틴 수도원 다프니Daphni에서 만난 동방정교회 수도승을 그린 속성 스케치가 나와 있다. 맞은편 페이지에는 유용한 헝가리어 단어(아니, 적어도 리 퍼머가 거쳐 가는 동안 유용하다고 여긴 단어들)의 목록이 적혀 있다. 고양이, 말, 개, 끔찍한, 경이로운, 환대, 자유, 젊음, 나이, 젊은, 늙은, 왕, 왕비, 왕자, 백작, 남작, 졸린, 목마른, 배고픈이라는 단어마다 모두 번역어를 달아놓았는데, 그가 친교의 과정에서 환대에 값할 때 분명 꺼냈음직한 대화를 효과적으로 떠올리게 하는 목록이다.

1970년 《선물받은 시간》을 집필하는 데 한창 공들이던 시기에 리 퍼머는 브루스 채트윈을 처음으로 만났다. 한 세대나 어리지만 퍼머와 비슷하게 매력과 호기심, 눈에 띄는 외모를 타고난 채트윈은 당시 《노마드라는 대안The Nomadic Alternative》이라는 책의 원고와 씨름 중이었다. 자연스러운 유목민의 생활양식과 정착문명의 긴장과 폭력을 대조하면서 방랑벽의 기원을 탐구하는 책이었다. 채트윈의 수차례에 걸친 답사여행, 광범위한 독서, 그 주제에 대한 개인적인 열정에도 불구하고(아니 그로 인해) 그 원고는 채트윈이 훗날 말했듯 골치 아프게도 "과학이론과 자서전 사이의 막연한 무인지대에" 놓이고 말았다. 1972년 그가 원고를 내보였을 때 에이전트와 출판사 양쪽 모두 잘 읽히지 않는다고 봤다. 그 책은 거부당했다.

그런데 그 방문은 수많은 방문 가운데 첫 번째가 되었고, 리 퍼머와 채트윈은 카르다밀리 주변 언덕을 걸으며 깊은 우정을 나누는 친구가 되었다. 리 퍼머에 따르면 "난해한 예술형식과 사상, 역사, 지질학, 인류학 그리고 그와 비슷한 모든 과학의 동향, 존 던John Donne이나 랭보Rimbaud, 고생물학적 수수께끼, 인류의 가장 초기의 소재"를 논하면서 말이다. 채트윈은 둘이서 대화를 나눌 때 글을 적곤 했다. 나중에 아내 엘리자베스가 이렇게 회상했듯 말이다. "그이가 노트를 잃어버리면 난리가 났다. 모든 게 거기 들어가 있었으니까. 지금 읽고 있는 것, 꼭 연락해야 할 아무개, 전화번호, 요리법, 나무나 꽃 이름, 에칭이나 판화에 더 가까운 아주 작은 소묘도." 노트를 들고서 빌린 방 한 칸으로 물러나면 채트윈은 그보다 지면이 큰 노란색 리걸패드legal pad를 사용해 자신이 쓸 책과 기사의 초고를 작성한 다음 타자기로 정서했다.

엘리자베스에 따르면, 작가생활 초기에 채트윈은 "낡은 공책, 학교에서 쓰는 콰데르노 같은 것들을 아무거나" 사용하다가 "프랑스 사람들이 더 좋은 노트를 만든다"는 사실을 알게 되었다. "영국 노트는 그저 그런데다 아주 얇은데, 프랑스 노트는 내가 항상 구해다 준 엘레팡Éléphant[71]이라고 불리는 종류처럼 두툼했다. 그이는 몰스킨 노트를 발견했고, 다른 건 결코 사는 법이 없었다. 남편은 그 노트 때문에 파리에 가야 했다. 그래도 괜찮았다. 항상 파리에 가고 싶어 했으니까 말이다."

기꺼운 마음으로 조달한 이 수첩들에 채트윈은 다수의 기사, 그리고 리퍼머와 논의한 장편 서사시급 사안들보다는 범위가 훨씬 겸손한 수준인 세 권의 책, 바로 《파타고니아In Patagonia》(허구적 요소를 가미한 여행서), 《우이다(위다)의 총독The Viceroy of Ouidah》(허구적 요소를 가미한 역사서), 《블랙힐에서On the Black Hill》(소설)를 쓰는 데 필요한 현장기록을 작성했다. 세 작품을 각각 낼 때마다 그의 명성은 점점 더 높아졌다. 그러나 초반에 실패로 남은 그 주제가 뇌리에서 떠나지를 않았다. 마침내 1983년과 1984년에 남아프리카와 오스트레일리아로 떠난 감명 깊은 여행들이 앞으로 나아갈 가능성을 열어주었다. 즉, 모종의 서사를 통해 《노마드라는 대안》의 원대한 아이디어를 세상에 알리게 될 책이었다. 그러나 채트윈은 이것이 읽히지 않는 소설에 형편없는 인류학을 꾸역꾸역 채워 넣은 최악의 조합이 될 수 있다는 위험성을 각오해야 했다. 설상가상으로 그는 시간이 없다는 예감이 들었다. 떨어질 줄 모르는 기관지염과 얼굴 발진으로 발현되는 알 수 없는 바이러스 질병에 시달리고 있었기 때문이다.

---

71 프랑스어로 '코끼리, 뚱보'라는 뜻이다. (옮긴이 주)

그는 해결책이 도착하기 전에 두 번의 초고를 썼다가 갈가리 찢어버렸다. 해결책은 전화를 통해 전달됐다. 채트윈은 그리스의 해안 마을 카르다밀리에 틀어박혀 일을 하고 태양 아래서 건강을 되찾으며 지내던 터였다. 미국의 담당 편집자 엘리자베스 시프턴Elisabeth Sifton은 채트윈이 어떻게 해야 할지 이미 깨달은 상태였다. "그는 인류문화의 기원에 대한 작품을 만들고 싶다고 강하게 주장했어요"라고 시프턴은 훗날 채트윈의 전기 작가 니컬러스 셰익스피어Nicholas Shakespeare에게 말했다. "그런데 그러려고 시도할 때마다 매번 그 결과물은 사회과학자가 되기를 소망하는 사이비 학자 같은 전직 시인이 쓴 글 같았죠. 나는 그 작품이 논리적이기보다는 직관적이고 시적이어야 한다고 생각했어요. 그래서 이렇게 말했죠. '그 노트들을 문젯거리로 볼 게 아니라 해법의 일부로 보는 게 어때요? 그냥 그 노트들을 활용하는 게 좋지 않을까요?'라고요."

채트윈은 그때 이미 브루스라는 이름을 가진 어느 영국인 작가의 일인칭 서사체로 글을 써오고 있었다. 그런데 시프턴이 제시한 해결책은 그가 쓰는 글 속에 노트도 들어가야 한다는 의미였다. 그리하여 소설적으로 각색된 브루스는 채트윈이 그랬듯 시어더 스트렐로Theodor Strehlow의 《오스트레일리아 중앙부의 노래들Songs of Central Australia》 한 권을 손에 들고서 여행을 하고, 채트윈이 그랬듯 빌린 이동식 주택에서 지낸다. 일단 그곳에 자리를 잡자 책은 가장 특징적인 국면으로 접어든다.

> 나는 텀블러 컵에 내 연필들을, 그 옆에는 스위스 군용 칼을 꽂아 두었다. 나는 메모첩을 꺼냈다. 그리고 어떤 과제를 시작할 때 따라오

는 강박적인 결벽이 발동되어 나의 "파리" 노트 세 권을 깔끔하게 정돈하여 쌓아놓았다.

이렇게 설정된 맥락에 따라 채트윈은 소설 《노트로부터From the Notebooks》의 후반부를 처음에 언뜻 봐서는 휴머니스트의 비망록과 비슷한 각종 메모와 발췌문의 비공식적 모음집처럼 제시한다. 어떤 페이지를 펼치든 그 안에는 성경 구절, 고고학적 참고자료, 학자의 견해 인용, 여행에서의 만남에 관

여행 작가이자 소설가인 브루스 채트윈.
노트를 주인공으로 만들고 우리 모두에게 몰스킨을 선사한 장본인이다.

한 채트윈의 기술 등이 담겨 있을 것이다. 그러나 채트윈(그리고 그와 함께 일주일 동안 텍스트를 한 줄 한 줄 살펴본 시프턴)은 솜씨 좋게 그 기록들을 주장에 부합하도록 연속성을 갖고 이어지게끔 배열함으로써 그가 수십 년에 걸쳐 여행하고 생각하고 글을 쓰면서 도달한 결론으로 독자가 향하게끔 이끌었다. 인류학자들과 철학자들의 발췌문이 채트윈의 성긴 가설 바로 옆에 자리한다. 그리고 시퀀스가 너무 무거워질라 치면 채트윈은 아이러니한 일화를 일부러 떨어뜨려 바람을 빼버린다. 박학다식함과 가십성이 교차하면서 그 노트들은 채트윈의 사유과정을 극적으로 만들 뿐 아니라, 그만의 고유한 특성을 확고히 한다. 그러다가 이윽고 그 책은 감동적인 피날레를 위해 뼈대가 되는 서사로 되돌아간다.

자신의 이론을 소설이라는 틀에 넣음으로써 채트윈은 학술적인 내용에 관한 사실 확인 책임에서 벗어났다. 또 소설가의 기법을 사용함으로써 그 이론들을 독자에게 보다 설득력 있게 납득시킬 수 있었다. 이 교묘한 손재주 덕분에 《송라인》은 《모비 딕》 이후로 가장 야심찬 픽션과 논픽션의 결합으로 꼽힌다. 그런데 멜빌의 소설을 읽은 대부분의 논평가들이 거슬려했던 지점인 바로 이 병치에 대해 채트윈의 독자들이 주로 보인 반응은 찬사였다. 주장에 빈틈이 존재함을 인정하면서도 그것을 제시하는 예술적 기교에 감탄한 것이다. 격찬하는 서평에 힘입어 그 책은 1987년에 출간되자마자 전세계적으로 베스트셀러 목록에 올랐다. 그러면서 오스트레일리아 원주민 문화와 신앙에 대한 지구적 관심이 촉발되었다.

그러나 채트윈의 책에 등장하는 인물들의 실제 모델 가운데 대다수가 여전히 살고 있는 앨리스스프링스Alice Springs에서는 사람들의 반응이 달랐다.

채트윈은 기자인 양 그들과 이야기를 나누고는 그들의 이야기를 소설로 썼다. 그러니까 책이 서점에 등장하기 전까지는 아무도 그 사실을 알지 못했다. 그들은 아무리 잘 봐준다고 쳐도 나쁘게 혹은 잘못 표현되었다고 느꼈다. 게다가 채트윈이 자신이 만난 사람들에게 반감을 갖게 된 두어 가지 사례에서 제시한 얄팍한 베일을 씌운 묘사들은 명예훼손에 가까웠다. 그들이 호의적으로 그려졌건 아니건 간에, 그 책의 모든 등장인물 중에서 각색된 브루스가 실제와의 유사성이 가장 떨어진다는 데는 다들 동의했다. 즉, 현실의 채트윈이 소심했을 때 대범했고, 채트윈이 무례했을 때 매력적이었으며, 실제로는 채트윈이 불청객이었을 때 반가운 손님이었던 것이다. 브루스의 통찰 가운데 대다수는 그보다 앞서 그가 간신히 살아낸 9주보다 얼마간 더 긴 시간 동안 그 오지에서 연구 활동을 해온 다른 이들에게 공을 돌렸어야 한다는 이야기도 나왔다. 그러나 채트윈이 적어도 오스트레일리아 원주민의 노래길songlines을 서술하려고 시도했다는 점, 그가 전 세계 독자들을 지역적 문화충돌에 동조하도록 일깨웠다는 점, 그리고 차후에 전 세계적으로 오스트레일리아 원주민 예술가들과 그 문화가 알려진 것은 그의 책에 힘입은 바가 크다는 점은 다들 인정했다.

여하간 채트윈은 이러한 반감을 거의 인식하지 못했다. 건강이 형편없이 나빠지면서 마지막 남은 몇 달을 마지막 소설, 즉 비문碑文으로 알맞은 《우츠Utz》를 집필하며 보내다가 1989년 1월 에이즈 관련 질병으로 불과 48세에 세상을 떠났다. 동시대인들은 그 인간만 애도한 것이 아니라 그가 이제는 쓰지 못할 책들도 애석해했다. 아내 엘리자베스는 리 퍼머와 함께 카르다밀리 위쪽에 자리한 언덕의 어느 비잔틴 예배당 옆 올리브나무 아래에 남편의 재를 묻었다. 파리의 몰스킨 노트 41권, 그리고 다른 노트 5권을 비롯한 그의 기록물은 현재 옥스퍼드대학교 보들리언도서관Bodleian Library에서 보유하고 있다. 정규교육과는 전적으로 어울리지 않는 채트윈이 결코 학위를 취득하지 못했다는 사실을 감안할 때 사소한 아이러니가 아닐 수 없다.

영어를 사용하는 다른 어떤 저술가보다도 노트와 깊이 관련되었던 채트윈은 작가들이 수백 년간 써왔던 방식과 동일하게 노트를 활용했다. 보카치오처럼 광범위한 독서에 관한 치발도네를 쓰면서 몇 년 뒤에 채굴될 수 있을 만한 지식의 층을 축적했다. 페트라르카처럼 작품을 연마할 수 있게 해주는 수정과 퇴고 습관을 키웠다. 윌리엄 우스터처럼 풍경의 물리적 실제와 그에 관해 현지인들이 들려주는 이야기를 연결 지었다. 디포처럼 노트에 기재된 항목을 활용하여 일인칭 서사에 재미를 더했다. 멜빌과 트웨인과 리 퍼머, 그 밖의 많은 작가들처럼 뜻하지 않은 만남을 포착하고, 인상적인 것들을 기록하며, 현장에서 적절한 표현을 고르도록 스스로 단련하는 데 노트를 사용했다.

그런데 그는 작품을 완성하는 데 있어 노트에 그토록 중요한 역할을 부여함으로써 뭔가 새로운 일을 해냈다. 바로 노트를 자유분방한 창작자들의 토템으로 만든 것이다. 채트윈의 전기 작가 니컬러스 셰익스피어는 그가 사후에 "배낭여행자의 우상", "교양 있는 여행자의 증진 가능한 이상", "다른 작가들을 해방하고, 관습적인 경계에 길들여지지 말라고 그들을 독려한" 사람이 되었음을 제대로 짚어낸다. 이런 역할들을 각각 해내며 채트윈은 노트를 필수적인 소품으로 전달한다. 앨리스스프링스로 갔을 때 그는 이미 400년 된 프랜시스 베이컨의 조언을 무의식중에 글자 그대로 따르고 있었다.

그다음으로 그에게는 그 지역을 잘 아는 하인, 즉 개인교사가 반드시 필요하다. 여행하는 지역을 기술할 카드나 장부 같은 것도 가지고 다니게 하라. 나중에 그의 연구에 훌륭한 실마리가 될 테니.

일기도 쓰도록 하라.

오래 머물지 않도록 하라.

15장 | 폐기 장부

수학, 1612년 링컨셔

학생이라면 "언제든지 당장 사용할 수 있는 방대하고 아주 다양한 실례를 갖춰놓고" 있어야 한다고 에라스뮈스가 권한 지 한 세기가 지난 뒤인 1612년 무렵에는 비망록 작성이 교육적 도구(이자 장광설을 늘어놓는 사람들을 위한 수사법의 원천)에 그치지 않고, 독신자篤信者들이 자기수양에 정진하는 길이 되어 있기도 했다. 만약 그 수고로움을 받아들여 성서나 훌륭한 신학자들의 지혜를 잘 보고, 옮겨 적고, 정리한다면, 그러한 실천을 통해 영혼이 이로워지리라고 여겼다. 따라서 바너버스 스미스Barnabas Smith라는 서른 살의 링컨셔Lincolnshire 교구목사가 처음으로 장대한 새 노트를 펼쳐서 채우기 시작했을 때, 그에게는 아마도 두 가지 의도가 있었을 것이다. 첫째, 그 노트는 그가 매주 하는 설교를 정리하는 데 도움이 될 터였다. 둘째, 그 노트는 그를 도덕적으로 더 나아지게 만듦으로써 내세의 가능성을 높일 터였다.

스미스는 노르만양식 교회의 독특한 첨탑이 굽어보는 아주 작은 마을인 노스 위텀Northe Witham의 세인트메리스St Mary's 교구를 담당하는 목사였다. 교구주민도 몇 안 되는데다 자식도 없이 안락한 생활을 영위하다 보니 과제에 할애할 시간이 충분했고, 원재료도 넉넉했다. 서재에 약 200권에 달하는 성서와 주석서가 있었던 것이다. 기꺼이 수 시간을 들여 대부분 라틴어로 쓰인 유익한 이야기를 한 줄 한 줄 필사하겠다는 마음만 내면 되었다.

그처럼 진지한 과제에는 크고 튼튼한 집이 필요했다. 그래서 스미스는 그에 부응할 만한 거대한 노트를 구했다. 거의 1000페이지에 달하는 분량으로, 2절판 책장의 두께가 약 30센티미터에 이르는 이 육중한 종이 벽돌은 가격이 1파운드(스미스의 소득으로 충분히 감당할 만한 수준이기는 했으나, 당시로서는 상당한 금액) 정도였을 것이다. 그는 시간이 많이 소요되는 일이지만, 각 페이지마다 좌측에 자를 대고 선을 그어 여백을 만들고, 몇 페이지마다 표제어를 넣었다. 그 아래쪽에 자신과 교구주민들을 교화할 만한 옛 사람들의 지혜를 모을 요량이었다. 데우스Deus(신)가 제일 첫 번째 자리를 차지했고, 이어서 약 370개의 표제어들이 알파벳 순서대로 뒤따랐다. 스미스의 비망록은 압솔루티오Absolutio(사죄)에서 아디아포라Adiaphora[72], 라크리마이Lachrymae, 프로디토르Proditor, 바디모니움Vadimonium(아무렇게나 해도 좋은 것, 눈물, 배신자, 보석금) 같은 아주 침울한 범주들을 거쳐 젤루스Zelus(질투)까지 이어질 터였다.

한 가지 전형적인 항목은 스미스가 스스로 착수한 과업의 범위를 보여주는데, 그의 성격에 대한 단서를 우리에게 제공한다고도 할 수 있다. 일평생 이루어진 독서의 결실에 예비된 한 페이지의 맨 위에는 아미키티아스Amicitias(우정)라는 머리말이 자리하고 있다. 어떤 주제가 이보다 더 긍정적일 수 있겠는가? 다시 말해 어떤 표제어에 이보다 더 행복한 발췌문이 있으리라고

---

[72]   교회용어로는 "하나님께서 명령하시지도 그렇다고 금지하시지도 않은 행동"을 뜻한다. (옮긴이 주)

예상할 수 있겠느냐는 말이다. 그런데 스미스가 찾아낸 문장은 딱 하나였다. 게다가 그 광활한 지면의 중간까지만 차지할 뿐이었다. 그 내용은 이러했다. "집회서 6장 7절: 친구를 얻으려거든 그를 시험해보라, 기타 등등." 동료애와 관련한 기쁨이나 위안에 대한 찬가는 전혀 없이, 외려 상당히 냉소적인 이 문장은 신뢰의 부족을 충고한다. 더군다나 스미스가 기록을 중단하는 방식은 이 문장을 익히 잘 아는 상태에서 적게 되었음을 시사한다. 그러니 대충 형식적인 기타 등등etc으로 자신 있게 문장을 마쳤을 것이다.

스미스는 일관성 없이 비망록을 작성했다. 문장 몇 줄이 적힌 표제어들도 있기는 하지만, 결코 오지 않은 항목들을 기다리며 지면 꼭대기에 고고하게 앉아 있는 경우가 더 많다. 오늘날 우리가 케임브리지대학교의 소장품인 그 노트를 보면, 스미스가 근본적으로 과제에 필요한 공간을 얼마나 과대평가했는지, 그리고 반드시 들여야 할 시간을 얼마나 과소평가했는지 알 수 있다. 게다가 표제어들은 일관성 있는 완벽한 자기수양 체계를 시사하지만, 정작 그 아래에 기재된 항목은 스미스의 편견과 선입견을 드러낸다. 가령 테레나Terrena(지상의 것들)는 비난에 찬 라틴어로 꽉 차 있다. 지옥으로 가는 길을 파나가는 것과 관련한 영어 인용문을 이따금 가미하는 식으로 변화를 주면서 말이다. 스미스는 아모르Amor(사랑)라는 주제에 관한 내용을 많이 수집하고, 모든 죄 중에서도 아둘테리아Adulteria(간통)에 가장 많은 공간을 할애한다. 다윗왕의 과도한 욕정, 음전한 처녀들, 탁월한 독실함을 언급하고 나서 그는 잠언서에서 부정확하게 베껴 쓴 다음의 문장으로 갈무리한다. "드센 여인들의 입술"은 피해야 하나니, 그들이 한 남자의 "살과 육신"을 모조리 삼켜 "종내는 그를 애통하게 만들"지니. 결정타를 날리는 마지막 구절은 이 주제에 관한 스미스의 최종 결정으로 해석된다. "창녀들은 어리석은 자들을 잡아먹는다." 자리를 지킨 채 이 설교를 끝까지 앉아서 들어야 했던 교구주민들, 특히 여성들을 생각하면 딱하다.

바너버스 스미스는 통찰을 찾아 천년 묵은 텍스트를 처음부터 끝까지 숙독하는, 앓는 소리가 절로 나올 만한 이 힘들고 지루한 일을 결국 포기했다. 4만 5000단어 정도 되는 지혜의 말을 수집한(이 거대한 벽돌책의 지면이 겨우 20분의 1정도만 채워진) 상태에서 기가 질릴 법한 그 종이덩어리를 책꽂이에 도로 꽂아두었고, 노트는 그렇게 방치된 채 놓여 있었다.

비망록에 매달리기 시작한 때로부터 32년이 지난 뒤인 1644년 6월 스미스는 63세의 나이에 아내와 사별했다. 그러나 그는 홀로 지내는 생활을 할 준비가 되어 있지 않았다. 그래서 한 교구주민이 울즈소프Woolsthorpe라는 인근의 작은 마을에 사는 어느 과부가 혼인을 흔쾌히 받아들일지도 모른다고 제안하자 교섭에 나섰다. 해나 애스큐 뉴턴Hannah Ayscough Newton은 손색없는 후보로 보였다. 서른 살가량에 스미스의 재력에 보탬이 될 만큼 재산도 어느 정도 있었던 것이다. 그리하여 두 사람은 협상에 돌입했다. 걸림돌이 딱 하나 있었으니, 바로 그녀의 세 살배기 아들이었다. 스미스는 아이를 품을 의사가 없었다. 그래도 마침내 거래는 성사되었다. 스미스는 땅 일부를 그 어린아이에게 물려주었고, 해나는 결국 아들을 조부모와 지내게 하는 것으로 정리했다. 그리하여 이제 방해될 것이 없는 상태에서 두 사람은 1645년 초에 결혼했다. 이들의 결합은 스미스의 첫 번째 결혼생활과 달리 결실이 있었다. 해나는 7년 사이에 아들 하나와 딸 둘을 낳았다. 그러고는 바너버스 스미스가 죽으면서 또다시 남편 없는 처지가 되고 말았다.

이제 해나의 장남은 어머니 그리고 어린 이복동생들과 함께 그들 가족이 살던 집에서 지내게 되었다. 고인이 된 스미스의 영성 가득한 큰 서재와 거대한 미완성 비망록이 있는 집에서 말이다. 아마도 어머니로부터 버림받은 일로 정신적 외상을 입었을 그 소년을 스미스도 결코 받아들이지 않았다. 소년은 문맹의 자작농이었던 친부를 단 한 번도 본 적이 없었으나, 작고한 그의 이름과 성을 그대로 따랐다. 그 이름은 아이작 뉴턴Isaac Newton이었다.

글을 거의 읽을 줄 모르는 어머니, 그리고 엄숙한 의붓아버지와 달리 아이작은 열정적인 노트지기로 성장했고, 긴 시간에 걸쳐 유명한 이력을 쌓아가는 동안 수많은 노트를 채워나갔다. 현존하는 것 중 시기적으로 가장 이른 노트에는 근처의 그랜섬Grantham에서 문법학교를 마쳤을 당시의 그가 담겨 있다. 그곳에서 뉴턴은 라틴어를 배웠고, 반에서 일등을 차지했으며, 비사교적이고 욱하고 폭력적인 성미로 유명했다.[73] 열여섯 내지 열일곱 살 때 그는 2펜스를 주고 아주 작은 백지 노트 한 권을 샀다. 현재 뉴욕 모건도서관과 그 박물관Morgan Library and Museum의 가장 귀중한 소장품 가운데 하나다. 크기는 5×3인치(약 13×7센티미터)에 불과하고, 소프트커버에 116장의 속지가 들어간 이 노트는 더할 나위 없이 저렴하면서도 실용적이다. 게다가 뉴턴은 스미스와 달리 공간을 전혀 낭비하지 않았다. 즉, 잉크가 모든 페이지를 채우고 있다. 이 노트는 아주 빈번하게 사용되었기에, 그것을 읽어보면 어린 시

---

[73] 그는 실무가이기도 해서 비범한 재능을 발휘해 나무로 견본을 여럿 만들었다. 그중에서도 특히 쥐 한 마리가 정신없이 바퀴를 굴려 만들어내는 힘으로 움직이는 기계식 날개가 달린 풍차 축소모형은 그가 이주한 지 한참이 지나고도 그랜섬 주민들이 기억할 정도였다.

절 뉴턴의 생각에 대해 값을 매길 수 없는 통찰을 얻게 된다.

그는 동시에 양쪽 끝에서 노트를 쓰기 시작했다. 노트를 뒤집어서 그렇게 한 것이다. 따라서 노트의 후반부는 위아래가 뒤집힌 상태로 적혀 있다. 당시의 일반적인 관행대로 뉴턴은 그 노트를 언어적으로 흥미로운 토막정보 모음과 실용적인 아이디어로 분리해서 사용한다.

초반부는 출간된 지 얼마 안 된 존 베이트John Bate의 책에 크게 기대고 있다. 기술자인 베이트는 다양한 기계, 발명, 실험을 수집하여《자연과 예술의 신비The Mysteries of Nature and Art》라는 제목으로 빛나는 개요서를 펴낸 참이었다. 뉴턴은 처음에 회화와 소묘에 관한 조언을 얻으려고 그 책을 공략하여 요령을 알려주는 조언("은은하면서 동시에 둥그스름하게 그림자를 넣는 것이 강하고 어둡게 그림자를 넣는 것보다 훨씬 더 정교한 재주다. 마치 그림자가 지지 않

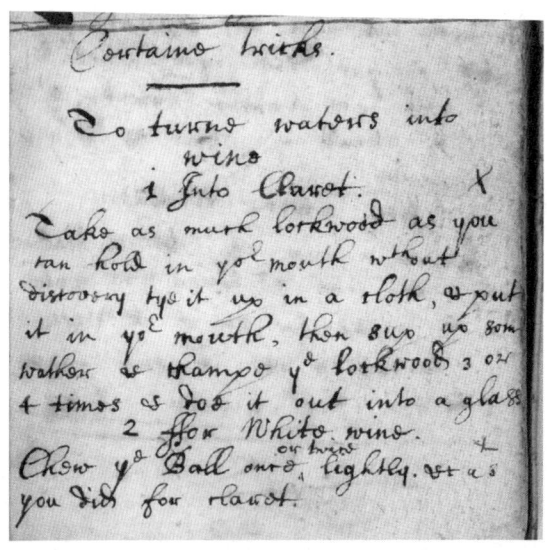

뉴턴의 학창시절 노트에 적힌 "특정 요령들"에는 "물을 포도주로 바꾸는" 공식이 들어가 있다.

은 듯 그림자를 주는 것이 가장 좋다")은 물론이고, 물감 섞는 법도 베껴 적었다. 이 부분은 훗날 빛과 색채에 대한 그의 집착을 보여주는 초기 신호로 보기 쉽다. 또 그리드를 활용하여 어떤 상을 확대하는 요령은 아마도 그의 수학적 측면을 건드렸을 것이다.

그러나 이 노트는 예술가의 편람이 되지는 않을 터였다. 몇 페이지 지나지 않아 뉴턴은 그보다 난해한 정보를 추가하고 있기 때문이다. 그는 마치 지극히 평범한 소일거리인 양 "새를 취하게 만들려면 그것들이 밀, 보리 따위만큼 아주 좋아하는 고기를 준비해서 포도주 찌꺼기나 헴록Hemlock 즙에 담궜다가 새들이 자주 출몰하곤 하는 장소에 뿌리면 된다"라고 기록해놓는다. 우리는 부싯돌 새기는 법("부싯돌을 가져다가 거기에 황소기름으로 뭐든 쓰고 싶은 내용을 쓴 다음 그 부싯돌을 식초에 나흘 동안 보관한다")에 이어 몇 페이지 뒤에서는 유리 자르는 법("단순한 판유리를 준비한 다음 옆면이 아래로 향하게 해서 촛불 위에 대고 있다가 꽤 뜨거워지면 밧줄이나 그 비슷한 것을 가져다가 계속 유리를 불면서 유리가 잘리게끔 그 위로 밧줄이 지나가게 한다")을 알게 된다. 훗날 그의 안구 실험을 암시하듯 어린 아이작은 눈에 좋지 않은 것("마늘 양파 그리고 리크, 과도한 상추, 뜨거운 와인. 찬 공기. 취기")과 눈에 좋은 것("적당한 수면. 붉은 장미. 회향, 뭐든 녹색 또는 기분 좋은 색깔을 보는 것")을 알려준다. 그러다가 일련의 마술 뒤에 뉴턴은 우리를 과학적 관찰 속으로 빠뜨린다. 왼쪽 지면에는 별들("알데바란Aldebaran, 즉 황소의 눈"에서 "안드로메다의 띠Girdle of Andromeda"까지)을 그 경로에 따라 정확한 위치를 찾아내어 두고, 오른쪽 지면에는 연중 태양의 각도를 기록한다(어린 시절 뉴턴은 해시계에 사로잡혔다). 그가 작업하는 데 사용한 재료를 감안하면 놀랍도록 분명하고 정확한 이 깨알 같은 숫자들은 뉴턴의 현존하는 최초의 과학적 기록들이다.

그는 하늘을 그리 오래 응시하지 않는다. 몇 페이지 뒤로 가면 우리는 다시 ("공기가 들어갈 틈이 없도록 완전히 잠길" 만큼의 버터와 지방에 고기를 푹 담가놓음으로써) 구운 고기를 보존하는 법, 그리고 놀랍게도 말똥을 에일 맥주에 담가서 만든 액체와 섞은 아이비 베리 즙(다만 살짝 독성이 있다)으로 제조하는 흑사병 치료제로 돌아가게 된다.

이 희한한 혼합 약물이 나온 직후 뉴턴은 케임브리지에 도착하여 수학을 공부하기 시작한다. 여기에서 우리는 그의 기록에 등장하는 수많은 기하 도표 가운데 첫 번째 것을, 그리고 "직선 삼각형의 분할에 관한" 일련의 대수 방정식 가운데 첫 번째 것을 발견하게 된다. 그러나 어쩌면 가장 직접적인 구절은 이 노트의 마지막 다섯 쪽에 있는지도 모른다. 바로 뉴턴이 발화 현상을 과학적으로 분석해놓은 부분이다. 우리가 입속의 어디에서 어떻게 자음과 모음을 만들어내는지 설명하면서 그는 "목이 가늘고 속이 아주 깊은 큰 포도주병에 맥주나 물을 계속해서 채우면 w, u, ω, o, a, e, i, y 순서대로 모음이 들리는 소리가 난다"라고 언급한 다음, 각 모음 별로 운을 맞춘 단어들을 모아놓는다.

이 대목에서 그는 우리에게 목소리를 들려준다. 즉, 한 지면에 내용이 똑같은 짧은 편지글이 두 번 적혀 있는데, 한 번은 지극히 평범하게, 다른 한 번은 그가 음성기호로 사용한 영어, 그리스어, 히브루 문자들이 독특하게 뒤섞인 채 쓰여 있다. 잉크의 비중을 보건대, 뉴턴이 이 두 번째 버전에 신경 써야 했음을 알 수 있다. 직접 소리를 내면서 한 단어 한 단어 천천히 써나간 것이다.

Loving ffreind,

It is commonly reported that you are sick. Truly I am sorry for that. But I am much more sorry that you got your sickness (for that they say too) by drinking too much. I ernestly desire you first to repent of your haveing beene drunk & then to seeke to recover your health. And if it pleas God that you ever bee well againe then have a care to live heathfully & soberly for time to come. This will bee very well pleasing to all your freinds & especiallly to

Your very loving friend

친애하는 벗에게,

자네가 아프다는 소문이 자자하네. 그 소식을 들으니 진심으로 마음이 안 좋다네. 그런데 내가 그보다 훨씬 더 딱하게 여기는 것은 자네가 (역시나 사람들 말로는) 술을 너무 많이 마신 탓에 병을 얻었다는 걸세. 자네가 우선은 술 마신 일부터 뉘우치고 나서 건강을 회복하려고 노력하길 간절히 바라네. 그리고 하느님의 뜻으로 혹시라도 완쾌한다면, 앞으로는 건강하게 술기운 없이 맨 정신으로 살아가도록 신경 쓰게. 그러면 자네의 모든 친구들이 아주 흡족해할 테니.

특히 자네를 친애해 마지않는 벗으로부터.

이 부분을 낭독하면서 뉴턴의 모음이 굴러가는 소리를 즐겨보라.

Luvin ffrend

It iz komonloy ripωωrted ðat yw ar sik. Triuli Oy am sori for ðat. But Oy am mutѡ mωωr sori ðat yw got {yur} siknes (for that ðee see tu) boy driȝkin tu mutѡ. Oy ernestloy dizoir yw furst tω ripent of yur heviȝ byn druȝk and ðen tω syk tω rikover yur helө. And if it plijz God that yw iver by well egeen ðen heev ee kaar tω liv helөfuli & sωωberli for toim tω kum. ðis wil by veri wel pliiziȝ tω ool yur frendz & ispeѡali tω

Your veri luviȝ frend

400년이라는 시간을 사이에 두고 있지만 'I'를 'oy'로, -ly를 'loy'로, time을 'toim'으로, desire를 'dizoir'로 표현한 뉴턴의 특정한 해석이 가미된 번역 그리고 'more'/mωωr와 'again'/egeen에서 나타나는 갑절이나 긴 그의 모음은 발화자를 확실히 잉글랜드의 이스트미들랜즈 East Midlands로 데려다 놓는다.

전체적으로 볼 때 모건 노트는 호감을 불러일으키는 광범위한 호기심을 발산한다. 뉴턴은 분명 이 세계, 특히 숫자가 작동하는 방식에 매료되어 있다. 그래서인지 먼 장래의 부활절 날짜, 항해사가 배를 몰아야 하는 방향의 계산을 즐긴다. 이 두 가지는 모두 250년 전 로도스의 미카엘이 만든 노트를 연상시키면서도 그와 대조를 이룬다. 미카엘의 노트는 몇 안 되는 똑같은 수학적 틀이 수백 쪽에 걸쳐 반복되었다. 뉴턴은 일단 하나의 원리를 완전히 익혔다면 다음 발견으로 넘어간다는 점이 달랐다. 끊임없이 직접 문제를 출제하고는 놀라운 조숙함을 발휘하여 풀어내는 식이었다.

이 초기 노트가 뉴턴의 장래의 지력 발달을 암시한다고 한다면, 그가 케임브리지대학교 1학년 말에 쓰기 시작한 노트는 우리가 그의 불행 그리고 유명한 그의 불같은 성격을 파악하는 데 도움이 된다. 현재 피츠윌리엄칼리지Fitzwilliam College에 있는 또 다른 초소형 포켓 노트의 시작 부분에 그는 자신이 저지른 각종 죄와 잘못의 목록을 하나도 빠트리지 않고 적어두었는데, 사람들의 호기심 어린 눈을 피하고자 셸턴Shelton 속기법으로 작성했다. 얼추 같은 시기에 피프스도 일기에 사용한 기법이었다. 아래는 그중에서 간추린 내용이다.

2. 당신의 집에서 사과를 먹은 것

8. 일요일 밤에 파이를 만든 것

9. 당신의 날에 킴넬kimnel(큰 물통)에서 헤엄친 것

10. 당신의 날에 골리려고 존 키스의 모자에 핀을 넣은 것

16. 부정한 생각을 하고 말을 하고 행동을 하고 꿈을 꾼 것

17. 에두어드 스토러의 체리 빵을 훔친 것

18. 내가 그런 짓을 저질렀음을 부정한 것

25. 어머니의 자두와 설탕 상자를 도둑질한 것

46. 반 크라운 동전으로 사기 치려고 한 것

51. 내 것을 아끼려고 윌포즈의 수건을 쓴 것

54. 이에 대해서 거짓말한 것

57. 토요일 밤 12시 정각에 물 감시하는 페릿을 도와준 것

우리는 열아홉 살 뉴턴이 자책하는 방식, 그리고 우리가 보기에는 무해하지만 그는 죄가 된다고 여기는 행동들의 부조화한 모음을 쉽사리 조롱해서는 안 된다. 그는 과학적 탐구를 이끌어가는 데 사용한 것과 동일한 목록 작성 기법을 활용하여 털끝만큼의 용인도 허락하지 않는 사건기록부를 제시한다. 이 목록은 특히나 오늘날 심리학자들이 말하는 불안과 강박장애와 관련된 "부정적 자기대화negative self-talk"의 완벽한 전형이다. 이러한 자기 파괴적인 자아상은 뉴턴이 관계 유지를 못하는 것, 비판에 대해 성난 반응을 보이는 것, 수십 년 동안 원한을 품은 것과 맞아떨어진다. 그 어떤 일에도 자신을 용서하지 못했던 그는 다른 누군가를 용서하는 것이 불가능했다.

그 같은 목록, 그리고 가난 때문에 그보다 사회적으로 나은 지위에 있는 사람들의 식사시중을 들 수밖에 없었던 처지를 고려하면, 뉴턴이 케임브리지에서 보낸 이 시절을 즐겼을 것 같지는 않다. 그러나 지적인 관점에서 보면, 자기 시간을 최대한 활용한 것이 분명했다. 현존하는 노트와 대학 기록은 그가 본인이 설정한 도전과제를 추구하기 위해 기존의 교육과정은 모조리 거부했음을 보여준다. 수학의 경우 (레오나르도나 파치올리와 달리) 유치할 정도로 단순하다고 여긴 유클리드 기하학을 빠르게 지나간 다음, 그보다 도전적인 데카르트의 저작을 열심히 파고들어 연마했다. 그와 동시에 광학,

눈의 메커니즘, 렌즈의 물성을 탐구하기 시작했다. 1663년 케임브리지 바로 외곽에서 열린 스투어브리지Stourbridge 박람회에서 그는 천문학 논문 한 편과 프리즘 한 쌍을 직접 구입했다. 잘 알려진 대로, 뉴턴은 나중에 이 프리즘을 가지고 백색 일광이 여러 색깔의 빛으로 구성된다는 사실을 실증하게 된다.

1664년 2월 고향집을 방문했을 때 그는 바너버스 스미스의 비망록을 서가에서 끄집어냈다. 그리고 재사용된 성서가 많이 들어 있기는 해도 유용하게 잘 쓸 수 있겠다고 판단했다. 조야하게 제본된 표지에 권리 설정 일자를 기입하고, 그 벽돌책에 폐기 장부Waste Book[74]라는 제목을 붙이면서 아마 틀림없이 모종의 만족감을 느꼈을 것이다. 경멸의 뜻은 전혀 없었다. 부기 담당자들, 즉 그 시절에 글을 쓰는 모든 사람에게 "폐기 장부"는 그때그때 봐가면서 제일 처음 대충 메모하는 공간이었다. 추후 필요한 내용을 발췌하여 정식 원장에 옮겨 적는 식이었다. 이는 뉴턴의 의도와 관련하여 두 가지 사실을 알려준다. 다시 말해 그가 이 노트를 문제 해결에 도움을 주는 도구로 간주했다는 것, 그리고 이곳에 뭘 적든지 간에 다른 사람들이 읽게 될 경우 편집을 거쳐 보다 깔끔한 그릇에 옮겨 담아야 하리라는 것을 잘 알고 있었다는 것이다. 그는 자신의 생각을 따라갈 수 있는 케임브리지의 몇 안 되는 동시대인들보다 더 폭넓은 독자층을 찾겠다고 이미 작정한 터였다.

뉴턴이 노트를 쓰기 시작한 지 얼마 지나지 않아 아마도 암스테르담에서 발생했을 흑사병이 도래했다. 1665년 여름, 런던에서 매일 수백 명이 죽어

---

74   원래는 회계장부 중 거래일지를 말한다. (옮긴이 주)

나가면서 케임브리지도 텅 비게 되었다. 대다수 학생들에게 이는 학업 중단을 의미했다. 그러나 뉴턴은 결코 그럴 일이 없었다. 링컨셔에 상주하는 동안 비참한 유년기를 보낸 두 석조주택 사이에서 시간을 쪼개 쓰며 그 '폐기장부'에 파묻혔다.

바너버스 스미스와 달리 뉴턴은 금세 페이지를 잇달아 채워나갔다. 원, 타원, 포물선, 곡선으로 이루어진 도해들이 그것을 가로지르는 접선, 현, 축과 함께 스미스가 줄을 그어 만들어놓은 여백에 들어앉아 있다. 긴 연산이 일련의 수학 기호들로 지면을 가로지르며 지나가고, 뉴턴의 또박또박한 글씨는 그가 제시하는 것의 논리를 자세히 설명해준다. 빈번하게 등장하는 줄을 그어 삭제한 표시, 삽입, 교정은 그의 사고과정을 보여준다. 그렇게 하고 나서는 다시 그전으로 돌아가 하던 것을 계속 이어간다. 그는 육필로 60행까지, 한 페이지당 거의 1000단어를 쓴다. 그리하여 몇 년 사이에 스미스가 30년 동안 쓴 것보다 더 많은 지면을 채웠다. 어느 평범한 성직자의 진부한 모음집으로 출발했던 그 노트는 에너지와 발명으로 흥성거리기 시작했다. 스미스는 아무런 할 말을 찾지 못했던 부분인 안티크리스투스Antichristus(적그리스도)라는 머리말이 적힌 페이지에 뉴턴은 당당히 기술적 도식을 스케치한다.

이어서 그는 몇 페이지에 걸쳐 계속해서 "중력과 부력 등에 관한 몇 가지 문제"를 배치하고는 우리 앞에서 그것을 해결해 나간다. 옆에 있는 도해는 필요한 실험 장치를 보여준다. 기타 등등 그 범위가 무한대에 가까운 풍성한 상상력이 격발한다. 아주 작은 노트에 뉴턴은 물감 제조법과 새를 술에 취하게 하는 법을 주의 깊게 기록했다. 이 노트에는 자신에게 일어나는 보편적인

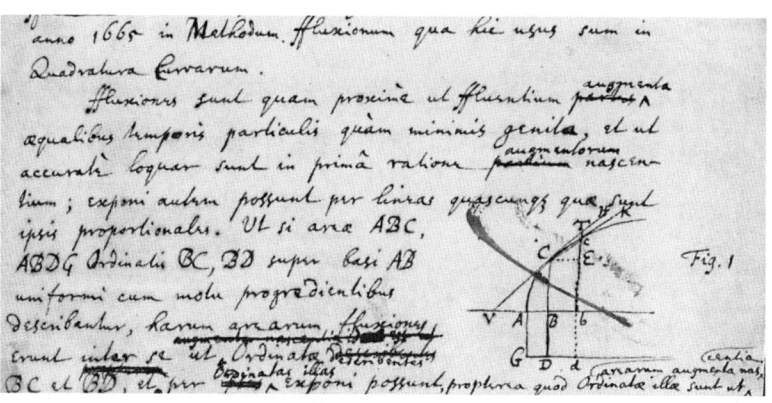

뉴턴의 노트에서 "곡선의 구적법"을 탐구하는 (라틴어로 쓰인) 페이지.
근본적으로 로그와 삼각법을 도입한 것이다.

문제, 흘러나오는 아이디어, 자신이 발견하는 해법을 확장적으로 기록했다. 그것은 살아서 숨 쉬는 듯하다. 다시 말해 역사학자들이 뉴턴의 아니 미라빌레스anni mirabiles, 즉 '기적의 해'라고 하는 시기의 물리적 구현이다. 그런데 그는 실제로 무엇을 발견했을까?

유럽은 고대그리스인들로부터 기하학, 즉 레오나르도 같은 르네상스 시대의 사상가들을 사로잡은 고정된 점, 선, 형태에 관한 수학을 물려받았다. 기하학은 로도스의 미카엘의 마음을 그토록 움직인 아랍에서 발견한 대수학으로 보완되었다. 그러나 수학자들은 움직임 앞에서는 여전히 속수무책이었다. 다시 말해 공의 비행이나 달의 궤도, 떨어지는 물체의 가속도를 객관적인 수치로 계산하지 못했다. 이는 뉴턴이 스스로 설정한 도전과제였다. 바로 오늘날 우리가 미적분학으로 알고 있는 유율fluxions이라는 수학이다.

수학사학자들은 '폐기 장부'의 이 지면들을 뉴턴의 사고과정을 재현하는 데 활용해왔다. 이 시기에 관한 전문가인 케임브리지대학교의 스콧 맨들브로트Scott Mandelbrote는 "이것은 뉴턴 수학의 기원이고, 따라서 뉴턴의 아주 중요한 사상 가운데 대다수가 담긴 원본 필사본이다"라고 관찰한 바를 토대로 말한다. 일례로, 뉴턴은 이 노트에서 고대그리스인들은 이해불가였던 운동과 관련한 문제들을 미분이 어떻게 풀 수 있는지 실증적으로 보여준다. 미적분학은 현대의 이론물리학에서 아주 결정적이다. 그뿐만이 아니다. 경제학, 공학, 보건의료, 공기역학, 전자공학도 하나같이 뉴턴의 유율법에 기대고 있다.

'폐기 장부'에서 이루어진 계산들은 뉴턴의 저서 《프린키피아Principia》의 토대가 되었다. 이 기념비적인 저작 덕분에 그는 세계적인 유명인사가 되었고, 과학사의 위대한 인물 중 한 명으로 입지를 굳힐 수 있었다. 그러니 뉴턴의 폐기 장부는 현대세계를 가능하게 만든 연산을(홀로) 발명해낸 고립된 천재의 물리적 구현이다.

물론, 이게 다 맞는 말은 아니지만 말이다.

링컨셔 시골에 틀어박혀 지낸 지 여러 해가 지나고 나서 뉴턴은 만유인력의 발견에 대한 목가적인 배경으로 그곳을 그렸다. 그는 땅으로 떨어지는 사과 한 알을 보고 기저에 깔린 근원적인 수학적 규칙을 따르는 편재하는 보이지 않는 힘에 의해 사과와 지구가 서로를 향해 이끌린다는 깨달음을 얻게 되었다고 주장했다. 그 후로 수백 년 동안 이 이야기는 전 세계의 교실에서 이 주제를 소개하는 데 사용되었다. 딱 한 가지 문제가 존재한다. "그 필사본들은 이 이야기를 뒷받침하지 않는다"라고 밀라노대학교의 니콜로 구이차르디니Niccolò Guicciardini는 말한다. "뉴턴이 했던 중력에 관한 착상(그의 수학도 마찬가지다)은 뉴턴이 훨씬 나중에 《프린키피아》에서 발전시킨 만유인력에 관한 원숙한 이론과는 매우 달랐기 때문이다."

다시 말해 사과 이야기는 의도적인, 그것도 한둘이 아니었던 신화 구축 활동에 속했다. '폐기 장부'를 면밀히 검토해보면 뉴턴의 고독한 천재성이라는 신화, 즉 뉴턴이 세계적으로 유명해졌을 때 몸소 퍼트린 신화 가운데 여럿이 거짓임이 드러난다.

뉴턴은 '폐기 장부'의 작성을 그만두는 법이 없었다. 노트가 떨어져 나가기 시작할 때까지 몇 번이고 거듭해서 그 운용방식으로 되돌아갔다. 그의 목적은 예전의 생각을 바로잡거나 정제하는 것일 때도 있었지만, 대개는 정돈된 질서를 부여하고, 자신의 관점에서 본인의 천재성을 보여주는 방식을 개선하기 위해서였다. 뉴턴은 최초의 발견 이후 몇 해가 지나는 사이 자기 말고도 누군가가 있다는 사실을 알게 되었다. 독일의 수학자 고트프리트 빌헬름 라이프니츠Gottfried Wilhelm Leibniz는 상당히 독자적으로 이미 동일한 영역에서 깜짝 놀랄 만한 고유한 진전을 이룬 상태였다. 책을 출간하고 자기 힘으로 그 영역을 장악하게 된 때가 왔을 때 뉴턴은 혼자서 미적분학을 발명했음을 입증하기 위해 '폐기 장부'의 해당 페이지를 복사해서 공유했다. 다만 맨들브로트에 따르면, 뉴턴은 그 부분을 공유하기 전 "젊은 시절에 그가 여전히 수학적 전통에 따라 생각하고 있었음이 드러나 있는 구절을 삭제하는" 식으로 본문을 수정했다고 한다.

그에게 영향을 미친 사람들 중에서 으뜸은 1650년에 세상을 떠난 르네 데카르트René Descartes, 그리고 보다 폭넓은 독자들을 위해 데카르트의 불가해한 《기하학Géométrie》을 이해해서 풀어낸 프란시스쿠스 판 스호턴Franciscus van Schooten이었다. 즉, "다수의 2절판 지면에서 뉴턴이 데카르트 해설자들의 견해를 받아들이고 현재 우리가 미적분학이라고 하는 것이 어떤 식으로 작동할지에 대한 그들의 통찰을 발전시키는 것을 볼 수 있다"라고 맨들브로트는 말한다. '폐기 장부' 117쪽(스미스가 암비티오Ambitio[야망]와 암불라레Ambulare[걷다]에 할당한 페이지 사이에 자리한다)은 좋은 사례가 된다. 뉴턴은 자신의 아이디어가 다른 수학자들과 나눈 대화에서 발전했다고 사람들이 생각하지 않기를 바랐다. 그래서 나중에 "1690년대에 생활화된 미적분학이 그보다 앞서 30년 전에 마치 그의 머릿속에서 별안간 불쑥 떠오른 것처럼 보이게 만들려고, 숨기려야 숨길 수 없는 그런 참조대상들에 대한 언급 없이" 그 텍스트를 내놓았다. 심지어 막힘없는 약진의 서사를 만들어내기 위해 되돌아가서 위조된 날짜를 덧붙이기까지 한 듯하다.

이 부분에서 '폐기 장부'는 피츠윌리엄 노트의 죄목처럼 뉴턴의 불안감을 드러낸다. 그는 누구든 다른 인간의 지력이 자신의 지력과 맞먹을 수 있다는 생각을 그저 용납할 수가 없었다. 라이프니츠는 뉴턴과 사이가 틀어지거나 반목하거나 관계가 단절된 많은 위대한 인물 가운데 한 명일 뿐이었다. 그러다 보니 뉴턴의 폐기 장부는 그가 겪은 논란과 분쟁에서 증거물이 되었다. 300년 전 이탈리아의 법정사건에서 상인들의 원장이 증거물이 되었듯 말이다.

긴 인생(뉴턴은 1727년 84세의 나이로 죽었다)의 막바지에 그는 방대한 기록물과 노트를 남겨 장차 전기 작가들이 그의 인생행로와 연구의 진척 과정을 되살리는 데 쓰게 되는 재료를 풍성하게 제공했다. 그는 수학, 광학, 물리학에서 연금술로 나아갔고, 말년에는 신학에 이르렀다. 저서들을 떠나 유능한 조폐국장으로서 가치가 떨어진 영국 화폐를 개혁했고, 하원의원으로도 (그보다는 덜 적극적으로) 일했다. 뉴턴은 이 과정에서 가까운 애착관계를 거의 형성하지 못했고 한 번도 결혼하지 않았다. 남편감으로는 빵점이었을 것이다. 정식으로 일기를 쓴 적은 없지만, 그의 노트와 편지에는 지칠 줄 모르는 쌈닭 기질을 지닌 까다로운 성격이 드러나 있기 때문이다.

장편 서사시급인 폐기 장부의 지면 중 바너버스 스미스 목사가 작성한 부분에서는 독자적인 생각의 증거가 어디에도 보이지 않는다. 나중에 동일한 지면(그리고 모건 노트와 피츠윌리엄 노트의 지면)을 종횡무진 뛰어다닌 그 지성인이 부여한 대비는 그보다 더 대단할 수 없었다. 뉴턴은 그저 각종 참고자료와 사실을 수집하기만 한 것이 아니었다. 그것들에 관여했고, 그것들을 시험해보았으며, 그것들을 의외의 방향으로 도약하는 데 활용했다. 뉴턴의 폐기 장부는 그의 기억만이 아니라 정신의 확장이었다. 그런데 그보다 작은 노트들도 비슷한 이야기를 들려준다. 아직 십대였을 때 뉴턴은 가장 작고 가장 값싼(빵 한 덩어리 가격에 불과한) 노트조차 온갖 종류의 아이디어를 보관하는 저장소 역할을 할 수 있음을 알게 되었다. 아이디어를 병치함으로써 연결이 분명해지도록 하고, 데이터를 유의미해질 만할 때까지 보유하며, 각종 계산과 관찰내용을 질적 저하 없이 보존하는 것이다. 항상 그곳에 있는, 게다가 한없이 다재다능한 그것은 뉴턴이 색채, 광학, 의학, 항해, 음성학, 언어, 물리법칙 그리고 자기 영혼의 고통에 대해 연구할 채비를 갖추게 해줄 터였다.

16장 | 두 노트 이야기

푸케와 콜베르, 1661~1680년 파리

1661년 8월의 어느 후텁지근한 밤에 루이 14세의 재무총관 니콜라 푸케Nicolas Fouquet는 그때껏 세상에서 가장 호화로운 집들이 파티로 꼽히는 연회를 열었다. 옅은 색 모발에 번지르르한 용모를 지닌 부유하고 매력적인 푸케는 프랑스 궁정에서 제일가는 부자로, 여러 예술가와 극작가의 교양 있는 후원자이자 수많은 궁정 여인들의 연인이었다. 그날의 연회는 으리으리한 새 집, 즉 파리에서 남동쪽으로 50킬로미터 거리에 있는 보르비콩트 성Château de Vaux-le-Vicomte의 완공을 기념하는 자리였다.

깊은 인상을 남기고 싶다는 바람에서 푸케는 비용을 아끼지 않았고, 중요한 인사들을 모두 초대했다. 누구의 설명을 믿느냐에 따라 다를 텐데, 초청자 명단에 올라간 이름의 숫자는 600개 내지 6000개에 달했다. 가장 유명한 인물은 젊은 국왕인 루이 14세였다. 폭포처럼 쏟아져 내리는 짙은 색 곱슬머리에 훤칠하고 우아한 루이 14세는 사랑하는 어머니인 오스트리아의 안네Anne of Austria와 동행했다. 그런데 잘 알려진 세 얼굴은 보이지 않았다. 루이의 젊은 아내(이자 사촌) 마리테레즈Marie-Thérèse 왕비는 첫 아이를 임신한 지 6개월 차에 접어든 탓에 그날 밤 행사에 참석하는 것이 무리라고 판단했다. 그 덕분에 동석자들은 새 정부情婦 루이즈 드 라 발리에르Louise de la Vallière

에게 푹 빠져 사랑의 열병을 앓고 있는 왕 때문에 분위기가 어색해지는 곤란한 상황을 겪지 않아도 되었다. 불과 며칠 전에 열일곱 살이 된 루이즈가 실제로 그날 파티에 참석한 것이다. 이처럼 여봐란 듯한 불륜 행각은 두 번째 저명한 불참자인 마자랭 추기경Cardinal Mazarin이 눈살을 찌푸리게 만들었을 것이다. 술수에 능한 동시에 양심적이었던 마자랭 추기경은 루이의 어린 시절 내내 프랑스를 통치했고, 몸소 국왕을 교육했으며, 스페인에서 온 신부에게 신의를 지키라고 간청했다. 그러나 마자랭 추기경은 그해 봄에 세상을 떠났기에, 루이는 낭만적 충동에 완전히 몸을 내맡길 수 있었다. 세 번째로 불참한 유명인사는 국왕의 전쟁대신 장바티스트 콜베르였다. 그는 푸케의 친구가 아니었다. 일중독에 태도가 냉담한 평민으로, 아마도 파티를 그다지 즐기지 않는 사람이었을 것이다.

왕비와 추기경, 대신이 부재한 상태에서 손님들은 향락적 충동을 좇았다. 행사의 문을 연 것은 복권 추첨, 그리고 각종 달달한 음식과 짭짤한 음식, 구운 고기, 라구, 프티푸르petit-four[75], 소르베, 사냥한 고기로 차려진 엄청난 뷔페였다. 푸케의 메트르 도텔maître d'hôtel[76] 프랑수아 바텔François Vatel이 하인 부대가 식탁을 다시 채우는 동안 그들을 지휘했다. 잔뜩 배가 부른 채 한껏 기세가 오른 참석자들은 이윽고 등불을 밝힌 채 진행된 몰리에르Molière의 희극 〈귀찮은 사람들Les Fâcheux〉의 초연을 즐기기 위해 무리지어 밖으로 나

---

75 한입에 먹을 수 있는 작은 과자류. (옮긴이 주)
76 프랑스 귀족 집안의 집사장. 오늘날에는 호텔이나 식당의 수석 웨이터를 지칭하기도 한다. (옮긴이 주)

갔다. 막간 휴식시간에는 분장한 인물들이 주목** 뒤편에서 나타나 여성들에게 보석을 나눠주었다. 그리고 연극이 끝나자 성의 돔 지붕에서 불꽃을 쏘아 올려 화려한 장관을 연출했고, 음악가들이 연주를 시작했으며, 더욱 귀한 장신구들이 배포되었다.

이날 밤은 푸케가 왕의 제일가는 신하임을 확인시켜주는 증거였다. 그는 사교계의 최고 명사들이 조경해놓은 경내를 여유롭게 거니는 모습을 매우 흡족해하면서 지켜보았고, 요리로 그들과 함께 기쁨을 나누었으며, 자신의 통 큰 인심에 경탄하는 그들을 보며 전율을 느꼈다. 넋이 나간 듯한 손님들의 미소를 보니 막대한 돈을 쓴 보람이 있었다. 사람들이 방방마다 뛰어 다니면서 가구에 부딪히고, 포도주를 엎지르고, 눈치를 살피면서 토악질을 해도 그는 아무렇지 않았다. 진짜 중요한 것은 훼손될 일이 없을 터였다. 그의 가장 귀한 소유물은 안전하게 시야에서 벗어나 있었다. 그것은 보석도, 그림도, 가구도 아니었다. 오히려 보잘것없는 것이었다. 다름 아닌, 메모와 편지로 가득한 큼지막한 검정색 스크랩북 두 권이었다.

2주 뒤 그것들이 그를 파멸시킬 터였다.

살결이 까무잡잡한 전쟁대신이 화려한 매력이 넘치는 재무총관을 곧바로 대체하게 되는 푸케의 몰락(그리고 콜베르의 부상)에 관한 이야기는 권력과 정보기술의 관계, 즉 오늘날만큼이나 강력했던 17세기의 그 관계를 완벽히 극적으로 보여준다.

멍청이들에게 둘러싸인 어느 영웅에 관한 몰리에르의 연극을 즐겁게 보기는 했지만, 푸케의 연회장을 나설 때 루이 14세는 속이 부글거렸다. 대부분의 손님은 파티 주최자의 후한 인심을 고맙게 여긴 반면, 왕은 그 안에 숨은 의미만을 자꾸 곱씹게 되었다. 그러니까, 이제 프랑스 사람들은 푸케가 본인보다 훨씬 부자라고 확신하게 되었다는 것이다. 자존심이 센 젊은 남성이 참아내기는 힘든 일이었다. 파티에 빠졌던 전쟁대신 콜베르는 그 후로 이어진 며칠 사이에 그의 분한 마음을 기민하게 이용하여 딱히 대답을 기대하지 않는 수사적인 질문을 던졌다. 국왕폐하는 본인의 침실에서 쓸 벽난로용 철물 연장조차 새로 장만할 형편이 안 되는데, 푸케는 어떻게 그토록 많은 돈을 쓸 수 있었는가?

며칠 뒤 푸케와 콜베르를 비롯한 궁정 인사들이 마차와 바지선을 타고 낭트Nantes로 가게 되었다. 그런데 바로 그곳에서 푸케는 머스킷 총으로 무장한 루이 14세의 상급 총사 중 한 명인 샤를 다르타냥Charles d'Artagnan에 의해 체포되었다. 그사이 다르타냥의 부하들은 파리로 가는 길을 막고서 모든 전령을 가로챘다. 콜베르의 계획은 비밀 유지와 속도에 성패가 달려 있었다. 다시 말해 푸케에게는 베일에 싸인 정보원들이 있어서 언제나 그가 알아야 하는 것보다 더 많은 것을 알았기에 비밀 유지가 필요했고, 푸케가 유죄를 입증할 만한 어떤 증거든 인멸하는 것을 방지하고 지원세력을 동원할 수 없도록 막으려면 속도가 중요했다. 협력자들이 그의 기록물에 접근하지 못하도록 파리 교외의 생망데Saint-Mandé에 있는 푸케의 저택 주변도로를 지키라는 명령이 하달되었다. 낭트에서 부리나케 달려온 콜베르와 소속 관리들은 푸케의 저택을 샅샅이 뒤졌다. 2주가 흐른 뒤 그들이 찾고 있던 것이 어느 장롱 뒤에 쑤셔 박힌 채로 발견되었다. 바로 그들이 존재하리라고 추정은 했으나 그때껏 한 번도 본 적은 없었던 검정색 노트 두 권이었다.

콜베르는 유죄를 입증하는 증거가 나오기를 바라기는 했으나, 그것이 이렇게나 손쉽게 제시되리라고는 상상하지 못했다. 합쳐서 훗날 카세트cassette[77]라고 불리게 된 이 두 권의 노트 안에는 결정적 증거smoking gun가 어찌나 많은지 프랑스 궁정 전체가 화약 연기로 자욱해진 듯 보일 지경이었다. 콜베르는 노트의 도입부에서 푸케가 정치적 지지와 동맹에 따라 범주화한 긴 명부를 발견했다. 그러나 문제의 핵심은 푸케가 정성 들여 풀로 붙여놓은 수백 통의 편지였다. 온갖 종류, 즉 성적, 재정적, 반역적 부패를 증언하는 편지들.

돈 많고 잘생기고 매력적이며, 두 배우자와 사별한 푸케는 궁정 여인들을 부지런히 쫓아다니면서 숱하게 불륜관계를 맺기 시작했고, 자신에게 정보를 제공해줄 여성들은 그보다 훨씬 더 많이 구했다. 이런 식의 통정 관계나 그에 수반된 복잡하게 얽힌 의무들이 카세트의 지면에 고스란히 보존되어 있었다. 한 편지에서는 익명의 여성이 자신의 고분고분함에 대한 가격을 제시했다.

> 저는 죄라면 질색이에요. 그런데 가난은 더 질색이랍니다. 이미 제게 1만 에퀴[écu]를 보내주셨지만, 며칠 안에 1만 에퀴를 더 주신다면, 제가 뭘 할 수 있을지 알아볼게요.

또 다른 편지에서는 가격이 더 적당한 농탕질에 대한 정보를 받았다.

---

77 프랑스어로 '왕이나 영주의 개인 금고나 재산, 작은 보석상자, 카세트테이프 또는 녹음기'를 뜻한다. (옮긴이 주)

가격이 30피스톨pistole을 넘지 않을 아이를 찾았습니다. 만약 입맛에 맞으신다면 그보다 훨씬 비싼 수많은 아이들 못지않게 기쁨을 드릴 겁니다.[78]

대다수 편지는 익명이나 가명이었기에, 내용이 알려지자 열성적인 추측의 분위기가 조성되었다. 마담 라 푸아Madame La Foy가 보낸 일련의 편지도 있었는데, 그는 모후의 시녀인 아름다운 마드무아젤 드 멘느빌Mademoiselle de Menneville과 푸케 사이에서 서신과 소포를 전달했다. 드 멘느빌은 주체할 수 없는 채무 탓에 결혼을 못하게 된 처지였다. 라 푸아는 빚을 청산하기에 충분한 현금을 넘겨주었다. 푸케의 의도는 분명했다. 그 불운한 여인이 일단 결혼하면, 새로 맞은 남편을 바람 난 아내를 둔 남자로 만듦으로써 자신에게 보답하리라는 것이었다. 이 행복한 부부에게는 다행스럽게도 푸케의 음모는 결실을 맺지 못하게 되었다. 다만 드 멘느빌이라는 이름은 그와의 관련성 때문에 흠이 갔고, 라 푸아라는 이름은 자기 이익만 챙기면서 그 계획을 즐긴 탓에 더럽혀진 상태로 남고 말았다.

푸케는 분명 이 연서들을 모아둠으로써 얼마간 강한 성적 쾌감을 얻었을 것이다. 그러나 이는 그가 기록물을 아주 깔끔하게 수집한 한 가지 이유에 불과했다. 콜베르와 그의 부하들은 카세트를 검토하는 과정에서 노름빚부

---

[78] 이 발췌문들을 보면 짐작할 수 있듯 프랑스 화폐는 뒤죽박죽인 상태였다. 1에퀴는 6리브르 정도, 1피스톨은 대략 12리브르의 가치였다. 육체노동자는 품삯으로 1주일에 3리브르를 받았을 텐데, 푸케는 유명 화가인 르 브룅에게 한 달에 1000리브르를 지급했다. 즉, 두 번째 편지에 나오는 더 값싼 창녀와 함께 사흘 밤을 보낼 돈으로 그를 고용한 셈이다.

터 복잡한 투자계획까지 짙은 안개처럼 혼탁한 각종 금융거래를 발견했다. 궁정의 모든 사람이 카드게임이나 룰렛의 초기 형태인 오카Hocca에 믿기 어려울 정도로 엄청난 액수의 돈을 걸었다. 푸케는 속임수를 썼거나 아니면 카드게임에 소질이 다분했던지 그 판들에서 꾸준히 이겼다. 그는 보석, 고급 레이스, 시골의 땅을 손쉽게 차지하고는 발을 뺐다. 그러나 무엇보다도 한 번에 수만 리브르의 현금을 땄다. 그로 인해 결국 그에게 저당 잡히고 만 궁정 신하들이 수두룩했고, 이들의 빚은 카세트에 꼼꼼히 기록되었다. 푸케는 금융 쪽 연줄을 활용하여 자기네 사람들에게 투자 기회를 제공하기도 했는데, 그렇게 해서 사람들을 빚과 불가능한 의무의 덫으로 끌어들이기 일쑤였다. 그런 식으로 덫에 걸린 사람 중 한 명이 바로 위그 드 리온Hugues de Lionne이었다. 그는 프랑스 국왕과 스페인 왕녀의 혼인을 중개한 외교관이었다. 푸케는 본인이 좀체 이해할 수 없는 재정적 합의에서 풀어달라고 한 드 리온의 간곡한 청을 카세트에 깔끔하게 모아놓았다. 푸케에게 시달렸던 이 귀족은 아들을 푸케의 사위로 주기로 하면서, 굴욕적이게도 드 리온의 빚을 탕감해주되 푸케의 재량에 따라 자칫 종결될 수도 있다는 혼인계약서에 동의하기까지 했다.

이 같은 교묘한 술수는 궁정 사람들 개개인에만 국한되지 않았다. 푸케가 지위를 이용하여 조직적으로 왕정을 사취하고 있었음이 드러났다. 그는 나라의 세수는 축소하고 지출은 부풀리는 식으로 왕에게 프랑스의 회계 정보를 사실과 다르게 전달했다. 즉, 그가 제시한 수치와 실제 간에 발생한 엄청난 차액이 그동안 보르비콩트의 연못과 그림, 수많은 오렌지나무로 들어갔던 것이다. 푸케는 나라에 돈을 빌려주는 은행가들로부터 은밀하게 막대한

스스로 쓴 노트 때문에 자승자박의 길로 가기 전의 니콜라 푸케.
샤를 르 브룅Charles le Brun이 그렸다. 푸케는 17세기 프랑스의 최고 부자였다.

수수료를 챙겼고, 아주 구시대적인 방식으로 국가의 관세, 조세, 부담금을 거두는 징세청부인들tax farmers에게 뇌물을 요구했다.

이러한 부패는 국가 공무원들에게까지 확대되었다. 수많은 사례 가운데 딱 하나만 들자면, 푸케가 프랑스 우정국장 무슈 드 누보Monsieur de Nouveau를 매수하여 경쟁자들의 편지를 가로채게 한 사실이 카세트를 통해 확인되었다. 다시 말해 그간 콜베르의 수사를 오랫동안 방해했던 정보누설이 설명되고, 콜베르의 푸케 체포계획을 은폐한 강도 높은 비밀 유지가 정당화되는 대목이다. 드 누보는 심지어 루이 14세와 콜베르의 내알현까지 보고했다. 독대를 마치고 어전에서 물러난 지 불과 몇 분 뒤 그의 물주에게 쪽지를 보낸 것이다. 무엇보다도 가장 충격적인 것은 모후가 고해실에서 오직 자신의 사제에게만 특별히 말한 내밀한 행위들, 그리고 푸케가 혹여나 자신이 축출될 경우에 개시할 작정이었던 내전에 대한 계획이 카세트를 통해 폭로된 것이었다.

카세트에서 우리는 "작은 검정색 수첩"의 원형을 발견한다. 부정하기 이를 데 없는 우리의 악당들이 자신들의 음모와 모의를 기록하는. 푸케는 수많은 대리인, 채무자, 연인, 동조자로 이루어진 거미줄의 정중앙에 앉아 있는 거미와도 같았다. 8월의 그날 밤에 도를 넘지 않았다면 아마 여러 해 동안 존속시킬 수 있었을 거미줄 말이다.

푸케의 부패와 관련한 증거의 깊이와 폭, 그리고 서면으로 된 숱한 보강증거를 고려하면 놀랍게도 횡령죄와 반역죄에 대한 그의 재판은 3년이 넘도록 질질 끌었다. 감옥에서조차 그는 자신이 베푼 후한 인심을 누린 궁정 사람들의 동정에 여전히 기댈 수 있었다. 게다가 카세트가 기록한 방대한 연줄의 범위 자체가 그를 보호하기도 했다. 즉, 프랑스 귀족가문 중 절반이 연루된 듯 보였다. 그럴 만한 사유가 있었던 푸케의 지지자들은 콜베르가 푸케를 파멸시키려는 과정에서 정당한 법 절차를 등졌다고 주장했다. 그리고 판사들은 으레 하기 마련인 자신들의 독립성을 강조했다. 결국 푸케는 사형을 면했다. 대신 추방형과 재산몰수형을 선고받았다. 푸케는 짐을 싸서 알프스산맥으로 떠났다. 한편 그가 지켰던 왕의 옆자리는 그의 네메시스^{nemesis}[79] 콜베르가 차지했다.

장바티스트 콜베르와 몰락한 그의 라이벌은 더할 나위 없이 극적으로 대비되었다. 당대에 그려진 두 사람의 초상화를 보면 신체적으로 정반대의 모습으로 그려져 있다. 푸케는 연약하고 섬세한 준수한 외모로, 콜베르는 탄탄하고 살빛이 짙은 외양으로 묘사되었다. 푸케는 부유한 집안에서 태어나 두 명의 상속녀와 결혼하면서 더욱더 큰 부를 쌓았다. 반면에 부르주아 계층인 콜베르는 랭스^{Reims}의 어느 상인 집안 출신으로, 파치올리의 체계에 따라 부기 기술을 배웠고, 근면성실함과 행정 수완 덕분에 출세했다. 두 사람의 방식은 정확히 서로의 안티테제였다. 푸케는 매력을 발산하며 사람들을 현혹하여 횡령을 저질렀고, 콜베르는 열심히 피땀 흘려 일하면서 체계를 세웠다.

콜베르가 이러한 행정 능력을 도입했던 그 왕국은 상태가 엉망이었다. 아직 23세에 불과한 루이 14세는 고작 다섯 살 때 왕위에 올랐고, 여덟 살 때부터 그의 교육은 나라의 총리대신 마자랭 추기경이 도맡았다. 감탄할 만한 현실주의 철학을 지닌 실용주의자였던 마자랭 추기경은 어린 왕에게 협상하는 법, 필요시 진의를 숨기는 법을 가르쳤다. 그러나 수학이나 재무에 대해서 뭐든 가르쳐야겠다는 생각은 미처 하지 못했다. 나라의 행정은 여전히 중세에 머물러 있었다. 즉, 국고는 푸케(그리고 마자랭 본인)가 노골적으로 이득을 취하게 만든 혼란과 부패로 피폐해진 상태였다. 푸케가 빠지면서 콜베

---

[79] 이길 수 없는 강한 상대를 말한다. 응징과 복수를 뜻하기도 하는데, 그리스 사람들은 이를 신으로 섬기며 경계했다. (옮긴이 주)

르는 방법론을 중앙정부에 적용할 자유재량이 생겼다. 그것의 성패는 전적으로 서류작업에 달려 있었다.

콜베르에게 당장의 우선과제는 국가의 세수에 질서를 가져오는 것이었다. 이를 위해 그는 파치올리의 복식 부기법에 기초한 3종의 회계장부 체계를 고안했다. 첫 번째 장부는 분개장으로, 필요자금의 출처와 함께 일일 지출 내역이 기록되었다. 두 번째와 세 번째는 원장으로, 국고의 수입(자금대장)과 지출(지출대장)을 보다 상세히 기록한 것이었다. 파치올리의 체계와 마찬가지로 상호 참조 덕분에 불일치와 누락을 발견하기가 쉬웠다. 신성한 통치권에 대한 굳건한 믿음과 일하고자 하는 자발적 의욕을 겸비한 국왕은 이제 교육의 결손 부분을 보완하여 바로잡게 되었다. 매달 그는 콜베르와 함께 3가지 회계장부를 점검하면서 분개장의 계산된 잔고를 살펴본 뒤 직접 승인했다. "그처럼 명확하고 간편한 방법을 통해 국왕폐하 당신을 섬기는 영광을 누리는 자들이 신뢰할 만한 사람이 될 수밖에 없도록 만드신다"라고 콜베르는 서술했다.

왕은 매달 수치를 열심히 들여다보는 일을 즐기게 되었다. 숫자와 관련된 자신의 새로운 능력이 가져다주는 "기쁨을 맛보기" 시작했다고 모친에게 편지를 쓸 정도였다. 그런데 왕이 이 체계를 그렇게 좋아한 데는 그만한 이유가 있었다. 효과가 있었기 때문이다. 10년이 지나지 않아 콜베르는 국가의 세수를 극적인 수준으로 증대시켰다(두 배나 늘었다고 시사하는 자료도 존재한다). 한때 자기 방에 세간을 마련하는 데도 곤란을 겪었던 루이 14세는 남아 있는 긴 통치기간 동안 사치스럽게 돈을 펑펑 쓸 수 있었다.

콜베르는 어떻게 이런 기적을 이뤄냈을까? 300년 전 피렌체와 베네치아

상인들처럼 콜베르는 원장에 기반을 둔 사업 기법을 가져다가 정보 관리에 적용했다. 각각의 목적에 따라 서로 다른 노트를 사용한 것이다. 그는 공무원 수백 명을 채용하여 프랑스의 경제와 정부의 모든 측면, 즉 각 종교기관이 내야 하는 세금 규모를 결정하는 복잡한 합의망은 물론이고 농장과 작업장, 항구들을 조사했다. 그는 사안별로 명세표를 배정한 다음 각각 그 안에 들어간 데이터를 종류별로 분류했다. 명세표의 규모와 숫자가 점점 커지면서 서 서고 두 곳을 가득 채우기에 이르렀다. 공공 서고와 콜베르의 개인 서고로, 오늘날까지 현존한다. 정규직 직원 여럿이 각종 목록과 색인, 상호 참조로 이루어진 복잡한 체계를 활용하여 그 명세표들을 처리했다.

명세표는 프랑스의 도로와 운하의 상태에서 군대, 포도밭, 유리공장, 맥주공장까지 모든 것을 아울렀다. 콜베르는 충동적인 행동이라면 질색이었다. 즉, 관련된 모든 정보와 수치, 선례를 지면에 모아서 정리한 뒤에야 생각하고 결정하는 것이 그의 의사결정 방식이었다. 오늘날의 빅데이터 세계에서 더없이 편안하게 지냈을 사람이다.

왕도 이 모든 정보가 필요하기는 마찬가지였다. 그러나 원장과 명세표를 자세히 들여다볼 시간이 없었다. 매일 사냥을 다녔고, 보통 여러 명과 줄기차게 연애를 했으며, 프랑스가 전쟁 중인 경우에는(자주 그러했다) 전투에 임했고, 베르사유에 어마어마한 궁전을 짓느라 바빴다. 정보는 가장 응축된 효율적인 형태로 압축되어야 했다.

그리하여 콜베르는 왕에게 황금노트를 만들어주었다. 해마다 그는 국가 회계를 아주 작은 책자 하나로 요약했다. 그러면 이어서 니콜라 자리[Nicolas]

Jarry가 지면을 꾸미고 채색할 터였다. 고급 독피지vellum[80]에 붉은색 모로코 가죽 장정, 황금걸쇠로 제작된 그 책자들은 그때껏 만들어진 것 중 가장 아름다운 필사본이다. 작은 크기가 그 노트들의 보석 같은 자질을 드높인다. 즉, 어린 시절 뉴턴의 첫 번째 노트처럼 3×4인치(약 7×10센티미터)에 불과해 언제나 외투 주머니에 휴대할 수 있었다. 루이 14세가 언제고 지출 결정을 해야 할 때마다 최신 수치와 데이터가 쉽게 손 닿는 곳에 있었던 셈이다.

이 귀한 노트들은 재무를 다루기만 한 것이 아니었다. 1687년부터 작성되기 시작한 가장 아름다운 노트로 꼽히는데, 각종 표와 목록 따위로 구성되어 있지만 워낙 아름답고 정교하게 만들어지다 보니 가장 훌륭한 채색 필사본들과 어깨를 나란히 할 정도다. 독피지의 가장자리에는 황금 이파리가 있고, 글자는 어찌나 정교하게 그려졌는지 처음에 언뜻 보면 인쇄된 활자와 구별하기 힘든 수준이다. 그러나 이 경이로운 물건은 놀라우리만치 기능적이다. 120여 쪽의 아주 작은 지면에 프랑스 해군과 관련한 주요 사실과 수치가 모조리 정리되어 있기 때문이다. 장대한 솔리엘 루아얄Soliel Royal 호(브레스트Brest에 상주 중으로 총포 120대가 실리고 선원 450명, 장교 130명, 군인 320명이 탑승했으며, 매달 4만 612리브르의 비용이 들어갔다)에서 소박한 랭코뉘l'Inconnue 호(케르크Dunkirk에 주둔 중으로 총포 4대에 승무원은 28명에 불과한 대신, 한 달 운용비가 1708리브르로 아주 적당했다)까지 모든 선박이 상세히 기술되어 있다. 해양과 해안에 배치된 장교 명단, 프랑스의 항구나 조선소 명세도 있다. 금테가 둘러진 표에는 각 기지에 보관된 수류탄, 전투용 도끼, 대

---

80 송아지 가죽으로 만든 종이. (옮긴이 주)

	Nomb. reglé par le Roy.	Nombre effectif.	Manque.	Excedant
Du Premier Rang,	12	10	2	
Second,	26	21	5	
Troisiesme,	40	43		3
Quatriesme,	26	22	4	
Cinquiesme,	10	16		
	120	112	11	3
Fregates legeres,	20	19	1	
Galiotes à mortiers,	7	10		3
Brulots,	30	11	19	
Flutes,	26	23	3	
Barques longues,	16	10	6	
	219	185	40	6
Bastimens Interrompus		71		
TOTAL,		256		

콜베르 시대 직후에 나온 "황금노트"로 왕의 전함을 목록으로 작성해놓았다. 콜베르의 황금노트도 이와 비슷한 포켓 사이즈로 그 크기가 3×4인치였다.

포, 돛의 숫자를 합산해놓았다. 그리고 이 노트를 읽는 왕이 보급품이 이 정도로는 불충분할까 봐 우려할 경우에 대비하여 25년 전과 현재의 해군 병력을 비교해둔 페이지도 있다. 다행히 프랑스 해군은 모든 부문에서 더욱 강성해졌다. 요컨대 이 노트는 해군원수가 작전을 계획하는 데 있어서 알고 싶어 할 만한 모든 것이다. 게다가 카드 한 벌만큼이나 휴대가 간편하다.

루이 14세는 건건이 모든 일에서 콜베르를 신뢰했다. 그의 정부 라 발리에르가 낳은 자식들은 콜베르의 가정에서 양육되었고, 왕이 형제나 정부와 관계가 삐걱대면 콜베르가 중재하곤 했다. 개인적으로 그는 왕위에 오를 그날을 위해 루이 14세의 계승자인 도팽^{Dauphin}[81], 즉 프랑스 왕세자를 준비시키고자 통치술 편람을 썼고, 부친과 달리 장부 보는 법을 꼭 배우게 했다.

콜베르는 상인으로서의 뿌리를 결코 잊지 않았다. 그는 프랑스를 하나의 회사처럼 운영했다. 루이 14세를 회장으로 모시는 최고경영책임자^{CEO}처럼 말이다. 그리고 프랑스 경제를 근대화함으로써 나라의 힘을 키우기로 결심했다. 유리제조공, 조선공, 레이스 제작공들은 모두 국가의 지원을 받으면서 엄격하게 규제받았다. 콜베르는 루이 14세를 설득하여 프랑스의 사회기반 시설에 신경 쓰도록 했고, 왕의 군대에 자금을 댔으며, 귀족들이나 민중 사이에서 반발을 초래하는 일 없이 세수를 올리는 데 어렵사리 성공했다. 이 과정에서 그는 막대한 부를 축적했으나 왕보다 더 빛나는 데 그 돈을 쓰는 실수는 절대로 범하지 않았다. 그는 푸케가 체포되고 나서 22년 하고도 하루를 더 산 뒤 1683년에 세상을 떠났다. 프랑스는 여전히 변덕스러운 절대군주의 지배를 받았지만, 적어도 그 군주는 유럽 대륙에서 가장 수준 높은 정보 체계를 찾아볼 수 있었고, 대차대조표를 이해하는 능력이 있었다. 나라가 마침내 그럴 듯해졌다.[82]

---

81 프랑스어로 '돌고래'를 뜻하며, 왕조시대의 프랑스 왕세자를 지칭한다. (옮긴이 주)

82 콜베르는 자기 밑에 있던 외교공무원 앙투안 갈랑$^{Antoine\ Galland}$이 오스만제국의 이스탄불에서 발견한 어느 필사본에 적힌 글을 인정했을 것이다. 갈랑은 "Man lam yakun lahu al-daftar fi kummihi lam yuthbit al-hikma fi qalbihi(소매 안에 노트를 갖고 다니지 않는 사람은 누구든 심장에 지혜가 자리 잡도록 하지 못할 것이다)"라는 아랍 속담을 기록했다. 갈랑은 훗날 《천일야화》를 최초로 번역한 사람으로 명성을 얻는다. 그가

푸케는 알프스산맥의 피녜롤Pignerol에 있는 감방에서(같은 재소자 중에 장차 "철가면"으로 대중문화에 편입되는 수수께끼 같은 익명의 인물이 있었다) 이러한 변화를 지켜보았고, 몰락한 지 19년 만인 1680년에 눈을 감았다. 이 시기에 그는 공무에서는 아무런 역할을 못했을지라도, 문화적으로는 큰 영향력을 유지했다. 루이 14세는 푸케의 건축가, 조경사, 화가를 채가서 별 볼일 없던 수렵별장을 궁전으로 바꿔놓는 일에 착수시켰다. 결국 보르비콩트를 무색하게 만들어버릴 궁전을 완성하게 된다. 그들은 수년의 시간(그리고 콜베르가 가져다준 세입의 상당 부분)을 들여 베르사유를 개발했고, 루이 14세는 푸케의 성 내부를 채웠던 최고급품들을 무단으로 가져다가 베르사유에 비치했다.

루이 14세는 푸케보다 30년을 더 살면서 최소 17명의 자식(이중 7명은 이름이 루이Louis였고, 3명은 루이즈Louise였다)을 두었고, 78세에 죽으면서 증손자에게 왕관을 남겼다.

그런데 프랑수아 바텔은 어떻게 되었을까? 무더웠던 8월의 그날 밤, 푸케의 정점을 총괄하면서 수백 년 뒤 프랑스요리의 토대로 꼽히게 되는 메뉴를 창안한 인물 말이다. 모시던 주인이 몰락하자마자 그는 프랑스에서 알아주는 식도락가로 꼽혔던 루이 2세 드 부르봉Louis II de Bourbon에게 금세 고용되었다. 그리고 샹티이 성Château de Chantilly에서 요리 총괄 집사장으로 이름을 떨치며 영예로운 몇 해를 보냈다. 높이 평가된 바텔은 상류층으로서 검을 지

아랍, 페르시아, 튀르키예의 지혜가 담긴 토막글을 수집해놓은 많은 노트는 현재 프랑스국립도서관Bibliotheque nationale de France이 보유하고 있다.

닐 권리를 얻었다. 그러나 1671년에 불운이 닥쳤다. 그는 국왕을 모시는 사흘 간의 환영 연회 중에 자신이 주문한 해산물의 도착이 지연된다는 소식을 들었다. 대문짝넙치turbot 소스[83]를 만드는 데 필요한 바닷가재가 없을 터였다. 메뉴를 변경할 경우에 뒤따를 직업적 명예에 대한 타격을 차마 직면할 수 없었던 그는 자기 방으로 물러나 검을 문에 받쳐놓고서 제 몸을 칼로 찔렀다. 그것도 세 번씩이나. 그사이 바닷가재는 이미 도착해 있었다. 그러나 주방 하인들이 그를 너무 늦게 발견하고 말았다. 그들의 눈앞에서 바텔은 과다출혈로 사망했다.

연회는 계속되었다, 중단 없이.

---

83   튀르보 아 라 바텔Turbot a la Vatel은 그가 죽고 나서 200년이 지난 뒤에도 요리되었다. 바닷가재 소스와 마찬가지로 이 조리법 역시 굴 24개, 민물가재 꼬리 30개, 바다빙어와 서대 필레, 버섯, 트러플이 필요하다.

17장 | "돈 18펜스 외에 테이블 책 한 권"

테이블 책, 1520년대~1670년대 잉글랜드와 네덜란드

1667년 5월 9일 목요일, 새뮤얼 피프스에게 이날은 별다른 일 없이 시작된 평범한 하루였다. 평소처럼 서류작업과 소문이 난무하는 동료들과의 만남이 이어졌다. 그런데 그날 오후, 새 옷을 사러 간다는 아내를 내려주고 난 뒤 집 근처에서 경악을 금치 못할 충격적인 사건이 벌어졌다. "우리 거리에 있는 스리턴스태번Three Tuns' Tavern 문 앞에서 엄청난 소란이 펼쳐지고 있었다. 무슨 일이었느냐면, 두 형제가 사이가 틀어져 한 사람이 다른 사람을 죽였다."

알고 보니 형제 중 한쪽은 피프스가 아는 자였다. 그의 후원자인 샌드위치 백작 집안의 시종 배질 필딩Basil Fielding이었던 것이다. 그러다 보니 이튿날 자세한 사건의 내막이 밝혀지자 피프스는 꼼짝 없이 휘말렸고, 이례적으로 마음이 동했다.

> 스리턴스태번까지 갔을 때, 그곳에서 교구순경이 우리에게 실제로 죽은 사내의 주머니에서 나온 자물쇠를 따는 도구와 주사위를 보여주었다. 그리고 돈 18펜스 외에 테이블 책table-book도 있었는데, 거기에는 그가 가려고 한 여러 장소의 이름이 들어가 있었다. 그중에서도 특히 켄트의 집에서는 식사를 하기로 되어 있었고, 죽은 사

내는 실제로 어제 그곳에서 식사를 했다. 우리는 밥을 먹은 뒤 교회에 가서 왼쪽 가슴에 상처를 입은 테이블 책의 소유자를 볼 수 있었다. 슬픈 광경이었고, 부상 범위가 넓어서 이 이야기를 쓰고 있는 지금도 내 손이 떨릴 지경이다. 죽은 사내의 형제는 심기를 건드린 마부를 죽이려고 했던 것 같다. 죽은 사내가 형제를 말리고자 검을 빼앗았는데, 형제는 이내 단검을 꺼내 들었다. 폭이 넓고 굽은 날에 칼자루에 작은 십자가가 새겨진 종류였다. 그리고 형제는 그 단검으로 사내를 찔렀다.

끔찍한 사연이었다. 희생자는 친형제가 술에 취해 다른 남자를 찌르려는 것을 말리려다가 아무 까닭 없이 죽었으니 말이다. 피프스(1년 전에 런던이 불탔을 때도 놀라우리만치 냉정함과 침착함을 내보였던)가 몸서리친 것도 당연했다. 피프스가 잘 알던 사람인 배질은 주정뱅이에 형제살해범으로 드러났다. 그런데 피프스가 전한 이야기에는 희생자인 크리스토퍼 필딩도 그다지 품행이 방정한 사람은 아니었다고 볼 만한 단서들이 들어가 있다. 주사위는 방탕한 생활습관을 시사하고, 자물쇠 따는 도구는 대관절 왜 필요했는지 충분히 의문을 가질 만하다. 누구네 집 주소를 적어둔 것일까? 그곳에 몰래 침입하려고 계획했을까? 게다가 현대의 독자라면 응당 궁금해할 만한 질문, 테이블 책은 대체 뭘까?

유럽의 여러 도시가 점점 성장하고 그곳에서 이루어지는 상업이 그 어느 때보다 뒤얽히면서 16세기와 17세기 동안 도시생활은 지속적으로 더욱 복잡해지고 보다 근대화되었다. 중세의 생활리듬(각종 성인들의 날과 축일과 성일) 가운데 대다수는 고수하면서, 더불어 무역박람회, 극장공연 같은 새로운 것들이 갈수록 늘어났다. 시민들은 시계 보는 법, 그리고 약속 지키는 법을 배웠다. 국제무역의 발달로 사람들은 농업에서 벗어나 각종 도시직업으로 가게 되었으며, 여러 나라 땅의 주화가 영국 도시 곳곳에서 유통되었다.

이러한 복잡성에 대응하면서(실제로는 복잡성을 추동하면서) 이 시대는 노트 문화의 황금기가 되었다. 그 같은 상황을 보여주는 한 가지 징후가 바로 테이블 책으로, 피프스를 비롯한 동시대인들이 잘 아는 일상용품이었다.

앞서 우리는 종이의 가장 유용한 속성 가운데 하나로 잉크가 어떤 식으로 지면에 지워지지 않는 자국을 남기는지 보았다. 일단 지면에 쓰게 되면, 혹시라도 기억이 가물가물해지거나 분쟁이 발생했을 때 도움을 구하고자 찾아볼 만한 영구적인 기록이 되었다. 그런데 대개의 경우 우리는 한동안 필요할 일이 없으리라는 사실을 알고서 메모를 한다. 쇼핑목록이나 약속 알림, 절도범의 눈길을 잡아끄는 보안이 허술한 주소지들의 방문 예정 목록은, 그러니까, 영구적인 기록으로 남길 필요가 전혀 없는 종류의 것이다. 펜과 잉크로 글을 쓰는 것은 깃펜을 담글 잉크병과 펜나이프, 압지[84]가 수반되는 번거로운 일이었다. 즉석에서 재빨리 기록할 만한 모종의 방법이 있다면 도움이 되지 않겠나?

테이블 책의 첫 부분은 아주 작은 활자로 인쇄된(실은 크기가 4×6인치(약 10×15센티미터) 정도에 불과했기 때문이다) 짤막하고 유익한 정보를 제공하는 책력almanac이었는데, 각 페이지마다 유용한 사실과 수치, 삽화가 실렸다.

---

84 잉크가 번지거나 묻어나지 않게 물기를 흡수하는 종이. (옮긴이 주)

현재 워싱턴D.C.에 소재한 폴저셰익스피어도서관Folger Shakespeare Library에 있는 현존하는 한 가지 사례를 보면, 30까지 모든 숫자 두 개의 곱셈 또는 나눗셈의 결과 값을 적어놓은 격자판이 접지 형태로 들어가 있다. 아마도 놀라운 것은, 이미 수백 년 전에 아라비아숫자가 유럽으로 들어왔을지라도 그 모든 숫자들이 비실용적인 로마숫자로 적혀 있다는 점이 아닐까 싶다.[85] 그다음 페이지에는 법원이 개정하는 시기인 잉글랜드의 법정연도를 구성하는 4가지 기간(성 미카엘 축일[86], 힐러리 개정기Hilary term[87], 부활절, 트리니티 개정기 Trinity term[88])을 알려주는 간편한 안내서가 나온다. 또 다른 지면에서는 하지와 동지의 일출과 일몰 시간을 제공한다. 특히 유용한 펼침면은 환율과 함께 외국 화폐의 그림들로 구성되어 있어서 스페인 레알화, 플랑드르 리더화, 스코틀랜드 유니콘화, 프랑스 크라운화의 진위를 확인하고, 그 가치를 파운드, 실링, 펜스로 계산할 수 있게 해놓았다. 마지막으로 다년 달력을 수록하여 놓쳐서는 안 되는 주요 날짜와 성인들의 날을 표시해두었다.

책력으로서 테이블 책은 확실히 없어서는 안 되는 물건이었다. 다만 그것은 절반의 이야기에 불과했다. 이 책자의 나머지 부분은 열 장쯤 되는 두껍고 뻣뻣한 낱장으로 되어 있어서 펜으로 필기를 할 수 있었다. 공교롭게도

---

[85] 한 해설자는 "필기용 테이블에 들어가 있는 그 같은 인쇄된 곱셈표가 널리 보급된 것이 어쩌면 유럽 상인들은 대부분 버린 지 한참이 지난 로마숫자를 잉글랜드 상인들은 계속해서 사용한 이유를 설명하는 데 도움이 될지도 모른다"라고 추측한다.

[86] 9월 29일. (옮긴이 주)

[87] 1월 11일부터 부활절 직전 수요일. (옮긴이 주)

[88] 부활절 이후의 영국고등법원 개정기. (옮긴이 주)

이동 중이어서 잉크병과 압지를 꺼낼 수 없는 상황에 놓인 경우 그 대신 구리 또는 여타 무른 금속 재질의 첨필로 작성할 수 있었다. 또 다른 대안으로, 최첨단을 걸었던 사람들은 당시의 최신 발명품인 흑연으로 만든 연필로 기록할 수 있었다. 하나같이 대단히 편리했다. 그러나 그 지면의 진정한 가치는 또 다른 새로운 특성에 있다. 바로 말끔히 닦아내고서 몇 번이고 되풀이해서 쓸 수 있었다는 점이다. 다음과 같은 사용 지침과 관리 요령이 안에 나와 있었다.

> 작은 스펀지 조각이나 한 점 더러움 없이 깨끗한 상태의 아마 천을 준비한다. 물에 적신 뒤 꼭 짜서 필기한 부분을 아주 살살 닦으면 지워질 것이다. 그러고 나면 15분 내에 같은 자리에 다시 글을 써도 된다. 닦아내서 물기가 많은 상태일 때는 종잇장끼리 서로 겹치지 않게 해야 한다.

설레는 신종 장치들이 제조사가 약속하는 대로 순조롭게 작동되지 않는다는 사실을 우리 모두 잘 알고 있다. 더군다나 이 사례는 약간의 회의적인 태도를 정당화하는 듯 보인다. 시간이 흐르면서 폴저 노트의 지면 코팅은 부서지기 쉬운 상태가 되어 조각조각 벗겨져 나갔다. 이렇게 부스러지기 쉬운 코팅이 정말로 "런던브리지 인근 템스 스트리트의 블랙레이븐에 거주하는 제본업자 프랭크 애덤스Franke Adams"가 주장한 대로 과연 기적과도 같은 효과를 발휘할 수 있었을까?

2004년 프랭크 모어리Frank Mowery는 조사에 착수했다. 폴저도서관의 보존

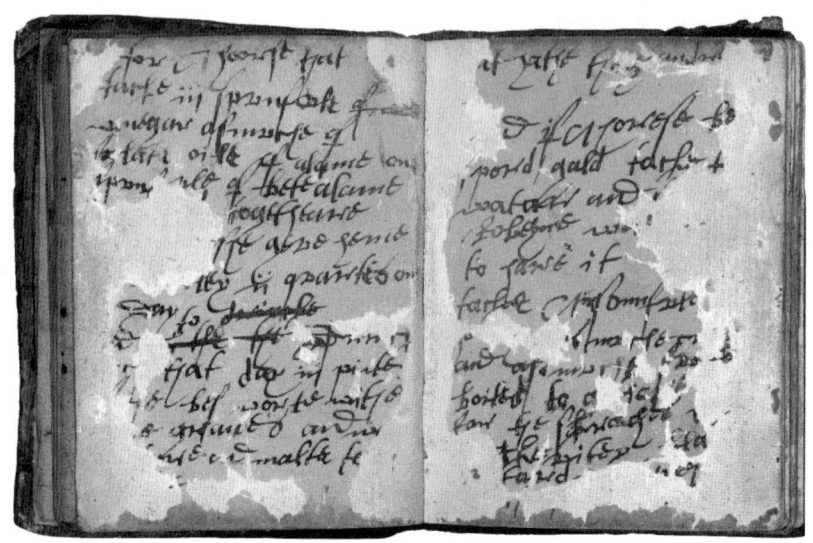

현재 폴저도서관에 있는 17세기의 이 테이블 책에서 드러난 것은
어떤 말의 감염된 발굽에 쓸 치료제에 관해 노트 사용자가 작성한 기록이었다.

책임자인 모어리는 제본과 종이에 관련된 모든 사안에 있어서 노련한 전문가였다. 그러나 그럼에도 이 일은 그에게 새로운 과정이었다. 게다가 부식되어 가는 이 진귀한 유물에 젖은 천을 갖다 댄다는 것은 전혀 안 될 일이었다. 그리하여 모어리는 테이블 책에 들어가는 지면을 손수 제작했다. 르네상스 시대의 코팅법에 따라 뭉근히 끓여서 졸인 케라틴 아교(동물 발굽을 삶은 것)에 젯소gesso(끈적이는 석회질의 흰색 물감)를 넣고 섞었다. 그런 다음 종잇장의 각 면에 일일이 여러 번 칠한 뒤 그때그때 자리를 잡도록 놔두었다. 이 단순한 제조법은 실제로 건조되면서 폴저도서관에 있는 현존하는 테이블 책의 지면과 유사한 미색 기층을 형성했다. 표면은 빛을 받아 부드럽고 광택이 돌았다. 아래쪽의 살짝 폭신한 면은 손 안에서 살짝 굴곡이 생겼다.

다음 단계는 여기에 쓸 필기구를 만드는 것이었다. 르네상스 시대의 잉크에서 없어서는 안 되는 재료는 오크 몰식자oak gall(곤충 떼의 침입에 따른 반응으로 오크의 잔가지에 형성되는 공 모양의 나무 혹)였다. 갈산과 타닌산이 풍부한데, 추출한 다음 끓여서 졸이면 철염에(또는 쇠줄밥에도) 반응하여 복잡한 페놀 탄화수소를 생성한다. 이러한 산 화합물들이 수용성이면서 감탄을 자아내는 검정색을 띠는 질 좋은 잉크를 만들어낸다.

모어리는 자신이 갓 만든 잉크로 본인이 제작한 메모첩에 필기를 해보면서 글씨가 잘 붙고 깔끔하게 건조된다는 사실을 알게 되었다. 그러고 나서 프랭크 애덤스의 400년 된 조언에 따라 메모첩을 닦아냈는데, 약속대로 잉크가 완벽하게 걷힌다는 사실을 발견했다. 지면을 새것이나 다름없는 상태로 만든 것이다. 흑연 연필, 예리한 황동 첨필로 실험을 반복했을 때도 마찬가지였다. 테이블 책은 정말 실제로 잇따른 재사용이 가능했다.

그런데 폴저도서관에 있는 테이블 책의 마지막 익명의 사용자는 지면을 깨끗이 닦지 않았다. 제조업자의 의도대로 그 주인이 급하게 작성한 것이 자명한, 좀체 읽을 수 없을 정도로 휘갈겨 쓴 기록들이 적힌 몇 페이지가 그대로 남았다. 이 지면들은 그 노트의 일생을 엿볼 수 있게 해주는 매력적인 부분이었다. 즉, 과거로 돌아가는 창문인 셈이었다. 비록 가장 깨끗한 창문은 아닐지라도 말이다. 얼마간 탐정노릇(세 번째 줄이 시작하는 부분에 나오는 "식초"라는 단어에서 출발한)을 하고 나니 그 사용자가 감염된 말발굽에 바를 치료제와 찜질제의 제조법을 기록했음이 명확해졌다.

다른 동시대의 사례들은 테이블 책이라는 개념이 얼마나 광범위하게 유용할 수 있었는지 입증한다. 모어리가 동료들과 함께 테이블 책에 대한 참고

문헌을 찾기 시작했을 때, 그들은 세상 사람들에게 잊힌 이 무명의 물품이 놀라울 정도로 통용되었다는 사실을 발견했다. 그는 이렇게 언급한다. "테이블은 여러 시편과 주목할 만한 경구, 신조어를 수집하고, 설교나 법적 절차, 의회 토론을 기록하고, 대화와 요리법, 치료제, 농담을 적어놓고, 재무 기록을 작성하고, 각종 주소와 모임을 환기하고, 여행 중에 외국의 관습에 관한 기록들을 모으는 데도 사용되었다." 이런 토막정보를 테이블 책에 수집한 사용자들은 나중에 가장 귀한 정보는 이미 해놓은 메모를 바탕으로 집에 보관하던 비망록에 정서하곤 했다.

상인부터 군주까지 만인이 갖고 싶어 할 만했다. 엘리자베스 여왕의 통치가 끝나고 제임스 1세가 왕위에 오를 무렵 테이블 책은 널리 수용되었고, 1616년 존 포스터John Foster라는 요크의 서적상이 보유한 재고 목록이 여실히 보여주듯, 그만큼 많이 팔렸다. 포스터는 확실히 테이블 책을 수익성 있는 제품 유형으로 봤다. 재고가 무려 74권에 달했는데, 그 범위가 "최하품 20권"부터 그야말로 가치 있는 "무광 금박의 최상품 3벌"까지 아우르는 5종의 제품들로 구비해놓고 있었다. 폴저 테이블 책의 표지를 보면 "최상품"이 실제로 무엇을 의미했는지 알 수 있다. 갈색 가죽 장정에 복잡한 문양의 황금 이파리가 각인된 이 노트의 표지는 기발하게도 두 개의 걸쇠에 황동 핀 하나를 지르는 방식으로 잠겨 있다. 이 수첩은 사용자가 그 핀(코팅된 지면에 언제든지 당장 쓸 수 있는 섬세한 첨필이 된다)을 슥 뽑아내기 전까지는 계속 닫혀 있게 된다. 이 아름다운 작은 물품은 귀하고 실용적인 동시에 독창적이다. 이 시장의 맨 꼭대기에 자리했던 엘리자베스 여왕은 내실의 시녀인 젠틀우먼Gentlewoman이었던 레이디 레이턴Lady Leighton으로부터 은 걸쇠가 달린 독피지 장정의 (당시에 테이블 책이 흔히 불린 대로라면)"필기용 테이블writing table 한 벌"을 받았다. 그리고 오늘날 고급 노트가 주된 크리스마스선물인 것처럼 귀족들끼리 오간 그 같은 선물에 대한 참고문헌이 숱하게 존재한다.

존 포스터의 테이블 책 재고는 16파운드 15실링 1페니로 꽤 많은 액수에 해당하였는데, 이는 테이블 책이 서적상과 제조업자에게 모두 상당히 짭짤한 소득원이었음을 실증한다. 당시 셰익스피어 시집 한 권이 3펜스 정도였는데, 인쇄업자 쪽에서는 훨씬 품이 많이 드는 작업이었다. 반면, 테이블 책에 수록된 정보는 조합하는 데 비용이 거의 들지 않았다. 교양 있는 도시 주민이라면 누구든지 갖고 싶어 할 만한 물건이었기에 수요층이 두터웠고, 그러다 보니 서적상은 고급 장정본에 높은 가격을 붙일 수 있었다. 독창적인 내용은 하나도 없는 탓에 테이블 책은 서적이나 희곡의 인쇄와 복제권, 판매를 규제하는 런던의 길드인 서적출판업조합Stationers' Company의 관리감독 역시 피해갔다. 이러한 상황을 기회로 본 조합 측은 자체적으로 잉글랜드에서 테이블 책을 인쇄하고 판매하는 독점권을 확보했다. 한 번에 수천 부씩 찍어내면서 그들은 이 사업의 수익성이 매우 높다는 사실을 알게 되었고, 꽤 큰 수익금을 고령의 은퇴한 서적상들에게 지급되는 수백 파운드 상당의 연금 기금으로 썼다.

이토록 널리 퍼진 품목이라면 으레 예상할 수 있듯 테이블 책은 당시의 문학에도 등장한다. 모어리와 함께 연구를 진행한 이는 펜실베이니아대학교에 재직 중인 영국 출신의 학자 피터 스털리브래스Peter Stallybrass 교수였다. 셰익스피어 문학이 그의 전문분야였다. 스털리브래스 교수는 셰익스피어의 작품에서 테이블 책이 언급된 부분을 추적해서 알아냈다. 지울 수 있다는 특성 때문에 테이블 책은 불완전한 기억에 대한 자연스러운 은유가 된다. 또 스틸리브래스는 테이블 책이 등장하는 부분이 등잔 밑이 어두운 격으로 눈에 아주 잘 띄는 곳에 그동안 숨어 있었다는 사실도 발견했다. 특히 셰익스피어의 모든 작품 중 가장 유명한 희곡에 나온 수수께끼 같은 언급이 완벽하게 풀렸다. 《햄릿Hamlet》 제1막의 결정적인 터닝 포인트에서 햄릿 왕자는 부친의 유령에게 앞으로 어린 날의 학업을 뒤로 하고 자신이 방금 부여받은 과업("가장 잔혹한 살인"에 복수하는 것)에 집중하겠노라고 약속한다.

> 그래, 내 기억의 테이블에서
> 모든 사소한 애정하는 기록들을 싹 지워버려야지,
> 책에서 본 온갖 것들, 온갖 형태, 지난날의 온갖 압박 모두,
> 어린 시절에 관찰하여 그곳에 옮겨 적은 것들을,
> 그러나 당신의 명령만은 살아 있을 것이다
> 그 수첩 속에, 그리고 내 뇌의 책 속에
> 천박한 일들과 뒤섞이지 않은 채

셰익스피어는 당연히 관객들이 "테이블"을 학구적인 청년이 몸에 지니고 다닐 법한 자연스러운 장비임을 알고서 곧바로 그 은유를 파악하리라고 생각했다.

앞서 다른 경우들을 통해 예술가들이 필기구를 얼마나 재빨리 자신들의 쓰임새에 맞게 변용했는지 봤던 터라 테이블 책과 관련해서도 그 이야기가 고대로 반복된다는 것이 전혀 놀랍지 않다. 1633년 6월 네덜란드의 떠오르

는 젊은 화가가 북쪽에 자리한 프리슬란트Friesland의 전원 지역을 여행했다. 그리고 따스한 여름 공기 속에서, 어느 저명한 변호사의 딸이었으나 고아가 된 21세의 사스키아 판 아윌렌뷔르흐Saskia van Uylenburgh를 그린 아주 작은 스케치를 남겼다. 그는 그녀를 잘 알았다. 실은 대단히 잘 알았다. 두 사람은 암스테르담에서 같은 집에 살았기 때문이다. 둘 다 그녀의 사촌 헨드리크의 집에서 하숙했던 것이다. 그리고 결혼하고 싶다는 뜻을 그녀의 가족에게 전하러 북쪽으로 가던 길이었다. 사스키아와 렘브란트 판 레인Rembrandt van Rijn의 사랑은 가장 생생하게 기록된 결혼생활로 꼽히게 될 터였다.

렘브란트가 사스키아를 보고 그린 다정하고 친밀한 이 은필 초상화(깨끗하게 닦아낸 테이블 책의 지면에 그려진 세로가 2인치(약 5센티미터)에 불과한)는 큰 의미를 지녔던 것이 자명하다. 렘브란트는 이 그림을 절대로 지우지 않았을 뿐 아니라 안전하게 보관했고, 나중에 어느 시점에는 이런 주석까지 달았다. "이것은 1633년 6월 8일 우리가 약혼한 지 사흘째 되는 날, 아내가 스물한 살이 되었을 때 그린 것이다."

이 소묘는 공모관계의 걸작이다. 저 두 눈, 저토록 솔직한 시선을 보라. 당신의 두 눈 그리고 청년 렘브란트의 두 눈과 마주치는. 당연히 그가 간직했을 만하다. 이 그림은 장차 열정적인 유대를 기록한 수백 점의 회화, 소묘, 에칭이 될 것 중 시기적으로 가장 이른 현존 작품이다. 렘브란트는 사스키아의 초상을 담아내는 데 결코 싫증을 느끼는 법이 없었고, 사스키아는 그를 위해 자주 모델이 되어주었다. 여신, 성경에 나오는 인물, 자화상 속 그의 공모자로 포즈를 취하거나 그저 제 할 일을 하는 식으로. 그러나 죽음이 두 사람을 몰래 쫓아다니면서 괴롭혔다. 부부의 첫 세 아이들은 유아기 때 죽었고, 넷째아이는 살아남았지만 정작 사스키아가 결핵으로 쓰러지고 말았다. 렘브란트가 그 첫 번째 초상을 스케치한 지 불과 9년이 지났을 때다. 그는 병상에 누운 사스키아의 모습을 담은 애정 어린 일련의 습작을 그려냈다. 그러고는 아내가 세상을 떠나자 마지막 유화 초상화(빛나는 〈빨간 모자를 쓴 사스키아Saskia in a Red Hat〉) 한 점을 완성하고는 붓을 내려놓았다. 10년 동안 회

약혼녀 사스키아를 그린 렘브란트의 테이블 책 스케치.

화는 단 한 점도 그리지 않았고, 오직 소묘와 에칭만 내놓았다.

어느 시점엔가 어떤 미지의 손이 이 첫 번째 〈사스키아〉를 (당시 네덜란드에서 테이블 책이 불린 대로라면) 타펠럿tafelet에서 떼어내 액자에 넣었다. 그리하여 오늘날 베를린국립미술관Staatliche Museen Berlin의 소장품으로 볼 수 있다. 비슷한 지면에 그려진 렘브란트의 다른 스케치 가운데 소수가 현존하는데, 하나같이 형식적으로 그린 풍경 습작이다. 이를 통해 렘브란트가 실제로 작업실을 떠나 있을 때 테이블 책을 사용했음을 확인할 수 있다. 그래서 크기가 아주 작은 다른 걸작들은 어땠을지 궁금할 수밖에 없다. 그전에 바로 그 페이지에 불쑥 생겨나 하루살이만큼 버티다가 "작은 스펀지 조각이나 아마 천"에 닦여 나가고 만 그림들 말이다.[89] 렘브란트가 감정적으로 이 그림만큼은 계속 붙들고 있기로 마음먹은 것이 우리에게는 행운이다.

테이블 책은 1520년대 즈음 네덜란드에서 출현했고 50년 뒤 런던에서 처음으로 출판된 이후로 18세기까지 죽 이어진 듯하다. 짐작컨대 당시 일반용지 노트의 가격 하락으로 경쟁력을 상실했을 것이다. 그러나 테이블 책의 매력은 여전히 납득이 간다. 이 다재다능한 작은 물건은 엄청난 양의 기억하기 힘든 유용한 정보를 담고 있었다. 게다가 하루 온종일 동행할 수 있었고, 어디서든 일을 하거나 창작 활동을 할 수 있게 해주었다. 즉, 금액을 계산하거나, 일주일 계획을 세우거나, 통화를 변환하거나, 그림을 마음껏 그리거나, 그저 쇼핑목록을 줄을 그어 지울 수도 있었다.

---

89   테이블 책 지면에 그려진 렘브란트의 다른 스케치들도 현존하기는 하지만, 사스키아의 그림보다는 훨씬 덜 흥미롭다. 다만, 대개 이 예술가가 간직할 의도로 그린 작품이 아니라 예비 스케치나 속성 습작용 매체였음을 확인시켜주는 증거이긴 하다.

그런데 1667년 5월에 당시 친형제를 살해했던 그 악랄한 필딩은 어떻게 되었을까? 이 비극은 새뮤얼 피프스의 마음에 내도록 남아 있었다. 그리하여 같은 해 7월 4일, 또 다른 목요일에 그는 드물게도 하루 일을 쉬고 정의 구현의 현장을 보러 가는데, 그 과정에서 올드베일리Old Bailey(런던중앙형사법원)에서 열린 "괜찮은 재판 몇 건"을 방청했다. 필딩이 피고석으로 이끌려 나왔을 때에야 비로소 피프스는 자신이 일전에 그 시신의 신원을 오인했음을 깨달았다. 따라서 이 이야기는 반대로 뒤집히게 되었다. 알고 보니 샌드위치 백작 부부의 전직 시종이자, 암시하는 바가 있는 듯한 주소들로 채워진 테이블 책의 주인인 배질이 희생자였고, 피프스와 일면식도 없는 크리스토퍼가 살인자였다. 크리스토퍼는 아무런 변론도 개진하지 않았고 유죄판결을 받아 사형 집행장인 타이번Tyburn의 교수대로 보내졌다. "이곳에 있으면서 시간을 아주 알차게 보냈다"라고 피프스는 밝혔다.

귓갓길에 그는 새 허리띠를 구입했다.

18장 | 앨버트로스

일지로 기록된 여정: 1699년 런던에서 아모이까지

마젤란 원정대(마젤란 본인은 아닐지라도)가 16세기 초 세계를 일주하는 항해를 했을 때만 해도 배의 선장이 선박의 진행상황을 체계적으로 기록하는 것이 당연하지 않았다. 앞서 봤듯 작성된 기록들은 부정확하고 부분적이었으며, 누구든 주요 직책에 있는 펜을 잡은 사람의 변덕에 굉장히 좌우되었다. 그러나 17세기가 지나는 동안 유럽을 불시에 덮친 깔끔하게 정돈된 부기의 애호가가 선박의 항해일지 문화에 영향을 미칠 터였다. 그리고 시대가 진전되어감에 따라 항해일지는 전문화하면서 갈수록 상세해지고 흥미로운 사실을 드러내게 되었다.

1699년 즈음 동인도회사는 거의 100년 동안 런던에서 선박들을 파견하여 동양에서 무역(그리고 노골적인 절도)을 통해 얻게 될 상상을 초월하는 부의 몫을 두고 네덜란드인, 프랑스인, 포르투갈인들과 경쟁했다. 그해 7월 320톤급정도 되는 프리깃frigate함[90]인 룩Rook 호는 늘 하는 식으로 동양으로의 항해를 앞두고 계약을 통해 승무원들을 고용했다. 우선은 비단으로 아주 유명하고 동인도회사의 공장, 즉 무역소가 있는 곳이기도 한 인도 서해안

---

[90] 정찰, 경계 임무 등을 수행했던 호위함인 쾌속범선. (옮긴이 주)

의 맨 위쪽에 자리한 무굴제국의 항구 수라트Surat로 갔다가 내처 남중국해안의 아모이Amoy(현재 샤먼廈門)로 이동한 다음 다시 수라트를 거쳐 돌아오는 여정이었다.

룩 호는 8월 5일에 출항했다. 현재 영국도서관의 소장품인 이 선박의 항해일지는 첫 페이지부터 앞으로 펼쳐질 항해에 대한 모종의 자부심과 설렘이 묻어난다.

> 일지jurnall, 즉 동인도제도로 가는 우리의 현 항해기, 룩 프리깃함이라는 훌륭한 배에서, 선장 조지 시먼즈George Simmonds 함장이 8월 6일부터 개시하여 우리는 그레이브젠드Gravesend에서 출항했다.

곧바로 "일지jurnall"("로그북logbook[항해일지]"이라는 단어는 아직 한 세기 동안은 사용되지 않을 터였다)라는 표현이 깊은 인상을 남긴다. 글쓴이가 누구인지는 전해지지 않는다. 다만 일인칭 표현(나의 배, 나의 승무원들)을 빈번하게 사용하는 것으로 볼 때 필자가 선장임을 짐작할 수 있다. 글씨체는 행간과 자간이 여유롭고 또렷하며 철자만큼이나 자신감이 있다. 즉, 날짜와 장소는 첫눈에 딱 봐도 확실하고 나날의 사건에 관한 서사는 전문적이어서, 알보가 늘 애써 번거롭게 제공했던 그 어떤 내용보다 훨씬 완전하다. 가령 출항한 지 고작 사흘 만에 영국해협으로 진입하려다가 이 선박이 맞닥뜨린 문제들이 상세하게 기술되어 있다.

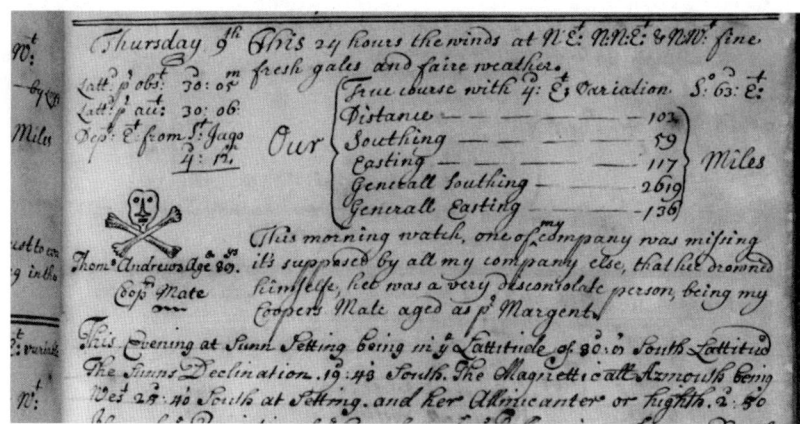

룩 호의 저널("로그북"은 아직 일반적으로 사용되는 용어가 아니었다)은 통장이 조수 토머스 앤드루스의 서글픈 죽음을 기록한다.

오늘 아침에 바람을 재니 서남서에서 질강풍fresh gale[91]이 불었고, 후텁지근한 날씨에 간조 때라 우리는 멕시코만류 중간쯤에서 돌아섰다. 몰아치는 비와 함께 바람이 너무 심하게 불어서 그 곳으로 되돌아갔다. 우리 배의 침로를 바꾸면서 롱보트longboat[92]의 고물에 예인되고 있던 우리 피니스pinace[93]가 좌현 닻혀의 끝부분[94] 밑으로 들어가는 바람에 물이 가득 차다시피 되어 우리는 롱보트의 고물에서 피니스를 잘라냈다. 그렇게 우리의 피니스를 잃었고, 뒤 돛대 아랫단의 큰

---

91 '큰바람'이라고도 하며 풍속이 17.2~20.7m/sec(34~40knot)인 바람을 뜻한다. (옮긴이 주)

92 범선에 싣는 대형 보트. (옮긴이 주)

93 함선에 싣는 중형 보트로, 모선에 부속된 작은 쌍돛배. (옮긴이 주)

94 닻의 최상단 꼭짓점을 말한다. (옮긴이 주)

"몸이 어두운 색이고 양 날개 끝은 검정색인 앨버트로스. 크기는 영국의 백조 정도."

가로돛의 활대도 부러졌다. 그래서 우리는 1시 정각에 남서 방향에 등대가 있는 수심 7¼패덤 fathom[95]에 닻을 내렸다. 홀더 Holder 프리깃함의 미스터 스닙스 함장 역시 되돌아왔다. 저녁 무렵 날씨가 좋아지고 풍향이 북북서로 바뀌었다. 홀로 정박한 채 밤을 보냈다.

선장과 승무원들 모두 때 아닌 악천후 때문에 너나 할 것 없이 분명 몹시 답답했을 것이다. 가까이 있는 사우스다운스 South Downs까지 그 짧은 거리를 가는 데도 엿새가 더 걸리는데, 그곳에서는(더욱 운이 나쁘게도) 닻이 물에 잠

---

95 물의 깊이를 측정하는 단위로 1패덤은 1.8미터에 해당한다. (옮긴이 주)

긴 판자에 엉키는 바람에 "캡스턴 바[96]가 빙글빙글 돌면서 내 부하들과 나를 모조리 내동댕이쳐서 서너 명을 다치게 했다." 마침내 템스 강어귀에서 출항을 위해 밧줄을 풀어 던진 지 꼬박 2주 만에 룩 호는 잉글랜드를 뒤로 하고 떠난다.

이 시점에, 망망대해에서 일지는 그 선박의 관찰된 위치, 이동한 거리를 기록하기 시작하는데, 놀라우리만치 정확하게 항목을 기재하는 방식으로 그렇게 한다. 위도는 하루에 두 번씩 측정되고, 진행상황이 추산되며, 바다와 대기의 상태가 깔끔하고 간결하게 기록된다. 이 일지의 작성자는 도중에 그가 보는 섬 가운데 일부를 스케치하기도 하는데, 룩 호가 마데이라Madeira에 도착하자 그 현장을 주의 깊게 상세한 소묘로 그려낸다. 마젤란의 항해에 비해 중요성은 훨씬 덜할지라도, 이 일지는 알보의 기록보다 훨씬 더 흥미로운 읽을거리가 된다.

항해가 진전되어 가면서, 그리고 룩 호가 착실하게 대서양을 따라 내려가는 동안 기재항목에 추가적인 세부사항이 포함되기 시작한다. 9월 15일에는 "오늘 아침 우리는 길이가 약 1피트(30센티미터 정도)인 상어를 한 마리 잡았다"라고 나온다. 다음날 "우리는 슴새Shearwater, 얼가니새Booby, 제비갈매기Noddy로 불리는 날짐승을 여러 마리 보았다." 그리고 그다음 날에 룩 호는 또 다른 잉글랜드 선박을 만나 그곳에서 피비린내 나는 해적의 공격이 있었음을 알게 된다. 동일하게 명확한 서식을 취하는 매일의 기재항목과 더불어 여러 달이 지난다. 돌고래와 날치, 상어들이 헤엄쳐 지나가거나 잡아먹히

---

96   닻 등 무거운 것을 감아올리는 장치. (옮긴이 주)

고, "열대 조류들"이 특별한 관심으로 기록된다. 밤에는 남반구에서 쉽게 볼 수 있으나 이 북반구 선원에게는 분명 색달랐을 은하인 마젤란 운Magellanic Clouds이 그런 식으로 기록된다. 매일 꾸준히 70마일(약 112킬로미터)씩 가면서 룩 호는 적도를 건너가고, 초반 며칠 동안 항해하면서 겪은 문제들은 뒤로 물러난 듯하다.

그러나 희망봉에 접근하는 때에 새로운 요소가 일지에 등장한다. 두개골 밑에 대퇴골 두 개를 교차시킨 양식화된 그림이 깔끔하게 들어앉아 있다. 위도 관측 기록의 아래쪽, 그리고 이렇게 적힌 추모 글귀 위에. 토머스 앤드루스 85세. 통장이 조수Cooper's Mate. 이 저널에 기재된 내용에 따르면 "오늘 오전 당직 때 나의 동료 중 한 명이 실종되었는데, 다들 그가 투신했으리라고 짐작하고 있다. 나의 통장이 조수인 그는 비탄에 빠진 사람이었다"라고 설명한다. 이 항해에 대해 처음으로 불만을 내비친 대목인데, 물론 이것이 마지막은 아니었다.

승무원들이 동료 선원을 애도하는 동안에도 나날의 일과는 재개되었다. 이 일지를 작성한 이는 보통 대부분의 날에 조류("앨버트로스albetrosses"와 슴새)를 기록했다. 그는 전자를 뭔가 진기한 존재로 여기는 것이 자명하다. 전적으로 성공적이지는 않지만 여백에 여러 번 스케치한다. 배는 희망봉을 멀리 피하면서 충분한 거리를 두는 것을 목표로 남쪽으로 향하고, 일지 작성자는 "따개비들이 붙어서 거의 새하얀" 고래들의 머리를 기록하면서 "희망봉을 지나갈 때 [보는 일이] 많을 것이다"라고 언급한다. 심지어 돌풍이 불어서 한밤중에 돛 세 개가 찢기고 활대가 부러지는 때(틀림없이 무시무시했을 순간)에도 우리는 "까마귀나 레이븐raven(큰까마귀)처럼 날개를 퍼덕이면서 육중하게 날아다니는, 개닛gannet과 매우 흡사한 커다란 날짐승인 망고팔루카스Mangofallukas가 아주 많다"라는 이야기를 듣게 된다.

배는 하루에 200마일(약 321킬로미터)을 주파하면서 계속 질주한다. 그러면서 일지 작성자는 다시 한 번 예술가로 변신한다. "희망봉에 가까워지면 반드시 폭풍우에 대비하라. 풍향이 북북과 서북서일 때 최악의 폭풍우를."이라는 현인의 설명이 적혀 있다. 룩 호는 바람을 타고 빠르게 나아가 인도양 남쪽을 가로지른다. 어느 날 그들은 해수면에서 날아오르지 못하고 있는 앨버트로스 한 마리를 본다. "한쪽 날개 끝에서 다른 쪽 날개 끝까지가 10피트(약 3미터)에 달했다"라고 마음을 빼앗긴 우리의 안내자는 쓰고 나서 이렇게 덧붙인다. "나는 산탄으로 그것에 상처를 입혔다." 1699년 크리스마스 전날에 그는 후회하고 슬퍼하며 "앨버트로스들이 모두 우리를 떠났다"라고 기록한다. 해가 바뀔 무렵, 그들은 다시금 열대지방에 이르렀는데, 오랜 항해 후 처음으로 도착하는 육지까지의 거리를 손꼽으며 셈하는 모습에서 필자의 조바심이 감지된다. 1700년 2월 12일 월요일("우리는 돌고래 두 마리를 죽였다"라고 한 지 이틀 뒤)에 룩 호는 인도의 남단 부근에 자리한 네덜란드 무역소인 퀼론Quilon(현재 콜람Kollam) 항으로 들어간다. 돛과 밧줄 작업이 꼼꼼하게 그려진 닻을 내린 룩 호는 여정에도 다친 데 하나 없이 멀쩡한 상태로 묘사된다. 유니언 잭Union Jack이 사형sprit 중간돛대에서 자랑스레 펄럭이고, 선미에는 거대한 동인도회사 깃발을 내건 모습이다.

이 항해일지는 이전과 거의 똑같은 방식으로 계속 이어진다. 즉, 진행상황의 꼼꼼한 측정, 정기적인 조류에 관한 메모, 바람과 비에 대한 상세한 기록, 해안선 스케치 등등. 룩 호는 말라바르Malabar해안을 따라 올라가다 3월

27일 수라트에 도착한다. 5월 1일에 이 배는(우리는 알 수 없는, 그들의 짐칸에 있었던("회사 상품을 모두 내놓"고 면직물을 사입했고, 5월 6일에 중국에 대한 주문을 받는다. 이 구간에서 일지 내용에 유일하게 나타난 유의미한 차이점은 룩 호가 말라카해협을 에두르며 지나간 좁은 항로에서 만난 암석과 암초에 관한 상세한 기술이다. 필자는 그 해안의 그림이 들어갈 공간을 자주 비워두는데, 완성된 것은 하나도 없다. 아마도 수심 측정을 더 많이 하고, 주요 지형지물의 방위를 살피고, 이 북적이는 물길을 지나가는 다른 선박들을 기록하느라 줄곧 바빴을 것이다.

이런 종류의 자료는 이제 지대한 중요성을 띠었다. 다시 말해 유럽의 회사들은 목적지로 가는 가장 빠르면서도 가장 안전한 경로를 필사적으로 알아내고자 했다. 관리가 잘 된 일지는 시간이 흐르면서 정해진 계절에 따라 세계 곳곳에서 예상되는 상황을 전반적으로 보여주는 하나의 그림으로 취합될 수 있는 미가공 데이터를 제공했다. 이러한 기밀정보는 항해에 나서는 어떤 선장이건 남들보다 유리한 상태에서 출발할 수 있게 해주었다. 탁월풍, 계절성 폭풍우, 해류, 조수, 암석 등등을 경고해주는 것이다. 한편 고국의 후원자들이나 고용주들은 그의 이동 상황을 예측할 수 있고, 따라서 이익을 예상할 수 있었으며, 결과적으로 보험업자들은 수반되는 위험을 보다 제대로 파악할 수 있었다.

목적지인 아모이까지 불과 30리그를 못 가서 룩 호의 선상에 재앙이 닥쳤다. "오늘 아침 우리 배의 청소시간에 나의 포수가 총포의 도화선에 불을 붙이다가 뿔화약통이 터지면서 완전히 산산조각 났고, 그의 오른손이 날아갔다. 나의 외과의사가 그의 팔꿈치 아랫부분을 절단했는데 그는 아주 강건하게 따랐다"라고 그는 적는다. 7월 23일 화요일에 그들은 아모이에 닻을 내렸고 그곳에서 여러 달 머무른다. 이곳에서는 동인도회사의 다른 선박들이 사방에 있어서 일지는 고급 선원들과 일반 선원들이 이 배에서 저 배로 노를 저어 다니며 사교활동 하는 모습을 기록한다.

분위기를 바꿔 필자는 중국에 관한 전반으로 더 긴 이야기를 쓸 기회도 잡는다. 우리가 제일 먼저 읽게 되는 것은 황제의 궁정 그리고 고관대작으로 구성된 황제의 수행단에 관한 관습적인 서술이다. 그러다가 전적으로 보다 개인적인 반응이 나온다.

이 사람들은 무역하는 장소에서 영국인들에게는 아주 예의 바르지만, 그 외에 이 나라 안에서는 대체로 천성과 태도에 있어서 매우 야만적이다. 그들은 아내를 얼마든지 많이 두거나 돈을 주고 사는 것이 허용된다. 그들은 안색이 까무잡잡하고 중간 정도의 체격이지만 이상하게도 곧잘 남색에 빠지고, 남자끼리 서로 동침하는 일이 흔하다. 그들은 돼지고기와 생선을 많이 먹고 특히 돼지고기의 섭취량은 놀라울 정도다. 그런데 이 나라에서는 온갖 종류의 질 좋은 소고기 날짐승 고기를 언제나 적당히 비싸지 않은 가격에 쉽게 구할 수 있고, 질 좋은 과일도 풍부하다. 그들은 자기 여자에 대한 질투가 극심해서 항상 여자들을 다른 종족의 눈에 띄지 않게 한다. 외출에 시달리는 여성은 아무도 없었는데, 다만 나이 든 여성이나 가난한 여성 같은 경우는 밖으로 나갔다. 가끔 다리를 절면서 비틀비틀 걸어가는 여성 중 한 명을 만나는 때도 있다. 그들이 다른 사람들처럼 걸어 다니지 못하기 때문이다. 미성년 시기부터 그들의 발은 쇠 신발 안에 갇힌 상태여서, 성장한 여인의 신발도 당신의 손가락 두 개가 겨우 들어가는 정도의 크기다. 그런데 반드시 아주 조심해야 할 점이 있다. 혹시라도 서로 마주보고 정면을 향해 가다가 어떤 식으로든 부딪혀 어느 누구라도 피를 보게 되어 만약 티툭과 첸툭에 고소하게 되면 상당한 액수의 벌금을 내야 한다. 만일 벌금을 내지 않아서 그들이 당신을 붙잡을 경우 당신은 살갗이 심하게 짓이겨지고 멍이 들도록 거의 죽기 직전까지 대나무 판으로 두들겨 맞는다.

필자는 여러 문화와의 만남을 생생하게 그려낸다. 그가 아모이를 즐기는 모습, 고국에서보다 더 잘 먹는 모습, 여인들의 발을 무례할 정도로 빤히 쳐다보는 모습을 쉽게 상상할 수 있다. 그런데 그는 대체 누구였을까? 그리고 어째서 눈이 번쩍 뜨이는 이 대목의 말미에서 쓰기를 그만둘까? 이 대목이 우리의 호감 가는 일지 작성자를 보게 되는 마지막 부분인 것이다. 아모이에서 석 달을 보낸 뒤인 1700년 11월, 그는 마지막 항목을 기재한다. 그리고 서기 임무는 보다 공식적인 사람에게 맡겨진다.

이 새로운 필자는 전통적인 옛 글씨체로 바람, 물, 화물에 관해 훨씬 더 상세히 기록한다. 배는 마침내 귀로에 오르기 위해 짐칸을 채우기 시작한다. 승선된 상품은 설탕, 얼음사탕, 명반, 아연, 구리, 장뇌, 버밀리언vermilion[97], 수은이다. 또 항해를 위해 식용으로 쓸 염장된 죽은 황소 세 마리, 새 돛 일

---

97   유화수은^{HgS}으로 만든 붉은색의 천연 안료. (옮긴이 주)

습도 마련한다. 룩 호가 돌아가는 긴 여정을 시작할 때 우리는 이 새로운 일지 작성자를 따라갈 수 있다. 그러나 훨씬 덜 매력적이고 덜 다채로운 이야기다. 그러니까 아무런 그림도, 상어나 고래, 돌고래의 목격담도, 새들도 전혀 등장하지 않는다. 항해의 진기함에 대한 경이감 내지 기쁨을 전혀 찾아볼 수 없다.

그렇다면 이 일지의 필자들은 누구였으며, 왜 바뀌는 것일까? 어째서 한 사람은 그토록 진지한데, 다른 한 사람은 그토록 장난기가 넘칠까? 어쩌면 이 항해를 기록한 두 번째 노트, 바로 같은 기록 보관소에 현존하는 원장에 답이 있을지도 모른다. 이 원장은 그 배에 승선한 승무원들과 그들의 급여와 부채에 관한 기록이었다. 런던에 있을 당시 고용계약을 한 남성들은 정리된 표에 기록되었는데, 그 표에서 우리는 이 일지의 저자들로 볼 만한 사람 두서넛을 발견한다. 목록의 최상단에 자리한 이는 선장인 조지 시먼스George Simmons로 한 달에 10파운드의 급여로 계약되어 있다. 그러고 나서 등록자 명부는 서열을 따라 죽 이어져 내려간다. 항해사, 포수, 나팔수, 키잡이, 선원, 조리사, 그러다가 명단의 54번째에서 우리는 지위는 일반선원이지만 서열이 같은 다른 모든 이들보다 돈을 더 버는(매달 1파운드 10실링으로(제임스 시먼스James Simmons라는 사람을 발견하게 된다.

제임스는 조지의 아들이어서 십대 때 남들보다 높은 임금을 받으며 무역을 배우기 위해 승선하게 되었을 가능성이 있지 않을까? 그 아들이 선박의 일지를 공들여 작성하는 모습을 그려보면, 모든 게 앞뒤가 맞아 떨어진다. 시먼스 선장은 아들에게 배의 업무를 믿고 맡기면서, 자신처럼 쓸 것이라고 기대했음직하다. 첫 번째 필자가 그 항해에 대해 품은 순수한 열정 역시 설명이 된다. 즉, 들르는 모든 항구마다 그리려는 그의 갈망, 밤하늘에서 새로운 별자리를 보면서 느낀 전율, 앨버트로스에 대한 끝없는 열광 말이다.

그런데 왜 그는 아모이에서, 그러니까 이 여정의 가장 멀고도 매혹적인 지점에서 이 배의 항해일지 작성을 그만두었을까?

답은 이 배의 원장에 실린 또 다른 목록에 있다. 다름 아닌 이탈 내역("사망, 도주 또는 방출")을 기록해놓은 목록이다. 목록의 최상단에는 "바다에서 익사"한 비탄에 빠졌던 토머스 앤드루스가 있다. 그리고 몇 줄 아래에서 우리는 제임스 시먼스의 이름을 보게 된다. 날짜는 그 배가 아모이에서 보낸 시기의 중반으로 나와 있고, "도주Runn"를 의미하는 대문자 R로 표시되어 있다. 제임스는 그 항해를 즐겼을지 모르지만, 이유가 어찌됐든 돌아가는 여행을 위해 룩 호에 머무르기를 원하지 않았다. 어쩌면 아버지와 사이가 틀어졌는지도 모른다. 어쩌면 중국에 머물면서 자수성가하고 싶은 마음이 들었을 수도 있다. 어쩌면 거의 같은 시기에 배를 떠난 동료 선원 6명(부친의 전속 하인 로버트 스탠클리프를 포함하여)에게 영향을 받았는지도 모른다. 무슨 이유에선지 그는 황급히 떠났다. 받아야 할 급료도 챙기지 않은 채.

조지가 실망했으리라는 것은 능히 짐작할 만하다. 아마도 핏줄의 배신이 남은 승무원들에게 알려진다면 공개적인 망신일 터였다. 아들이 정말이지 독특하게 써왔던 노트로 매일 돌아가야 하는 것은, 그러면서 두 사람의 헤어짐을 상기할 수밖에 없는 것은 틀림없이 이중으로 좌절감을 안기는 일이었을 것이다. 그러니 그가 서쪽으로 향하는 항해에 관해서는 그토록 최소한으로만 기술한 것이 당연하다.

룩 호는 빠르게 나아가 1701년 3월 말쯤 수라트에 이르렀다. 그러고는 그

곳과 페르시아, 실론 사이를 1년간 순회했는데, 실론에서 귀한 상품들로 짐칸을 가득 채운 상태로 계절풍 때문에 몇 달 간 발이 묶였다. 마침내 희망봉과 고국으로 진로를 정하게 되었을 때 시먼스가 얼마나 안도했을지 상상이 된다. 항해는 길었다. 당연히 개인적인 좌절에 더해 기력이 소진되는 일이기도 했다. 그런데 갈로Gallo(오늘날 스리랑카의 갈레Galle)에서 불과 닷새를 보냈을 때인 1702년 4월 30일에 우리는 그날의 위도 아래에 이렇게 적힌 작은 메모를 보게 된다. "선장이 병이 났다." 그는 계속 쓰기를 이어간다. 그러나 5일 뒤에 또 다른 메모가 나온다. "나는 매우 아픈 상태다." 그러다가 배가 인도양의 적도 부근에 있었던 5월 11일에 직업적이고 냉철한 항목으로 일지는 끝난다. 30쪽은 백지로 남은 채. 시먼스 선장은 숨을 거뒀고, 항해사 존 허니컴John Hunnicombe이 지휘를 맡았다.

룩 호의 일지는 작성자 두 사람보다 오래갔다. 룩 호의 일지에 나타난 내적 긴장은 가정불화만 폭로하는 것이 아니라, 노트 필기와 일지 작성에 대한 상충하는 태도도 드러낸다. 아버지 시먼스가 쓴 절반 부분은 마젤란 같은 탐험가들의 마구잡이식 항해일지가 과거의 것임을 사실로 확인해준다. 즉, 이제 배의 선장은 기업체의 간부로, 고국의 주주들을 위해 응당 진행상황과 날씨, 각종 사건을 완전히 기록해야 한다고 여겨졌다.[98] 그러한 점에서 이 일지는 17세기에 일어난 꼼꼼한 기록 작성과 기술적 행정(그리고 이 두 가지와

---

98 한 세대 앞서 로버트 윌리엄스Robert Williams라는 영국 상인이 해상무역에 "필요한 장부 목록"을 엮었다. 그는 프랜시스 베이컨처럼 각기 다른 기능을 지닌 무려 28가지 노트 목록을 열거했다. 그리하여 비록 생전에는 아무런 특별한 영광을 누리지 못했을지라도, 사후에는 기록물을 연구하는 역사학자들이 총애하는 인물이 되었다.

더불어 멀리서 이뤄지는 식민지배)으로의 변화를 깔끔하게 구현한다. 한편 아들 시먼스가 기재한 항목은 순수한 호기심과 발견의 기쁨을 보여준다. 그림 실력은 서툴고, 아모이에 관한 이야기는 선원들이 전해들은 소문과 고정관념에 크게 기대고 있기는 하지만 말이다. 300년이라는 시간차가 있어도 이러한 지적 개방성은 그를 상당히 호감 가는 인물로 만든다.

여행자의 이야기가 두 가지 충동을 모두 만족시킬 수 있음을 보여주는 일지도 있다. 가령 한 세기가 지난 뒤 루이스와 클라크Lewis and Clark(1803년 제퍼슨의 루이지애나 구입Louisiana Purchase에 뒤이어 나온 미국 탐험대)의 로그북(항해일지)에는 단도직입적인 항해와 기상학 자료만이 아니라 정확하게 측량된 지도, 풍경 스케치, 식물군과 동물상의 소묘, 진행상황과 각종 사건에 관한 장문식 기재항목도 들어가 있었다. 두 사람이 돌아올 때 함께 가져온 작은 노트 18권에는 호기심 많고 엉뚱 기발한 제임스 시먼스가 아주 좋아했을 법한 여러 이미지와 부수적인 세부사항들(격식을 따지고 꼼꼼한 그의 아버지가 경의를 표했을 법한 지도학은 물론이고)이 꽉 들어차 있다.

시먼스 부자가 의견이 일치할 수 없었던 것은 안타까운 일이다. 이 두 사람, 그리고 불운한 항해를 했던 승무원들이 애석할 따름이다. 어쩌면 제임스는 그 앨버트로스를 총으로 쏘지 말았어야 했는지도 모른다.[99]

---

99 유럽에서는 예로부터 앨버트로스를 죽이면 흉운이 따른다고 여겼다. (옮긴이 주)

19장 | "내 생각에는,"

박물학자들의 노트, 1551~1859년

자연계에 관한 연구는 고대그리스로마시대와 중세 내내 일관되게 이어졌다. 어디든 제대로 된 괜찮은 수준의 도서관은 채색 식물표본첩herbarium과 동물우화집bestiary을 보유했던 때인데, 대개는 전자가 후자보다 더 현실에 기반을 둔 것이었다. 그런데 식물학과 동물학은 후기 르네상스 시대에, 그러고는 18세기와 19세기에 다시금 더더욱 속도를 올렸다. 각 시점마다 노트는 새로운 쓰임새를 드러내며 박물학자들이 새로이 관찰하고 새로이 추론하는 데 보탬이 되었다.

스위스의 학자 콘라트 게스너Conrad Gessner(우리의 네덜란드 청어 예술가 아드리안 쿠넌과 거의 동시대인이다)는 어마어마하게 광범위한 전문지식을 보유했고, 23세 무렵 그리스어-라틴어 이중언어 사전을 엮어서 출간했다. 그러고 나서는 의학, 수학, 물리학, 천문학, 철학, 윤리학으로 관심의 방향을 돌렸다. 그러나 가장 놀라운 성취를 거둔 것은 자연주의naturalism에서였다. 1551년과 1558년 사이 그는 동물계에 관해 조사한, 목판인쇄 삽화가 풍성하게 들어간 4500쪽 분량의 책 다섯 권을 출판하여 엄청난 성공을 거두었다. 게스너가 프로테스탄트여서 교황 바오로 4세에 의해 블랙리스트에 오르기는 했지만 말이다. 《동물지Historia animalium》는 관찰과 구체적인 정보, 신화와 우화(표범에 기울이는 관심만큼 유니콘에도 주목한다)가 결합되어 있기는 하지만, 그 풍성함은 생명과학에서 엄청난 진전에 해당했다. 더군다나 게스너는 쉬지 않았다. 즉, 《동물지》가 인쇄되고 있던 바로 그때 속편인 《식물지Historia plantarum》에 한창 공을 들이고 있었다. 식물계에 대해 동일한 작업을 하는 것을 목표로 삼은 책이었다.

《식물지》를 쓰는 데 사용한 그의 작업노트 중 두 권이 에를랑겐뉘른베르크대학교Erlangen-Nürnberg University 도서관의 소장품으로 현존한다. 레오나르도 다빈치처럼 게스너 역시 뭔가를 면밀히 관찰하는 가장 좋은 방법은 그것을 그려보는 것임을 잘 알았다. 그래서 그의 노트 지면은 여러 소묘와 회화(대부분 게스너가 직접 그렸고, 일부는 영국인 동료 토머스 페니Thomas Penny가 그렸다)가 갖가지 정보와 결합했다. 즉, 각 이미지 옆에는 그 표본의 서식지와 습성, 개체 수에 관한 메모가 자리한다. 이처럼 살아 있는 생물에 대한 관찰내용에는 대체로 플리니우스와 갈레노스, 또는 게스너와 서신을 주고받은 국제적인 인적 네트워크로부터 가져온 인용구가 수반되어 있다. 활자본에서 오려낸 조각들도 특징적으로 들어가 있다. 게스너가 상세한 내용을 추가하고 주제의 특성을 숙고할 때 실제로 작동한 협업과정을 지켜볼 수 있는 수준이다.

용담과Gentian family에 속하는 한 식물에 관한 지면(323쪽 참조)에는 발달단계에 따라 달라지는 모습이 고스란히 담겨 있다. 줄기에서 터져 나오는 연쇄적인 개화 진행 과정, 꼬투리와 뿌리 구조를 상세히 보여주는 스케치다. 게스너는 어떤 품종이 언제 꽃을 피우는지 알려주는데, 삭제한 부분은 진행 중인 수정 과정을 보여준다. 비망록 작성자가 표제어로 돌아갔듯, 게스너는

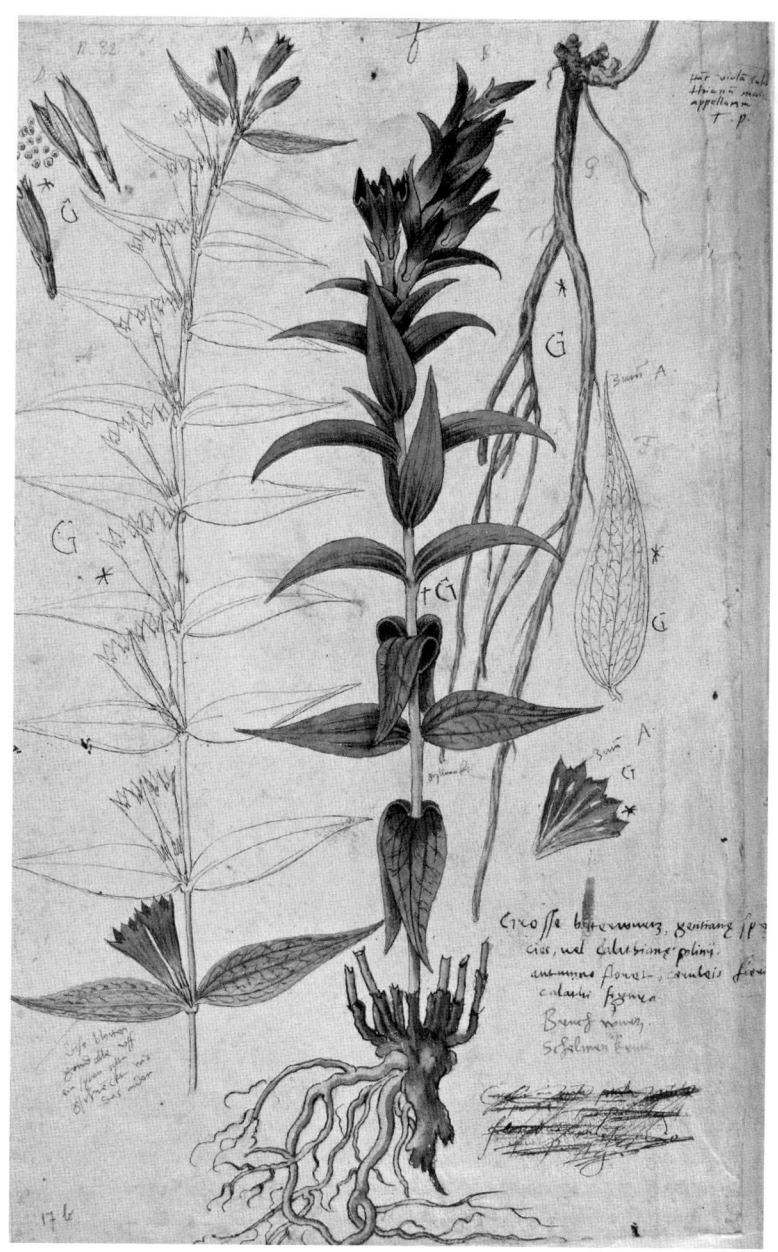

《식물지》에 실린 용담과에 속한 식물에 관한 이 지면은
게스너의 작업 과정이 얼마나 철저하고 다층적이었을지 보여준다.

시간이 흐르면서 각 페이지마다 새로운 관찰내용과 참고 자료를 추가했다. 한 가지 식물이 유난히 그를 괴롭히면서 모순된 이유를 깨달을 때까지 거듭 되돌아가게 만들었다. 다름 아닌, 북아메리카에서 이제 막 들어온 담배였다. 특히나 생동감이 넘치는 또 다른 지면은 대마과cannabis family에 속하는 한 식물을 경이로울 정도로 상세히 묘사한다. 다만 그 식물의 용도에 관해서는 아무런 언급이 없다.

게스너는 《식물지》를 쓰기 위한 준비작업으로 이처럼 아름다운 항목 약 800개를 취합했다. 그러나 그의 노고는 결실을 보지 못할 터였다. 1565년 말 그는 흑사병으로 사망했다. 취리히의 도시 보건의로 일하다가 걸린 듯하다. 그리하여 그의 삽화와 실례는 비록 초야에 묻히지는 않았으나 200년 동안 제대로 출판되지 않았다. 이 책이 발표되었을 무렵에는 이미 수많은 식물학자들이 유사한 작업물을 내놓은 상황이었다. 그러나 그의 노트는 믿기 힘들 정도로 아름다울 뿐 아니라, 에라스뮈스가 널리 전파한 지식의 체계적인 수집과 정리가 그저 인문학만이 아니라 생명과학에도 적용될 수 있음을 입증했다.

게스너와 동시대인들의 정밀한 관찰은 중세의 마구잡이식(대체로 아름답더라도) 채색 식물표본첩에서 벗어난 주요한 진일보에 해당했다. 그러나 실증적 자료 수집이 이 세계를 아는 데 필요한 단계이기는 했어도, 그것이 보다 심도 있는 이론적 해석에 꼭 도움이 되지는 않았다. 게스너가 세상을 떠나고 나서 50년이 지난 뒤 프랜시스 베이컨이 관찰한 바를 토대로 이렇게 얘기했듯 말이다. "자연과 실험의 역사는 너무도 다양하고 산재하기에 이해를 좌절시키고 방해한다. 올바른 순서에 따라 제한되고 배치되지 않으면 말이다. 따라서 우리는 반드시 이해가 제대로 작동할 만한 그 같은 방식과 순서대로 여러 사례에 관한 모종의 표와 서열을 구성해야 한다."

따라서 다음 단계는 범주화의 체계를 마련하는 것이었다. 베이컨과 동시대 사람인 스위스의 카스파어 바우힌Caspar Bauhin은 대략 6000종을 서술하면서 그것들을 분류하는 일에 착수했다. 잉글랜드의 존 레이John Ray와 프랑스의 조제프 피통 드 투르느포르Joseph Pitton de Tournefort는 각각 종species과 속genus의 정의를 강구했다. 그런데 여러 차례 판을 거듭하며 오늘날 우리에게까지 알려진 체계를 개발한 사람은 다름 아닌 북부 유럽 출신의 한 학자가 될 터였다.

1707년 스웨덴 남부에서 태어난 칼 린나이우스Carl Linnaeus[100]는 게스너 같은 인간에게 있었던 예술적 기량이 부족했기에, 그 대신 오롯이 글로 쓴 설명과 자신이 수집한 표본에 의지했다. 그러나 그는 더 큰 그림을 볼 줄 아는 진귀한 재능을 지니고 있었다. 동시대의 거의 모든 지식인들처럼 그도 열정적인 노트지기였다. 조수들과 함께 여행일지에 수많은 식물과 동물, 지질을 줄기차게 기록하고 묘사했다. 또 〈마누스크립타 메디카Manuscripta Medica〉로 불리는 각종 목록과 표, 도해, 발췌문으로 꽉 채워진 500쪽짜리 노트를 포함한 비망록도 여러 권 작성했다. 과학사학자 슈타판 뮐러빌레Staffan Müller-Wille가 표현한 바에 따르면 이러했다. "린나이우스는 정보를 이차원적 언어 체계로 바꿔놓는 방식으로 축적하고 처리하고 있었는데 지면 공간을 철저하고도 편의적으로 사용하여 지도처럼 풍부한 정보를 시각적으로 파악할

---

100 훗날 칼 폰 린네Carl von Linne로 알려지게 된다. (옮긴이 주)

린나이우스의 1732년 라플란드 여행일지 중 한 페이지. 저 모기를 주목하기 바란다.

수 있게 했다." 한편 그보다 훨씬 분량이 짧은 또 다른 노트 〈스폴리아 보타니카Spolia Botanica〉는 "다양한 분류 방법과 시각적 표현을 만지작거리는 식으로 자료를 실험하는" 모습을 보여준다.

〈스폴리아 보타니카〉에서 린나이우스는 기존의 세 가지 분류 체계를 스웨덴 지역 세 곳의 식물군에 적용하는 방식으로 시험해보았다. 그 어느 때보다 많은 자료를 모으자 그는 색인카드로 넘어갔다. 이 색인카드들은(제본된 노트와 달리) 그의 목록에 새로운 항목을 무한정 추가할 수 있게 해주었다. 결과적으로 식물에 관한 기록을 공통 표제에 따라 정리하는 작업은 그에게 종을 이해하는 새로운 방식을 제공했다. 뮐러빌레와 그의 동료 이자벨 차먼티어Isabelle Charmantier가 결론 내린 바에 따르면 다음과 같다. "그때부터 이 세계는 서로 다른 식물 종과 동물 종뿐 아니라, 서로 다른 속과 목order도 거하는 곳이 되었다. 요컨대 그 뒤로 박물학자와 생물학자들이 유기체의 '자연 분류natural system'라고 불러온 것이 꼴을 갖추었다."

그러나 린나이우스의 가장 유의미한 성취는 《자연의 체계Systema Naturae》였다. 1758년 10번째 개정판을 내면서 현대의 분류학자들도 여전히 감탄을 금치 못하는 고도의 정교함과 일관성에 도달할 때까지 지속적으로 재작업한 책이다. 수년에 걸쳐 시간이 흐르는 동안 《자연의 체계》는 특대형 11페이지에서 6000쪽이 넘는 분량으로 늘어났다. 그런데 각 판본마다 개정 작업을 할 때 린나이우스는 백지와 활자가 인쇄된 지면이 번갈아 나오는 특별한 삽지 사본(책과 공책의 실용적 혼종)을 사용했다. 거기에다 이빨의 숫자와 형태에 따라 포유류를, 부리와 발에 따라 조류를, 지느러미의 위치에 따라 어류를, 그 밖의 등등을 정리했다. 지구상의 알려진 생명체에 관한 눈부신 총체로.

뮐러빌레와 차먼티어는 린나이우스가 학문적 진공 상태에서 외부와 단절된 채 연구하지 않았음을 강조한다. "그의 모험적인 대규모 자료 수집 계획은 광범위한 기술 체계(제지업과 인쇄기, 서적 시장, 그리고 국제 우편통신 체계, 여러 무역회사의 선박과 통상 거류지)에도 의존했다. 이런 체계가 없었다면 그의 활동은 새로운 차원의 추상화와 일반화에 도달하는 데 필요한 수준까지 결코 이를 수 없었다."

린나이우스는(초서, 콜베르, 로도스의 미카엘처럼) 상업적으로 서로 연결된 세상에서 살았다. 이러한 상업적 연관성의 지속은 생명과학에서 그다음의 위대한 이론적 비약으로 이어지게 된다.

1828년 8월 12일 영국의 한 해군장교가 아주 작은 어느 항구에서 끔찍한 죽음을 맞았다. 300년 전 알보가 그토록 숨 가쁘게 묘사했던 마젤란해협에 위치한, 비통하게도 포트 패민Port Famine(기아의 항구)으로 알려진 곳에서였다. 프링글 스토크스Pringle Stokes 선장은 영국의 식민지 속국들을 지켜내려면 세계의 모든 해로를 알고 있어야 하는 영국해군을 위해 이 지역의 지도를 제작하고 있었다. 그런데 그 중압감이 타격을 입힌 것이다. 외로움, 그리고 남반구의 끔찍한 겨울 환경 때문에 깨부술 수 없는 우울감에 몰린 그는 자신의 머리를 총으로 쐈다. 그런데 그는 총알 때문에 죽지는 않았다. 그러니까 의식이 있는 상태에서 열하루가 지난 뒤 괴저로 숨졌다. 그가 이끈 세 돛대 바크barque범선인 측량선의 지휘권은 이내 젊은 장교 로버트 피츠로이Robert FitzRoy에게 넘어갔다. 피츠로이는 불운한 스토크스와 함께 항해하지는 않았지만, 그가 시달린 극심한 고립과 스트레스가 어떤 것인지는 잘 알았다. 그래서 3년이 흐른 뒤 다시 남대양으로 가라는 명령을 받은 피츠로이 함장은 해군의 규율이나 서열에 얽매이지 않으면서 서로 대화할 동료 선원을 물색했다. 다시 말해 "나의 과학적 취향을 공유하고, 이 탐험의 기회를 자연주의 연구조사로 유익하게 활용하며, 동등한 상대로서 나와 함께 식사하고, 평범한 인간의 우정 비슷한 것을 제공해줘야 하는" 사람, 즉 "벗"이라고 그는 썼다. 이 소식이 알려지자 경험이 없어 미숙한(다만 열정은 넘치는) 한 학생이 그의 제안을 받아들였다. 1831년 크리스마스 직후, 찰스 다윈Charles

Darwin은 왕립해군함HMS 비글Beagle 호에 올랐다.

이따금 언쟁을 벌이고, 종교와 노예제에 관해 서로 대립하는 관점을 견지하기는 했지만, 피츠로이와 다윈은 딱 떨어지는 상호보완적인 역할로 이루어진 우정 어린 업무관계를 구축했다. 선장의 과업은 남아메리카 연안 해역의 지도를 작성하는 것이었고, 선객의 과업은 내륙의 지질을 조사하는 것이었다. 장차 이 원정이 얼마나 중대한 결과로 판명될지 두 사람 다 꿈에도 생각하지 못했다.

고용계약을 맺을 당시 다윈은 고작 스물두 살이었다. 지질학 경험은 2주 동안 웨일스의 지층 지도를 만든 것이 다였다. 그리고 박물학자로서 그는 나무좀이나 따개비에 대해 뭐든 아는 것이 거의 없었다. 그러나 이러한 전문 지식의 부족함을 에너지와 열린 자세, 그리고 기꺼이 배우고자 하는 열의로 보완했다. 그러한 면모는 비글 호의 첫 번째 기항지인 베르데제도 곶에서 발현했다. "나에게는 잊지 못할 시간이었다. 내가 휴식을 취했던 곳 아래의 낮은 용암절벽을 지금도 똑똑히 떠올릴 수 있다. 뜨겁게 이글거리는 태양과 근처에서 자라는 낯선 사막식물 몇 포기, 그리고 내 발치의 조수 웅덩이 속 살아 있는 산호들을"이라고 훗날 그는 서술했다. 설레는 마음으로 작업에 착수한 다윈은 자신이 본 모든 것을 포켓 노트에 기술했다. 크기는 12×8센티미터에 불과하고, 빨간색 가죽 표지에 황동 걸쇠가 달린 수첩이었다. 첫 몇 페이지에는 대충 연필로 적은 산수식이 나오는데, 피츠로이와 그가 가지고 있던 육분의의 도움을 받아 바오바브나무baobab tree의 높이를 어떻게 계산했는지 보여준다. 그리고 나서는 어느 절벽면의 개략적인 도해를 그리고는 서로 다른 암석층을 이런 식으로 메모한다. "장석질 바위 절벽 위 S 장석 결정질은 암석 바다 산호를 분해한다." 대다수 기록은 이해할 수 없을 정도로 축약되어 있다. "최신 각력암으로 된 벽돌 도마뱀 McC를 먹는 호반새"라고 적혀 있고, 이어서 몇 페이지 뒤에는 "조개껍데기 우유 크림 취관에 따른 작용 오래된 것들 시도하다 달아나고 뛰어오르는 게들 염소젖 7일에 조사된 11일에 직경이 대략 .0001인 작은 극미동물로 구성된"이라고 쓰여 있다.

3주 뒤 비글 호는 리우데자네이루를 향해 출항했다. 이곳에서 항해의 패턴 자체가 확립되었다. 즉, 피츠로이가 해안선을 순항하면서 현지 수역을 측량하고 지도를 만드는 동안, 다윈은 뭍에 올라 관찰하고 표본을 수집했다. 피츠로이가 일을 마치면 다윈이 배에 다시 합류했고, 두 사람은 다음 목적지로 출항하는 식이었다. 각종 화석, 암석 표본, 흥미로운 야생생물의 사체를 거추장스러울 정도로 잔뜩 이고 지고 돌아오곤 했지만, 다윈은 이 짧은 여행길에 짐을 되도록 적게 휴대했다. 오로지 읽을 책 한 권(대개는 밀턴의 《실낙원》), 그리고 단 한 권의 노트만 챙겼다.

이렇게 최소한으로 접근한 덕분에 현장수첩 15권 하나하나에 모두 광범위하고 다양한 항목이 기재될 수밖에 없었다. 다시 말해 다윈의 눈을 붙든 것이라면 무엇이든 들어갔다. 그러다 보니 공식적인 지질학 관찰 내용이 그의 경로, 지출 비용, 그가 만난 사람들 등등에 관한 기록들 틈에 자리한다. 다윈은 각 노트마다 그 수첩을 처음 사용한 장소의 지명을 따서 이름을 붙였다. 따라서 그가 노트에 붙인 종이 라벨을 보면 왕립해군함 비글 호가 이동한 광폭의 여정을 알 수 있다. 베르데 곶, 리우, 부에노스아이레스, 포클랜드, 바이아블랑카Bahía Blanca, 산타페Santa Fé, 반다 오리엔탈Banda Oriental, 포트 디자이어Port Desire, 발파라이소, 산티아고, 갈라파고스, 코킴보Coquimbo, 코피아포Copiapò, 데스포블라도Despoblado, 시드니. 노트는 두 권을 제외하면 하나같이 기자수첩처럼 위쪽으로 펼쳐지는데, 다윈은 그 작은 지면(전부 17×13센티미터를 넘지 않았다)을 가로질러 밑줄과 대시(—), 약어를 빈번하게 사용하면서 재빨리 기록을 남겼다. "그것들은 최악이다"라고 역사학자 존 반 와이John van Wyhe는 말한다. 다윈이 남긴 기록물을 수십 년 동안 연구해온 그는 그 노트들을 누구보다 잘 아는 사람이다. "책상에서 쓰이지 않고, 대개는 연필로 작성한, 단문에 스타카토식 메모들로 글씨체도 엉망인 데다 아주 흐릿한, 불가사의한 지질학적 내용이 담겨 있다." 그런데도 그 기록들은 효과가 있었다.

다윈의 지질학적 임무는 고된 짧은 내륙여행 중에 작성된 바위층에 관한 상세한 묘사, 스케치, 도해가 숱하게 필요한 일이었다. 베르데 곶 절벽면은 시작은 소박했으나 경탄할 만한 수준의 성취를 이뤄낸 과제였다. 즉, 다윈의

아르헨티나 바이아블랑카에서 비글 호 선상에 있는 (모자를 쓰고 연미복을 입은) 다윈. 이 배에 승선한 화가 아우구스투스 얼Augustus Earle이 그린 캐리커처다.

가장 위대한 업적 가운데 하나는 주로 "산타페 노트"에 기록된 안데스산맥의 횡단면도로, 놀라우리만치 정확한 것으로 드러났다. 결과적으로 이러한 바위들 가운데 대다수에서 화석이 산출되었는데, 재미있어 하는 비글 호 승무원들에게는 "누가 봐도 쓰레기" 같았으나, 고국인 영국에서는 탁송한 다윈의 표본이 도착했을 때 격렬한 논쟁을 촉발하게 된다. "바이아블랑카 노트"에 다윈은 현존하는 지역 종과 분명히 관련되어 있는 고대 아르마딜로를 비롯한 풍부한 화석층의 발굴을 기록했다. 그는 유사한 퇴적층에서 말의 이빨을 발견하고는 의아해하다가 골똘히 생각한 끝에 말들이 남아메리카에서 살다가 멸종된 뒤 스페인의 식민지 개척자들과 함께 돌아왔으리라는 아주 흥미로운 가능성을 제기했다. "포클랜드 섬 노트"에는 그 시점에 유럽 바깥에서는 알려지지 않은 데본기Devonian의 완족동물류를 발견한 일을 기록했는데, 모든 화석화된 유기체 중 가장 오래된 것으로 여겨졌다. 이 노트에는 어떤 종이 명확하게 제한된 지역에 국한되어 있는 현상인 섬 고유성island endemism에 대한 다윈의 최초의 생각이 나와 있기도 하다. 모든 발견물이 지구의 역사와 종의 발달에 대한 새로운 정보를 제공하는 한편 새로운 질문들을 제기하는 듯했다.

유럽의 동물상과는 너무나도 다른 남아메리카의 살아 있는 동물들은 다윈을 사로잡았다. 식량으로 쓰려고 총을 쏴서 죽인 레아rhea의 사체를 통해 그는 날지 못하는 이 거대한 새가 실은 뚜렷이 구별되는 두 가지 종으로 존재한다는 사실을 깨달았다. 그러나 기구한 운명을 맞은 표본이 대부분 이미 먹히고 난 뒤에야 추론했기에, 분류는 맛없는 머리와 목, 발에 의존했다. 그리고 그 내용을 "부에노스아이레스 노트"에 기술했고, 케임브리지로 보냈다. "카핀차스capinchas 똥은 아주 달큰한 냄새가 난다."(아마 틀림없이 자신의 전문분야에 속하는 쇠똥구리 때문에 면밀히 살펴봤을 것이다)라고 그는 기록했다. 땅속에 사는 투코투코tuco-tuco는 한 가지 의문을 제기했다. 굴을 파고 사는 천공동물인 이 설치류는 어째서 눈을 갖고 있었을까? 거의 쓸 일이 없는 데다 보통은 감염되어 눈이 멀게 되는데 말이다. 보다 논쟁적인 질문들도 있었다. 왜 어떤 동물은 신의 힘으로 그처럼 내재된 설계 결함을 타고나게 창조되었을까? 또 갈라파고스군도에 사는 동족인 조류와 파충류 종은 약간의 환경 차이에 어떻게 적응했을까?

이 노트들에는 남아메리카 토착인구와 유럽인의 도래에 대한 다윈의 관심도 드러나 있다. 웨일스나 잉글랜드의 이민자들은 거의 모든 항구에서 친구가 되어 주었다. 잠깐씩 유람할 때마다 그는 현지의 산업과 농업, 그리고 현지인들이 살아가는 방식을 기록했다. 부에노스아이레스에서 갈라파고스까지 노트들을 보면 다윈이 "세뇨리타señorita(아가씨)들"의 관찰을 얼마나 큰 낙으로 삼았는지 나온다. 리마Lima에서 그는 "눈을 뗄 수 없게 하는 인어 같은 숙녀들"에 관해 쓴다. 풍경은 자주 정서적으로 영향을 미쳤다. 즉, 어떤 광경을 묘사할 때 다윈은 보통 그 장면이 자아내는 정조를 정확히 담아내는 한두 단어를 집어넣는다. 티에라델푸에고Tierra del Fuego의 평평하고 매우 건조한 불모지와 포클랜드제도의 황량한 이탄층은 그를 우울하게 만들었고, 풍요로운 브라질의 밀림은 그의 기운을 북돋았는데, 무엇보다도 부에노스아이레스 근처의 버드나무와 포플러가 우거진 어느 초원에서 그랬듯 잉글랜드의 은은한 녹색 풍경을 떠올리게 해주는 장소를 찾아내면 무척 좋아했다.

항해가 진행되어감에 따라 다윈은 자신의 현장기록이 지닌 가치를 더욱 자각하게 되었고, 따라서 보다 길고 상세하게 작성하기 시작했다. 훗날 그는 이렇게 쓴다. "'기억에는 믿을 게 전혀 없다'라는 말을 수집가의 좌우명으로 삼게 하라. 그도 그럴 것이, 기억은 한 가지 흥미로운 대상에 뒤이어 그보다 훨씬 더 흥미로운 다른 대상이 나타났을 때 변덕스러운 수호자가 되는 탓이다." 다윈은 남아메리카와 갈라파고스제도를 뒤로 하고서야 비로소 고삐를 느슨하게 풀었다. 즉, 몇 권 안 되는 마지막 노트들에 기재된 항목은 더 줄어들었다. 또 시드니에서 돌아가는 긴 항해 도중에 들른 기항지에는 관심을 덜 기울였다.

그러나 그렇다고 해서 게으름을 피웠다는 뜻은 아니다. 굉장히 적극적으로 축약된 기록이 담긴 현장수첩들은 절차의 첫 번째 단계에 해당했을 뿐이기 때문이다. 물 여행은 되도록 빠르게 일관성 있는 서사로 완전하게 작성될 터였다. 파타고니아의 외딴 항구인 포트 디자이어에서 작성된 "몇 백 년이나 되었을까. 앞으로 얼마나…… 고운 빛깔의 암석들 절묘한 경관"이라는 메모는 일기에서 다음과 같이, 상당한 정도로 더욱 기억을 환기하는 문장이 되었다.

> 정적과 황량함뿐이다. 이 같이 몇 세기가 지났을지, 그리고 앞으로 얼마나 더 지나도록 이 같이 남아 있을지 사색하게 된다. 그런데 빛나는 대상 하나 없는 이 광경에 내가 설명할 수도 이해할 수도 없는 크나큰 즐거움이 존재한다.

한편 동물학, 지질학, 조류학적 관찰은 묶이지 않은 풀스캡foolscap판[101] 낱장 용지에 공식적인 항목으로 기재되었는데, 다윈은 수많은 표본을 묘사하고, 자신이 관찰한 내용을 가능한 경우 간행된 문헌과 연결 지어놓기도 했다. 비글 호는 피츠로이의 책과 다윈의 책을 사이에 두고 최신 참고자료 도서관을 싣고 다녔고, 다윈은 현장수첩에 최소 19명에 이르는 저자들의 작품을 언급한다. 현장 노트를 가지고 서서히 작업을 진행해나가는 과정에서 다윈은 상인들이 원장에 옮겨 적을 때 분개장에 적힌 거래 내역을 선을 그어 지웠듯 수첩에 적힌 항목을 줄을 그어 지웠다. 그리고 현장 노트의 내용을 전부 옮기지 않았는데 다시 뭍으로 가야 할 경우에는 이미 취득한 정보를 잃어버리는 일이 없도록 다른 노트를 가져갔다. 그러다 보니 노트끼리 서로 겹치는 상황이 발생하는데, 독자가 기재된 항목을 시간순으로 읽으려면 이 노트에서 저 노트로 넘어갔다가 다시 돌아와야 한다.

배의 함장과 젠틀맨 계급의 과학자는 피츠로이가 다윈의 탐험대 합류를 독려하기 위해 함께 쓰기로 동의한 숙소에서 같이 앉아 글을 쓰곤 했다. 이렇듯 문서작업에 전념하다 보니 편지를 쓸 기력이 거의 남지 않았다. 그래서 다윈은 항해 초기에 누나인 캐럴라인에게 편지 대신 현장노트 가운데 첫 번째 것을 보냈다. 다음과 같은 설명 글을 써서 말이다.

> 갑자기 이 노트에 정나미가 뚝 떨어져서 내 눈앞에서 사라졌으면 하는 마음이 들었어요. 누구든 좋아하는 사람은 읽을 만할지도 모르겠

---

101 크기가 약 40×30센티미터인 대판양지. (옮긴이 주)

네요. 그래도 상당 부분은 유치하기 짝이 없답니다. 그러나 이건 기억해줘요. 이건 순전히 내가 이 항해를 잊지 않도록 하려고 쓴 것이고, 사실이 아니라 내 생각을 기록한 것임을요.

일단 노트가 자기 손에서 떠나자 그는 생각이 바뀌었다. 그다음에 쓴 편지에서 가족들에게 노트가 분실되지 않도록 해달라고 당부한 것이다. "노트를 잃는 것은 내 기억의 일부를 잃는 것과 마찬가지예요"라면서 말이다. 다윈은 걱정할 필요가 없었다. 그의 가족은 신중하게 골라서 그 노트를 공유했고, 비글 호가 계속해서 갈 길을 가는 동안 그 노트의 내용이 점점 더 큰 관심을 얻었던 것이다.

다윈은 현장에서 쓰기로 선택한 노트에 인색하지 않았다. "가죽 장정에 고급으로, 내가 느껴본 것 중 최고의 종이에 속해요"라고 본인도 문구 전문가나 다름없는 반 와이는 언급한다. 5년이나 집을 떠나 있을 줄은 몰랐던 다윈은 노트를 충분히 챙기지 못했기에 도중에 주기적으로 비축해둬야 했다. 그러다 보니 그가 가지고 돌아온, 그리고 남은 평생 신경 써서 간수했던 그 노트 모음은 몇 가지 서로 다른 양식으로 구성되었다.

오늘날 학자들 사이에서 "5형Type 5"으로 알려진 한 그룹은 19세기 초에 반짝 인기를 누린 혁신으로 여겨진다. 홀앤드컴퍼니Hall & Co.가 발명한 "벨벳페이퍼Velvet Paper"로 제작된 이 노트들의 지면은 특허를 받은 화학용액이 잔뜩 스며 있어서, 특별한 금속성 연필에 반응해 방수가 되는 짙은 선을 만들어냈다. 이 점 때문에 홀앤드컴퍼니에서 광고 대상으로 삼은 "상인, 중개인, 측량사, 여행자, 농민, 목축업자들"처럼 야외에서 필기를 하는 사람들의 마음을 끌게 되었다. 새뮤얼 테일러 콜리지는 레이크디스트릭트Lake District를 탐사할 때 벨벳 페이퍼 노트를 사용했고, J. M. W. 터너Turner도 이 노트에 스케치를 했다. 여러 회사가 런던에서 이 노트를 수출했다. 다윈은 1835년 비글 호가 두 차례 방문한 곳이자 유럽 상선이 빈번하게 들르던 발파라이소에서 몇 권 안 되는 이 노트와 거기에 딸린 연필을 입수한 듯하다.

다윈은 1836년 5월 희망봉 연안의 어딘가에서 이 "5형" 노트 가운데 한 권을 쓰기 시작했는데, 그의 노트 작성에 또 한 번 유의미한 변화가 나타난다. 가죽 표지의 색깔 때문에 현재 "레드 노트Red Notebook"로 알려진 이 공책은 처음으로 오로지 이론적 고찰에만 할애한 노트였다. 모든 현장 노트에는 질문들(가장 흔하게는 특정 암반층의 기원에 관한 추측들)이 담겨 있다. 그런데 "레드 노트"에서 다윈은 관찰에서 완전히 벗어나 이론적 고찰을 마음껏 풀어놓으며 혼자서, 그리고 훔볼트Humboldt, 라이엘Lyell, 폰 부흐von Buch[102] 같은 동시대인들과 지질학적 견해를 숙고하며 검토했다. 추후 출판을 염두에 둔 상태에서 말이다. "칠레의 안데스산맥이 식물의 지리적 범위를 가르는 것일까[?]"라고 그는 궁금하게 여긴다. 그러다가 "어떤 바위든지 켈프Kelp[103]로 물에 떠 있지 않은 상태에서 남대양의 저조 밑에 위치한 경우는 전혀 없음을 역설해야 한다"는 점을 스스로 상기한다. "온 세상의 지질학적 기원은 알고 보면 단순할 것이다"라고 그는 쓴다. 얼마간 낙관적으로.

---

102 알렉산더 폰 훔볼트Alexander von Humboldt, 찰스 라이엘 경Sir Charles Lyell, 레오폴트 폰 부흐Leopold von Buch를 일컫는다. (옮긴이 주)

103 다시마과에 속하는 대형 갈조류. (옮긴이 주)

1836년 10월 즈음, 비글 호가 고국을 떠나 있은 지 5년 만에 팰머스Falmouth의 부두에 들어갔을 때, 다윈의 운기는 이미 상승세였다. 케임브리지대학교 재학 당시 멘토였던 존 헨슬로John Henslow 교수가 그전 해에 그가 보낸 편지에서 뽑은 발췌문을 발표하면서, 이 청년은 저도 모르게 찾는 사람이 많은 존재가 되어 있었다. 강연을 하고, 무수히 많은 지질학, 조류학, 식물학, 동물학 표본의 목록을 작성하고 분류하는 작업에 더해 피츠로이와 공동 간행본으로 자신의 비글 호 일지를 편집하고 출간하는 데 전념했다. 1837년 7월 한창 이런 활동을 하던 와중에 그는 또 다른 노트를 쓰기 시작했다. "레드 노트"처럼 생각을 성찰하고 추측하고 따져 묻는 데 할애될 노트였다. 그가 "B"라고 라벨을 붙인 이 노트는 현재 다윈이 자연선택에 의한 진화 이론을 최초로 생각해낸 공간으로 자주(그다지 정확하지는 않게) 인용된다. 그러한 명성을 얻게 된 것은 그가 그린 "생명의 나무tree of life" 도해 덕분이다. 공통조상에서 분화하는 다양한 종을 보여주는데, 다른 종이 생존하는 동안 어떤 종은 멸종한다.

간결한 도입부 "I think(내 생각에는)"는 결론보다는 과정을 표현한다. 그리고 이 도해는 탐구 여정의 종점이 아니라 중간 기항지에 해당했다. 실제로 이 이론적 노트들은 산만하고 비선형적인 사고과정을 드러내 보이는데, 그 과정에서 다윈은 사례에 답하지 못하는 개념은 뭐든 쉽사리 거부했다. 다윈이 남아메리카에서 그랬듯 항상 노트를 손닿는 곳에 두는 습관을 유지했다는 것도 분명하다. "그는 서재나 신사들이 모이는 클럽에서 책을 읽거나 대화를 나눌 때면 으레 노트를 꺼내는 사람이었어요. 그러니 어떤 면에서는 여전히 자료를 수집하는 현장 노트인 셈이죠"라고 반 와이는 나에게 말했다.

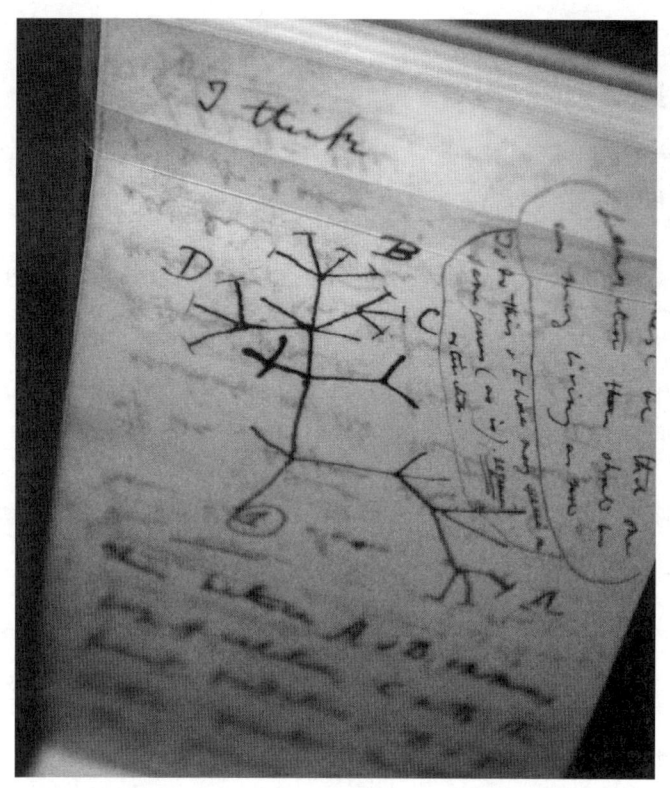

1837년 7월 다윈은 "종의 변이"에 관한 "B" 노트를 작성하기 시작했다.
그리고 이 최초의 진화 나무 위쪽에 "I think(내 생각에는)"라고 적었다.

이미 "레드 노트"의 지면을 이론과 가설로 채웠던 다윈은 노트 지면 위에서 문제를 충분히 생각하는 데 익숙했다. 그는 자신 있게 서로 다른 노트에 서로 다른 지적 기능을 할애했다. 즉, 현장 노트는 즉각적인 비망록의 역할을 했고, 일지에는 살면서 겪은 사건들과 자신의 정서적 반응에 관한 서사를 구성했다. "레드 노트"와 학문적 노트들(통틀어 "변이 노트들transmutation notebooks"이라고도 한다)에서는 상상력을 마음껏 뛰놀게 했다. 스스로 질문을 던지고 꼬리를 물고 이어지는 생각을 거리낌 없이(즉, 문법을 신경 쓰지 않고)

기록한 것이다. 질문들은 범위가 "왜 남아메리카에는 타조가 2[종]일까?"처럼 외견상 난해한 것부터 실존적인 것까지 아울렀다. "인생은 왜 짧을까?"라고 그는 질문했다. "각각의 종은 저마다 변화한다. 그런데 그 변화는 과연 진보일까?"

노트를 읽다 보면 다윈이 자문자답하는 소리가 거의 들리다시피 한다. 그는 "생명의 나무는 어쩌면 맨 아래쪽 가지들이 죽은 생명의 산호coral of life라고 해야 할지도 모르겠다"라고 제안하고는 이렇게 답했다. "아니 지나치게 복잡해지기만 한다." 혼자서 생각을 외재화함으로써 그는 의문을 제기하고 처리하여, 미가공된 가설을 제대로 입증되고 일관성 있게 논증된 이론으로 바꿔놓는 주장을 연마할 수 있었다. 다윈은 한 번이 아니라 여러 번 인쇄매체를 통해 이러한 방식을 설명하면서 연구자들이 "읽기는 완전한 사람을 만들고, 회담은 준비된 사람을 만들며, 쓰기는 정확한 사람을 만든다는 베이컨의 경구를 명심해야 한다"고 권고했다.

다윈의 노트 작성은 프랜시스 베이컨의 28가지 장부 체계에 비해 간결하여 능률적이고 효율적이었지만, 두 사람은 한 가지 중요한 과정을 공유했다. 바로 폐기 장부 또는 현장 노트에 방대한 양의 개략적인 메모를 한 다음 보다 조직적으로 정리된 문서로 옮겨서 분석하고, 그 과정에서 여러 질문을 충분히 생각해본다는 점이었다. "그래서 1839년 무렵 다윈이 'E 노트'를 다 썼을 때는 자연선택에 의한 진화 이론의 기본 틀이 상당 부분 개략적으로 이미 나와 있는 상태였죠"라고 반 와이는 말한다. 이 노트들은 다윈이 비밀스럽게 혁명적인 이론에 공을 들였다는 세간의 일반적인 믿음이 거짓임을 보여주기도 한다. "그건 완전히 잘못된 얘기예요"라고 반 와이는 지적한다.

"그는 사람들 앞에서 그 노트들을 꺼내고, 사람들의 의견을 기록하고, 이론을 모두에게 이야기하는 사람이지 그에 대해 함구하는 사람이 아니었어요."

변이 노트들은 과학사에서 가장 유명한 사례에 속한다. 그리고 노트의 지적 잠재력을 보여주는 데 있어서 다윈의 이야기보다 더 분명한 사례는 있을 수 없다. 아주 작은 노트의 지면에 두서없이 급하게 메모를 휘갈겨 쓰면서 그는 현장 노트를 자신이 본 것을 관찰하고 따져 묻고 판단하도록 유도하는 데 사용했다. 비글 호에 승선했을 당시 다윈은 이러한 원재료들(그저 전보체의 간결한 단어 10만 개)을 거의 2000쪽에 달하는 체계적인 과학적 기록, 그리고 기억을 환기하는 상세한 일기로 바꿔놓았다. 그러고 나서는 "레드 노트"와 그 뒤를 이은 노트들에서 훗날 항해 이후 10년 사이에 출간한 6권의 책을 통해 자신을 당대에 가장 높이 평가되는 과학자 중 한 사람으로 만들어주게 되는(또한 《종의 기원에 관하여 On the Origin of Species》를 통해 우리가 생명에 대해 생각하는 방식을 바꿔놓게 되는) 주장과 발상들을 다듬어 나갔다. 하나같이 구두상자 하나에 딱 맞춤하게 들어가는 분량인 한 무더기의 현장 노트에서 발아한 것들이다.

게스너처럼 다윈도 그의 연구를 성서의 진리에 대한 공격으로 인지한 사람들의 분노를 자극했다. 피츠로이 역시 1860년 《종의 기원에 관하여》가 출간되자 격렬하게 거부하면서, 그 책의 탄생에 자신이 직접(필수적으로) 기여했다는 사실이 이제는 "격심한 고통"을 준다고 주장했다. 피츠로이도 비글 호 항해 이후 사회적 성공을 누렸다. 탁월한 업적을 여럿 남겼지만 그중에서도, 장차 기상청이 되는 정부 부처를 설립했고, "일기예보 weather forecast"라는 용어를 만들어냈으며, 최초로 강풍경보를 발령했다. 그런데 자신의 가장 중

대한 항해에 대해 나중에 느낀 소회가 어떻든지 간에, 피츠로이가 죽음에 이른 방식은 그가 그 항해를 위해 유쾌한 벗을 구한 것이 현명한 처사였음을 증명하게 된다. 프링글 스토크스처럼 우울증과 책임의 무게 때문에 지칠 대로 지친 해군중장 로버트 피츠로이는 1865년 스스로 생을 마감했다.

20장 | 불멸하는 한 가지 방법

다이어리와 저널, 1600년~현재

문구업자들은 수백 년 동안 런던 도심부인 시티오브런던City of London 한복판에 자리한 왕립거래소Royal Exchange에서 영업을 해왔다(새뮤얼 피프스는 그곳에 있던 존 케이드John Cade의 가게에서 자신이 쓸 노트를 구입했다). 19세기 초 그들은 상업, 그리고 도시생활이 변모하는 과정을 보았다. 처음으로 런던 인구가 100만 명에 이르렀고 선박 운송량이 엄청나게 증가했다. 해마다 세계 도처에서 각종 화물을 실어 나르는 배 수만 척이 도착했다. 그러니 1811년 무렵 런던 상인들은 그 어느 때보다 바빴다. 이웃들이 늘 다음 만조 때를 잡으려고 노심초사하며 이리저리 허둥대는 모습을 지켜보던 제본업자 존 레츠John Letts에게 한 가지 아이디어가 떠올랐다. 그리고 해가 바뀔 때 그는 상인들의 삶을 더 편하게 만들어줄 제품을 출시했다. 바로 날짜가 표시된 최초의 다이어리였다.[104]

극도로 실용적인 1812년도 레츠 "데이트북datebook" 안에는 세부 내용이

---

[104] 이 시기에 '다이어리diary'라는 단어는 과거를 기록하는 문서이면서 동시에 하루하루 미래를 예측하는 책력을 지칭하는 데 사용되기도 했다. 일례로, 1741년부터 런던의 서적출판업조합이 매년 펴낸 '신사용 다이어리Gentleman's Diary'는 책력 내용과 수학 퍼즐 그리고 문제로 구성되어 있었다.

거의 없었다. 104쪽짜리 이 수첩은 두 페이지 펼침면에 각각 근무 주간을 배치했는데, 왼쪽 면은 월요일에서 수요일까지, 오른쪽 면은 목요일에서 토요일까지고, 날짜가 기재되어 있었다. 그게 전부였다. 레츠는 고객들이 이처럼 간소한 내용의 가치를 알아보지 못할까 봐 우려했을 수 있다. 그러나 만약 그랬다면 그럴 필요가 없었다. 이 콘셉트는 대성공이었으니까. 매년 그는 개선한 제품과 변형한 제품을 연거푸 추가하면서 데일리 다이어리의 재판을 찍었다. 그리하여 10년이 채 지나지 않아 아주 광범위한 일련의 제품군을 내놓게 되었다. 레츠는 자신이 만든 데이트북이 그간 오래도록 연간 책력이 수집한 것과 같은 실용적인 정보의 타고난 보금자리가 되어줄 수 있음을 깨달았다. 그래서(독실한 사람이라면 주일에 영업하지 않으리라는 이유로 초판에서 뺐던 일요일뿐만 아니라) 실용적인 자료를 넣기 시작했다. 배의 도착과 출발 시각을 결정하는 조석표는 특히 인기가 있다고 밝혀졌다.

상응하는 여성용 다이어리 시장도 속속 생겨나기 시작했다. 1819년 레츠의 경쟁자 가운데 한 명이 "가장 우아하고 편리한 여성용 포켓북"을 내놓았다. 이 수첩은 유행에 민감한 도시 여성에게 유용함을 뽐냈다. "파리 퐁네프 다리의 풍경을 담은 그림으로 꾸며진" 이 수첩에는 "굉장히 다양한 종류의 유용한 글 중에서도 1819년에 열리는 컨트리댄스. 복스홀Vauxhall에서 불린 신곡 등등. 새로운 전세마차 요금, 해크니 가마꾼 요금. 뱃사공 요금. 관공서 목록. 시장 거래품목 표"가 들어 있었다. 아주 작은 포장 안에 든 강력한 제공품이었다.

레츠는 고객들이 미래를 계획하는 데 자신의 발명품이 도움이 되도록 의도했다. 다시 말해 그의 다이어리는 전망적 데이트북prospective datebook인 셈

혁명적인 레츠 다이어리Letts Diary의 첫 번째 버전. 레츠 기록 보관소Letts Archive에 있는 이 사본은 윌리엄 버킹엄William Buckingham이라는 인물이 썼다.

이었다. 그런데 이 다이어리는 뜻밖의 결과를 초래했다. 즉, 레츠의 고객들은 그 다이어리가 최근의 사건들을 기록할 수 있는 회고적 일지retrospective journal와 같은 역할을 한다는 사실을 금세 깨달았다. 그리하여 레츠 다이어리는 인류 역사상 최초로 일기 쓰기를 주류 활동으로 바꿔놓는 데 기여했다. 이에 대해 우리는 다음과 같은 질문을 던져볼 수 있다. 무엇 때문에 늦었을까? 보통 사람들이 삶에서 벌어진 사건들과 그에 대한 자신의 반응을 기록하는 데 왜 그토록 오랜 시간이 걸렸을까?

시기적으로 가장 이른 현존하는 업무일지business journal는 우리에게 전해지는 가장 오래된 파피루스 기록에 있다. 기원전 2562년까지 거슬러 올라가는데, 메레르Merer라는 이집트 관리가 팀을 꾸려 투라Tura의 채석장에서 기자Giza의 대大 피라미드 건설현장까지 나일 강을 따라 약 16킬로미터를 돌을 실어 날랐을 때다. 심하게 훼손된 파피루스 낱장 한 면에 그는 이리저리 오가는 일련의 여정을 기록해놓았다. 메레르의 이름 말고는 아무런 개인정보가 없는 것으로 봐서 이 기록은 그가 모시는 주인들을 위한 보고서임이 분명했다. 이처럼 내성內省, introspection의 기록이 없다는 데서 이것이 전형적인 고대세계의 문서임이 드러난다. 피타고라스 시절부터 그리스 사상가들은 줄곧 자기성찰의 중요성에 관한 글을 썼고, 로마의 세네카는 자기반성을 루킬리우스에게 보낸 편지 중 하나의 주제로 삼았다. 그러나 내면을 들여다보는 방법으로 사적인 글쓰기를 제안한 이는 아무도 없었다. 부유한 로마의 가정에서는 1000년 뒤 피렌체의 계승자들처럼 파피루스 회계장부와 (콤멘타

메레르 파피루스. 기원전 2562년 기자의 대 피라미드 건설공사를 감독한 내용이다.

리아commentaria, 라티오ratio, 쿼티디아눔 디우르남quotidianum diurnam 또는 그리스어로 에페메리데스ephemerides라는 다양한 명칭으로 알려진) 사건에 관한 기록들을 보관했을 테지만, (현존하는 사례가 전무한 탓에 우리가 아는 한에서) 사무적이고 비개인적인 장부들이었다.

아니나 다를까, 고대로마 이후의 세계에 살았던 대부분 문맹인 주민들 역시 일기를 쓰지 않았다. 다만 재미삼아 그 생각을 해본 사람들이 있기는 했다. 7세기에 성 요한 클리마쿠스St John Climacus는 가자 인근의 어느 수도원을 방문한 일을 전했는데, 그곳에서는 모든 형제들이 허리띠에 작은 밀랍판을 휴대하고 다녔다. 문득 자신이 어떤 죄를 저지르고(또는 죄가 되는 생각을 떠올리고) 있음을 깨달으면 갖고 있던 밀랍판에 기록한 뒤, 하루가 저물 무렵 수도원장에게 고해하고 나면 밀랍판을 깨끗이 닦아내는 식이었다. 문자 그대로도 은유적으로도 말이다. 다른 곳의 수도승들은 동시대의 사건에 관한 연대기를 작성하였고, 세속의 역사학자들이 장차 그 뒤를 따르게 되었다. 가령 베네치아 사람인 마린 사누도Marin Sanudo의 장대한 서사시적 일지는 분량이 4만 쪽에 달하고, 1496~1536년의 세월을 아우른다. 그러나 공적 기록으로 의도된 것이었다. 사누도는 베네치아 시에서 돈을 받아 작성했는데, 이 역사서의 초고를 쓰는 동안 그 같은 사실을 거듭 언급했다. 일단 시간을 내기만 하면 완성했을 테지만, 그는 결코 그러지 못했다. 몇 년 뒤 런던에서는 헨리 마친Henry Machyn이라는 사람이 현재 그의 일기라고 알려진 기록을 작성하기 시작하게 된다. 실은 일기가 아니다. 마친 본인은 전혀 등장하지 않고, 유명한 장례식에 관한 이야기에 대부분의 지면을 할애하고 있기 때문이다. 이를 통해 우리는 그가 상류층을 상대하는 장의사였다는 (그가 우리에게 절대 알려주지 않는) 사실을 추론할 수 있다. 이 같은 연대기들은 당대 사회에 관하여 많은 것을 알려주지만, 글쓴이의 내면생활에 대해서는 아무런 이야기를 전해주지 않는다.

문해력이 전성기를 맞았던 피렌체의 황금기에도, 즉 분주해진 작가들이 종이의 도입을 십분 활용하여 온갖 종류의 새로운 장르를 창출하던(그리고 편지에 사생활과 감정에 관해 쓰는 일이 일상다반사였던) 때에도 오늘날 우리가 알고 있는 개인적, 즉 고백적인 일기와 같은 종류의 글을 쓰는 사람은 없었다. 약제상 루카 란두치Luca Landucci처럼 시정에 관한 생생한 연대기를 쓴 사람들도 있었으나, 그보다는 (우리가 4장에서 만나본) 그레고리오 다티처럼 탄생과 죽음, 결혼생활 같은 이정표가 될 만한 집안의 중요한 사건을 기록하는 사람들이 더 많았다. 그리고 거의 모든 사람이 수입과 지출 내역을 주의 깊게 추적관리하면서 기록했지만, 감정이나 평상시 일을 지면에 기록하는 피렌체 사람은 가뭄에 콩 나듯 했다. "오늘날 우리는 깜짝 놀랄 일이지만 상황이 그렇다. 다시 말해 그들은 그런 생각 자체를 아예 하지 못했다"라고 일기를 연구하는 주요한 역사학자인 필리프 르죈Philippe Lejeune은 서술한다.

규칙에 대한 예외가 간헐적으로 존재했다. 앞서 봤듯 여행자들은 종종 여정에 관한 일기를 작성했다. 독실한 사람들 중에는 종교 수행의 일환으로 영적 일지를 쓰는 경우도 있었다. 다만 그날 있었던 세속적인 사건에 대해 간단히 언급하는 일은 좀체 없었고, 보통은 몇 주 동안만 지속되었다. 1560년대에 2년 동안 피렌체의 예술가 폰토르모Pontormo는 진행 중인 작업의 스케치와 더불어 자신의 기분과 식단에 관해 다음과 같이 간결한 일기를 썼다. "월요일 저녁 식사를 마친 뒤 아주 활기가 돌고 기분이 좋았다. 상추 샐러드,

질 좋은 양고기로 만든 묽은 수프, 빵 4콰트리니quattrini를 먹었다." 1598년에는 이자크 카조봉Isaac Casaubon이 에페메리드éphémérides를 쓰기 시작했는데, 그 안에는 제네바에 살면서 겪은 여러 속세의 일이 들어가 있었다. 그의 정서 상태는 전혀 담겨 있지 않았지만 말이다. 그렇다고 하더라도 그 정도면 매우 이례적인 습관이었다.

접근법의 변화는 17세기 잉글랜드에서 발생했다. 벤 존슨이 1606년에 발표한 희곡 〈여우 볼포네Volpone〉에서 우스꽝스러운 폴리틱 우드비 경Sir Politic Would-Be은 "그날 내가 한 행동을 기록해놓는, 나의 일기"를 보여준다. 폴리틱 경의 다이어리는 영어 희곡 내지 소설에서 최초로 언급된 저널[105]인데, 존슨은 200년 전 초서가 잰킨의 장부를 두고 그랬던 것만큼이나 그것을 날카롭게 비판한다.

> 주목할 것, 쥐새끼가 신발에 매는 내 가죽 박차 끈을 갉아먹었다.
> 그래도 나는 새 끈을 매고 출발했다. 그런데 우선
> 문지방 너머로 콩 세 알을 던졌다. 살 것,
> 나는 이쑤시개 두 개를 사러 갔는데, 곧바로
> 오줌보가 터질 듯해서 산마르코 광장에서 소변을 봤다.

---

105 나는 인쇄된 데이트북에 쓰이는지 여부, 기재항목의 길이나 어조와 무관하게 매일(또는 정기적으로) 작성하는 개인적인 동시 발생적인 서술을 지칭하는 단어로 '저널journal'과 '다이어리diary'를 통용한다. journal이라는 단어는 프랑스어 jurnal 또는 jornel에서 영어로 들어왔다. diary는 라틴어 diarium에서 온 영어 단어다. 두 단어 모두 16세기 후반기에 "일기 또는 일지"라는 뜻을 얻었다. 이 두 단어를 뽑아 당겨 다른 것을 의미하도록 만들려고 시도한 이들도 일부 존재하나, 피프스는 두 단어 모두 한 가지 의미로 사용했고 나로서는 그것으로 충분하다.

이 장면은 일기 쓰기가 잉글랜드에 존재하기는 했으나 존슨의 설명이 얼마간 반드시 필요할 정도로 새로운 현상이었음을 시사한다. 초서가 독자들에게 치발도네를 설명했던 것처럼 말이다. 존슨의 조롱에도 불구하고 이 습관은 빠르게 유행했다. 즉, 새로운 세기의 초반에 나온 일지 가운데 수십 권이 현존하는데, 우리는 사람들이 보다 넓은 세상에서 벌어진 사건들을 기록할 때 같은 지면에 생활과 의견과 감정을 실시간으로 기록하는 모습을 처음으로 본다. 이 영어 일기들을 최초로 조사한 사람은 프랑스의 학자 엘리자베트 부르시에Elisabeth Bourcier였다. 그가 발견한 바에 따르면, 이 일기들의 필자는 주로 중류층 또는 상류층 출신 여성들과 남성들이었다. 대부분 도시 바깥에 거주하지만, 대체로 런던에서 발생한 사건에 관심이 집중되었다. 사적인 것과 공적인 것이 섞여 있는 이 일기들은 도덕관념, 결혼생활, 출산의 위험성, 위안이 되는 가족, 농장·교구·도시의 일, 정치적 소요, 내전, 애국심, 역병, 질병, 의학, 미신, 해몽 같은 주제들을 아울렀다. 이렇듯 내용의 범위가 다채로웠음에도 종교 갈등만큼은 한결같았다. 다시 말해 영국국교회 신자들과 청교도들은 불화했고, 유대인과 가톨릭교도는 적극적으로 박해받았으며, 아무도 퀘이커교도들을 신뢰하지 않았다. 그리고 결코 사라지는 법이 없는 한 가지 주제로, 부부갈등을 기록하는 데 일기장의 지면을 사용할 수 있음을 수많은 일기 작가가 발견했다.

초기의 일기 작가 가운데 가장 주목할 만한 인물로 꼽히는 레이디 앤 클리퍼드Lady Anne Clifford는 자신이 벌이는 일과 그에 대한 자신의 정서적 반응이 모두 담긴 사적인 기록을 남겼다. 그는 인생의 상당 부분을 삼촌이 그의 부친인 클리퍼드 남작으로부터 물려받은 작위에 이의를 제기하는 법적 분쟁에 바쳤다. 그리고 이 소송 때문에 첫 번째 남편인 리처드 색빌Richard Sackville과 갈등을 빚게 되었다.[106] 그의 일기에는 유산을 찾는 일, 소송사건에 대한 남편의 반대, 남편이 자식들을 떼어놓은 일, 친구들과 재판관들이 가한 압력이 기록되어 있다. 1616년 5월 3일 그는 다음 이야기를 전하는 남편의 편지를 받는다.

> 아이는 다음 날 런던으로 가야 했소. 처음에는 다소 비통했으나, 곰곰이 생각해보니 그 일로 폐하께서는 나에게 더 화가 나실 테고, 우리 아이에게도 더 나쁠 테니 보내주기로 결심했소. 그러고는 목 놓아 울었다오.

최고의 일기 작가들이 그러듯 클리퍼드 역시 이보다 사소한 인생의 좌절들도 포착했다. 즉, 12월 28일 그는 "오늘이 금육일인 걸 깜빡하고 두 끼 식사 때 모두 고기를 먹었다." 그러고는 "글레코에서 레이디 그레이와 함께 내기를 해서 27파운드 남짓한 돈을 잃었다." 53세 때 클리퍼드는 마침내 본인에게 가기로 되어 있었던 작위와 재산을 되찾았다. 그리고 남은 30년 동안 이곳저곳 거주지를 신나게 옮겨 다니면서 요크셔와 컴브리아 전역의 여러 성과 교회를 재건하고, 툭하면 임차인들을 법정으로 끌고 갔다.

클리퍼드와는 사회적 계급에 있어서 다른 쪽 끝에 자리하는 요크셔의 자

---

106 클리퍼드는 문서의 힘을 굳게 믿었기에 법률 조사원과 비서를 여럿 고용하여 팀을 꾸린 다음 자신의 주장을 뒷받침하는 엄청난 양의 각종 증서, 인가서, 유언장을 엮은 서류를 3부 씩 작성하여 3곳의 자택에서 각각 참조할 수 있게 했다.

1646년 앤 클리퍼드는 승리를 기념하기 위해 성에 걸어둘 "위대한 그림" 한 점의 제작을 의뢰했다. 이 패널화는 그가 사랑해 마지않는 문서들과 함께 있는 모습을 담고 있다.

작농 애덤 에어Adam Eyre도 자신의 "다이어널diurnal"에 부부갈등을 기록했다. 1647년에 그가 기재한 내용을 보면 집에서 벌어지는 끊이지 않는 갈등 상황이 기록되어 있다.

6월 8일. 오늘 아침 아내가 해묵은 방식으로 싸움을 걸면서 내가 자기더러 점잖고 참한 그런 옷만 입기를 바란다고 나를 매도하기 시작했다. 그러더니 내가 자기의 아픈 발을 밟았다고 악담과 욕설을 퍼부으며 비난했다. 내가 알고 있는 바로는 틀림없이 건드린 적이 없는데 말이다. 그런데도 무아지경으로 한낮까지 계속 그 장단이었다. 그래서 식사 때 말했다. 절대로 같이 잠자리에 들지 않겠노라고 클리퍼드처럼 에어도 노름한 이야기를 기록한다. 내기에 건 돈은 훨씬 적었지만.

6월 23일. 오늘 아침 불하우스에 갔다. 그러고는 리치 선장과 볼링을 치러 볼스터스톤에 갔는데, 거기서 6실링을 잃었고 6페니를 썼다.

기재한 모든 내용마다 상황을 효과적으로 보여주는 또 다른 세부 내용이 더해진다.

8월 11일. 오늘 아침 에드워드 미첼과 반즐리에 갔는데 도중에 조셔츠에 들러 이발을 하고 아내의 담뱃값으로 10페니를 치렀다. 그런데도 밤에 아내는 대문을 걸어 닫은 채 그날 밤은 자신이 이 집의 주인이 될 거라고 말했다.

연말에 에어(청교도인지라 담배와 천박한 옷을 즐기는 여자에게는 그리 좋지 못한 남편감이었을 사람)는 예전에 의회군으로 복무했을 때의 급료를 돌려달라고 요구하기 위해 런던으로 길을 나섰다. 그는 런던에 계속 머물면서 새로운 정치질서를 활용하여 정부에서 유리한 경력을 쌓았다. 물론 아내도 피하면서 말이다. 에어와 동시대 인물 중에는 왕당파 청년인 존 에벌린이라는 학생과 신진 공무원 새뮤얼 피프스가 있었다. 에벌린은 1641년 700쪽짜리 노트를 자신이 직접 관찰하고 경험한 내용으로 채워 나가기 시작했고, 피프스는 1659년 12월 장차 타의 추종을 불허하는 그의 일기 가운데 첫째 권이 될 노트를 구입했다. 피프스의 일기는 고대그리스인들의 자기성찰, 중세 수도승들이 매일 하던 고해, 피렌체인들의 재무회계, 마린 사누도의 공무, 프랜시스 베이컨이 추천한 여행 관찰, 존슨이 풍자한 시시콜콜한 일들, 그리고 에어처럼 불행한 결혼생활에 따른 부부의 불화가 결합된 걸작이었다.

피프스는 심지어 자신의 성생활까지 기록했는데, 하나같이 제멋대로 바꾼 엉터리 이탈리아어, 스페인어, 프랑스어를 조합하여 만든 구절로 대충 위장했다. 1668년 6월 2일 그는 "나의 작은 포목상의 핀치에게 가서 su moher(그녀에게) baiser(입맞춤)했다, a belle femme(아름다운 여인)"이라면서 자신의 옷을 짓는 재단사의 아내에게 키스한 일을 적는다. 그러고 나서 같은 날에 또 다른 기혼여성인 배그웰 부인을 보러 간다.

> aller a la house de Bagwell, and there after a little playing and baisando we did go up in the dark a su camera... and there fasero la grand cosa upon the bed; and that being hecho, did go away[107]

이후로 수많은 일기 작가들이 내밀한 사안을 위장하기 위해 비슷한 속임수를 구사해왔다.

클리퍼드, 에어, 피프스, 에벌린은 중요한 움직임의 선두에 있었다. 피렌체 사람들이 치발도네에, 비텐베르크 사람들이 슈탐부흐에 홀딱 빠졌듯 잉

---

[107] 이 단락은 "배그웰의 집에 갔다. 그리고 그곳에서 잠시 놀다가 키스한 다음 우리는 전혀 모르게 그녀의 방으로 올라가 침대에서 거사를 치렀다. 그 일이 끝나고 나는 떠났다"라는 뜻인 듯하다.

글랜드 사람들은 일기를 채택했다. 왜 그랬을까? 여러 요인이 결합하며 서로 반응을 일으켰다. 즉, 사회적·이념적 긴장, 높은 식자율, 점증하는 사회적 유동성과 지위 불안이 모두 일조했다. 전반적으로 기록물이 급증한 것도 틀림없이 한 가지 요소였을 것이다. 다시 말해 앞서 봤듯 원장, 비망록, 여행일지가 모두 이 시기에 급속도로 확산했다. 그런데 노트가 피렌체나 베네치아에 도입되었을 때는 일기 쓰기가 뒤따르지 않았다. 사람들은 대체로 1640년대 종교 갈등과 내전 같은 잉글랜드를 뒤흔든 격변기에 일기를 쓰기 시작한다. 그러나 이런 사건들은 한 세기 전에 독일을 초토화하고 피바다를 이룬 30년전쟁에 비하면 경미한 소규모 충돌에 불과했고, 일기 쓰기가 급증하는 현상을 촉발하지도 않았다. 던, 존슨, 베이컨 같은 저명한 작가들이 공개적으로 언급하면서 어쩌면 일기라는 개념이 표준화된 뒤에 인기를 얻으면서 지속되고 성장할 수밖에 없었는지도 모른다. 알붐 아미코룸, 치발도네, 슈탐뷔허 그리고 오늘날의 불렛저널bullet journal은 우리가 때로는 그저 남들도 다 한다는 이유로 노트를 쓰기 시작하는 경우도 있음을 보여주는 사례들이다.

이 습관은 잉글랜드의 여러 식민지로 금세 퍼져나갔지만, 유럽 전역으로 확산되는 속도는 더디기만 했다. 사람들은 대부분 생각과 감정을 지면에 털어놓는다고 하더라도 어디까지나 편지 형식을 통해서 그렇게 했다. 그러다 보니 초기의 일기 작가들은 대체로 전통적인 서신 왕래 또는 친구들의 변덕스러운 신의에 답답함을 느끼고 나서야 일기 쓰는 습관을 들였다. 1788년 10월 네덜란드 여성 마흐달레나 판 스히너Magdalena van Schinne는 일지를 그 노트에 말을 거는 글로 시작했다.

오, 나의 종이여, 이제부터 너는 내 생각, 내 감정, 내 걱정과 기쁨을 들어줄 유일한 존재가 될 거야. 여기에 나는 내 속마음을 남김없이 털어놓을 수 있을 거야. 다른 사람들, 심지어 나와 가장 친한 친구들에게는 이런저런 일을 감추는 법을 배우고 싶어, 아니 적어도 나 자신에 대해서는 그들에게 더는 말하고 싶지 않거든. 오직 너 하나만이 나의 믿을 수 있는 벗이 될 거야. 내 무거운 마음이 심중을 털어놓기를 갈망할 때 너는 매정하게 거절하지 않을 테니. 너는 내가 털어놓는 이야기를 오해하지 않을 테니. 그리고 나의 펜이 행복에 겨워 편협해져도 너는 그것을 득달같이 끝장내버리는 병적인 재주는 없을 테니. 나는 널 항상 내 곁에 둘 거야. 필요할 때 펼쳐보도록 말이야.

일기 쓰기의 정서적 이점에 관한 이 유려한 서술은 이 습관이 왜 그토록 널리 확산되고 그토록 잘 유지되었는지 설명하는 데 얼마간 도움이 된다. 150년 뒤에 또 다른 네덜란드 일기의 첫 문장에도 바로 이러한 정서가 정확히 고대로 반복되었다.

앞으로 네게 모든 걸 털어놓을 수 있으면 좋겠어. 지금껏 누구에게도 결코 속내를 털어놓을 수가 없었거든. 그러니 네가 위로와 지지의 크나큰 원천이 되어주기를 바라.

1942년 6월 14일, 안네 프랑크는 이렇게 적었다.
따라서 1812년 존 레츠가 다이어리를 제작하기 시작할 당시에는 두 개의 시장이 존재했다. 즉, 미래를 효율적으로 계획하고자 하는 사업가들, 그리고 가까운 과거에 관한 서사를 만들어내는 데 있어서 일기가 제공하는 기본 틀의 진가를 알아본, 대체로 여성인 일기 작성자들이다. 이 두 번째 시장에 접근하는 데 있어서 레츠와 그의 경쟁자들은 기가 막힌 타이밍을 누렸다. 레츠의 혁신적인 사업의 초창기는 장차 독자들과 필자들이 일기를 보는 관점을 영원히 바꿔놓게 되는 두 가지 출판물이 나온 시기와 겹쳤던 것이다. 존 에벌린의 일기는 1818년에 출간되었고 새뮤얼 피프스의 일기(편집자인 리처드 네빌Richard Neville에 의해 무진장 삭제된)는 1825년에 발간되었다. 두 권 다 곧 재판을 찍었고, 야심찬 일기 작가들에게 훌륭한 롤 모델을 제공했다. 급진적 성향의 하원의원 윌리엄 코빗William Cobbett 같은 작가들의 독려에 힘입어 파도처럼 일어난 모방자들이 저마다 펜을 집어 들었다. 1829년에 코빗은 "젊은 남성들과 (부수적으로) 젊은 여성들" 모두에게 일기 쓰기 습관을 권했다. "24시간 가운데 채 1분도 필요하지 않다. 그런데 그 잠깐이 가장 기분 좋게 쓰이는 시간이다"라고 그는 썼다. 한 세대의 남성들과 (부수적으로) 여성들이 이 이야기를 귀담아 듣고 있었고, 19세기는 평생을 가는 일기의 시대가 되었다.[108]

기술 혁신으로 일기 작가의 삶은 더 수월해졌다. 이미 1770년 런던에서 존 테틀로John Tetlow의 "음악 등 그 밖의 용도를 위한 괘선지 기계"가 특허를

---

108 얼마나 많은 사람들이, 언제 일기를 썼는지 우리는 결코 정확히 알 수 없다. 그런데 1987년 레츠 사에서 엄선한 전시 목록은 한 가지 유용한 지표를 제공한다. 레츠의 서지 정보에 따르면 영국에서 출간된 다이어리가 17세기에는 23권, 18세기에는 75권, 19세기에는 120권이 열거되어 있다.

받으면서 괘선 노트가 처음 도입되기는 했으나 보기 드문 진귀한 상품으로 머물다가, 1844년 피츠버그의 윌리엄 오빌 히콕William Orville Hickock이 보다 효과적인 형태를 제작했다. 두 대로 이루어진 이 기계는 잉크가 묻은 펜촉 여러 개가 지면을 동시에 가로지르면서 선을 그리는 방식으로 작동했다. 즉, 오늘날의 괘선 일지는 대부분 책과 마찬가지로 인쇄된다. 종이도 달라졌다. 19세기가 시작될 때만 해도 거의 모든 종이는 여전히 낡은 천으로 만들어졌으나, 19세기가 끝나갈 무렵에는 목재 펄프 종이가 상승세를 탔다.

1819년의 첫째 날에 18세의 프레더릭 매든Frederic Madden은 새 일기장에 서문을 썼다. "내 감정에 관한 따분한 서술"과 "나 아닌 모든 사람에게는 시시하고 하찮은 일들"은 거부한다고 말이다. 우리로서는 다행스럽게도, 그는 두 목표 모두 철저히 실패했다. 그리하여 그 후로 이어진 54년 동안 그가 작성한 일기는 문헌의 역사와 책에 관심 있는 사람이라면 누구에게나 귀중한 자료일 뿐 아니라(그는 영국박물관의 필사본 책임자 자리에 올랐다), 열정과 혼란으로 가득한 어느 한 생애의 충실한 기록이기도 하다. 1873년 세상을 뜨기 6주 전에 일기를 마무리 지으면서 그는 다음과 같이 썼다.

> 지난 54년에 걸쳐 내가 이룬 일과 고통 받은 일 모두 빠르게 두루 일별하니, 나는 심하게 혹사당한 인간이었던 것 같다. 숙명(내지 섭리)에 의해서도, 관직에 있는 사람들에 의해서도. 내 은혜를 입은 수백 명 가운데 이때껏 어떤 사의든 한 번이라도 표한 적이 있는 사람은 좀처럼 없었다. 그러나 나는 그처럼 사소한 불행들은 곱씹지 않는다.

그는 이미 400만 자에 이르는 단어로 그처럼 사소한 불행들을 곱씹은 터였다. 그러나 매든이 마지막으로 기재한 내용은 많은 사람들이 누리고 있는 일기의 한 가지 특질을 두드러지게 보여준다. 바로 과거를 다시 찾아가서 예전의 자아와 조우하고, 어쩌면 나아가 그 자아와 대화를 시작할 수도 있는 능력이다.

훨씬 더 수다스러웠던 이는 빅토리아 여왕이었다. 그는 69년 동안 거의 매일 일지를 작성했다. 여왕이 세상을 떠나자 딸인 비어트리스 공주는 본문을 상당량 잘라낸 부분적인 사본을 만들고 원본 노트들은 대부분 파기했다. 그런데 그 사본조차 100권이 넘어가니, 아마 원본은 1000만 단어에 이르는 분량이었을 것이다. 빅토리아 여왕은 생전에 일기에서 발췌한 내용(《하일랜드 생활 일기Leaves from the Journal of Our Life in the Highlands》)을 출간했는데 속편을 충분히 보증할 만큼 성공을 거두었다. 새로운 여행일지 현상에 편승한 이는 빅토리아 여왕만이 아니었다. 토머스 레츠Thomas Letts(존 레츠의 아들)는 데이비드 리빙스턴David Livingstone에게 아프리카 여정에 자신이 제작한 다이어리를 쓰기로 동의한다면 평생 쓸 수 있는 일기장을 일생 동안 대주겠노라고 약속했다. 그리하여 리빙스턴은 정확한 지도, 식물과 야생동물에 대한 꼼꼼한 묘사, 자신이 만난 사람들이 쓴 반투 어에 관한 방대한 기록들로 일련의 일기장을 채웠다. 그 밖에도 많은 여행일지가 출간되었으나(흥미롭게도) 국내 사례는 거의 없었다.

대다수 사람들은 길고 상세하게 기록해야 할 필요를 느끼지 못했다. 오히려 새로운 포켓 다이어리가 쓸모 있다고 여겼다. 15세의 에마 웨지우드Emma

Wedgwood[109]는 자신이 갖고 있는 '마셜의 최신 유행 저장소, 1824년도 우아한 여성용 포켓 다이어리'에 이런저런 일들에 관한 간략한 메모를 작성하기 시작했다. 이 수첩은 속표지에서 "최신 파리 의상"과 "4쪽 분량의 (저명한 작곡가가 지은) 음악 원본 판화"를 제공한다고 약속했다. 최소한으로 기재한 간소한 항목들을 통해 우리는 에마가 언제 "몸짓흉내 알아맞히기 게임charades을 했는지", 가족이 살던 스태퍼드셔의 집에 들르게 된 사람이 누구였는지("호리드 리틀 랭글리스") 알게 된다. 그는 자신이 읽은 모든 책의 목록을 열거했고, 앞으로 30여 년간 유지하게 될 습관에 따라 달마다 커다란 X자를 기입했다. 결과적으로 '마셜의 최신 유행 저장소'는 편리한 시기 추적기가 되었다.

어느 유명한 미국인의 일지는 대세를 거스르며 결혼생활 중 가장 행복한 순간을 포착했다. 너새니얼 호손과 소피아 호손Sophia Hawthorne은 1842년 결혼했을 때 대리석 무늬 노트에 공동일기를 쓰기 시작했다. 각자 번갈아가면서 일련의 짤막한 사랑편지를 쓰는 식이었다. 첫 글은 너새니얼의 손에서 나온다. "비 오는 날이다, 비 내리는 날. 정말이지 이 세상에 햇빛이 한 점도 없는 것 같다. 내 아내의 두 눈에서 환히 비쳐 나오는 빛 말고는." 소피아도 똑같이 숨김없는 열정으로 응답("그의 사랑이라는 태양 아래서 내가 얼마나 거품이 일면서 반짝이는지")했다. 부부는 꼬박 1년 동안 그런대로 이 일을 계속해 나가다가, 세 명의 자식들이 찾아오고 나서야 띄엄띄엄해지더니, 첫째아이

---

109   에마 웨지우드(1808~1896)는 본인과 마찬가지로 일지 작성가로 이름을 떨친 또 다른 인물인 찰스 다윈과 1839년에 결혼했다.

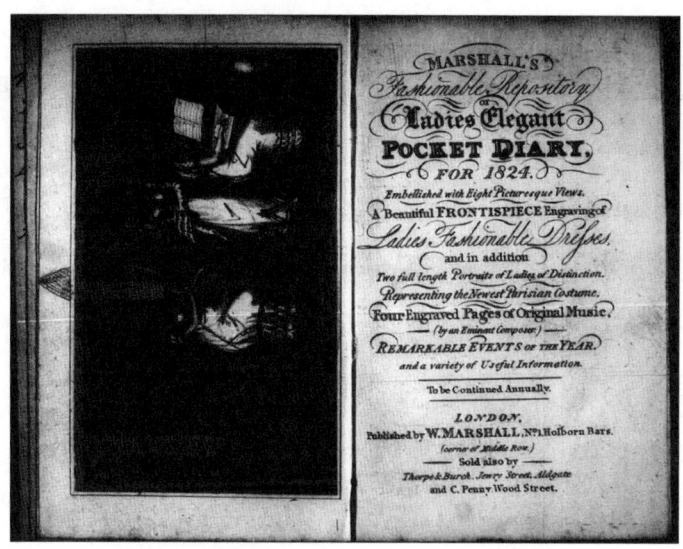

에마 웨지우드가 어린 시절에 사용한 화려한 서체를 뽐내는
'1824년도 마셜의 우아한 여성용 포켓 다이어리'의 속표지.

우나가 그 노트를 자기 이야기를 쓰는 용도로 바꿔버리면서 중단되었다.

이제 누구나 일지를 쓰는 듯했다는 점을 감안하면, 이 시기에 일기가 픽션 형식에 도입되기도 했음은 전혀 놀랄 일이 아니다. 니콜라이 고골Nikolai Gogol의 1834년 작 《광인일기》는 환각을 일으키는 망상으로 빠져드는 상황을 전달했고, 똑같은 제목으로 모파상이 발표한 단편소설은 사이코패스 성향인 어느 판사의 일기라는 형식을 취했다. 더욱이 다행스럽게도, 조지 그로스미스George Grossmith와 위던 그로스미스Weedon Grossmith 형제의 1888년 작 《어느 평범한 사람의 일기Diary of a Nobody》는 이 양식의 필적하기 힘든 효율성을 최대한 활용하여 희극적 아이러니를 전달한 최초의 작품으로, 《신사는 금발을 좋아한다Gentlemen Prefer Blondes》에서 《에이드리언 몰의 비밀일기:

13과 ¾살The Secret Diary of Adrian Mole Aged 13¾》을 거쳐 《브리짓 존스의 일기 Bridget Jones's Diary》까지 상업적으로 엄청난 성공을 거둔 히트작을 간헐적으로 배출하는 유쾌한 전통을 확립했다.

존 레츠의 증손자 해리Harry Letts와 노먼Norman Letts이 경영을 맡게 된 레츠 사社는 1900년과 1936년 사이에 다이어리 판매량이 12배나 증가해 해마다 300만 부가 팔려나갔다. 이들은 엄지손가락만 한 크기의 새로운 데이트북, 크고 튼튼한 탁상용 다이어리, 전문직 종사자들에게 특화된 모델 등 400종에 이르는 다양한 품목을 매년 내놓았다. 자동차 운전자, 볼링 선수, 비둘기 애호가, 아마추어 무선사 같은 특수한 관심 집단의 요구 또한 충족시켜 주었다. 레츠와 라이벌 회사들은 치열한 판매경쟁을 벌이면서 고급 상품을 제작했다. 가죽 장정에 금박을 입힌 테두리, 자체 샤프펜슬, 그리고 수백 년 전 테이블 책처럼 기능하는 임시 메모용 닦아내는 페이지로 구성된 제품이었다. 어마어마한 규모의 기업체 선물 시장이 발달했다. 달리 말하면 당신이 사업에 종사하는 경우, 매년 크리스마스 때마다 공급업체에서 그들의 회사명이 돋을새김 되어 있고, 안쪽에 실린 책력 부분에 세부 내용이 기재된(런던 지하철 노선도, 보름 일자, 개 면허 가격 같은 귀중한 정보와 더불어) 다이어리가 으레 나오겠거니 예상하게 되었다는 뜻이다.

한 손바닥 안에 쏙 들어갈 만큼 작은 이 클래식한 전전戰前 모델들은 모든 노트를 통틀어 가장 우아하고 품격 있는 축에 속한다. 한마디로 제지, 제본, 활판술, 장식, 정보디자인이 망라된 작은 걸작이다. 주로 여백으로 이루어져 있기는 하지만. 이제 수백만 명이 이 수첩을 데이트북으로도 일지로도 사용했다. 버지니아 울프가 《제이컵의 방Jacob's Room》에서 유감의 뜻을 내비치며 언급했듯 "레츠 씨는 자신이 만든 실링 다이어리에 공간을 거의 허락하지 않는다"라는 사실에도 불구하고 말이다.

울프는 수년간 일지를 썼고, 다른 사람들의 일지에도 크나큰 관심을 기울였다. 울프 전문가인 바버라 라운스베리Barbara Lounsberry는 울프가 읽은 출간된 일기가 최소 66권이라고 말한다. 그가 어울린 주변 인맥 중에는 일기 작가들이 많았다. 경제학자 존 메이너드 케인스John Maynard Keynes는 여러 해 동안 울프의 친구인 덩컨 그랜트Duncan Grant의 연인이었는데, 인상 깊을 정도로 폭넓은 성생활을 기록하는 데 일기를 사용했다. 낯선 이들("복스홀의 엘리베이터 보이")과 고정 파트너들("DG")이 똑같이 열거되어 있는데, 케인스는 별도로 작성한 일련의 항목으로 만남에 점수를 매겨 놓는다. 문자와 숫자로 이루어진 암호를 사용해서 말이다. 이 암호는 아직 해독되지 않았는데 C, A, W가 핵심적인 역할을 한다.

미래를 계획하면 보다 효율적인 인간이 되듯, 삶을 기록하면 정서 상태에 이롭다는 사실이 이제는 널리 받아들여졌다. "일기를 써라(keep). 그러면 언젠가는 그것이 당신을 지켜줄(keep) 것이다"라고 메이 웨스트Mae West는 1937년 작 영화 〈에브리 데이즈 어 홀리데이Every Day's a Holiday〉에서 조언했다. 그는 이 영화의 각본을 쓰고 주연을 맡았지만, 이 대사는 15년 전 마거릿 애스터Margaret Astor가 만들어낸 말로, 그때도 이미 새롭지가 않았다. 사회사학자 조 모런Joe Moran은 일기 쓰기의 "기술, 목적, 에티켓"이 새로운 대중매체에서 빈번하게 다루는 논의의 주제가 되었다고 서술한다. 선두에 나선 주창자 중에는 아서 폰슨비Arthur Ponsonby가 있었다. 노동당 하원의원이었던 그는 일기 선집을 여러 권 출간했고, 존슨이 풍자했던 시시콜콜한 이야기를 보존하라고 모든 사람을 독려했다. 그러니까 "일상생활의 별것 아닌 즐거움과 사소한 고통, 즉 비 오는 날, 무딘 면도칼, 새 정장, 가정불화, 잠 못 이루는 힘겨운 밤, 찌릿찌릿한 치통, 낙마"를.

이즈음 일기 쓰기 습관은 이미 완전히 국제적인 것이 되어 있었다. 오랫동안 예상되었던 전쟁이 마침내 1939년에 발발하자 수많은 유럽인들은 자신이 알던 세계가 거꾸로 뒤집히는 과정에서 직접 본 것을 종이에 펜을 갖다 대고서 기록하는 방식으로 대응했다. 이러한 일기 작가 중 다수는 유대인이었다. 나치 박해의 매 단계마다 희생자들은 펜을 들었다. 대체로 자신의 동시 발생적 기록이 장래에, 즉 이 광기가 끝났을 때 증언이 되리라는 의도를 품고 있었다. 히틀러가 집권할 당시 이미 50대였던 드레스덴의 교수 빅토어 클렘페러Victor Klemperer는 영화광이라고도 할 만한 인물로, 10여 년 동안 영화를 보러 간 일에 관해 일기를 써왔다. 그러나 1932년에 일기의 성격이 달라졌다. 이 나치 국가가 독일의 유대인 시민들을 압박하는 데 총력을 기울이면서부터다. 클렘페러도 그 유대인 시민에 속했다. 그는 이렇듯 점증하는 억압을 13년 동안 상세히 기록했다. 위태롭고 어중간한 상태였지만 목숨을 부지할 수 있었던 이유는 그의 아내가 "아리안"으로 분류되었기 때문이다. 클렘페러는 전쟁 기간 동안 아내와 함께 과밀한 '유대인의 집Jew's House'에서 지냈다. 강제노동에 시달리면서 드레스덴의 유대인 인구가 강제추방에 따라 점차 줄어드는 과정을 지켜보았다.

클렘페러는 공책에 이 모든 것을 기록하면서 나치의 왜곡된 언어를 면밀히 검토하고, 후대를 위해 그 부당함을 서술했다. 1942년 9월 그는 "그것이 내 힘이 미치는 곳에 있는 한, 카스파어 다피트 프리드리히가(街) 15b번지 유

증언으로서의 일기. 빅토어 클렘페러가 전시에 쓴 공책들.

대인의 집과 이곳의 수많은 희생자는 유명해질 것이다"라고 적었다. 게슈타포의 탄압이 심해지면서 발각은 곧 죽음을 의미하게 되었다. 그래서 그의 아내는 클렘페러의 기록을 어느 "아리아인" 친구에게 몰래 전달했고 그 친구가 일기를 지켜냈다. 클렘페러는 살아남았다. 그리고 1960년대에 세 권의 책으로 출간된 그의 일기는 나치 시대를 공부하는 학생들에게 주요한 자료가 되었다.

1944년에는 우치Łód 게토에 갇힌 한 소년이 일기를 쓰기 시작했다. 클렘페러와 마찬가지로 이 소년도 그것을 감춰야 했기에 프랑스 소설책(짐작컨대 우연이라도 흥미를 끄는 일이 전연 없으리라는 이유였을 것이다)의 빈 면지와 여백에 기록을 남겼다. 5월에서 8월 사이 석 달 동안 나치 점령군이 밀집된 게토를 청산할 준비를 했을 때도 주민들은 적군Red Army이 늦지 않게 당도하리라는 희망을 놓지 않았다. 익명의 이 십대 고아는 영어와 히브리어, 폴란드어, 이디시어로 이러한 갈망에 관해 적었다. 매일 살아남으려고, 또 여동생이 기운을 잃지 않게 하려고 발버둥치는 상황, 그리고 전쟁과 집단학살을 추진하는 독일을 향한 영문 모를 성난 당혹감과 더불어서 말이다. "현재 여러 소문이 돌아다닌다. 좋은 소문도 있고 나쁜 소문도 있다"라고 그는 1944년 7월에 영어로 썼다. "내 신경계가 완전히 파괴된 탓에 이제는 제대로 된 문장 몇 줄도 적을 수가 없다." 이틀 뒤에는 분노에 차서 독일 점령군과 밤에 자신을 괴롭히는 벼룩을 비교하는 글을 썼다. 일기는 8월에 끝난다. 다름 아닌, 게토 주민들이 한창 이송되어 나가던 때였다. 그러니 대부분 그랬듯 이 어린 필자 역시 머지않아 죽었으리라고 추정할 수밖에 없다. 전쟁이 끝난 뒤 살아남은 한 이웃이 그가 지냈던 건물로 돌아왔을 때 그 일기가 발견되어 기록물로 보관되었다. 그리고 비록 60년이나 걸리기는 했지만, 여러 언어를 구사할 줄 알았던 저자의 신원이 아브람 와스키Abram Łaski로 확실히 밝혀졌다. 이 같은 일기는 대다수가 시간의 힘을 견뎌내지 못했다. 그 시절의 사진 한 장을 보면, 한 무더기의 노트가 절실히 필요한 열기를 위해 태워지기를 기다리며 난로 옆에 쌓여 있다.

희망을 몽땅 잃어버린 사람들조차 증언으로써 일기를 썼다. 아우슈비츠에서는 유대인 수용자들로 구성된 존데르코만도Sonderkommando 특수부대가 새로 도착한 유대인들을 가스실로 안내하고, 희생자들의 소지품을 분류하고, 시체의 옷을 벗겨 화장장에 집어넣는 일을 맡았다. 이루 말할 수 없이 참담한 범죄의 목격자이자 산업화된 살인에 포위되었던 이들은 자신들이 살아서 증언하는 일은 허락되지 않으리라고 예상했다. 그리하여 일부는 당장 죽을 각

오를 하고서 회수한 노트나 종잇조각에 자신들이 경험한 일을 기록한 다음 깡통에 넣어 화장터 마당에 묻었다. 잘멘 그라도프스키Zalmen Gradowski는 그들의 동기를 설명해놓은 노트 한 권을 은닉했다. "이 문서에 관심을 가져주기 바란다. 역사학자들에게 중요한 자료가 담겨 있다"라고 그는 썼다. "우리 존데르코만도들은 거역하면 사형에 처한다고 위협하면서 우리에게 강제로 부과한 끔찍한 노동을 끝내기를 바란 지 오래다. 우리는 위대한 공적을 남기고 싶었다." 그는 뉴욕에 있는 삼촌의 주소로 이 노트를 끝맺었다.

또 한 명, 잘멘 레벤탈Zalmen Levental은 우치 게토에서 주인과 함께 온 일기장을 "더 찾아봐요! 훨씬 더 많이 나올 거예요"라고 끝나는 메모로 싸서 묻었다. 이 같은 수많은 증언은 이 수용소가 방치되고 해방된 뒤에 이어진 혼란 속에서 분실되고 말았다. 한 가지, 즉 리프카 립시츠Rywka Lipszyc라는 십대의 일기는 지나이다 베레좁스카야Zinaida Berezovskaya의 시베리아 옷장에 수십 년 동안 간직되어 있었다. 적군 의사였던 베레좁스카야가 1945년에 발견한 일기였다. 폴란드어를 읽을 줄 몰랐지만 이 학교공책의 중요성을 확신했던 그는 그것을 고이 보관했다. 베레좁스카야가 세상을 떠난 뒤 손녀가 그 일기를 캘리포니아로 가져갔고, 2015년에 번역되어 출간되면서, 같은 시기에 암스테르담에서 쓰인 안네 프랑크의 일기와 나란히 서가에 자리 잡게 되었다. 묻혔던 증언들이 1981년에야 아우슈비츠에서 발굴되면서, 지금도 계속해서 간담을 서늘케 하는 이야기마다 세부 내용과 울림을 더했다.

1945년이 되어서도 일기 충동은 사라지지 않았으나, 이후로는 그처럼 폭넓게 발현되지 않은 듯하다. 유럽의 평화가 길어지면서 성인들은 대부분 일지를 쓸 이유가 줄어들었고, 정확하건 아니건 간에 일기는 주로 현대를 살아가는 십대의 유아唯我론적 혼란과 결부되었다(고개 숙여 사죄하렴, 에이드리언 몰). 어쩌면 사람들에게 저녁 시간을 채울 다른 방법을 제공한 텔레비전 도입이 영향을 끼쳤을지도 모른다. 반면 디지털 문화의 도래와 손으로 쓴 편지의 소멸은 확실한 관련이 있다. 책으로 나온 일기들은 가십성 연예계 이야기거나 자기 잇속만 챙기는 정치인의 벽돌책, 둘 중 하나인 경향을 보였다.

그러나 여전히 가족경영 회사인 레츠는 잘나갔다. 매년 수천만 권을 판매하고 미국으로도 확장하는 데 성공한 뒤 2001년 파일로팩스Filofax[110]를 인수하고 나서 이 사업에 몸담은 지 7대가 지나 마침내 매각된다. 1812년 존 레츠가 시험해본 단순한 아이디어는 후손들에게 쓸모 있고 유익했다.

런던이 급성장하면서 상인들의 시간관리 외에 또 다른 도전과제가 제기되었다. 바글거리는 이 대도시는 범죄에 심하게 시달렸던 것이다. 그리하여 1829년 존 레츠가 아들 토머스에게 사업을 넘겨줄 채비를 하던 때에 최초의 경찰들이 런던의 거리로 나가게 되었다. 최초의 경찰수첩을 든 채.

---

110 파일로팩스에는 주석이 달려야 마땅하다. 1980년대와 1990년대에 파일로팩스의 '퍼스널 오거나이저personal organiser'가 전 세계를 광풍으로 휩쓸었다. 두툼한 가죽 링바인더 폴더와 낱장 삽지로 이루어진 이 탈부착식 정리 수첩에는 일기장, 주소록, 메모장만이 아니라 지하철 노선도, 여행계획표, 업무 경비란도 들어가 있었다. 파일로팩스는 전형적인 여피족의 액세서리였다. 단순히 인생 전체를 지면에 정리하는 것만이 아니라 신용카드 보관용 비닐 홀더(다이앤 키턴Diane Keaton의 요청에 따라 추가된 부분)도 더하기로 선택한 이들에게는 잠재적으로 재앙이었는지도 모른다. 이 노트의 아이디어는 1910년에 나온 르팩스Lefax라는 제품까지 거슬러 올라간다. 필라델피아의 발전소 기술자들을 위해 고안된 상품으로, 수십 년 동안 기술자들이 사용한 수첩이었다. 물론 군대에서도 (파일로팩스 기록보관소에서는 초기 에베레스트 원정군과 관련한 자사 제품을 보여준다). 1980년대에 새로 태어나면서 파일로팩스의 정보 면(개별적으로 판매된)은 그 옛날 테이블 책의 책력을 소환했다. 이 제품의 핵심 수요층인 전문직 종사자는 불가피하게 디지털 기기로 이행할 수밖에 없었지만, 파일로팩스는 이 수첩을 오히려 스크랩북에 가까운 것으로 취급하는 일지 작성자 세대에서 새로운 고객층을 발견했다.

21장 | "정확하십니다"

경찰수첩, 1829년~현재

    스마트폰 시대 이전에 한 번이라도 범죄를 신고해본 적이 있다면 누구든 경찰관이 현장에 도착한 뒤에 이어지는 의례적인 절차를 떠올릴 것이다. 즉, 수첩이 등장하고, 자세한 사정을 기록하고, 영어 대문자로 이루어진 메모를 동반하는 체계적인 질문이 이루어지는 것이다. 기자수첩처럼 위쪽으로 열리는 검정색 경찰수첩은 경찰봉과 호루라기만큼이나 상징적인 범죄해결의 결정적 장치에 속하는 듯 보였다. 실제로도 여러 해 동안 순찰 경관들은 이 세 가지 물건을 모두 지참한 상태에서 줄지어 행진하며 거리로 파견되었다.

    경찰수첩에 관한 사연을 본격적으로 살펴보기 전까지만 해도 나는 증인 면담, 증거 수집 등등에서 노트가 제몫을 하는 체계적인 범죄 적발에 관한 이야기를 알아내게 되리라고 짐작했다. 내 생각은 빗나가고 말았다. 순경들이 쓰던 수첩과 관련하여 내가 가장 먼저 알게 된 사실은 그것이 애초에 수사 도구로 전혀 의도되지 않았다는 것이다.

    "수첩은 경찰관에 대한 통제와 관련되어 있어요"라고 경찰 연구에 수년을 바쳐온 학자 크리스 윌리엄스Chris Williams이 말한다. 그는 19세기 초 처음으로 영국 경찰력이 구성된 이후로 노트(또는 수첩이나 메모장)가 순경의 장비 가운데 필수적인 부분이 된 진짜 이유를 나에게 이야기해준다. 이 제복

차림의 순경들은 거리에 등장했을 때 마음대로 돌아다니지 않았다. 다시 말해 1829년 런던 광역경찰청Metropolitan Police이 창설되면서 정립된 이들의 역할은 "순찰", 즉 1시간가량 지속되는 도보 순회에 기반을 두고 있었다. 그러니 달리 뭘 할 수가 없었다. 당시 순경이었던 사람이 훗날 서술했듯 "경찰들은 자신이 맡은 관할 구역을 순찰하는 일에 엄격히 한정되어 있었다. 자신의 임무가 언제나 제일 우선되어야 한다고 정해져 있었다." 순경들은 주로 야간에 순찰하는지라 게으름을 피우지 않으리라는 보장이 없었기에(분명 따스한 난롯가나 편안한 침대는 정말이지 뿌리치기 힘든 유혹이었을 테니) 항상 노트 한 권을 휴대하고 다니면서 지정된 주요 지형지물을 지날 때마다 진행 상황을 기록했다. 경사의 역할은 그보다는 자유롭게 돌아다니면서 주기적으로 순경들을 멈춰 세우고는 그들이 정직하게 기록했는지 확인한 다음 부서副署하는 것이었다.[111]

순경이 순찰을 마무리하고 경찰서로 복귀하면, 당직 경찰관이 그가 임무를 제대로 수행했는지 확인하기 위해 수첩을 재빨리 점검하기도 했다. 이러한 내근직의 역할은 "경감"이라는 계급으로 굳어졌다. 그러니까 우리가 수사관으로 여기는 경찰관은 원래 그저 문서작업을 확인하기 위해 그곳에 있었던 셈이다. 이러한 감시 체계는 1920년대에 경찰 전화 박스(오늘날에는 드라마 〈닥터 후Doctor Who〉에서 시간여행자인 주인공이 타고 다니는 타임머신 타디스Tardis의 모델로 가장 잘 알려진)가 도래할 때까지 약 80년 동안 이어졌다. 이

---

111 경사의 수가 부족한 시골의 순찰 구역에서는 순경들이 경사 대신 마을에서 가장 명망 있는 집안의 문간에서 필요한 부서를 받아야 했다.

시점부터 순경들은 30분마다 전화를 해야 했다. 그러면서 경사들은 따뜻한 경찰서로 물러나 있게 되었고, 경감들은 보다 흥미로운 책무를 맡을 수 있었다.

따라서 최초의 경찰수첩은 수사가 아니라 복종을 용이하게 하는 물건이었다. 말하자면, 경찰관들에 대한 경찰력의 통제력을 구현했다. 그러나 순경은 어디든 수첩을 들고 다녀야 하다 보니 이차적인 기능이 불가피하게 발생했는데, 윌리엄스는 이를 "내가 본 중요한 것들"로 특징지었다. 실제로 우연히 어떤 범죄현장 내지 그 이후의 상황 또는 평소와 다른 뭔가 특이한 사항을 발견하면, 순경은 으레 상세한 내용을 기록하는 것으로 되어 있었다. 그러고는 경찰서로 복귀하자마자 사건발생기록부, 즉 각종 사건에 관한 주된

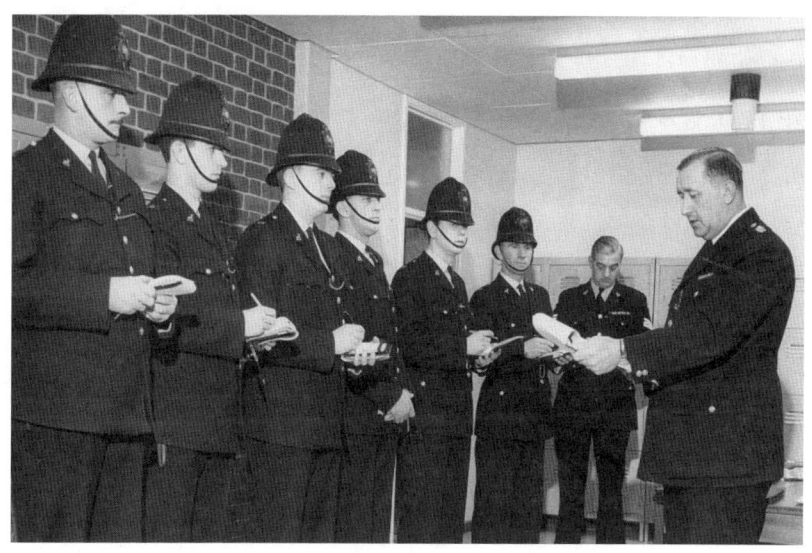

1965년 세인트올번스 경찰서에서 당장 쓸 수 있게
수첩을 준비하고 브리핑을 듣고 있는 순찰 경관들.

기록물의 역할을 한 그보다 큰 대장에 세부 내역을 옮길 터였다.

이때도 역시 새로운 항목이 기재될 때마다 경감이 일일이 확인했기에, 결과적으로 사건기록부는 지휘 계통의 상부로 올라가는 추가 보고의 기준이 되었다. 순경의 수첩은 경찰 체계가 발전함에 따라 점점 커진 관료 체제의 외곽에서 궤도를 그리며 돌았지만, 애초에 데이터를 조직 안으로 보내는, 내부로 향하는 도구였다. "경찰관들이 수첩을 내부 통제의 형식으로 이해하자마자 바깥세상에 대해서도 시험적으로 사용해본 거죠"라고 윌리엄스는 말한다. 경찰관들의 현장기록이 장차 수사에서 중심이 되는 중요성을 띠게 될 것이 분명해졌다. 그들은 목격자들이 진술한 내용을 기록하고 범죄현장을 묘사했으며 차량 번호판 같은 세부사항을 보존했다. 각종 위법행위와 체포 사례로 가득한 19세기와 20세기 초의 현존하는 사례들은 역사학자들에게 풍성한 정보원이다.

경찰 부패의 역사는 경찰 자체의 역사만큼이나 길다. 그리고 경찰수첩은 특히나 조작에 취약한 증거의 일종이었다. 어떤 체포나 기소가 어느 경찰관의 수첩에 적힌 특정한 기록의 존재로 도움을 받았을 경우, 그 기록이 편의상 사건이 일어난 뒤에 나온 것인 경우가 파다했다. 이러한 관행을 방지하고자 20세기 초반기에 경찰수첩은 다수의 규제를 받게 되었다. 양차 대전 사이에 나온 광역경찰청의 지침서가 경고한 바에 따르면, 기록은 사건 발생 당시에 작성되어야 하고, 경찰관들은 반드시 상의하는 일 없이 저마다 개별적이면서 독립적으로 작성해야 했다. 교대근무가 끝나갈 때 경찰관은 자신의 수첩을 경찰서장에게 넘겨 서장이 그날 기재한 내용을 읽어보고 성명의 머리글자로 서명하게 해야 했다. 즉, 그 뒤로는 어떠한 변경도 이루어지지 못하게끔 하는 것이다. 사후에 기록을 삽입하는 일을 방지하기 위해 빈틈을 남겨두지 못하게 했다. 그리고 불편한 사실을 삭제하는 일이 없도록 모든 페이지마다 번호를 매겼고 다 쓴 수첩은 경찰서에서 계속 보관했다.[112]

그러나 이러한 명령들이 항상 지켜지지는 않았다. 일례로, 악명 높은 버밍엄의 웨스트미들랜즈 강력반에 대한 1990년의 보고서를 보면, 수사를 위해 여러 술집에서 "회의"를 하느라 야근했다고 주장하기를 좋아하는 한 부서에 의해 모든 종류의 서류작업이 조작되었다는 사실이 나온다. 실제로 체포를 하게 되었을 때 이 강력반의 형사들은 결국 외부인들의 의심을 살 정도로 유죄 인정을 빨리 받아내는 데 선수들이었다. 여러 수사관과 변호사들이 뒤죽박죽 섞인 나쁜 관행을 파헤쳐서 폭로했다. 일부 자백은 소리 내어 읽어보면 그 자백이 나왔다고 알려진 면담 시간보다 상당히 더 긴 시간이 소요되었다. 출신 배경의 범위가 버밍엄, 런던, 리버풀, 아일랜드에서 인도까지 이르는 용의자들이 하나같이 놀랍도록 비슷한 언어, 그리고 한정된 단어가 들어간 판에 박힌 문구(공통 저자를 시사하는 문장인 "정확합니다"와 "사유가 충분하네요"가 반복되었다)를 사용하여 자백했다. 아프리카계 카리브해 사람인 용의자들만이 이 패턴에서 벗어났다. 즉, 그들은 다른 사람들과 똑같은 표현을 쓰되 문장 끝에 "친구man"라는 말을 덧붙여서 자백했다. 한 심문에서 나온 기록은 표면상 야간에 고속도로를 달리는 차량 안에서 손전등 불빛에 의지하여 작성된 것치고는 놀라우리만치 깔끔하게 정돈되어 보였다.

---

112 만약 경찰관이 재판에서 증언하는 경우에는 기억을 환기하기 위해 자신의 수첩을 참고할 수 있었다. 하지만 대개는 증거에 속한다고 간주되지 않았다. 피고가 모순된 부분이나 뒤늦게 추가된 부분을 찾아내기 위해 그것을 검토할 수 없었다는 뜻이다.

수사관들은 이 강력반이 수첩 내용과 체포 기록, 나아가 지역 교도소의 방명록까지 조작했다는 사실을 알아냈다. 용의자들이 저지르지도 않은 범죄에 그들을 연루시키기 위해서 말이다. 결국 이 강력반이 유죄로 처리한 사건 가운데 60건이 뒤집힌 다음에 관련 경찰관들은 다른 부서로 재배치되었다. 이들이 가한 처벌 때문에 무고한 사람들이 몇 년 씩 감옥살이를 했음에도 불구하고, 아무도 형사고발을 당하지 않았다.

이 부서의 부패를 적발하는 데 중심이 된 것은 ESDA 장비, 즉 런던인쇄대학교London College of Printing를 기반으로 활동하던 두 과학자 더그 포스터Doug Foster와 밥 프리먼Bob Freeman이 10년 전에 발명한 기발한 기계였다. 두 사람은 그동안 천에 묻은 지문을 채취할 수 있는 기구를 제작하려고 줄곧 시도하고 있었다. 그들은 자신들이 구상했던 정전기를 이용한 장치가 이러한 도전과제를 달성하는 데는 실패했지만, 눈에 보이지 않는 눌린 자국이 종이에 찍혀 나오도록 할 수 있음을 우연히 발견했다. 아무것도 적히지 않은 메모지를 보고서 그 앞장의 종이에 쓰였던 내용을 최초로 읽을 수 있게 되었다. 초반의 한 가지 성공 사례로, 이 기계가 런던의 한 은행 강도를 유죄로 만든 일이 있었다. "사랑하는 엘시"로 끝나는 편지가 있는 메모장에서 그 강도가 그전에 썼던 기록("강도다-종이 밑으로 총 겨누고 있음")이 나온 것이다. 런던광역경찰청과 FBI는 포스터와 프리먼이 고안한 장치의 초창기 고객이 되었고, 이 기계는 버밍엄의 몇몇 오심 사례에서 조작된 자백을 감별하는 데 사용되었다.

웨스트미들랜즈 강력반에 대한 수사가 진행되던 바로 그 시기에 사우스요크셔 경찰은 대대적인 규모로 한창 서류에 손을 대고 있었다. 1989년 4월

15일 축구팬 96명이 셰필드의 힐즈버러경기장Hillsborough stadium에서 압사했다. 경찰의 군중 관리 실패로 발생한 참사였다. 이튿날 오전, 현장에 있었던 경찰들은 상관의 호출을 받았다. "수첩 작성에 착수하지 않도록 하기 바란다"라고 그는 말하고는 음흉한 뜻을 내비쳤다. "어제는 내 인생에서 트라우마를 일으킬 정도로 가장 충격적인 경험이었다. 그러다 보니 상당 부분이 덩어리째 기억나지 않는다. 틀림없이 자네들도 대부분 다르지 않으리라고 본다." 이 분별 없는 명령은 훈련 내용과 규정에 반하여 곧장 전달되었지만, 여하간 수첩을 이 비극에 관한 이야기로 이미 채운 사람들에게는 너무 늦게 도달했다. 그러나 이 귀중한 동시 발생적 기록들은 공식 기록 안으로 들어가지 못했다. 대신에 경찰들은 이튿날 또다시 소집되었고, 어찌됐든 기록을 작성하라는(수첩이 아니라 낱장 용지에) 이야기를 들었다. 그리고 나서 이 증언들은 "나는 지도부 쪽에서 주어진 어떠한 지시도 결코 듣지 못했다"라거나 "극도의 혼란 상태였다."처럼 곤란한 문장은 잘려나간 채 민감한 정보는 삭제되는 식으로 편집되었다. 200여 건의 기록이 이러한 검열을 통과한 다음 1차 공식 조사에 제출되었고, 아니나 다를까, 상급자 중에 기소되어야 마땅하다는 결과가 나온 이는 한 명도 없었다.

이러한 책임의 방기, 그리고 사고사라는 검시관들의 공식적인 판단에 경악한 압사 사고의 생존자들과 희생자들의 가족은 정의를 좇는 데 20여 년의 세월을 보냈다. 책임을 따지고자 하는 이들의 분투는 주기적으로 새로운 증거들이 발견되면서 힘을 얻었다. 2013년 8월, 사건 당일에 다 쓴 수첩 한 권이 세상에 나왔다. 이 수첩이 수문을 열었다. 즉, 그다음 달이 지나는 동안 전직 경찰관들이 제출한 수첩 90권이 더 나온 데 이어, 2014년에는 한 경찰서에 있던 여러 개의 상자에서 운명을 뒤바꾼 그 경기의 여파는 물론이고 미비했던 준비작업을 덮으려고 했던 수첩 2500권이 추가로 발견되었다. 2018년에는 은닉되었던 1600권이 모습을 드러냈다. 이즈음 뒤늦게 상급자들은 한창 재판을 받고 있었다. 비록 아무도 유죄 선고를 받지는 않을 터였지만 말이다. 심지어 1990년 당시 조사에 제출된 진술 68건을 조작했다고 알려진 사람들조차 죄를 면하거나 가벼운 처벌만 받았다. 경찰은 또다시 기록물에 관한 자신들의 규칙을 위반했고, 또다시 그에 대한 처벌을 교묘히 모면했다.

  미국 경찰 역시 종이 일지가 쉽게 부정한 기록 작성이 될 수 있다고 보았다. 미국에서는 여전히 수첩이 경찰관의 소지품이기는 했으나, 보통은 개인 사물함 또는 집에 아무렇게나 보관되다 보니 신뢰할 만한 증거로서의 가치가 훨씬 떨어지게 되었다. "메모장은 기만과 은폐의 크나큰 원천이었죠"라고 뉴욕경찰국NYPD의 내부 고발자였던 프랭크 서피코Frank Serpico는 나에게 말했다. 그는 동료 경찰들이 판사가 영장을 발부하도록 설득할 법한 관찰내용을 나중에 돌아가서 추가할 수 있도록 수첩 기록에 공간을 남겨두는 작태를 빈번하게 목격했다.

  이러한 맥락에서는 전통적인 종이 노트가 공공서비스에서 사라지고 있는 것을 고마워해야 한다. 현재 영국 경찰들은 디지털 기기에 기록을 남기고, 면담과 심문 과정은 녹화되며, 신체에 부착하는 소형 녹화 장치인 보디캠body-cam으로 일반 국민과의 접촉 상황을 보존한다. 뉴욕에서는 2020년에 메모첩이 아이폰 앱으로 대체되었다. 관리 운용의 수고를 덜기 위해, 그리고 단속과 사업장의 노동 감시가 불만이었던 노조의 의혹 때문이었다. 따라서 경찰수첩의 이야기는 이제 끝날 때가 가까워졌다. 다시 말해 기만과 부패로 얼룩진 그늘진 역사와 대조되는 진실로 유용했던 200년의 세월이. 중세 상인들이 쉽게 조작할 수 없는 믿음직한 진실의 보증으로 신뢰했던 노트가 결코 그렇지 않은 것으로 드러나고 말았다.

22장 | "그래, 치과의사가 죽는 게 낫겠어"

작가들의 노트, 1894년~현재

19세기가 끝나갈 무렵, 유럽의 작가들은 이미 600년 동안 노트를 사용해 오면서 장르를 잇달아 발명하거나 재발명했다. 에세이, 여행기, 토착어 시, 희곡 등등. 그 시절의 초창기에 나온 작가 노트 가운데 살아남은 것(예를 들면 보카치오의 치발도네)은 좌절감을 느낄 정도로 아주 극소수에 불과하지만, 시간이 지나면서 점점 더 많은 노트가 보존되었고, 빅토리아시대나 20세기의 문학을 공부하는 학생이 참조할 만한 노트는 숱하게 남았다. 이처럼 이후에 등장한 저자들은 노트를 어떻게 사용하게 되었고, 그 노트는 그들의 작품에 어떤 영향을 미쳤을까?

다작했던 영국계 미국인 소설가 헨리 제임스Henry James는 아직 집필에 들어가지 않은 등장인물들에게 붙일 이름을 수집하는 습관이 있었다. 1894~1895년 겨울에 그는 노트에 50여 개의 명단을 작성했다. 나중에 그가 쓸 밀도 높고 도덕적으로 미묘한 뉘앙스를 풍기는 이야기에서 유용하게 쓰일 만한, 저마다 연상 또는 발음에 의해 자질 내지 속성을 환기하는 이름들이었다. 명단은 "햄머Hanmer-멜드럼Meldrum-싱Synge-그런들Grundle"로 시작한다. 그리고 18번째 자리에 "그로즈Grose"가 등장한다. 즉각적으로 깊은 인상을 남기는 이름은 아니다. 며칠 밤을 보낸 뒤 캔터베리 대주교와 차를 마시

다가 제임스는 으스스한 일화의 "모호한 대강의 희미한 개요"를 듣고서 이 명단의 바로 옆에 메모를 해두었다. 평소 그의 창작관행이 이러했다. 즉, 집에서 몇 달 간 식사를 하지 않고도 지낼 수 있을 정도로 상습적인 초대 손님이었던 제임스는 영양가 있는 소문에 관한 토막정보를 숱하게 수집했다. 체면이라는 허울에 감춰진 잔인함 또는 인간의 나약함을 드러내는 낌새를 풍기는 이야기라면 특히. "사악하고 타락한 하인들이 아이들을 썩고 타락하게 만든다. 그 아이들은 나쁘다, 사악할 정도로 악으로 가득 차 있다"라고 그는 이때 들은 사례에 관해 적었다. 그러고는 이 아이디어를 그대로 내버려두었다. 2년 뒤 〈콜리어스 위클리Collier's Weekly〉의 발행인들이 유령 이야기를 써달라고 요청하자 그는 이 기재 내용을 재발견하고는 "내가 이때껏 적어놓은 불길한 로맨스에 대한 가장 생생한 짧은 메모"라고 보고, 성공을 거둔 연재소설 《나사의 회전The Turn of the Screw》으로 발전시켰다. 대주교의 일화가 약속한 가능성을 구현한 불길한 모호성으로 영속적인 상업적 성공을 거둔 이 이야기에서 핵심적인 역할로 등장하는 것이 바로 도움이 되지는 않지만 의도는 선한 그로즈라는 가정부였다.

작가생활 중 이 시점에 이를 무렵 제임스는 성실한 메모가였으나, 그전까지만 해도 항상 그렇지는 않았다. 즉, 그는 20대 때 "메모하는 습관을 잃어버려서, 아니 그보다는 그런 습관을 들이지 못해서 너무나도 많은 것을 잃어버렸다"라고 후회했다. 경력의 절정기에 제임스의 노트는 집필 방식에 있어서 핵심이 되었다. 다시 말해 각종 아이디어(그가 자주 표현한 대로라면 기원이 되는 싹)가 그의 목록에서 나온 이름들이 살아가는 이야기로 성숙하고 발전할 수 있는 공간이었다. 진짜로 노트에다 이야기를 짓지는 않았지만(보통은 비서에게 받아쓰게 하곤 했다), 진행 중인 작업에 대해 쓰고, 뒤로 물러나 생각해보고, 등장인물들의 행위나 동기를 논평하는 데 실제로 노트를 사용했다.

제임스는 자신의 창작과정에 대해 길고 자세하게 썼다. 그런데 그의 동료들 중에도 노트 자체의 중요한 역할을 언급한 이들이 많다. 버지니아 울프는 어릴 때부터 훨씬 더 부지런히 노트를 썼다. 그중에는 일련의 "독서 노트"도 있었는데, 자신이 쓴 책이 아니라 자신이 읽은 책을 줄곧 기록해둔 것이었다. 이처럼 독서 노트를 쓴 데는 실질적인 목적이 있었다. 울프는 수십 년 동안 〈타임스 문예 부록Times Literary Supplement〉에 서평을 썼기 때문이다. 즉, 그 같은 습자책 29권 중 1919년에 작성한 셋째 권에서 그는 마감일을 맞추기 위해 일주일 동안 하루도 빠짐없이 대니얼 디포의 소설을 "펜과 노트를 두고 진지하게" 읽은 일을 기록한다. 저마다 특정한 주제를 다룬 스크랩북과 노트도 있었다. 게다가 제임스와 달리 울프는 집필에 필요한 재료를 수집하는 것에 더해 실제로 노트에 작품 초안을 작성했다. 가령 《파도The Waves》는 작은 하드커버 노트 7권에서 생명을 얻었는데, 그 노트 안에서 빈번하게 철자가 수정된 울프의 만년필 선들은 지면의 왼쪽에서 오른쪽으로 삐뚜름하게 올라가 있다.

노트 필기에 있어서 울프가 다작하는 편에 속했다고 볼 수도 있지만, 그의 노력은 동시대 사람인 프랑스의 폴 발레리Paul Valéry에 비하면 미미한 수준이다. 발레리는 2만 8000쪽에 이르는 노트를 두고 자신의 "진정한 전작全作"이라고 했을 정도로 노트에 일신을 바쳤다. 50년에 걸쳐 매일 오전 5시 정각에 일어나 지적 훈련을 위한 사적인 시간을 보내면서 습자책 261권을

그의 "진정한 전작", 다름 아닌 261권에 달하는 습자책에 둘러싸인 채 작업 중인 시인 겸 수필가 폴 발레리.

채웠다. 예술, 기억, 언어, 문학, 수학(그리고 그만의 고유한 심리학)을 다루면서 글을 쓰고, 낙서를 끼적이고, 소묘와 회화를 그렸다. 모든 아이디어를 가능한 한 정확하게 기록하려고 분투하면서 말이다. 끈질긴 강박이라는 측면에서 발레리에 필적할 만한 사람은 레오나르도 다빈치 말고는 거의 없었다. 발레리는 처음으로 쓴 책자 가운데 한 권에서 레오나르도의 "비밀스러운 글쓰기와 모험적인 추론"을 찬양했다. 작가생활의 막바지에 이르렀을 때 그는 노트에 기재한 내용을 발췌하여 《있는 그대로^{Tel Quel}》라는 선집을 출간했다. 관찰 내용과 아포리즘의 유희적 모음을 보여주는 책으로, 가벼운 소품문(부유한 관광객이 엄청 진지하게 윈도쇼핑을 하는 광경)과 무거운 명상록(자살의 도덕성)이 병치되어 있다.

헨리 제임스처럼 퍼트리샤 하이스미스Patricia Highsmith도 유럽 생활이 더 마음에 맞는다고 여긴 뉴요커였다. 그리고 울프처럼 뿌리 깊은, 그러면서도 체계적인 노트지기로, 수십 년 동안 서로 상응하는(실제로도 서로 연동되는) 일련의 일기와 노트를 계속 써나갔다. 프랑스, 스위스, 독일, 스페인에서 사는 동안에도 창작일지는 어렵더라도 모두 미국의 지류만 사용했다. 바로 컬럼비아대학교의 문장 위로 앞쪽의 파란색 줄무늬를 가로질러 "COLUMBIA"라는 글자가 선명하게 찍힌 두꺼운 학생용 연습장이었다. 새로운 나선형, 즉 코일 제본으로 만들어진 이 노트는 1932년 뉴저지에서 발명되어 금세 여러 학교와 일터에서 유행했다. 50년에 이르는 시퀀스의 출발점은 하이스미스가 컬럼비아대학교의 여자대학인 바너드칼리지Barnard College에서 수학할 당시였다. 다만 유난히 이 노트를 줄기차게 선호한 것은 어떤 노스탤지어 때문이라기보다는 "균일성을 엄격히 따지는 사람"이라는 그의 성정에 기인한 결과에 더 가까웠다.[113] 하이스미스는 미국에 있는 친구들에게 그 노트를 대신 구해달라고 부탁했고, 노트의 표지를 각종 스탬프로 꾸미고, 겉장의 괘선을 주소를 알려주는 용도로 사용했으며, 노트에 차례대로 번호를 매겼다. 그리고 "졸업연도"를 적는 자리에는 안에 적힌 내용을 풍자적으로 요약한 문장을 기입했다. "대단한 외면과 내면의 평범함", "상존하는 주제"(자신의 섹슈얼리티sexuality) 같은 식으로 말이다.

이 창작 노트들은 자신의 고유한 테크닉과 자신의 주제를 동시에 끝없이

---

[113] 하이스미스는 만년의 일기와 노트에서 드러난 인종주의와 반유대주의 때문에 당연히 맹비난을 받았는데, 젊은 시절에 남긴 기록에는 방대한 독서와 로맨스에 대한 강렬한 욕망에 사로잡힌 이상주의자적인 면모가 드러나 한층 더 충격으로 다가왔다.

퍼트리샤 하이스미스의 일기장과 컬럼비아대학교명이 찍힌 일지 모음.
세탁물을 보관하던 벽장에 숨겨져 있다가 사후에 발견되었다.

면밀하게 살피는 과정에서 절망과 희열 사이를 계속해서 오갔던 자의식이 몹시 강한 캐릭터를 드러낸다. 1950년 5월 27일 그는 "내가 걱정하고 바꾸면, 나는 언제나 실패하고 언제나 형편없이 쓴다"라고 적는다. 나흘 뒤에는 한결 나아진 기분으로 "살인자의 심리학"에 관해 고찰하면서, 선과 악이 어떻게 "둘 중 한쪽이 다른 한쪽이 될 수 있으며, 강인한 정신과 육체의 그 모든 힘이 살인이나 파괴로 전향하는지! 그저 매혹적이다!"라고 생각한다.

하이스미스는 자신이 이 노트들에 의존한다는 사실을 숨기지 않았다. 직접 쓴 작법서인 《긴장감 넘치는 글쓰기를 위한 아이디어Plotting and Writing Suspense Fiction》에서 그는 도덕성과 관련한 문제나 문체에서 본인과 정반대였던 제임스 역시 틀림없이 지지했을 만한 조언을 해주었다.

노트에 급히 적은 한 문장이 곧바로 또 다른 문장으로 이어지는 일이 얼마나 자주 벌어지는지 놀라울 따름이다. 플롯은 메모하는 과정에서 발전할 수 있다. 노트를 덮고 며칠 동안 그에 대해 생각하라. 그러고 나면 짠! 언제라도 단편소설을 쓸 수 있는 상태가 된다.

노트가 그를 얼마나 사로잡았는지 감안하면, 하이스미스가 이따금 소설에 노트를 등장시킨 것이 전혀 놀라움으로 다가오지 않는다. 1976년 작 《스토리텔러The Story-Teller》에서 하이스미스의 주인공 시드니는 뜻하지 않게 마을의 가게에 끔찍한 범죄를 입증하는 듯한 노트(공교롭게도 그는 아무 생각 없이 그 노트에 살인을 저지르면 어떤 기분일지 추측하는 글을 쓴다)를 두고 간다. 두말할 것 없이 하이스미스의 노트는 이처럼 병적인 사색들이 꽉 들어차 있었다. 끝에 가서 그 노트들은 8000쪽에 이르렀는데 결국 1000쪽 분량으로 편집되어 출간되었다.

논픽션 작가들도 노트의 창조적 쓰임새에 대한 글을 썼다. 젊은 시절 존 디디온Joan Didion은 잡지 〈홀리데이Holiday〉의 1966년 호에 〈노트 쓰기에 관하여On Keeping a Notebook〉라는 제목의 에세이를 발표했다. 오래된 노트에 기재된 내용을 읽는 회상 장면으로 글을 연 디디온은 이어서 혹시라도 나중에 유용하게 쓰일 경우를 대비해서 제아무리 자질구레하거나 사소하고 하찮더라도 여러 사실과 만남들, 우연히 듣게 된 말들을 포착하고자 하는 헨리 제임스 적 충동을 고백한다.

충분히 보고 그걸 적어놔,라고 나는 나 자신에게 말한다. 그러면 어느 날 아침 세상에 경이로움이 고갈된 듯한 때에, 어느 날 내가 그저

하기로 되어 있는 일, 그러니까 글쓰기를 마지못해 습관적으로 하는 시늉만 하고 있을 때, 다시 말해 그럴듯 파탄에 빠진 아침에 나는 그저 나의 노트를 펼칠 테고 그러면 거기에 모든 것이 있을 것이다. 축적된 관심이 담긴 잊힌 기록이, 저 바깥세상으로 돌려보내며 보답하는 구절이.

본인이 한 말에 따르면, 디디온은 헨리 제임스와는 다르게 그 같은 아이디어를 수집했다. 제임스는 식사 중에 나눈 대화에서 원재료를 수확했지만, 디디온의 방식은 방의 한쪽 구석에서 불필요하게 관심을 끌지 않으면서 어떤 장면을 관찰하는 것이었다. 그의 메모 기록에는 사적이고 자기성찰적인 목적도 존재한다. 다시 말해 "나였던 시절을 기억하라. 언제나 그게 핵심이니까"라고 그는 쓰면서 자신의 노트 필기를 두고 "뭔가 사적인, 활용하기에는 턱없이 짧은 정신 줄의 단편들에 대한 것, 즉 그것을 만든 사람에게만 의미 있는 무분별하고 불규칙한 조합이기에 당신의 노트는 결코 나에게 도움이 되지 않을 테고, 나의 노트 역시 당신에게 무용할 것이다"라고 말한다. 광범위한 지평을 상기시키는 제목임에도 불구하고 〈노트 쓰기에 관하여〉는 누구든 존 디디온이 아닌 사람의 노트 작성에 대해서는 아무것도 알려주지 않는다. 더군다나 알고 보면, 존 디디온의 노트 작성에 대한 이야기 역시 특별히 더 정확하거나 하지는 않았다.

실제로 디디온의 노트는 본인이 글에서 암시한 것보다 훨씬 덜 내밀했고, 오히려 기존 관습을 따르는 저널리스트 쪽에 더 가까웠던 것이다. 여느 기자들과 마찬가지로 낱장 속지를 넣었다 뺐다 할 수 있는 루스리프식 메모지에 인터뷰 기록과 관찰내용을 채웠고, 매일 하루가 끝나갈 때 그날의 메모와 인터뷰를 타자기로 정서하곤 했다. 그러한 재료에 자신만의 독특한 스타일을 부과하면서 말이다. 즉, 헤밍웨이풍의 산뜻하고 딱딱한 문장에 시선을 사로잡는 은유를 더하는 것이다. 따라서 디디온을 초연하고 약간 신경증적인 관찰자로 본다고 해도 완전히 틀린 생각은 아니지만, 그는 실제로 자신이 시사했던 것보다는 특유의 개성이 덜한 방식으로 노트를 사용했다. 다시 말해 디디온의 노트는 단지 그였던 시절을 기억하는 것이 다가 아니었다.[114]

지금껏 언급된 모든 작가들은 겉보기에 비슷한 순서대로 노트를 썼다. 설령 안에 든 작성 내용은 사실상 천차만별이었을지라도 말이다. 모두 순차적으로 기록했고, 대체로 날짜를 기입했다. 한편 울프나 하이스미스처럼 체계적인 사상가들은 마음이 쓰이고 눈에 밟히는 것에 따라 이 노트에서 저 노트로 깔끔하게 옮기기도 했다. 그렇게 함으로써 이 작가들은 하나같이 평단의 찬탄, 충성스러운 독자층, 상당한 판매량을 얻어냈다. 그러나 이 모든 작가들 가운데 상업적으로 가장 큰 성공을 거둔 이는 가장 혼란스럽다고 할 만한 노트를 썼다.

애거사 크리스티Agatha Christie는 저렴한 학교공책을 사용했고, 뭐든 손에 잡히는 것으로 글을 썼다. 그러니까 연필, 만년필, 볼펜으로. 크리스티는 노

---

114 2021년 디디온이 사망한 뒤 유산 집행인들은 완전 새 것인 몰스킨 수첩을 대거 발견했다. 이는 디디온이 매장을 방문할 때마다 몰스킨 수첩을 한 권씩 구입한다는 반스앤드노블 고객 중 한 명이었음을 시사한다. 이 몰스킨 수첩들은 세 꾸러미로 묶여 그가 거주한 어퍼이스트사이드의 아파트에 있던 나머지 물건과 함께 경매로 팔렸다. 세 꾸러미 모두 9000달러가 넘는 금액에 판매되었다. 수축포장 상태 그대로였던 이 미사용 노트들은 한 권당 평균 800달러 이상의 가격으로 팔린 셈이다. 실제로 안쪽에 기록이 남아 있는 노트들은 판매용으로 나오지 않았다.

트에 작성한 내용을 도통 정리해내는 법이 없었고, 그가 쓴 추리소설 66권 중 58권에 대한 메모가 담겨 있는 그가 남긴 73권의 노트는 지독히도 무질서하다. 한 편의 소설과 한 권의 노트가 일대일로 대응하는 경우는 5번에 불과하다. 즉, 거의 모든 노트에는 대여섯 작품에 대한 메모가 들어 있다. 크리스티는 보통 "대략 6권 정도를 가까이 두고" 있어서 아마 어떤 특정한 소설이든 그에 대한 메모가 최소한 그 정도 되는 노트 여러 권 사이에 마구 산재하리라고 인정했는데, 실제 기록은 12권이다. 그는 100여 쪽에 한 번 꼴로만 날짜를 기재했는데, 그가 실제로 기록한 월일은 별로 도움이 되지 않는다. 연도까지 기입한 경우가 거의 없었기 때문이다. 크리스티는 노트를 뒤집어서 뒷면에 글을 쓰곤 했다. 여러 페이지를 건너뛰었다가 되돌아가서 빈 공간을 새로운 항목으로 채워 넣곤 했다. 그가 자신을 탐구하는 연구자들에게 베푼 유일한 자비는 나이가 들수록 전에 없이 글씨체가 점차 꾸준히 나아졌다는 것뿐이다. 1930년대에 쓴 노트는 판독이 거의 불가능한 수준이지만, 1970년대에 쓴 노트는 그저 지저분한 정도다. 많은 기재내용 또는 한 페이지 전체가 거침없는 X선으로 지워져 있다. 이 모든 것 외에도 노트는 집중을 방해하는 온갖 가정사로 가득하다. 즉, 딸아이의 숙제, 브리지게임 점수, 쇼핑목록, 여행계획, 해야 할 일, 책 커버 스케치, 출판사 사람들과의 통화내용 메모. 그럼에도 이처럼 일관성 없는 노트들이 범죄소설 작가라는 비할 데 없는 경력에서 필요불가결한 역할을 했다.[115] 과연 어떻게?

---

115 내놓은 작품 수로 따져볼 때 크리스티(수십 억 부가 판매된 100여 권의 저서와 16편의 희곡)에 필적할 만한 작가는 조르주 심농^{Georges Simenon}(6억 부가 판매된 425권의 저서)이 유일하다. 심농은 대체로 노트를 사용하지 않았다. 즉, 갑자기 한 차례씩 찾아오는 미

72편의 장편소설과 165편의 단편소설로 이어지는 플롯을 구상하는 동안 애거사 크리스티가 선택한 노트는 학교공책이었다.

    뒤죽박죽 엉망이었을지라도 그 노트들은 크리스티의 집필과정에서 매 단계마다 핵심적이었다. 그는 노트에서 수십 가지 설정을 브레인스토밍했다. "불쌍한 부자 소녀-언덕 위의 집-호화로운 물건들 등"이라고 쓴 것도 있고, "변화무쌍한 기차에 탄 노부인-한 소녀가 그녀와 함께 타고 있다-나중에는 그 마을에서 일자리를 제안받는다-그 제안을 수락한다"라고 적힌 문

친 듯한 조증 상태에서 타자기로 글을 썼는데, 가장 헌신적인 팬들조차 그의 작품에는 크리스티의 작품에서 보이는 일관된 철저함이 결여되어 있음을 인정할 것이다.

장도 있다. 가끔은 이런 아이디어를 얻자마자 곧바로 발전시키기 시작할 때도 있었지만, 대개는 다시금 우연히 발견해서 상상력에 불을 붙일 때까지 그냥 묵히곤 했다. 일단 한 가지 시나리오에 공들이기 시작하면 좋아질 때까지 "그것에 대해 고민"하면서 그것을 발전시키는 데 필요한 다양한 선택지를 지면에 써보았다. 가령 《하나 둘 내 구두에 버클을 달아라 One, Two, Buckle My Shoe》의 경우 크리스티는 "남자는 쌍둥이 중 한 명과 몰래 결혼한다"부터 "살해당한 치과의사들-런던에서 1명-지방에서 1명"까지 7가지 가능한 동기를 곰곰이 따져보았다. 또 《패딩턴발 4시 50분 4.50 From Paddington》을 구상하면서는 "어디에서 시신을 기차 밖으로 밀어낼 수 있을까"라고 질문했다. 설정이 확정되면 시나리오에 살을 붙이고 플롯을 작성했다. 이 과정에는 다양한 경로(놀라우리만치 자주 그는 윤곽이 드러나고도 한참이 지났을 때 살인범을 바꿨다)를 고려하고, A, B, C 등으로 분류된 에피소드 목록에 있는 구체적인 행동을 구상하는 작업이 포함되었다.

> F. 메리와 오드리 (좌절된 여성이라는 암시) 하인들조차 신경과민이다
> G. 외투 단추 사건
> H. 오드리의 달빛 같은 아름다움

이 같은 시퀀스는 윤곽이 점차 공고해짐에 따라 재조정(크리스티는 어떤 아이디어를 사용하면 노트 지면에 적힌 원래의 기재 내용은 줄을 그어 지웠을 것이다)되었을 텐데, 그러는 동안 줄곧 지면에서 자문자답하며 구상을 따져 묻곤 했다. "이건 어때"라든가 "좋은 아이디어일 것 같아" 내지 "그래, 치과의

사가 죽는 게 낫겠어"라고 적는 식이었다. "외견상 카오스"인 이 노트들을 풀어헤치는 시시포스의 시련과도 같은 과업을 떠맡은 존 커런John Curran이 표현한 대로 "그는 이 노트들을 공명판과 문학적 스케치북이 결합된 것으로 사용하면서 스토리를 창안하고 발전시켰고, 선택하고 거부했으며, 날카롭게 다듬고 손질했으며, 재고하고 재활용했다." 크리스티는 그 이야기와 플롯을 시험해보고 설득력 있는 하나의 완전체로 뽑아냈을 때에야 타자기로 넘어가 제대로 된 소설을 쓰는 일에 착수했다. 다시 말해 지리멸렬한 무질서에서 시계장치처럼 깔끔하고 정확하게 맞아떨어지며 돌아가는 작품들을 뽑아낸 것이다.

물러나서 보면 작가들이 노트를 사용한 방법이 매우 다양함에도 불구하고 크게 세 가지 방식으로 나뉜다는 사실을 알 수 있다. 첫 번째로, 거의 모든 작가들은 습관적으로 노트를 당장의 직접적인 관찰에 사용한다. 즉, 나중에 활용할 요량으로 각종 단어, 문장, 장면, 아이디어, 일시적 순간들을 포착하는 것이다. 두 번째로, 일부(결코 전부는 아닌)는 초안을 작성하고 수정하는 데 노트를 사용한다. 제인 오스틴Jane Austen, 메리 셸리Mary Shelley, 버지니아 울프 모두 그랬다. 또 제임스 조이스James Joyce의 노트에는 선명한 색깔 블록들이 생겼는데, 조이스가 《율리시스Ulysses》와 《피네간의 경야Finnegans Wake》를 관통하는 연속적인 단계를 강조하기 위해 빨간색, 파란색, 초록색 크레용을 사용했기 때문이다. 첫 번째와 두 번째 방식 간에 뚜렷이 구별되는 차이는(이번에도 역시나) 이탈리아 부기 담당자들의 2단계 절차를 떠올리게 한다. 그들은 당장의 거래 내역을 기록하는 데 메모리알레를 사용한 다음 분석이나 조정을 위해 복식 기장법에 따라 조르날레나 콰데르노에 항목을 고대로 옮겨 적었다. 예술가, 수필가, 과학자들도 하나같이 비슷한 관행을 채택했다. 즉, 애거사 크리스티가 어떤 책에 사용된 아이디어를 줄을 그어 지운 것은 대변과 차변을 맞추는 과정에서 줄을 그어 지우는 부기 작성 관행을 고대로 반복하는 셈이다.

그런데 제임스, 하이스미스, 크리스티 같은 작가들은 노트를 또 다른 세 번째 방식으로도 사용했다. 다름 아닌, 집필하는 바로 그때에 본인이 쓰고 있는 글에 대해 쓰는 것이다. 항상 존재하는 백지를 공명판 삼아 자기 작품과의 대화에 돌입하여 사려 깊은 판단을 하고, 그것을 정제하여 완성품을 개선할 수 있었다. 말과 글을 다루는 일을 하는 경우 노트는 매체(그러면서 거울)일 수 있다.

23장 | 저장과 요리법

레시피북, 1639년~현재

앤드리아 응우옌Andrea Nguyen은 여섯 살 때 급히 사이공을 떠났다. 그리고 다시 돌아왔을 때, 그곳은 이미 호치민 시로 이름이 바뀌었고, 그의 나이도 30대에 접어든 터였다. 그는 가장 어린 유년 시절의 기억으로 남아 있는 거리와 시장을 걸어 다녔다. 그러나 그가 알아보고서 가장 예리하게 가슴 철렁하는 놀라움을 느낀 것은 다름 아닌 어느 박물관에 전시된, 식민지시대에 잠깐 쓰이다 만 작은 물건 하나였다. 이 만남 이후로 20년이 흘렀지만 앤드리아는 지금도 그 옅은 오렌지색 공책의 모습을 생생하게 떠올린다. 프랑스에서 만들어진 그 노트의 표지에는 손에 횃불을 든 채 미소 짓고 있는 주자가 그려져 있고, 지구본 위로 Olympic(올림픽)이라는 글자가 굵은 이탤릭체로 적혀 있었다. 그는 그 노트들을 잘 알았다. 어머니가 똑같은 노트 한 권을 갖고 있었기 때문이다. 한 가족의 복잡한 여정과 모국에 관한 감각을 구현하게 된 노트. 요리법으로 가득 찬 노트였다.

응우옌 티 뚜옛Nguyễn Thi Tuyết(서양에서 알려지기로는 클라라 응우옌Clara Nguyen)은 남편 꾸옥 호앙Quốc Hoàng(게이브리얼Gabriel)과 다섯 명의 자식들을 키우면서 사이공에 살고 있었다. 클라라는 미국국제개발처USAid에서 물류 지원 업무를 담당했고, 게이브리얼은 남베트남 정부의 군정장관이었다. 그러니 1975년 4월 북베트남 장갑차들이 도시를 포위하자 크나큰 두려움에 휩싸인 채 미래를 볼 수밖에 없었다. 가족이 잔류할 경우 게이브리얼이 기대할 수 있는 최선의 상황은 재교육 수용소로 가게 되는 암울한 형벌을 받는 것이었다. 그리하여 두 사람은 다섯 아이와 함께 새로운 삶을 살 준비를 했다. 게이브리얼에게 이것은 미국 연줄을 샅샅이 뒤져 식구들을 배나 비행기에 태워줄 만한 영향력이 있는 사람을 찾아내는 것을 의미했다. 그러나 그보다 훨씬 앞을 내다본 클라라는 공책에 요리법을 모으기 시작했다. 그의 계획은 미국에서 베트남 식당을 열어 가족을 부양하는 것이었다. 그리하여 집안일을 봐주던 티앤 언니의 도움을 받아 장차 식당 메뉴로 들어갈 요리를 수집하기 시작했다.

클라라는 그 오렌지색 노트에 "엄마의 가정생활 책"이라는 이름을 짓고는 단정한 손글씨로 요리법을 옮겨 적었다. 맨 처음에 적은 것은 포멜로 샐러드를 만드는 법이었다. 기본적인 조리법은 이미 아는 상태에서 클라라는 프랑스의 영향을 받은 식민지시대의 요리법이라든가, 매일 요리하기에는 품이 너무 많이 드는 음식을 비롯해 특별한 날에 먹는 음식을 수집하는 데 집중했다. 가령 월병 만드는 법은 그 노트에서 4페이지가 넘어간다. 그리고 글씨체는 유려한 정자체이지만, 클라라는 축약을 하고 자신만의 약칭을 사용하여 요리법을 간결하게 작성했다.

클라라는 식당을 운영해본 경험이 없었지만, 응우옌 집안의 가풍이라는 맥락에서 보면 수긍할 만한 계획이었다. 클라라는 음식과 정찬 경험 두 가지를 모두 중시했다. 다시 말해 응우옌 가족은 식사하기 전에 완벽하게 일직선으로 놓인 상아 젓가락으로 밥을 먹었다. 그리고 훗날 그의 막내딸이 사이공 생활에서 가장 생생한 기억으로 꼽게 되는 것은 티앤과 함께 정기적으로 재래시장에 간 일이었다. 그곳에서 아이는 신선한 육류, 진열된 알록달록한 과일, 토막 나기를 기다리는 활어를 뚫어져라 바라보았다. 도와줄 티앤도 있고, 호소력을 발휘할 만한 성장하는 시장도 있는데다, 찾아볼 요리법들이 차곡차곡 쌓인 저장고도 있으니 클라라는 자신의 계획에 현실성이 있다고 봤다. 그러나 우선은 미국으로 가야 했다.

다른 가족들과 함께 바다로 나가려던 첫 번째 계획이 무산된 뒤인 4월 중순 즈음, 게이브리얼은 가족을 떠나게 해줄 수 있을 만한(만사가 잘 풀린다면)

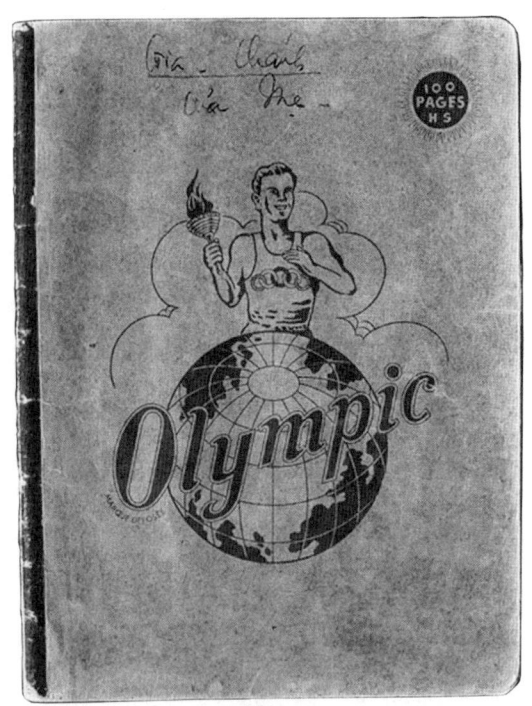

고향의 맛. 클라라 응우옌의 레시피 노트.

빠져나갈 통로를 확보하는 데 성공했다. 이목을 끄는 일을 피하기 위해 여덟 식구가 작은 여행가방 두 개만 챙겨서 이동했다. 이들은 가슴을 졸이면서 위태로운 공항을 둘러싼 군 검문소를 여럿 통과한 뒤 비행기에 올라탔다. 각종 요리법으로 반쯤 채워진 올림픽 노트는 클라라의 핸드백에 든 채 이동했다. 응우옌 가족은 괌으로 날아간 다음 하와이로, 그리고는 마침내 캘리포니아에 도착했다. 그곳에서 티앤은 탈출을 도와준 응우옌 가족에게 깍듯이 감사의 말을 전한 뒤 작별인사를 했다.

식당 계획은 결코 결실을 맺지 못했다. 클라라는 재봉사, 게이브리얼은 교사 자리를 얻어서 일하게 되었고, 응우옌 가족은 새로운 미국 생활을 탐구해나가기 시작했다. 올림픽 노트의 요리법은 이들이 나아가는 과정을 따라간다. 캘리포니아 남부의 교외에서는 베트남 식재료를 구하기가 어려웠다. 그러다 보니 노트의 그다음 몇 페이지는 큰 딸들의 글씨체로 기록된 코셔 피클, 오트밀 쿠키, 브라우니처럼 미국에서 발견하게 된 음식들의 조리법이 지면을 채우고 있다. 그와 함께 응우옌 가족은 파슬리, 로즈메리 등 서양의 향미료도 알게 되었다.

손수 요리법을 수집하는 행위를 통해 클라라 응우옌은 종이 노트의 기원으로 거슬러 올라가는 한 가지 전통을 확장하고 있었다. 우리에게는 13세기 압바시야(아바스) 칼리프 왕국의 요리 모음집이 있다. 공식적인 증정 필사본들이지만, 틀림없이 작업용 노트에 의지했을 것이다. 한 세기가 지나 피렌체에서는 수많은 치발도네 작성자들이 문헌에서 뽑은 발췌문과 더불어 비체계적으로 각종 요리법(토끼 손질법부터 덜 숙성된 포도주의 맛을 개선할 향신료 목록까지 모든 것)을 수집했다.¹¹⁶ 요리법과 치료법을 나누는 경계선은 대체로 흐릿하다. 즉, 여러 음식과 가정의 민간요법이 서로 나란히 자리다툼했다. 한 치발도네는 맛도 괜찮을 법한 콩가루와 올리브유를 섞은 반죽을 고환에 직접 바르면 남성의 성욕을 끌어올릴 것이라고 추천한다.

같은 시기에 가계부는 한 가정이 음식과 음료에 지출한 비용을 상술하게 되는데, 이를 통해 우리는 자세한 준비과정까지는 아니더라도 사람들이 무엇을 먹었는지는 알 수 있다. 요리법을 수집하는 습관은 치발도네가 공식적인 비망록에 자리를 내주던 바로 그 순간에도 줄곧 이어졌다. 비망록 작성자들은 좋아하는 시나 그 밖의 유용한 정보와 함께 특이한 요리법을 종종 기록하곤 했다. 아이작 뉴턴과 스택하우스 톰슨은 모두 자신의 노트에 간간이 요리법들을 끼워 넣었다. 뉴턴은 약초 치료제에 대한 옹호로, 톰슨은 프랑스식 푸딩인 블랑망주blancmange처럼 순수한 탐닉으로.

17세기 전반부의 후기에 수기 요리법으로 구성된 전용 선집이 잉글랜드에 도래했다. 이는 노트 작성의 일반적인 성장과 동시에 일어났다. 즉, 일기 쓰기가 같은 시기에 유행하고 있었고, 학생들은 비망록을 가지고 있었으며, 정식 장부를 보유한 가정이 그 어느 때보다 많았다. 잉글랜드에서 최초로 출간된 여성을 위한 요리책의 출현도 반영한다. 다시 말해 토머스 도슨Thomas

---

116   14세기는 유럽에서 최초로 요리법 모음집이 나온 시기이기도 한데, 모두 격식을 차린 양피지 필사본의 형태로 현존한다. 프랑스어로 쓰인 《르 비앙디에 드 타이유방Le Viandier de Taillevent》, 카탈루냐어로 쓰인 《엘 리브레 데 센 소비El Libre de Sent Sovi》, 독일어로 쓰인 《다츠 부흐 폰 구터 슈피제Daz Buch von Guter Spise》 그리고 영어로 쓰인 《요리의 형태The Forme of Cury》다. 하나같이 품위 있는 저작들로, 그에 부합할 정도로 장대하고 화려한 음식들을 선별하여 실었다.

Dawson의 《현명한 주부의 보석The Good Huswifes Jewell》(1585)이나 휴 플랫 경Sir Hugh Platt의 《여성들을 위한 당과Delightes for Ladies》(1600)를 직접 살 수 없는 경우, 친구가 구입한 책에서 자신이 가장 좋아하는 사탕과 리큐어 만드는 법을 발췌할 수 있었다. 매뉴스크립트쿡북스서베이Manuscript Cookbooks Survey 에서는 이 시기에 나온 현존하는 모음집 16권의 목록을 제시해 놓았는데, 그중에는 제임스 1세의 장남 헨리 프레더릭Henry Frederick이 소유했던 것도 있다. 다만 이 젊은 왕자가 손수 요리하기 위해 그 노트를 한 번이라도 사용한 적이 있었다는 의견을 내놓는 이는 아무도 없다.

   1639년에 요리법을 수집하기 시작한 캐서린 패커Katherine Packer는 통풍과 감염 상처, 터진 담낭에 쓰는 조제용 물질을 비롯하여 "몇 가지 질병과 부상, 그리고 새로운 상처와 오래된 상처 모두에 잘 듣는 약제"를 선별한 모음으로 노트의 문을 연다. "상처 난 젖가슴에 쓰는 약"은 "털이 붙어 있는 양 머리를 가져다가 아주 깨끗이 씻은 다음 물 3포틀pottle[117]을 넣고 3시간 동안 한꺼번에 삶는다"라는 설명으로 시작한다. 이 노트의 후반부는 다행히도 "저장과 요리법"에 할애되어 있다. 노트에 수록된 많은 조리법 중 첫 번째는 "후들후들한 푸딩"으로, 크림 1파인트와 메이스mace, 흰 빵, 설탕, 달걀 6개, 사프란, 육두구로 이루어진 재료들을 1시간 동안 끓여서 만든다.

   당시의 요리 모음집들은 대부분 이처럼 특별한 경우의 식사에 집중한다. 짐작컨대, 요리사들은 일상적인 스튜나 육류 요리로 구성된 레퍼토리는 외우고 있을 테니, 조리법을 기록해둘 필요가 거의 없다고 봤을 것이다. 고급

---

117   영국에서는 약 2.3리터, 미국에서는 약 1.8리터에 해당한다. (옮긴이 주)

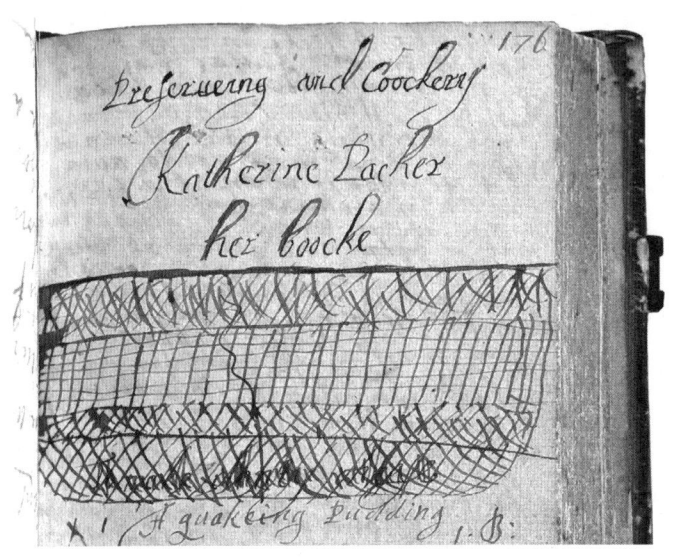

캐서린 패커가 17세기에 쓴 "저장과 요리책"의 다소 대충 그려진 속표지.

스러운 푸딩은 다른 문제였다. 대다수는 여러 사람의 손을 거친 작품이다. 즉, 이 노트들은 훗날 클라라 응우옌의 모음집이 그랬듯 주방을 돌면서, 또 어머니에게서 딸에게로 전해졌다. 가족들이 좋아하는 음식은 여러 세대에 걸쳐 이 노트에서 저 노트로 옮겨졌다. 다만 기록 작성자들이 창조해낸 요리는 거의 없는 듯하다. 다시 말해 거의 모든 요리법의 기원을 따라 거슬러 올라가다 보면, 출간된 여러 요리책에 이르게 된다. 역사학자들은 이러한 필사본들을 요리법의 연구조사뿐 아니라, 사회 연결망과 국제무역의 변동을 분석하는 데도 활용한다. 가령 18세기 미국의 생강 케이크 조리법은 전통적인 유럽 버전에 나오는 꿀 대신 당밀을 대체물로 사용하는데, 영국의 요리사들도 이 끈적거리는 새로운 물질이 자국의 시장에 등장하자 금세 따라하게 되었다.

따라서 클라라의 올림픽 노트는 유구한 전통 안에 자리한다. 시간이 흐르면서 이 노트의 내용물도 다시 한 번 진화했다. 응우옌 가족이 로스앤젤레스에서 중국 식료품점을 한 곳 발견하면서 베트남 요리법이 복귀한 것이다. 마지막 페이지는 첫 번째 요리법이 적힌 지 11년이 지난 뒤인 1986년 7월에 고구마 튀김(북베트남의 명물인 향토음식으로, 클라라가 성장하면서 함께한 음식들과는 다른데다 제대로 만들기가 까다로웠다) 조리법으로 채워졌다. 클라라의 식당은 현실화되지 않았지만, 그럼에도 불구하고 그의 "가정생활 책"은 이미 그 가치를 입증했다. 더군다나 사이공에서 재래시장 탐험을 아주 즐겼던 막내딸 앤드리아가 결국 자신의 목적을 위해 그 노트에 의지하게 된다.

클라라의 다른 자식들과 마찬가지로 앤드리아도 서던캘리포니아대학교에 다니면서 경영학과 중국어를 공부했다. 그러나 20대 중반 무렵 요리법에 관한 글을 쓰는 일을 업으로 삼고 싶다고 결심했다. 그 요리법이란 베트남 요리법이 될 터였다. 자신이 아는 그 맛을 미국의 독자들에게 가져다주기 위함이다. 다시 말해 앤드리아가 나에게 말했듯 "앞을 보면서 뒤를 돌아보는" 실향민이었던 자신의 유년기가 반영되었을 요리법을. 그가 이런 목표를 달성하는 데는 여러 해가 걸렸다. 그러나 첫 번째 저서인 《베트남 주방으로Into the Vietnamese Kitchen》가 세상에 나왔을 때, 이 책은 다수의 수상 후보로 지명되었고, 앤드리아가 이름을 떨칠 수 있게 해주었다. 서문에서 앤드리아는 클라라의 노트에 관해 이야기했는데, 이제 그 노트는 앤드리아가 완전히 물려받은 상태였다. 미국의 요리사들이 이해할 수 있도록 편집된 설명을 덧붙인 "가정생활 책"에서 가져온 요리법들을 비롯해 두부, 반미, 퍼(쌀국수) 같은 주제를 다룬 6권의 요리책이 더 나왔다.

앤드리아와 이야기를 나누다 보니 그가 어머니로부터 음식에 대한 애정뿐만 아니라 노트를 쓰는 습관 역시 물려받았음을 알게 되었다. 그는 거의 강박적으로 새 노트를 구입한다고 고백한다. 모든 요리법이 수기로 새로운 초안에 기록된 수정이나 개선 사항에 따라 다양한 버전을 거치다 보니, 책을 쓸 때마다 여러 권의 노트를 채우게 된다. 이 노트들을 통해 어떤 책 또는 요리법이 시간이 흐르면서 어떻게 변화해왔는지 거슬러 올라가서 추적할 수 있다. "당신의 생각이 진화하는 것을 기록할 수 있죠. 대충 휘갈겨 써도 되고요"라고 그는 열변을 토한다. 따라서 클라라는 노트를 순전히 비망록으로 사용한 데 반해, 앤드리아는 노트들을 지면에서 정제하고, 발전시키고, 생각하는 데 활용한다. 노트에 대한 그의 열정은 우리가 대화하는 내내 빛을 발한다. 다시 말해 그 노트들은 창조성, 직업적 자부심 그리고 고국의 음식에 대한 그의 깊은 애정을 상징한다. 한 가지 프로젝트를 완수하면 앤드리아는 그간의 작업노트들을 모아서 주의 깊게 정리하여 보관한다. 오렌지색 올림픽 노트와 달리 그 노트들은 당장 갑작스럽게 이동해야 하는 처지가 아니다. 앤드리아에게 그 노트들을 가지고 뭔가 해야겠다는 특별한 계획이 있는 것도 아니다. "앞으로 저것들로 과연 뭘 하게 될지는 모르겠어요. 다만 저기 그대로 있는 거죠."

24장 | 자신을 표현하라

자기돌봄 저널링, 1968년~현재

1968년 제이미 페니베이커Jamie Pennebaker는 음악 장학생으로 플로리다의 한 대학교에 가게 되었다. 그는 이제 막 움트기 시작한 클라리넷 연주자였다. 그러나 "나보다 그냥 유전적으로 타고나기를 연주에 더 능한 사람 두셋"을 우연히 만난 뒤 본인은 음악가가 될 정도는 아니라고 판단했다. 대신에 법학전문대학원을 목표로 삼았다. 그 말인즉슨, 학사학위를 따기 위해 거의 모든 과목을 가리지 않고 전공할 수 있다는 의미였다. 그는 이러한 지적 자유를 놓치지 않고 철학, 수학, 인류학을 수강했다. 그러다가 우연찮게 중고 심리학 교과서를 입수했고, 그 과목과 사랑에 빠졌다. 그리하여 현대 학계에서 가장 영향력 있는 연구 경력으로 꼽히는 여정이 시작되었다. 다름 아닌, 일기를 쓰는 사람이라면 누구에게든 핵심이 되는 다음의 질문을 철저히 검토하게 될 연구였다. 우리 자신에 대해 글을 쓰면 왜 그토록 기분이 좋을까?

전환점이 된 그 결정적인 순간 이후로 50여 년이 지난 오늘날 페니베이커는 "심리학이 생리학, 학습, 사회과정, 문화에 대한 나의 관심사들과 잘 맞아떨어졌죠"라고 회상한다. "사회심리학이 그냥 재미있어 보였어요." 그런데 특히 그의 관심을 끈 것은 우리가 신체적 자아를 어떻게 인지하는지였다. 그러니까 우리의 감정, 심박동수, 나아가 배고픔을 말이다. "현실은 우리가 우리 몸을 읽는 데 젬병이라는 거예요"라고 그는 나에게 말한다. 1977년 박사학위를 취득한 페니베이커는 이 주제에 관한 책을 쓰는 작업에 착수했다. 결국에는 연구조사가 필요한 일이었다. 학부생으로 구성된 팀과 함께 연구를 진행해나가면서 그는 사람들에게 종류를 불문하고 자신에게 어떤 증상이 발생하게 된 것과 관련이 있을 만한 요인을 묻는 설문지를 고안했다. 식습관이 한 가지 요인이 될 수도 있고, 피험자의 부모와의 관계도 요인일 수 있었다. 마침내 한 학생이 정신적 외상을 초래할 정도로 충격적인 성적 경험을 한 번이라도 해본 적이 있는지 사람들에게 물어보자고 제안했다. 결과가 나왔을 때 그 학생의 질문이 가장 유의미한 것으로 드러났다. 다시 말해 성적인 트라우마를 참고 견뎠을 경우 그러지 않았을 때보다 건강하지 못하다는 느낌이 들거나 병원에 진찰을 받으러 갈 개연성이 훨씬 컸다.

아주 흥미로운 이 결과에는 추가 연구가 필요했다. 좋은 우연의 일치로 그때 페니베이커는 미국의 심리학 전문지 〈사이콜로지 투데이Psychology Today〉의 편집진으로부터 연락을 받았다. 그들은 독자를 대상으로 대규모 조사를 진행할 계획을 세우고 있었다. 그는 잡지사 측에 트라우마를 유발할 만한 성적 경험에 대한 질문을 추가해달라고 요청했다. 그리고 2만 4000명이 응답한 설문에서도 앞선 연구와 동일한 결과가 나왔다. 다만 훨씬 더 큰 규모로. 여성 응답자의 약 22퍼센트, 남성 응답자의 11퍼센트 정도가 성적으로 트라우마를 일으킬 정도의 일을 경험했는데, 페니베이커와 연구진은 이 사람들이 추후 입원했거나, 암 진단을 받는다거나 고혈압, 감기, 독감(앞서 설문지에서 질문한 모든 건강문제)에 시달릴 개연성이 훨씬 크다는 사실을 알아냈다.

그들의 성적 본성 외에 이러한 트라우마를 부상이나 사별 같은 다른 사건과 구별 짓는 뭔가가 있었을까? 페니베이커는 이 질문을 중심으로 주변을 맴돌다가 한 가지 중대한 차이점에 안착했다. 바로 다른 종류의 트라우마보다 성적 트라우마에 대해서는 희생자들이 타인에게 이야기할 가능성이 훨씬 적었다는 점이다. 다시 말해 이 사람들은 비밀을 품고 있었다. 그저 비밀을 간직하고 있다는 행위 자체가 과연 건강을 해칠 수 있었을까? 이 질문을 역으로 보면, 비밀을 드러낸다면 건강을 개선할 수 있을까? 이를 알아내기 위해 페니베이커는 한 가지 간단한 연구를 창안했다. 장차 심리학 역사에서 가장 많이 인용되고 가장 많이 복제된 연구로 꼽히게 될 실험이었다. 그는 참가자들을 실험실로 데려간 다음 동전 던지기로 나눈 절반에게 실험이 진행되는 15분 동안 주요한 트라우마를 털어놓아달라고 요청했다. 면담자가 아니라 종이에. 그들에게는 다음과 같이 적힌 지침이 주어졌다.

앞으로 3일 동안 여러분의 인생 전체를 통틀어 가장 트라우마적인 경험에 대해 아주 깊숙한 내면에 자리한 생각과 감정을 적어주기 바랍니다. 글을 쓰는 과정에서 여러분이 진심으로 놓아버리고, 가장 밑바닥에 자리한 감정과 생각을 탐구하면 좋겠습니다. 그 트라우마를 유년기, 부모나 연인, 친구, 친척을 포함한 타인과의 관계와 묶을 수도 있을 겁니다. 그 사건을 과거나 현재, 미래, 즉 내가 예전에 어떤 사람이었는지, 앞으로 어떤 사람이 되고 싶은지, 지금 어떤 사람인지와 연결 지을 수도 있겠습니다. 글을 쓰는 사흘 내내 동일한 일반적인 사안이나 경험에 대해 써도 되고, 매일 다른 주제에 관해 써

> 도 됩니다. 모든 사람이 다 한 가지씩 트라우마를 갖고 있지는 않습
> 니다. 그러나 우리에게는 모두 주요한 갈등 내지 스트레스 요인들이
> 있습니다. 그러니 이것들에 대해서 써도 됩니다. 여러분이 쓴 글은
> 전부 철저하게 기밀로 유지될 것입니다. 철자법이나 문장구조, 문법
> 은 신경 쓰지 마십시오. 유일한 규칙이라면, 일단 쓰기 시작하면 시
> 간이 다 될 때까지 계속해서 쓰는 것입니다.

한편 통제집단은 같은 기간 동안 평범한 일과나 여타 피상적인 주제에 대해 써달라는 요청을 받았다.

페니베이커와 동료 연구자들은 참가자들이 거리낌을 거의 내보이지 않는다는 사실을 발견하고 약간 놀랐다. 즉, 다들 글로 풀 만한 트라우마적인 사건을 찾아낼 수 있었고, 거의 모두 기꺼이 그렇게 하려고 했음이 드러났다. 참가자들의 허락 하에 페니베이커는 연구가 진행된 전후 몇 달 사이에 그들이 학생건강센터를 방문한 횟수를 추적했다. 결과는 극적인 수준이었다. 다시 말해 페니베이커의 연구에서 드러난 바에 따르면, 트라우마에 대해 글을 써달라고 요청받은 사람들 중 의사의 진찰을 받으러 간 경우는 일상적인 문제에 대해 글을 쓴 통제집단에 속한 사람들의 절반 정도에 해당하는 비율이었다. 아스피린도 적게 복용했다. 상관관계가 "유난히 강하고" 분명했다고 페니베이커는 추후에 서술했다. 한마디로 "사람들이 속상한 경험에 대해 글을 쓰면 건강에 긍정적인 영향을 미친다."

이 연구결과는 1986년에 발표되어 우선 큰 관심과 인기를 끌었고, 이어서 페니베이커가 "표현적 글쓰기expressive writing"라고 칭한 것을 둘러싼 완전히

《훔쳐라, 아티스트처럼Steal Like An Artist》의 저자인 작가이자 예술가 오스틴 클레온Austin Kleon은 제임스 페니베이커의 한 강연에서 이 메모들을 그렸다.

새로운 분야의 연구 활동을 고무했다. 이처럼 극적인 연구결과는 추가적인 탐구가 필요했기에 페니베이커와 다른 많은 연구자들은 다시 실험실로 돌아가 검사 방식을 정제하고 테스트를 반복했다. 관심은 기하급수적으로 증대했다. 즉, 페니베이커가 첫 번째 저서를 출간하고 나서 10년 사이에 대략 20건의 연구가 뒤따랐는데, 그 뒤로 10년 사이에 150건의 후속 연구가 추가로 이루어졌다. "이 패러다임은 세계 도처의 여러 국가에서 사용되어 왔어요. 일본, 한국, 멕시코, 유럽 전역, 남아메리카에서 쓰이고 있죠"라고 페니베이커는 나에게 말했다. "방금 내가 검토할 논문을 한 편 받았는데요, 그 논문에 따르면, 현재 표현적 글쓰기에 관한 논문이 2200편이나 된다는군요."

그렇다면 과연 표현적 글쓰기에 대해 알려진 바는 무엇이고 어떤 식으로 효과를 발휘할까? 우선 한 가지는, 남자들은 감정 처리를 힘들어한다거나 여자들은 감정을 지나치게 곱씹는다는 우리의 선입견에 반한다. 즉, 이러한 실험들에 관한 다수의 메타분석에 따르면 성별 간에는 일관된 차이가 전혀 없다고 나타난다. 민족성, 모국어, 교육, 사회적 지위, 연령도 마찬가지다. 다시 말해 어린아이, 경비가 가장 삼엄한 교도소의 수감자, 연금 수급자, 학생, 전문직 종사자 등 너나 할 것 없이 모두 비슷한 혜택을 누린다.

표현적 글쓰기는 제약으로부터 자유로워야 한다. 그리고 어떤 주제가 정서적 트라우마를 유발한다고 간주할지 결정하는 것은 글 쓰는 이의 소관이다. 즉, 연구자들은 자신들의 지침이 구체적일수록, 또는 참가자들이 쓸 수 있는 주제를 제한할수록 그 활동의 효과가 떨어진다는 사실을 발견했다. 어떤 식이든 글쓰기의 구조는 연구자가 아니라 참가자로부터 비롯되어야 한다. 그렇기는 해도, 만약 참가자들이 글을 쓰면서 트라우마적 경험에 대한 이점을 확인하거나, 자신만의 고유한 대응 전략을 만들어내는 경우, 더 많은 혜택을 누릴 개연성이 커진다. 글쓰기에서 통찰의 언어("이제 나는 ……을 깨닫는다")나 이유의 언어("한 가지 결과는 ……였다")를 사용하는 것은 감정을 처리했으니 앞으로는 그로 인해 스트레스를 덜 받게 되리라는 신호다. 반면, 어떤 트라우마에 관해 그것의 정서적 영향을 인정하지 않은 채 그냥 사실만을 이야기하는 글을 쓴다면 효과가 없을 것이다.

만약 새로운 트라우마를 겪게 되면, 그것에 대한 글을 언제 쓰기 시작하는 것이 좋을까? 연구가 시사한 바에 따르면, 서둘러 펜을 종이에 갖다 대지 않는 편이 좋다. 다시 말해 곧바로 쓰기보다는 사건이 일어나고 나서 한두 달이 지난 시점이 가장 적절하다고 볼 수 있다. 그리고 글을 하루 만에 완성하건, 며칠 또는 몇 주에 걸쳐 완성하건 양자 간에는 전혀 차이가 없다.

그렇게 해서 무엇을 얻게 될까? 혜택은 병원을 방문하는 횟수가 줄고, 진통제를 덜 섭취하는 형태로만 나타나지 않는다. 혈압이 내려갈 수도 있다. 또 감정 노출 글쓰기는 백신과 엡스타인바 바이러스Epstein-Barr virus에 대한 항체반응 개선은 물론이고, 심장마비의 재발 감소와도 연결되었다. 뉴질랜드에서 이루어진 한 연구에서는 상처가 더 빨리 낫는다는 사실을 알아냈다. 감정 노출 글쓰기와 양의 상관관계가 있는 조직을 복구하는 생물학적 표지자를 발견한 것이다. 이러한 결과는 모두 객관적으로 측정된 증거들이다. 그런데 참가자들이 직접 보고한 건강 역시 개선되고, 보다 광범위한 이점들도 존재한다. 학생들의 성적이 올라가고, 노동자들은 병가를 내는 일수가 줄어든다. 그리고 한 연구에 따르면, 실직 후 글을 썼을 경우 알코올중독으로 발전할 위험성이 더 낮아지는 것으로 나타났다.

지금까지는 믿기 힘들 정도로 좋다. 그런데 어떻게 이런 효과를 발휘하는 것일까?

당연히 다양한 요인이 작용한다. 트라우마를 언어적으로 처리할 때 우리는 감정에 이름과 꼬리표를 붙여야 한다. 그런데 이러한 행위가 결과적으로 삶의 만족도를 향상시킨다고 알려져 있다. A-D감정이론A-to-D emotion theory이라고 하는 이 이론에 따르면, "아날로그analogue" 감정(비언어적이고 불분명하며 정리하기가 어렵고 부정확하다)이 "디지털digital"(언어적이고 인지적이며 정리하기 쉽다) 말모듬chunk으로 바뀌게 된다. 앞서 본 뉴질랜드에서의 연구를 이끈 엘리자베스 브로드벤트Elizabeth Broadbent는 "글쓰기가 보다 정서적인 것에서 보다 인지적인 것으로 가는 거죠"라고 표현한다. 우리가 부정적인 감정 간의 차이를 신경 써서 확인할수록 그 감정들을 이해하고, 장래에 효과적으로 행동할 개연성이 커진다. 우리의 경험, 그리고 그 경험에 대한 정서적 반응을 일관성 있는 하나의 이야기로 정리하는(구두보다 지면에서 하는 것이 더 용이하다) 경우도 마찬가지다. "과거의 트라우마에 대해 표현적으로 글을 쓸 때, 사람들은 그것을 남은 인생의 맥락 안에 두게 되고, 그러면서 그것이 지니는 영향력을 줄이게 됩니다. 다시 말해 더는 심중에 자리한 채 잠재의식적으로 영향을 미치지 않게 되죠"라고 브로드벤트는 말을 이어나간다. "트라우마를 표면으로 드러내고, 그것을 처리하고, 그것을 이해했으니 이제 새출발을 할 수 있는 겁니다."

페니베이커도 작업기억working memory, 즉 우리가 머릿속으로 숫자 두 개를 곱한다거나, 강의 중에 필기를 한다든가, 바에서 술이 몇 잔 돌았는지 알아맞힌다거나 할 때 수행하는 일종의 단기 기억 능력의 중요성을 강조한다. "스트레스를 받고 있거나 걱정되는 일이 있는 사람들, 바로 그런 게 그들의 작업기억을 차지하고 있는 거예요"라고 그는 나에게 말한다. "그들은 자신이 지금 무엇을 하고 있는지, 어디로 가고 있는지 주의를 기울이고 있지 않은 상태예요. 그러니 부상을 입거나 시험을 망치는 등등의 일을 겪을 가능성이 더 크죠." 심지어 의식적으로 인지할 수 없는 수준이라고 할지라도, 변함없이 일상적으로 스트레스를 유발하는 기억은 종류를 막론하고 작업기억을 파먹는다. 여러 연구에 따르면, 표현적 글쓰기는 우리가 사로잡혀 있는 사건이나 경험을 정리함으로써 그러한 간섭에 대응하는 것으로 나타났다. 페니베이커는 이렇게 결론 내린다. "이것이 뭘 의미하느냐면, 만약 내가 더 많은 작업기억을 갖고 있으면 분명 시험을 더 잘 보게 된다는 얘기예요. 다른 사람들도 그렇죠. 만약 내가 더 나은 작업기억을 갖고 있다면 분명 내 친구들과 상호작용을 더 많이 하고, 당신이 당신의 문제에 대해 나에게 이야기하고 있을 때 내가 당신의 말을 귀담아 듣고, 현재에 머물면서 더욱더 온전히 관심을 쏟게 된다는 얘기예요. 어떤 의미에서는 내 정신이 더욱 또렷해지는 거죠. 잠도 확실히 더 잘 자고요. 다른 사람들도 마찬가지예요."

이 전문가들에게 본인들도 이 기법을 사용하고 있는지 물어보는 것이 옳을 듯했다. "실제로 가끔씩 표현적 글쓰기를 해요. 아마 일 년에 한두 번 정도일 거예요"라고 페니베이커는 말한다. 간행본 15권, 언어분석 소프트웨어 패키지, 전체 내지 일부 챕터로 들어가는 학술논문 328편을 단독 또는 공동으로 집필한 것을 보면, 그는 재즈 클라리넷으로 성공하지 못한 데 따른 낙담을 딛고 일어선 듯하다. 브로드벤트 역시 그 기법을 사용해오고 있다고 이야기한다. 다만 둘 다 규칙적으로 일기를 쓰는 사람들은 아니다. "내 인생이 잘 굴러가고 있으면 글을 쓰고 싶다는 생각이 왜 들겠어요?"라고 페니베이커는 딱히 답을 기대하지 않는 수사적 질문을 던진다. "나는 글쓰기를 비참한 일들을 헤쳐 나가는 한 가지 방법으로 간주해요. 내가 행복하면 그런 걸 생각해낼 필요가 없죠." 그런 그도 한 가지 예외는 인정한다. "미지의 것, 복잡한 일인 경우에는 글쓰기가 정말로 유익하죠." 따라서 교전 지역에 있다거나 이혼을 했다거나 실직한 상황에 처할 때는, 그렇다면 매일 일기를 쓰는 것이 유용할 것이다. "호르몬 중독에 한창 시달리고 있는 때"도 마찬가지라고 그는 덧붙인다. 우리의 십대 시절을 언급하면서 말이다.

그렇다면 규칙적으로 일기를 쓰는 것은 과연 좋은 습관일까 아닐까? 인터넷은 페니베이커의 연구 업적을 선택적으로 인용하면서 일기 쓰기를 통한 감정 노출의 이점을 주장하는 각종 논문(대다수는 "과학이 보여준 바에 따르면"이라는 문장으로 시작한다)으로 포화 상태다. 그런데 페니베이커가 직접 연구한 피험자들 중에는 일기 쓰기를 습관화한 사람들이 많이 포함되었는데, 그는 이들의 결과와 다른 피험자들의 결과를 비교했을 때 아무런 차이를 관찰하지 못했다. 여기서 더 나아가 영국의 연구자들이 진행한 한 연구에 따르면 "그동안 일기를 써왔다고 전한" 사람들이 "불안/불면증과 사회기능 장애를 겪고 있다고 더 많이 보고했다." 그런데 두 사람이 완전히 똑같은 일기나 일지를 쓰는 경우는 없다. 그러니까 고유성이 핵심의 일부이기에 일반적인 결론을 끌어내기가 어려워진다. 일기를 감정을 처리하는 데 사용하는 모든 사람은 저마다 그 감정에 이름을 붙여서 더욱 관리하기 쉽도록 만드는데, 다음으로 넘어가는 데 필요한 인지적 단계를 밟지 않은 채 불행한 기억을 재활용하는 사람들도 존재할 수 있다.[118]

설령 우리 가운데 매일 부지런히 일기를 쓰는 사람들에게는 적용되지 않는다고 할지라도, 페니베이커의 발견은 치료적 가치를 입증했고, 수십 년

---

118 1990년대에 오프라 윈프리Oprah Winfrey가 대중화하면서 "감사 일지 쓰기" 습관의 긍정적인 결과가 분명히 존재해왔다. 하루에 긍정적인 일 3가지를 적는 이 간단한 활동은 어려운 상황에 처한 성인이나 아동들을 상대하는 여러 치료사와 교육심리학자들에 의해 널리 처방되고 있다.

동안 널리 알려져 왔다. 그런데 그의 발견이 널리 수용되었는지 내가 묻자 놀라운 대답이 돌아온다. "아뇨"라고 그는 딱 잘라 말한다. "그다지 현명한 전략이 아니거든요. 환자에게든 의사에게든. 그건 문화적인 거예요. 그런데 문화와 싸우기는 힘들죠." 표현적 글쓰기는 이따금 만성통증이나 외상후스트레스장애PTSD에 대한 "대체" 치료법으로 사용되기도 한다. 그러나 의사들, 특히 미국의 의사들은 여전히 전통적인 모델, 즉 약제에 투자하고 있다. 약은 더 신속하게 처방할 수 있고, 환자들도 기꺼이 받아들인다. 반면, 고통받는 환자더러 과거의 트라우마에 대해 써보라고 한다면, 아마 자신의 병을 "기분 탓"으로 돌린다며 힐책할 것이다.

   게다가 "돈벌이가 안 되니까요"라고 페니베이커는 덧붙인다.

25장 | 파란색, 초록색, 빨간색, 노란색

선거운동, 1977~2003년 플로리다 주

미합중국의 헌법제정자인 건국의 아버지들 중에도 유명한 노트지기가 여럿이었다. 청년 시절 토머스 제퍼슨Thomas Jefferson은 매일 메모장을 작성했고, 그 일일 기록을 자신의 직업과 관련된 노트인 사례집과 수임료 장부의 기초로 삼았다. 1770년 화재로 기록물을 대부분 잃었을 때 이 메모장들은 살아남았고, 이를 토대로 그는 그때껏 몇 년 동안 작성했던 사례집과 수임료 장부들을 어렵사리 되살려냈다. 그로부터 여러 해가 지나서는 상아 패널 여러 장을 이어 맞춘 기발한 "폴립티크polyptych"를 사용해 자신의 사유지인 몬티첼로Monticello에서 기온, 풍향, 새의 이동, 그 밖의 계절 변화를 기록하게 된다. 닦아서 지우는 테이블 책 또는 밀랍판과 조작 원리가 동일한 이 폴립티크는 고급 상아 판 12장으로 이루어졌는데, 한쪽 끝을 핀으로 한꺼번에 고정하여 잠깐 필기할 때면 부채처럼 펼칠 수 있었다. 다시 책상 앞에 앉은 제퍼슨은 그날 관찰한 내용을 그보다 크고 튼튼한 대장으로 옮기곤 했다.

한편 벤저민 프랭클린Benjamin Franklin은 날마다 "도덕적 완성"을 향해 나아가는 상황을 놓치지 않고 기록하기 위해 매일 노트를 사용한 것으로 유명하다. 그는 회계장부도 작성했는데 '절제'에서 '순결'에 이르는 12가지 덕목에 반하는 "잘못들"을 주간 차트에 검정색 점을 찍어서 기록했다. 그러다가 퀘이커교도인 한 친구로부터 자신이 "대체로 거만하다고 여겨진다"라는 이야기를 듣고서 지향해야 할 13번째 덕목을 추가했다. 바로 '겸손'이었다.

그런데 제퍼슨도 프랭클린도 자신들의 후계자, 즉 플로리다 주 상원의원 밥 그레이엄Bob Graham에 비할 만한 수준은 아니었다.

시작은 미국 민주주의의 정점 또는 역대 가장 냉소적인 선거운동 노림수, 둘 중 하나에 해당하는 움직임이었다. 아니, 어쩌면 둘 다였을 수도.

정책을 발표하거나 유권자들에게 호소하는 배경으로 공장이나 병원, 건설현장에 잠시 들르는 정치인들에 우리 모두 익숙하다. 대체로 고가시성 야광 조끼와 안전모는 날마다 그 복장을 하고 다니는 사람들에 대한 경험(또는 공감)이 거의 없는 후보자와 국회의원들의 유니폼이다. 따라서 1977년 당시 플로리다 주지사 선거를 앞두고 여론조사 지지율이 1퍼센트에 머물렀던 D. 로버트 그레이엄Robert Graham은 직업현장 방문을 본인 선거운동의 기반으로 채택했을 때 회의적인 반응에 직면하리라는 사실을 잘 알았다. 그의 대응은

토머스 제퍼슨의 "상아 수첩"

다름 아닌 전심전력이었다. 언론인들을 대동하고서 한낮에 아주 짧게 방문하려고 나타나는 대신 상근직 노동자들과 똑같은 시간에 출근카드를 찍기로 했다. 그저 부지런을 떠는 척 카메라용 포즈를 취하는 대신 온종일 일하기로 했다. 그리고 비록 취재진이 동행해야 할 테지만(어쨌든 그는 지금 선출되기 위해 노력 중이었으니) 얼른 보내버리기로 결심했다. 한시적 동료들에게 가르침을 받으면서 가급적 오랜 시간 동안 일할 수 있도록 말이다. 선거운동 팀도 그레이엄의 이 모든 기획을 수긍했다. 그러나 그 범위에는 기겁할 수밖에 없었다. 그레이엄은 투표일 전까지 1년 반 사이에 무려 100일을 꽉 채워서 플로리다 주의 업무현장 100곳에서 일하기로 마음먹었다. 보좌관들은 이의를 제기했다. 도가 지나치다고.

그러나 그는 실행에 옮겼다. 비료 포대를 들어서 나르고, 새우잡이 배에서 일했으며, 12학년 시민들을 가르치고, 심지어 타고 있던 순찰차가 총격 사망사건 현장에 도착했을 때는 범죄현장을 수색하기까지 했다. 그는 올랜도 셔러턴Sheraton에서 가방을 옮겼고, 리틀 아바나Little Havana에서 식탁 위의 빈 그릇을 치웠으며, 마이애미에서 소포를 배달했다. 그가 거절한 유일한 일거리는 스트립쇼 클럽의 의상 담당 조수였다. 그런데 이 기획은 효과가 있는 듯했다. 언론이 아주 마음에 들어 했다. 기자들은 교실, 게잡이 배, 제지소를 두루 따라다니면서 그에 대한 존경심을 키워나갔다. 9개월 뒤, 1퍼센트였던 지지율은 8퍼센트가 되었다. 당시 이미 D. 로버트라는 이름을 버리고 이제는 밥으로 통했던 그레이엄은 계속해나갔다. 숭어 내장 제거, 토요타 자동차 수리, 귤 트럭 운송, 그리고 결국에는 민주당 경선 승리까지. 〈마이애미 헤럴드Miami Herald〉는 그를 두고 "플로리다 주의 남녀 노동자들이 겪는 고충을 더 잘 이해하기 위해 작열하는 태양 아래서 등골 빠지게 일하는 것을 개의치 않는 부자"라고 표현하면서 "그레이엄 101번째 일자리를 얻다"라는 표제로 그의 주지사 당선 소식을 환영했다.

그레이엄은 이목 끌기 용 선거유세 활동으로 이 계획을 시작했지만, 경험을 통해 배우고자 하는 그의 열망은 진실했다. 그리고 허물없이 기꺼이 자리바꿈에 임하는 자세를 보임으로써 한시적 동료들에게 깊은 인상을 남겼다. 그런데 그가 처리해야 하는 새로운 정보(이름, 숫자, 사건)의 양이 엄청나다 보니 주체할 수 없을 정도가 되었다. 게다가 그는 이 기획과 관련하여 책을 쓰려고 생각했기에 모든 정보를 기억하고자 했다. 부친의 사례가 해법을 제시했다. 낙농업자로 땅(교외지역인 마이애미레이크스Miami Lakes로 개발되면서)이 가산의 근간을 이루었던 아버지 그레이엄은 수시로 수첩을 불쑥불쑥 꺼내 수리해야 할 울타리나 치료해야 할 소를 기록하곤 했다. 실제로 농민들은 대부분 비슷한 노트를 사용했다. 대개 비료나 종자 외판원들한테서 받은 상호명이 적힌 증정품이었다. 그리하여 밥 그레이엄은 노트를 쓰기 시작했다. 그가 작성한 메모는 모든 것을 아울렀다. 동료들의 이름, 그들이 보유한 기술이나 자질에 관한 상세한 내용, 그들의 임무, 그날 있었던 일의 정확한 시각. 시간이 흐르면서 이 기록들은 엄청나게 유용한 자원이 되었다. 즉, "그것은 당신이 들려줄 수 있는 이야기 창고를 제공하는데, 이는 상대방에게 공감하는 데 도움이 된다"라고 훗날 그는 말했다. 그레이엄은 특히 일당 17달러로 가정을 꾸려나가기 위해 분투하는 웨이트리스나, 일주일에 90달러를 벌지만 아내의 병원비로 40달러가 나오는 숭어 내장 제거 작업자처럼 아주 적은 돈으로 가장 어려운 처지에서 살아가는 플로리다 사람들에게(살면서 처음으로) 공감하게 되었다.

아들 그레이엄은 매일 노트를 자세하게 작성하기 시작했다. 이 습관은 그가 새로 맡은 자리에서 나오는 그의 관심을 필요로 하는 일들을 운용해나가는 데 보탬이 되는 이점이 있었다. 달리 말하면, 주변 사람들에게 설명하기가 쉬웠다. 그러나 시간이 흐르면서 실용성은 확연히 줄어들었다. 얼마 안 가서 그레이엄은 모든 것을 기록하고 있었기 때문이다. 그의 전기를 쓴 작가 시리시 다테Shirish Date가 다음과 같이 표현했듯 말이다.

> 1989년 7월 둘째 주에 그레이엄이 아침식사로 어느 브랜드의 시리얼을 먹었는지 알고 싶은가? 그레이엄은 알려줄 수 있다. 그렇다면 1983년 10월 홍콩으로 휴가를 가 있는 동안 그레이엄이 어느 호텔방에 묵었는지는? 역시 그레이엄은 알려줄 수 있다. 그는 아내 아델이 전화로 장녀 그웬이 로스쿨에 들어갔다는 소식을 전한 정확한 시각을 알려줄 수 있다. 아니면, 둘째딸 시시가 아들을 낳은 밤에 미식축구팀 마이애미돌핀스가 경기에서 따낸 점수도. 그레이엄은 하루 동안 다양한 일을 하는 데 소요된 시간을 기록한다. 여기에는 노트에 항목을 기재하는 데 쓴 시간까지 포함되어 있다.

나중에 〈뉴욕타임스New York Times〉에서 언급했듯, 이 노트에 기재된 내용은 "자기성찰과 의견이 빠져 있고, 역사서로는 부적합할 만한" 것들이다. 그러나, 거기에 수집된 완전주의자completist다운 디테일이란!

그레이엄은 극도로 위험한 상황에서도 기록을 멈추지 않았다. 즉, 1986년 브라질행 비행기에서 적은 한 항목은 이렇게 적혀 있다. "오후 2시 39분, 조종사가 유압장치 고장을 알린다. 긴급착륙 해야 한다." 다행히 비행기는 비상착륙에 성공했고, 그레이엄은 곧 이런 기록을 남길 수 있었다. "오후 3시 20분, 버스를 타고 호텔로 간다." 그러나 그가 미처 챙기지 못한 것이 있었으니, 조종사의 안내방송이 나오는 동안 공포에 떨고 있던 아내의 손을 잡아주지 못한 일이었다. 그 와중에도 메모를 하고 있었으니 당연했다.

이렇듯 무시로 기록을 작성했다는 것은 그레이엄이 해마다 노트 수백 권을 채웠다는 뜻이다. 언제 어느 때고 금방이라도 노트 한 권을 다 써버릴 수 있었기에 거의 항상 노트 두 권을 갖고 다니기 시작했다. 다시 말해 현재 작성 중인 노트 한 권과 이어서 쓸 노트 한 권. 각각을 곧바로 분간할 수 있도록 그는 단순한 순환 체계를 고안했다. 그러니까 파란색 노트 뒤에 초록색 노트, 초록색 노트 뒤에 빨간색 노트, 빨간색 노트 뒤에 노란색 노트가 따라오는 식이었다. 이 노트들은 색깔만 달랐다. 즉, 각 노트는 스프링 제본으로, 옅은 파란색 괘선 16줄이 그어진 내지 80페이지로 구성되었고, 이를 감싼 표지는 두꺼운 마닐라 판지였다. 직원들은 플로리다 주의 한 문구점에서 대량으로 이 노트들을 구매했다. 의원들이 쓰도록 규정된 공식 필기용지는 그에게 맞지 않았기 때문이다. 그래서 그 노트를 만드는 공장이 휴지를 만들기 위해 수첩 생산을 곧 중단할 예정이라는 사실을 알게 되었을 때 참모들은 남은 재고를 몽땅 사버렸다.

끊임없는 메모 습관은 조직적 이점을 가져다주었다. 다시 말해 그레이엄의 참모들은 그 노트들이 "직무와 관련한 기억을 환기하는" 데 "헤아릴 수 없을 정도로" 도움이 되었고, "문자 그대로 수백 가지"의 추구할 만한 아이

손에 든 수첩. 마셜 볼딘 3세Marshall Bouldin III가 그린 주지사 시절 밥 그레이엄의 초상화.

디어를 산출했다고 증언했다. 그레이엄은 일을 시작하거나, 사람들을 만나서 인사하는 자리에 가거나, 선거유세차 잠깐 들르는 곳에 가게 될 때마다 대화를 나누는 모든 사람에게 지금 쓰고 있는 노트를 건네면서 이름과 주소를 적어달라고 청했다. 몇 해에 걸쳐 수천 명이 이런 식으로 그의 수첩에 인적사항을 남겼고, 그레이엄이 이름을 가져간 사람들은 하나같이 며칠 뒤에 만나서 반가웠다는 얘기를 전하는 그의 친서를 받게 되었다. 이 습관에는 르네상스 시대의 알붐 아미코룸을 고대로 떠올리게 하는 측면이 존재한다. 또 그 덕분에 그레이엄(또는 그의 참모들)이 이따금 반어법 기술을 발휘할 기회가 생기기도 했음이 감지된다. 가령 1987년에 쓴 한 편지에는 이렇게 적혀 있었다. "3월 21일 올랜도 공항에서 뵙게 되어 즐거웠습니다. 제게 여호와의 증인과 인류의 미래에 관한 자료를 주셔서 고맙습니다. 이처럼 크나큰 깨우

침을 주는 정보를 주셔서 감사드립니다." 이 편지는 그날 그가 만난 사람들에게 보낸 51통의 편지 중 하나였다.

다테가 언급했듯, 여기에는 물론 정치적 목적이 있었다. 다시 말해 "개인적인 접촉이 중요하다. 그런 쪽지를 받는 모든 사람마다 10명의 친구와 이웃들이 실제로 그 편지를 볼 테고, 결국에는 100명의 지인들이 그 이야기를 듣게 될 가능성이 있으니까 말이다." 플로리다 주의 유권자 층은 새로운 투표자들이 그 주로 이주하면서 끊임없이 물갈이된다. 즉, 이로 인해 역사적으로 그간 재임 중인 정치인이 자리를 유지하기가 어려웠다. 그러나 그레이엄은 자신이 만난 모든 사람과 잇달아 인연을 맺으며 연줄을 구축함으로써 그 같은 대세를 거스르는 성취를 어렵사리 이루어냈다. 주지사 선거에서 두 차례, 상원의원 선거에서 세 차례 승리한 것이다. 그레이엄의 노트는 두드러질 정도로 효과적인 정당조직의 결정적 톱니였다.

게다가 그레이엄은 선거운동을 펼칠 때만큼이나 정무도 효과적으로 보았다. 그러니까, 주지사로 8년 동안 재임한 시기에 플로리다 주의 경제는 호황을 누렸고, 그가 자리에서 떠날 때 그의 지지율은 80퍼센트를 넘었다. 이같은 실적 덕분에 미국 상원으로 나서는 것은 자연스러운 수순으로 보였고, 그레이엄은 1990년대 내내, 그리고 새로운 세기에 들어서까지 한 번 더 선거에서 굉장한 성과를 거둔 동시에 높이 살 만한 선견지명이 돋보이는 투표 기록을 남겼다. 그는 조지 W. 부시 George W. Bush 대통령의 이라크 침공에 반대하는 표를 던졌고, 9·11테러사건이 발생하기 전 정부의 실책을 조사하는 정보특별위원회 Select Intelligence Committee에서 중진으로 자리매김했다. 중동을 방문했을 때는 마치 선지자처럼 미국인들이 그 지역에 자신들의 뜻을 강요하려고 할 경우에 발생할 재앙을 경고했다. 다시 말해 이라크 침공이 "가장 극단적인 근본주의자 집단에 동력을 공급"하게 되리라는 것이었다. 그리고 노트들은 어디든 그와 동행하면서 "미국 국회의사당의 정신없이 바쁜 환경 속에서 체계성을 유지"하도록 도왔다. 그는 다른 정치인들, 전문가들, 그리고 온갖 정부기관의 정보원들과 나눈 대화내용을 기록했다. 그러면서도 일을 놓지 않았다.

이러한 실적, 그리고 선거인단의 바로미터가 되는 벨웨더 주bellwether state로 꼽히는 지역에서 인기가 있으니 백악관 이야기가 나오게 된 것은 필연적이었다. 제일 먼저 마이클 듀카키스Michael Dukakis가, 이어서 빌 클린턴Bill Clinton이, 그리고는 앨 고어Al Gore가 다른 사람을 선택하기 전에 그레이엄을 부통령 후보running mate로 고려했다. 그러다가 2002년에 그레이엄은 직접 대선 출마를 발표했지만, 결과적으로 오래가지는 못하고 말았다. 그의 강점을 모르는 사람은 없었다. 즉, 그의 흔들림 없는 스타일, 노동자 계층 미국인들에 대한 헌신, 건전한 판단. 그러나 그 반대편에 밥 그레이엄은 모든 것을 적는다는, 널리 알려진, 부인하기 어려울 정도로 특이한 사실이 있었다. 상원에서의 첫째 날에 그레이엄은 〈뉴욕타임스〉의 모린 다우드Maureen Dowd 기자가 그림자처럼 따라다니면서 밀착취재를 할 수 있게 해주었다. 그렇게 해서 나온 인물 소개 기사는 그의 노트 메모 습관에 초점을 맞추었다. 다시 말해 다우드 기자는 그 습관을 웃음거리로 삼았고, 다른 많은 이들이 이 기조를 그대로 따르면서 정치적 취약성이 되고 말았다.

그레이엄이 지역무대에서 활동하는 동안에는 노트 작성 행위가 일종의 기벽쯤으로 간주되었다. 플로리다 주에서 그의 경쟁 상대였던 폴라 호킨스

Paula Hawkins가 하나도 빠트리지 않고 철저하게 인생을 추적 기록하는 그를 두고 "로봇"이라고 했을 때는 그러한 모욕이 고착되어 난처해지는 상황은 벌어지지 않았다. 전국무대에서는 사정이 달랐다. 기자들은 그 노트에 기재된 거의 모든 항목이 통치와 관련한 고된 일을 다룬 내용이라는 사실은 무시한 채, 그레이엄을 강박적이고 허영심이 넘치는 사람으로 대충 그려냈다. 게다가 〈워싱턴포스트Washington Post〉에서 그의 노트를 패러디하자("무대에 올랐는데 발이 걸려 비틀거리다가 균형을 되찾는다") 일부 평론가들은 그 농담을 알아채지 못하고 그레이엄에게 노트에 기재된 내용을 질문하기도 했다. 오브리 이멀먼Aubrey Immelman 교수가 그에 대해 다음과 같은 진단을 내리면서 상황은 더욱 나빠졌다. 이멀먼 교수는 학문적으로만 연구했을 뿐 실무 경험은 전무한 심리학자로, 그레이엄을 한 번도 만나본 적이 없었다. "다소 강박적인 듯하다. 거기에는 갓난아기에게 물리는 고무젖꼭지와 거의 매한가지인 요소가 있다. 애착 담요인 셈이다. 내가 보기에는 불확실성이 다분해서 어떤 구조를 만들어내야 하는 사람인 것 같다." 이멀먼 교수는 강박장애라는 용어를 언급하지는 않았으나, 사람들은 그의 분석에서 그렇다는 것을 쉽게 추론해낼 수 있었다. "그것은 자기중심성egotism일 수 있다. 알츠하이머병일 수도 있다"라고 콜로라도 주의 〈서밋데일리Summit Daily〉는 추측했다.

피해가 발생했다. 그리하여 그레이엄의 정치인 생활은 돌연 중단되었다. 무기명 투표에서 한 번도 진 적이 없고, 미국 의회의 양쪽 진영 모두로부터 존경 받았으며, 추문이라고는 없었던 밥 그레이엄은 정치적 사다리의 다음 단계로 올라갈 수 없었다. 2008년 그는 은퇴했다. 그리고 이미 봉투와 종이상자에 깔끔하게 보관되어 있던 그의 노트 4000여 권은 포장되어 플로리다 대학교로 갔다.

이듬해에 언론으로 유출된 학대, 물고문, 불법구금에 관한 이야기로 인해 커진 스캔들 때문에 부시 대통령의 '테러와의 전쟁'은 그레이엄이 예측한 대로 엉망진창인 실패로 드러났다. 부시 행정부의 최측근 인사들이 물고문을 비밀리에 승인했다는 사실이(충격적이게도) 세상에 알려졌다. 그런데 민주당의 고위급 의원들은 전혀 모르고 있었다고 주장하면서, 누가 언제 무슨 얘기를 들었는지에 관한 CIA의 기록을 달라고 요구했다. 그리하여 2009년 5월 최고위층 관료들은 2002년부터 2004년까지 낸시 펠로시Nancy Pelosi, 밥 그레이엄 등 미국 의회 인사들과 함께 "강화된 심문enhanced interrogation" 기법을 논의한 자리였다고 하는 무려 40차례에 이르는 회의내역이 상세히 담긴 일정표를 넘겼다.

봄날의 며칠 동안 CIA의 "의회 브리핑 행렬표"가 뉴스매체를 장악했다. 공화당원들은 기세등등했다. 그들을 비판하던 자들이 "강화된 심문" 정책을 공모했음을 입증하는 것이었으니 말이다. 그동안 줄곧 알고 있었다고 한다면, 이제 와서 그들이 어떻게 비판할 수 있겠나? 이 일로 CIA와 이 조직의 작전활동을 개혁하고자 한 오바마의 시도가 좌절될 위기에 처했다. 처음에 그레이엄(그 행렬표에 4번이나 등장했다)은 아무것도 모른다면서 다음과 같이 부인했다. "나는 물고문이나 다른 형태의 특별한 심문 기법들에 관해 브리핑을 받은 기억이 전혀 없다." 그 정보기관의 긴 회의와 브리핑 목록에 맞서 던져진 이 주장은 힘이 없어 보였고, 논란은 계속되었다. 그러나 그레이엄은 전면에 나서지 않은 상태에서 조치를 취하고 있었다. 플로리다 주의 사서들이 그의 노트가 든 종이상자를 파나갔고, CIA의 이야기가, 점잖게 말하자면, 꿀꿀이죽처럼 가치 없는 헛소리임을 발견했다. 4차례나 열렸다고 주장한 회의 중 3건은 아예 열린 적이 없고, 심문에 관한 주제가 4번째 회의에서 나오기는 하지만 물고문에 관한 언급은 전혀 없었다. 이는 CIA의 설명에 중대한 구멍을 냈다. 게다가 그 정보기관도 이 사실을 인정하자 다른 이들도 유사하게 자기네 기록을 점검함으로써 주장된 것 중 더 많은 수의 회의가 한 번도 열리지 않았다는 사실을 알아냈다. CIA의 명성은 더욱더 급격하게 악화된 반면, 펠로시의 명성은 회복되었고, 밥 그레이엄의 노트는 다시금 뉴스거리가 되었다. 방송인이자 논평가인 레이철 매도Rachel Maddow의 말마따나 "너드 팀 1 대 스파이 팀 0"이었다.

26장 | 사소하지 않은

기후일지, 1850년대~현재

마이클 퍼브스Michael Purves가 하는 이야기를 들으면, 믿기 어려울 정도로 장수했고 경험이 풍부한 선원이라고 여길 것이다. "내가 제일 처음 근무했던 배는 영국해군 순양함인 왕립해군함HMS 그래프턴Grafton 호였어요"라고 그는 말한다. "내가 합류했을 당시인 1915년에는 홍해에 있었죠. 시간이 흘러서는 갈리폴리Gallipoli 상륙작전에 참여했어요. 그러고 나서 1930년대에는 양쯔 강의 영국 포함gunboat에 있었고요. 1898년에는 필리핀의 미국해군전함USS 콩코드Concord 호에 있었답니다. 1873년에는 칠레의 이키케Iquique에서 USS 펜서콜라Pensacola 호를 봤죠." 당연히 아니었다. 그는 배에서 일한 적이 한 번도 없었다. 그러나 이 선박들의 항해일지를 가지고 몰입감을 느끼면서 공들여 작업했다. 달리 말하면, 남의 눈을 별로 의식하지 않으면서 마치 그 일지들을 쓴 당직 선원들처럼 그들이 밟고 다닌 바로 그 갑판에 발을 디디고 있는 듯 이야기한다는 뜻이다. 지금까지 10여 년 동안 퍼브스는 일주일에 30~40시간을 들여 오래 전에 항해를 중단한 선박들에 관한 노트를 연구해왔다.

퍼브스가 처음부터 선박일지에 사로잡혔던 것은 아니다. 그는 지난 10년간 밴쿠버 섬에서 살았다. 그런데 20년이 넘도록 캐나다 최북단 유콘Yukon에서 기상학자로 일했는데, 그곳은 그가 하는 일이 기후변화의 긴급성에 대한 주의를 환기하지 않았더라도, 주변 환경이 틀림없이 경각심을 일깨웠을 지역이었다. "캐나다 북부나 러시아 북부에 있었으면, 30년 전에 기후변화를 볼 수 있었을 거예요"라고 그는 나에게 말한다. 유콘을 떠나기 전 그는 기후가 어떻게 움직이고 있는지 살펴보는 두세 가지 연구를 진행했는데, 그렇게 해서 발견한 사실들은 머리털이 곤두설 정도로 아찔했다. 바로, 기상 상태가 지구 위로 600 내지 700킬로미터를 이미 움직여갔다는 사실이었다. "북쪽으로의 대이동"이라고 그는 나에게 말한다. "그런데 그게 2010년의 일이었어요." 그러다 보니 한 친구가 두어 해 전에 출범한 올드웨더프로젝트Old Weather Project, OWP에 관해 이야기했을 때 그는 도와야겠다는 의욕으로 가득 차 있었다.

원칙적으로 올드웨더프로젝트의 목적과 절차는 단순하다. 현재 기후변화가 어떤 식으로 발생하고 있는지 이해하려면 과거에 기후가 어땠는지 알아야 한다. 달리 말하면, 실로 엄청난 기상 측정 자료들을 기온, 기압, 습도, 바람, 운량, 강수량 등으로 구성된 일종의 논리 정연한 전 지구적 그림으로 조합한다는 뜻이다. 지금껏 여러 지상 기상관측소의 기록이 오랫동안 범세계적 데이터세트로 수집되어 왔다. 그런데 지구의 대부분은 바다로 덮여 있고, 우리의 기상 시스템 가운데 대부분이 유래한 곳 역시 다름 아닌 바다다.

그토록 어마어마한 우리 지식의 틈을 메우는 데 항해일지가 쓰일 수 있다면 어떨까? 엄청난 수가 19세기로부터 살아남아 현존한다. 19세기는 역사상 최초로 선박들이 망망대해에서 위치를 정확하게 지도에 표시할 수 있었을 뿐 아니라, 대기와 바다의 상태를 꽤 정확하게 측정할 수 있었던 시기였다. 만약 과학이 그런 미가공 수치들을 낡아가는 지면에서 추출하여 디지털 데이터로 변환할 수 있다면, 기존의 기후모델에 유의미하게 보탬이 될 것이다. 그런데 부대급 데이터 입력 직원들을 고용하려면 감당하기 어려운 수준의 비용이 수반될 터였다. 그러는 대신 올드웨더프로젝트는 필요한 인력을 크라우드소싱crowd sourcing 하기로 했다. 기후과학을 진전시키는 데 퍼브스처럼 공공심을 지닌 시민들의 선의를 활용하는 것이다.

10년이 흘러 이제 올드웨더 팀은 연구조사 업무를 기후학자들이 특별 관심 지역을 고심해서 다루는 데 도움을 주는 구체적이고 선별적인 프로젝트로 구조화해 놓았다. 그중 첫 번째 프로젝트인 올드웨더아크틱Old Weather Arctic은 퍼브스에게 특히나 까다로운 도전과제를 주었다. 상선의 고급 선원이었다가 미국해양대기관리처National Oceanic and Atmospheric Administration, NOAA 소속 기후사학자가 된 케빈 우드Kevin Wood는 당시 빙하 범위에 관한 연구에 한창 매진하고 있었다. 그러다 보니 기존의 기후모델들이 역사적으로 해빙sea ice의 위치를 얼마나 정확하게 추정하고 있는지, 그리고 해빙 형성의 패턴이 어떻게 달라졌는지 알아야 했다.

퍼브스는 최초로 받은 요청사항을 기억하고 있다. "USS 베어Bear 호, 1920: 이 배가 언제 어디서 빙하를 보는지, 그리고 그 전후 이틀간의 기상 상태를 알려주기 바랍니다." 퍼브스는 자료를 수집했고, 우드는 기후모델에서 산출된 빙하의 위치와 베어 호가 실제로 발견한 것을 비교했다. 결과의 조짐이 좋아 보였다. 그리하여 두 사람은 좀 더 많은 일지를 가지고 시도해 보았고, 우드는 규모를 확대해보자고 제안했다. 즉, 빙하를 목격했다는 사실을 확인하는 것뿐 아니라, 항해의 모든 기상 상황까지 추가하여 더욱더 많은 항해일지를 전사하자고 말이다. 그는 항해일지의 디지털 스캔 작업에 필요한 돈을 마련했고, 퍼브스는 전사 업무를 해줄 자원자들을 선임했다. 그러고서 두 사람은 작업에 착수하여 그린란드와 캐나다 북부 주변의 동결 해역에서 운항한 연안경비함, 포경선, 쇄빙선을 비롯한 여러 선박을 포괄하는 1880년대부터 1950년대까지 이르는 엄청난 시계열 자료를 완성해냈다.

19세기에는 각국 해군의 항해일지가 갈수록 공식적이고 상세해졌다. 그러니까 말하자면, OWP에 더 유용해졌다. 1시간마다 속도와 진행방향을 측정해서 기록하는 일은 이제 표준 규범이 되었고, 함장들은 7~10회 정도로 매 시간마다 기상을 측정하도록 권유 받았는데, 대체로 당국에 새로운 자료를 보내는 대신 새로운 관측 장비를 받았다. OWP에서 전사한 가장 오래된 항해일지는 1854년까지 거슬러 올라간다. 가장 최근에 전사한 것은 1955년에 나온 항해일지로, 다름 아닌 전 세계의 전자식 기상관측소들이 자동으로 정보를 수집하기 시작한 때였다.

올드웨더의 작업절차는 시간이 흐르면서 진화해왔다. 그러나 보통은 이런 식으로 진행된다. 대개의 경우 NOAA인 과학적 파트너가 관심 시기나 지역을 확인한다. 관련 있는 항해일지(영국기록 보관소처럼 타 기관이 보유한 경우도 있지만, 대부분 미국정부 소유다)가 한 쪽씩 스캔 작업을 통해 디지털화된 뒤 전사 작업을 할 자원자들에게 배부된다. 이들은 기발한 스프레드시트를 사용하는데, 항해일지의 지면 이미지 위에 그들이 채워야 하는 셀로 이루어진 격자 선이 덧씌워져 있어서 작업 속도는 올라가고 오류 발생 비율은 줄어든다.

일지의 전사가 완료되면 작업자들은 완성된 스프레드시트를 퍼브스와 그

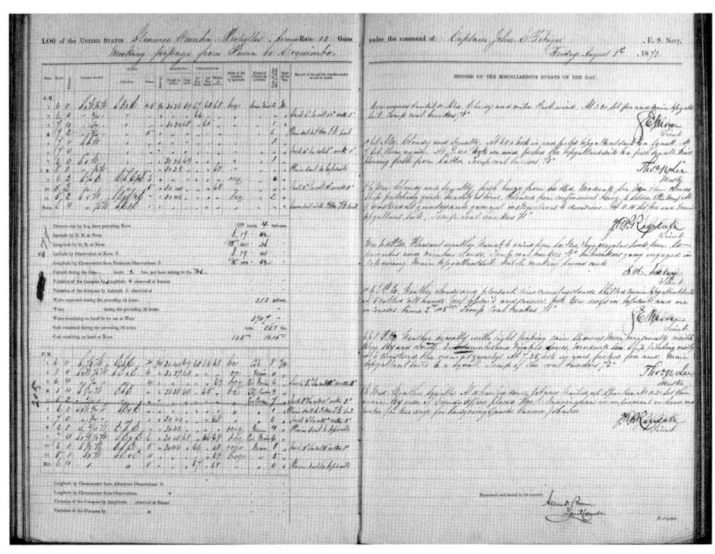

육지에서 멀리 떨어진 남태평양에 있었던 미국 증기선 오마하Omaha 호의 항해일지에
적힌 상세 내역. 시간당 기상 위치 데이터가 기록되어 있다.

의 동료들에게 다시 보낸다. 그러면 퍼브스 등은 전사된 데이터를 취합하여 맞춰보면서 품질관리 확인 작업을 한 뒤 콜로라도 주의 NOAA로 보낸다. NOAA는 결국 전사한 자료를 기후모델링 슈퍼컴퓨터가 파악할 만한 형태(가령 화씨온도는 통하지 않을 것이다)로 변환한 다음 이 정보를 자기네 기후 데이터베이스와 포괄적국제해양대기데이터세트International Comprehensive Ocean-Atmosphere Dataset로 보낸다. 이 거대한 데이터세트에 추가되는 모든 스프레드시트는 세계 기후에 관한 우리의 그림에 약간의 디테일을 더한다.

그런데 이처럼 명확한 작업흐름workflow이 확립된 상태에서도 극복해야 할 어려움이 여전히 존재했다. 우선 전반적으로 원자료의 일관성이 결여되어 있었다. 미국 해안경비대, 미국 해군, 미국 어업위원회, 미국 관세밀수감

시청은 모두 자기네 양식에 따른 항해일지 수천 건을 보유하고 있었는데, 그마저도 해마다 달라질 수 있었다. 올드웨더 팀은 이렇듯 종류가 다양한 자료를 처리하기 위해 무려 27종의 스프레드시트 포맷을 사용한다. 그런데 소속된 데 없이 독자적으로 운행한 포경선들이 이렇게 뒤섞인 데이터에 고려해야 할 요인으로 포함되면, 상황은 훨씬 더 골치 아파진다. 포경선의 데이터는 특히나 가치가 있을 수 있다. 해빙의 끝자락에서 먹이생활을 하는 북극고래bowhead whale를 잡았기에 그 항해일지를 통해 해빙이 남쪽으로 어느 정도까지 펼쳐져 있었는지 정확하게 알 수 있다. 그런데 포경선들은 일지를 훨씬 덜 체계적으로 작성했다. 일례로, 플리트윙Fleetwing 호라는 한 포경선의 경우 그 임무가 선장의 열네 살배기 딸에게 떨어졌는데, 그는 날씨, 부빙 군, 그 배의 어획량과 더불어 자신의 바느질도 똑같이 상세하게 다루었다. 그것도 디지털 작업흐름이라는 바로 그 개념을 비웃는 십대의 비격식체로.

우드와 퍼브스는 자료를 보다 엄밀하게 만들 수 있을지도 궁금했다. 원래의 기후모델은 각 사각형square이 수백 킬로미터에 걸친 한 지역에 해당하는 "마스든 스퀘어Marsden Squares"라는 대형 격자판을 사용하여 측정 자료를 매핑했다. 한 선박의 기상 보고에 대응하는 일일 위치를 기록하기만 한다면 이 방식도 괜찮았다. 그러나 데이터를 대량으로 고속 처리하는 슈퍼컴퓨터가 더욱 강력해지면서 그들이 작업 도구로 삼은 이 격자판은 점차 지속적으로 쪼그라들었다. 그리하여 우드는 매일 매 시간마다 해상에 있는 한 선박의 정확한 위치를 자동으로 계산하고자, 기존 일지를 통해 추론하는 방식으로 각 선박의 여정에 세부 내용을 추가하는 쉽지 않은 도전과제를 퍼브스에게 요구했다. 말하자면, 시시각각 수축하는 그리드 중 올바른 사각형 안에 자리를 찾아주는 것이다. "프로그래밍 작업이 많이 필요한 일이었어요"라고 퍼브스는 다소 절제된 표현을 써서 말한다. "지난 150년간 지구상의 모든 지점에 대해 자침편차magnetic declination를 계산해야 하거든요." 그는 잠시 말을 멈추고는 150년 전, 시간까지 정확하게 대양에서 선박의 위치를 찾아주고, 동시에 진북true north까지 확인하여 풍향을 바로잡았던 그 길고 고된 일을 반추했다. "사소하지 않은 일이죠." 그러나 그렇게 하면 데이터가 더욱 유용해졌기에 그는 그 일을 했다.[119]

올드웨더 팀의 업무 중에는 기후와 관련되지 않은 것도 있다. 당직 고급 선원이 항해일지에서 지진을 언급하는 경우 올드웨더 팀은 그것을 기록하고, 목격한 사실을 전문 연구원들에게 전달한다. 항구나 해상에서 두 척의 배가 서로 만나는 때 역시 주목한다. 그러한 목격 사례들은 대체로 그다음에 펼쳐보면 좋을 다른 항해일지들이 어떤 것인지 시사하기 때문이다. 그리고 과학적인 관련성은 전혀 없으나 인간적인 관심을 끄는 이야기를 전사 작업자가 우연히 발견하면, 올드웨더 구성원들의 포럼(장기적인 장거리 우정이 숱하게 형성되어온 공간)에 공유할 것이다. 2022년 초 우드가 세상을 떠났을 때는 전 세계에서 그를 애도했다.

올드웨더 팀의 활동은 구체적으로 어떤 성과를 이루었을까? 이들이 작업한 데이터는 주요한 기후 복원 5건에 반영되었다. 연구자들이 활용할 만한 더 나은 자료를 제공한 것이다. 보다 구체적으로는, 올드웨더아크틱이 해

---

119 이는 룩 호가 희망봉에 접근했을 때 제임스 시먼스가 일회성으로 수행한 작업과 동일하다. 자기편차magnetic variation는 시간이 지남에 따라 상당히 변화하면서 전 지구적으로 불규칙하게 분포되어 있기에, 퍼브스의 자동계산은 실로 사소하지 않은 성취였다.

빙 전문가들이 사용한 모델을 입증한 덕분에 현재 우리는 지구 가열화global heating로 인해 그동안 해빙이 얼마나 녹았는지 아주 확실하게 정확히 알고 있다. 또 수집된 바람과 기압계의 측정치 덕분에 역사적인 허리케인을 오늘날에 부는 허리케인과 비교할 수 있다. 그 밖에도 지금껏 여러 가지가 있었고, 앞으로 더 나올 것이다. 올드웨더 팀이 그동안 수십만 쪽에 달하는 항해일지 자료를 전사하기는 했지만, 수백만 개의 데이터 포인트로 이용 가능한 것을 수박 겉핥기식으로 간신히 다룬 정도였기 때문이다. 덴마크의 기록 보관소 한 곳만 해도 700미터에 달하는 선반 공간을 차지하고, 뉴베드퍼드고래잡이박물관New Bedford Whaling museum은 포경선 장부 수만 권을 보유하고 있으며, 스페인, 독일, 영국 등지의 해군은 정보가 거의 입력되지 않은 상태였다. "그러니 내 생전에 우리가 볼 항해일지가 소진될 일은 없죠"라고 퍼브스는 예측한다.

대학에서 주도하는 유사한 프로젝트도 전 세계적으로 진행 중이다. 하나같이 우리가 알고 있는 것에 내용을 더하는 일이다. 이것 역시 새로운 현상은 아니다. 그보다 소규모로 기후과학자들[120]은 1970년대 이후로 선박들의

---

120 마이클 퍼브스와 이야기를 나누면서 노트 생산의 기후 영향이 궁금해졌다. 나는 불편한 소식을 접할 각오를 하고 문헌에 파묻혔다. 역사적으로 종이가 물방앗간에서 재사용된 낡은 천으로 만들어졌을 때는 환경적 영향이 미미했다. 하지만 오늘날에는 제지가 상당한 규모의 산업이 되었기에 예전과는 상황이 다르다. 다행히 노트 소비자는 지속가능하게 관리된 자원에서 나온 것임을 인증하는 FSC(산림관리협의회)Forest Stewardship Council) 제품인 한 본인의 구매 활동에 지나친 죄책감을 느낄 필요는 없다. 그런 상품은 아마도 코팅되지 않은 "백상지"로 만들어질 텐데, 이 종이를 제조하는 경우 킬로그램당 대략 1.5 이산화탄소 환산 킬로그램이 배출된다. (혼란스럽게도 백상지는 영어로 "woodfree" paper라고 하지만 실제로는 목재로 만들어진다. 다시 말해, woodfree라는 용어는 표백하여 수액의 없는 색을 제거한 펄프를 지칭한다.) 몰스킨 류의 노트는 무

일지를 연구해오고 있었다. 게다가 선박의 기상 데이터를 "장기적인 일련의 해양 관측 자료"로 취합하여 분석하는 일은 오래전인 1728년 아이작 그린우드Isaac Greenwood가 (비록 거부당하기는 했지만) 처음으로 제안한 것이었다. 그린우드는 하버드대학교 최초의 자연철학 교수이자 미국에서 가장 먼저 기압계를 소유했던 인물이다.

그러나 올드웨더는 자원봉사자에 의해 굴러가는 최대 규모의 프로젝트로, 열정적인 아마추어들이 전 세계에서 정보를 입력해서 보내고, 흐릿한 19세기의 아날로그 동판 인쇄 글씨체를 중요한 데이터로 탈바꿈시킨다. 그러한 활동 자체에 대한 만족감 외에는 아무런 보상도 없이 말이다. 그들은 매일 자신에게 지정된 배(베어 호, 빅스버그 호, 테메레르 호, 인플렉서블 호)의 항해일지를 펼친다. 그리고 그 갑판에 올라서서 배가 나아가는 과정에 몰입한다. 그 바람과 물과 얼음과 공기에.

게가 500그램 미만이므로 약 750 이산화탄소 환산 그램이 배출되는데, 통상 그렇게 많은 편이 아니다. 쿼터파운드(약 113g) 소고기 패티가 들어간 버거 한 개에 상당하는 기후변화 가스 배출량을 발생시키려면 노트 12권을 처음부터 끝까지 다 써야 한다.

27장 | 주의력 결핍

불렛 저널링, 2010년 브루클린

소년은 학교에서 고전했다. 생각이 한 주제에서 다른 주제로 널을 뛰다 보니 수업내용이나 선생님들이 하는 이야기에 집중할 수 없었다. 게다가 양손을 가만두지 못했다. 원래는 글을 쓰기로 되어 있는 시간에 아이는 자기 행동을 통제하지 못하고 그림을 그렸다. 대체로 선생님들과의 난처한 관계를 반영하는 그림들이었다. 여러 해가 지난 뒤 그는 중학생 때 쓴 공책을 우연히 발견했다.

> 책장에서 접힌 종이 한 장이 떨어졌다. 뭔가 싶어서 펼쳐 보니 있는 대로 화가 난 남자를 그로테스크하게 묘사한 그림이 나왔다. 남자는 어찌나 심하게 고함을 지르고 있는지 두 눈은 툭 불거지고 입 밖으로 혓바닥이 퍼덕거렸다. 그 페이지에는 단어 두 개가 적혀 있었다. 일단 한쪽 구석에 수줍게 처박힌 작은 단어는 화가 나서 뒤로 넘어갈 지경인 남자의 정체를 드러냈다. 다름 아닌 나의 옛 스승. 큼지막하게 삐뚤빼뚤 쓰인 다른 하나는 바로 그 남자가 분노를 쏟아내는 대상을 드러내는 단어, 다름 아닌 내 이름이었다.

그 교사가 소리를 질러대고 있는 대상이었던 그 소년은 라이더 캐롤Ryder Carroll이라고 불렸다.

이 충격적인 이미지는 라이더의 공책에 전형적으로 등장하는 단골소재였다. 중학교 시절에 급우들은 매 수업시간마다 배운 내용을 어느 정도는 충실하게 기록한 상태에서 끝맺곤 했지만, 그에게는 아무렇게나 휘갈겨 쓴 교육적으로 무용한 분절된 문장과 도무지 자제할 수 없었던 그림만 남았다. 게다가 학업이 타격을 입은 동시에 라이더는 같은 학교에 다니는 아이들한테 괴롭힘을 당하기도 했다. 다시 말해 그 소년은 뭔가 잘못돼도 단단히 잘못되고 있는 게 분명했다. 그러니 주의력결핍과잉행동장애ADHD라는 진단이 내려졌을 때 전혀 놀라움으로 다가오지 않았다. 주의 지속 시간이 짧은 것, 쉽게 주의가 산만해지는 것, 부주의한 실수를 저지르는 것, 건망증, 과제에 집중하지 못하는 것, 지시를 따르는 데 어려움을 겪는 것, 끊임없이 행동을 바꾸는 것, 정리를 어려워하는 것, 가만히 앉아 있지 못하는 것, 성급함, 충동성 등이 그 상태의 증상에 속할 수 있다. 라이더를 가르치는 교사들이 답답해하는 게 당연했다. 라이더 본인도 답답하기는 마찬가지였다. 그런데도 그는 ADHD라는 상태가 제기하는 장애물을 피해 가는 방법을 찾아내게 된다.

학교를 참고 다닐 만한 곳으로 만들어야 한다는 절실한 필요에 직면한 어린 라이더는 자신만의 해법을 찾아냈다. 즉, 목록을 만들기로 한 것이다. 수업 내용만 기록하는 것이 아니라 모든 것에 관한 목록을. 선생님들의 말을 죄다 기록하려고 애쓰기를 관두면서 구불구불 아무렇게나 쓴 메모는 잇단 목록에 자리를 내주었다. 문서에서 강조하고자 하는 중요 항목 앞에 붙이는 그래픽 문자인 불렛 포인트bullet point들이 지면을 채웠다. 그런데 이 과정에서 그는 여러 개념을 가급적 효율적으로 간결하게 바꿔 씀으로써 주제에 집중하도록 정신을 단련하여 수업내용을 끝까지 따라갈 수 있다는 사실을 발견했다. 메모를 알아보기 쉽게 만들기 위해 그는 대문자로 쓰는 훈련을 했다. 그렇게 하면 어쩔 수 없이 마음이 속도를 늦출 수밖에 없어서 결과적으로 훨씬 더 집중하는 데 도움이 되었다.

마침내 교실에서 겪는 문제는 덜해졌다. 여러 해 동안 교사들과 마찰을 빚고 난 뒤였으니 이는 천만다행인 일이었다. 그리고 라이더는 백지의 가능성을 받아들여 고등학교 과정을 통과해나가는 동안 더욱더 정교하게 목록을 작성했다. "노트에 낙서를 끼적이는 것이 실제로 내가 주의를 기울이는 데 도움이 된다는 사실을 깨달았죠. 그래서 나의 예술적 성향을 필기 방식에 적용해 캘리그래피를 시작하게 됐어요. 그렇게 해서 기록하는 행위를 예술적으로 받아들일 수 있었죠"라고 라이더는 브루클린에서 줌Zoom으로 통화하며 나에게 말했다.

그는 자유분방한 미국의 예술가이자 사진작가 피터 비어드Peter Beard의 일지를 발견했다. 비어드는 각종 사진, 손글씨, 발견된 오브제들을 겹겹이 노트 지면에 결합해놓았는데, 종종 페이지를 가로질러 잉크나 물감, 피가 번진 자국이 남아 있기도 했다. 그런데 바로 이 노트를 통해 라이더는 자기 노트 지면의 모습에 대해 생각하게 되었다. "시간이 흐르면서 레터링lettering 디자인보다는 지면 디자인, 텍스트 레이아웃에 훨씬 더 초점을 맞췄어요." 이는 확실히 돌파구라고 할 만한 종류의 귀중한 발견이었다. "덕분에 나는 계속해서 몰입하게 됐어요. 그러고는 깨달았죠. 내가 더 집중하고, 더 제대로 기록하고, 그 정보를 처리할 수 있었다는 걸요."

라이더는 자신이 하고 있는 일일 기록과 전통적인 일지 또는 일기를 구분한다. "영어선생님 중 한 분이 우리 모두에게 매일 장문의 일지를 꼭 쓰라고 했어요. 그런데 나는 금세 분한 마음이 점점 커지더라고요. 괴롭힘 당한 일 말고는 쓸 거리가 하나도 없었으니까요. 내가 점심으로 뭘 먹었는지 쓰고 싶지도 않았고요. 그러다 보니 저널링journaling은 순식간에 무용한 일이 되고 말았죠"라고 라이더는 기억을 떠올린다. 대신에 그는 더 짤막하고 덜 성찰적인 내용을 시각적으로 매력 있는 레이아웃으로 기재하는 것이 유지하기도 참조하기도 쉽다는 사실을 알게 되었다. 라이더는 매일 목록을 작성했고, 저마다 고유한 불렛 심벌bullet symbol이 있는 4가지 범주를 사용하여 목록에 적힌 항목을 관리하는 방식을 점차 발전시켜나갔다. 첫 번째 방식은 가장 단순했다. 즉, 해야 할 일은 ●로 표시하고 나서 라이더가 그 일을 완료했을 때는 ✖로 표시했다. 누구든 쇼핑목록을 작성할 때 쓸 법한 방식보다 복잡할 게 전혀 없었다. 그때껏 라이더는 앞서서 생각하기를 항상 힘들어했기에, 그렇게 할 수 있도록 도와줄 만한 두 가지 다른 아이콘을 도입했다. 즉, >는 완수하지 못한 과업이 다음날의 목록으로 옮겨졌을 때를 나타냈고, <는 연기되었거나 다음 달에 관심을 가질 또 다른 미래의 목록으로 들어가게 된 일을 표시했다. 이번에도 역시나 별로 놀랍지 않은 것이, 개인적인 이 아이콘 체계[121] 덕분에 아무것도 잊히는 법이 없어졌고, 라이더는 복잡한 과업

---

121 이 아이콘 체계는 다양한 버전(가령, 점 형태의 불렛은 원래 작은 상자였다)을 거쳤다. 따라서 혼란을 피하고자 이 책에서는 라이더가 정착하여 지금도 여전히 사용 중인 버전을 참조한다. 같은 이유로 그가 자신이 만든 체계를 다른 사람들에게 설명하면서 나중에 생각해낸 전문용어, 이동migrate, 예정schedule 등을 그대로 사용한다.

```
BULLET JOURNAL KEY

•    TASK
X    COMPLETED TASK
>    MIGRATED TO COLLECTION
<    MOVED TO FUTURE LOG
O    EVENT
-    NOTE
*•   IMPORTANT TASK
```

라이더 캐롤의 불렛 사용법, 즉 기본 아이콘들.

내지 상당한 장기 목표를 관리 가능한 작은 덩어리로 쪼갤 수 있었다. 또 상황이 요구하는 바에 따라 우선사항을 바꿀 수도 있게 되었다.

고군분투했던 학창시절을 보낸 뒤 대학에 가서 미술과 문예창작을 복수 전공할 무렵, 그는 무슨 일에든 모두 노트를 사용하면서 여러 권을 동시에 들고 다니고 있었다. 성가신 짐이었다. 게다가 다종다양한 노트는 비효율성을 제거하기보다 오히려 비효율성을 초래했다. 그래서 라이더는 자신이 듣는 모든 강의 내용과 사교생활을 단 한 권의 노트에 기록하기 시작했다. 그러자면 체계적인 색인화 indexing가 필요했다. 다시 말해 한층 더 높은 수준의 조직화가 이루어져야 했는데, 결과적으로 생각을 가다듬는 데 도움이 되었다. 동시에 그는 시각적 위계 visual hierarchy에 대해 생각하기 시작했다. 즉, 복잡한 정보를 독자들이 곧바로 소화할 수 있게끔 전달하기 위해 그래픽디자이너들이 사용하는 그리드와 레이아웃, 스타일의 관계에 대해서 말이다. 이러한 개념들 역시 그의 노트 레이아웃에 영향을 미쳤다.

라이더는 각종 이벤트, 아이디어, 의견, 그 밖의 유용한 생각들을 자신이 해야 하거나 이미 완료한 일과 동일한 일일 목록에 기록하는 다음과 같은 실천법을 개발했다.

○는 이벤트를 나타냈다. 즉, 무엇이든 일어난 일이다.

─는 실행을 위한 것은 아니지만 기억해둘 만한 가치가 있는 일을 표시했다.

이는 두 가지 개념 전환을 특징적으로 보여주었다. 이제 라이더는 앞으로 할 일을 관리하는 데 그치지 않고 이미 일어난 일들에 대해서도 기록하고 있었다. 둘째로, 그는 코멘트와 그 밖의 가치 있는 판단을 추가하고 있었다. 일지는 이제 플래너(일정계획표)일 뿐만 아니라, 일기(인정하건대, 기재한 내용이 이례적으로 간결한 일기)와도 비슷해졌다. 그러다 보니 하루를 시작할 때의 목록은 이런 식이었다.

- 슈퍼마켓 가기
- 프로젝트 계획 회의 준비하기
- 저녁거리 요리하기
- 침대 시트 갈기
- 신용카드 대금 지불하기
- 도서관 카드 갱신하기

아마 하루가 끝나갈 때는 이런 식이었을 것이다.

✖ 슈퍼마켓 가기

○ 프로젝트 계획 회의 준비하기

○ 저녁거리 요리하기

✖ 신용카드 대금 지불하기

✖ 도서관 카드 갱신하기

— 사무실에서 프로젝트 계획 회의

— 내가 디자인 리드

— 카피는 에이미 / 고객관리는 마리

● 경쟁사 조사하기

● 수요일 첫 번째 시안 준비하기

매일 하루가 저물 때마다 라이더는 다음날 목록을 준비했다. 필요에 따라 매달 할 일이나 뭐든 이미 설정해놓은 목표를 참조해서 어떤 항목은 그대로 옮겨 적고 또 어떤 항목은 그대로 놔두었다. 이 같은 할 일 이동task-migration에서 핵심은 의사결정이었다. 즉, 모든 불렛 포인트마다 이렇게 자문하곤 했던 것이다. "필수적인가?" 그리고 "중요한가?" 만약 두 질문에 대한 답이 모두 '아니다'인 경우에는 새 목록으로 옮기지 않는 식이었다.

시간이 흐르면서 생각지도 못한 이점들이 이 체계에서 생겨났다. 라이더의 노트들이 비망록을 훨씬 넘어서는 정체성을 드러내면서다. "교실에서 필기를 하기 시작했어요. 그러다가 이런저런 아이디어를 메모하기 시작했고, 짧은 이야기를 쓰기 시작했고, 짧은 영화까지 구상하기 시작했죠"라고 그는 회상한다. "그때 깨달았어요. 내가 처음에 본 것보다 노트에는 훨씬 더 많은 쓰임새가 있다는 사실을요. 그렇게 해서 노트를 실제로 생각하는 데 사용하기 시작했죠." 그는 생각을 외재화하는 것의 힘을 이미 발견한 터였다. 이 역시 그는 ADHD에 시달리는 환자의 흩날리고 헝클어진 사고과정에 대한 대응으로 표현한다. "내 머릿속에서는 여러 가지 것들이 그냥 오가요. 끊임없이요. 그러다 보니 앞으로 나아갈 수가 없죠. 어떤 개념을 갖고 있는 것과 그 개념을 실제로 발전시키는 것은 별개의 일이에요. 내 생각을 처리하고 그것을 다른 곳에 두는 도구를 갖고 있을 때 사고과정이 훨씬 더 향상돼요. 그러니까 기록은 내가 선천적으로 갖지 못할, 나의 생각과 소통하는 기회죠."

라이더의 노트는 무한하게 응용되는 하나의 플랫폼이 되었다. 물론 이는 지난 몇 년 동안 수많은 사람이 직접 발견해낸 것이다. 그러나 자신의 ADHD를 관리하는 방법을 신중히 탐색하다 보니 라이더는 대부분의 사람들보다 그것에 대해 더 오랫동안 더 치열하게 생각하게 되었다. 그보다 앞선 피렌체의 회계사, 르네상스 시대의 예술가, 근세의 과학자 들처럼 라이더 역시 노트를 정신에 필요한 중대한 도구, 즉 무형의 생각을 보다 용이하게 조작될 수 있는 더욱 구체적이고 명확한 글로 표현된 개념으로 바꿔놓는 수단으로 이해하게 되었다.

이 젊은 대학 졸업생은 웹디자인 업계로 들어갔다. 그리고 애자일^{Agile} 웹디자인(그 시점에 최첨단 디지털 기술)이라는 개념을 접했을 때 곧바로 가슴이 철렁하는 인식의 충격을 느꼈다. 2001년 유타 주의 한 리조트에 모인 일단의 디자이너들이 구상한 애자일 소프트웨어 개발은 유연성, 일일 협업, 빈번한 성찰, 효율성과 변화를 끊임없이 골몰하는 것을 우선한다. "기본적으로 어떤 것들을 시험 삼아 해보면서 제대로 작동하는지 보는 거죠"라고 라이더는 요약한다. 그는 애자일과 자신이 삶을 관리하는 방식(할 일 목록을 끊임없이 검토하고, 목록의 모든 항목이 정말로 어디에 속하는지 결정하는 것) 사이에 강한 유사점이 있다고 보았다. 애자일의 여러 개념을 본인의 아날로그 노트에 다시 매핑하면서 그는 자신이 날마다 유지하는 소수의 목록에 쓰는 몇 가지 불렛 포인트 양식을 가지고 이미 일관성 있는 체계를 개발했음을 깨달았다.

이 시점에 라이더는 목표를 제대로 장악할 수 있었고, 부러울 정도로 생산적이었다. 뉴욕에서 웹디자이너로 자리 잡은 그는 아디다스, 메이시즈Macy's, 아메리칸익스프레스American Express, IBM 같은 유명 브랜드와 협업하고 있었으며, 나아가 따로 시간을 내어 친구와 함께 스타트업(고객의 사진을 숫자가 매겨진 도안을 색칠하여 완성하는 과제로 바꿔주는 페인터픽Paintapic이라는 기발한 사업체)을 성공적으로 론칭하기까지 했다. 외부 관찰자가 보기에 라이더의 궤적은 단연코 위로 움직이는 듯 보였다. 그러나 페인터픽의 창업은 위기를 촉발했다. 나중에 라이더가 저서에서 다음과 같이 그때의 상황을 자세히 전했듯 말이다.

> 심한 혼란과 좌절이 들어앉았다. 서류상 나는 나를 행복하게 해주리라던 모든 것을 이미 이룬 상태였다. 많은 것을 희생하며 이 지점에 이르렀다. 그런데 막상 이 자리에 있고 보니, 그것은 정말이지 중요하지 않은 듯했다.

뛰어난 커리어, 창조적 성공, 만족스러운 스타트업 창업에도 불구하고 라이더는 행복하지 않았다. 그리고 그 이유가 바로 자신의 일지가 대단히 효과적으로 결집시킨 효율성과 에너지, 창의성이 엉뚱한 방향으로 가서 부적절하게 이용되었기 때문임을 깨달았다.

> 지금껏 살아오는 내내 일단 내가 정리가 되고 생산적인 사람이 되면 행복해질 것이라고, 만사가 잘 풀릴 것이라고 생각했다. 그러나 그러고 나서 내가 조금도 더 행복해지지 않았음을 알아차렸다. 나는 수만 가지 조치가 필요한 이 회사를 차렸는데, 그중 결국 중요하게 된 것은 하나도 없었다.

그래서 라이더는 이 문제를 완전히 뒤집어엎었다. 그의 효율적인 직업적 습관들이 그를 이토록 엉망인 상태로 빠트렸다면, 어쩌면 그 습관들이 그를 그 엉망진창에서 빠져나오도록 해줄지도 몰랐다. 이때껏 그는 자신의 커리어가 필요로 하는 것에 초점을 맞추었다. 그런데 이제는 고유한 필요를 고심해서 다루는(그리고 고유한 감정을 통해 본인을 생산적으로 만드는) 데 일지가 사용될 수 있을지 처음으로 자문했다.

라이더가 이 질문을 표현하는 방식은 그가 커리어에 대한 야망에 발목 잡힌 채 직업적인 준거 틀을 사용하지 않고는 정서적 생활에 대해 생각할 수 없는 상태였음을 암시한다. 그러나 그는 이 위기로 인해 2000년대에 마음챙김 사고방식이 주류가 된 순간과 이어지기도 했다. 마음챙김mindfulness은 생각과 감정의 의식적인 분리에 좌우된다. 즉, 마음챙김을 실천하는 사람들은 감정에서 한발 물러남으로써 감정을 면밀히 살피고 이름을 붙일 수 있는데,

이를 통해 부정적인 감정이 그들의 생각과 행동에 가하는 장악력을 줄인다. 감정을 일기에 쓰는 것, 말하자면 무정형의 감정을 숙고한 문장으로 변환하는 것은 언제나 내재적인 마음챙김 실천법(마음챙김이라는 표현이 신조어로 등장하기 수백 년 전부터 있었던)이었다. 라이더는 마음챙김을 산문보다는 불렛 포인트로 실행했다. 그런데 노트 지면을 통해 자신의 정서적 생산성을 분석하는 과정에서 그는 유구한 전통을 활용하는 동시에 가장 밀레니얼다운 마음가짐을 표현하고 있었다.

많은 일기 작가처럼 라이더 역시 시간이 흐르면서 이 행위가 단기적으로 스트레스를 완화할 뿐 아니라, 개인의 성장과 발전을 고무한다는 사실을 발견했다. 그러니까, 라이더가 언급한 대로라면 "개인적 통찰을 삼각 측량하는 것, 즉 당신의 행동과 경험을 상호 연관시키는 것, 당신의 통찰을 기록하는 것, 자기를 훨씬 더 인식하게 되는 것"이다. 또 하나의 전형적인 밀레니얼 서사 양식이다. 다름 아닌 거듭되는 진화, 자기계발의 서사, 다시 말해 성장 심리growth mentality다.

라이더가 저널링 기법을 처음으로 공유한 때가 바로 이 무렵이었다. 직업적으로 부하가 걸릴 정도의 업무량을 소화하면서 곧 있을 결혼준비까지 병행하느라 분투 중인 한 동료에게 그 방법들을 보여준 것이다. 라이더가 대시 기호, 점, 그리고 끊임없이 진화하는 목록들로 이루어진 시스템을 풀어놓는 동안 동료는 잠자코 듣기만 했다. 결국 그는 점차 목소리가 작아지다가 이내 멋쩍은 듯 입을 다물었다. "이건 공유해야 해요"라고 동료는 말했다. 이 동료는 라이더가 만든 "사용자 기반user base"의 두 번째 멤버가 되었고, 더 많은 세상 사람들이 그 방법이 실제로 작동하는 것을 볼 수 있도록 웹사이트

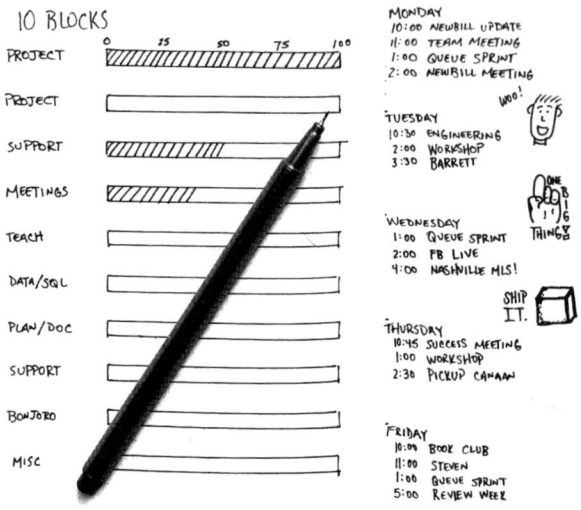

앞서 수백 년 동안 일기를 썼던 사람들과 마찬가지로 불렛저널 작성자들도 낙서와 다이어그램을 즐겨 쓴다.

를 만들라고 독려했다. 다른 어떤 것 못지않게 새로운 코딩 언어를 실행해보고자 하는 욕망에 자극받은 라이더는 2주 동안 취합하여 정리한 웹사이트를 2013년에 개설했다. 그리고 놀랍게도, 폭넓은 구독자 층을 보유한 디자인 블로그 두서너 곳에서 이 사이트에 관한 정보를 알고 찾아오는 일이 벌어졌다. 디자인에 신경 쓴 깔끔한 기록과 마음챙김과 의도성intentionality의 결합은 곤도 마리에가 동일한 원칙을 정리정돈 작업에 적용하고 있었던 세계에서는 낯설지 않았다. 트래픽traffic이 가파르게 상승하더니 내려올 줄을 몰랐다. 출판 계약에 이어 〈뉴요커New Yorker〉, 〈월스트리트저널Wall Street Journal〉, 〈보그Vogue〉에도 인물 소개 기사가 실렸다. 라이더가 쓴 책은 잘 팔렸고 여러 국가의 언어로 번역되었다. 뒤이어 로이텀과의 제휴 상품도 나오면서 라이더가 고안한 체계에 따라 특별히 디자인된 펼침면이 들어간 프리미엄 일지를 구입할 수 있었다. 라이더의 웹사이트에서는 "부조BuJo"로 알려지게 된 불렛 저널 시스템에 대한 소개 글을 20개 언어로 제공했다. 2018년 무렵 별안간 어딜 가나 불렛 저널링이 있었다. 그것은 유행이었다.

이러한 성장은 불렛 저널리스트로 구성된 거대한 온라인 커뮤니티가 상당 부분 추동했다. 이들은 소셜 미디어를 시작하면서 #bujo라고 태그를 붙여 자신의 불렛저널을 세상에 알려 기념하고 공유했다. 이러한 불렛 저널러journaler 가운데 대다수는 약간 금욕적인 기풍인 라이더의 꾸밈없는 글자체를 따르기보다 오히려 지면 꾸미기에 더욱 신경 썼다. 개성이 살아 있는 레터링 스타일이 출현했다. 화려하고 캘리그래피적인. 그러다 보니 결국 이런 방식으로 글자 쓰는 법을 보여주는 책들이 베스트셀러가 되었다. 단순한 선으로 그린 과일 그림은 이 장르의 클리셰가 되었고, 사람들은 자신의 게시물에 본인이 쓰는 노트와 가장 좋아하는 형광펜의 브랜드를 태그했다. 해빗 트래킹(습관 추적)은 되풀이되는 테마로, 사용자들은 작은 체크박스 표를 활용하여 책을 더 많이 읽고, 부모님에게 더 자주 전화하고, 물을 많이 마시도록 자신을 독려한다. 이들의 목록과 저널의 펼침면을 보면, 꾸밈을 즐기는 자명한 즐거움에 비해 의도성은 덜 감지된다. 그러나 대부분의 게시물이 나타내는 것, 즉 나아지고 싶고, 감사를 표하고 싶고, 좋은 선택을 내리고 싶고, 더 나은 습관을 키우고 싶다는 바람에 딴죽을 걸기란 불가능하다.

불렛저널은 왜 그토록 빠르게 유행했을까? 부분적인 설명은 우리 모두 라이더와 마찬가지로 무시무시한 괴물들을 어떻게든 물리쳐야 한다는 것이다. 21세기의 삶이 요구하는 구조적인 부담을 버겁다고 느낀 적이 한 번도 없는 사람이 누가 있겠는가? 우리는 재정, 가정, 일을 그 어느 때보다 효율적으로 관리해야만 한다. 게다가 가상실재virtual presence를 유지해야 하는 추가적인 압력에도 갈수록 더 많이 시달린다. 정신적으로 감당할 수 있는 범위를 넘어서고 정서적으로 긴장 상태에 놓이는 경우가 비일비재한데, 모두 항상 바쁘고 행복해야 한다는 사회에 편재한 기대로 인해 그 정도가 악화하고 있다. 행복이 손에 닿는 곳에 있다는 이야기를 듣는다. 무질서와 불행에 대한 쉬운 해법보다 더 마음이 동하게 만드는 매력적인 것이 무엇일까?

참신한 저차원 기술, 저속 접근법 역시 당연히 도움이 되었다. 라이더의 불렛저널 기법이 나올 무렵 아이패드와 아이폰은 이미 보편화한 상태였다. 그러나 이 기기들(그리고 그것들이 이식한 스냅챗, 트위터, 페이스북, 인스타그램 앱)은 당초 약속한 만큼의 행복을 가져다주지 않았다. 실제로는 각종 캘린더와 이메일, 메시지, 소셜 미디어, 게임, 그 밖의 앱들이 내는 끊임없이 울려대는 알림음은 우리를 유의미한 정도로 훨씬 더 생산성 있게 만들어주지 못했을 뿐더러, 관심을 요구하면서 거부하기 힘든 잇단 도파민 자극들로 우리의 주의 지속 시간을 침식했다. 그저 펜을 집어 드는 것만으로도 얼마간 주체의식을 되찾고, 더 활발하게 생각할 수 있다. 게다가 노트 한 권을 다 쓰는 동안 뭔가 유일무이하고 개인적인 것을 만들어낸다는 혜택도 추가된다.

라이더의 방식, 그의 사연과 성공에 대해 냉소적이기 쉽다. 맞다, 그가 쓴 책은 사시사철 사람을 자극하는 자기계발 장르에 딱 들어맞는다. 맞다, 그 책은 익숙한 웰니스wellness 격언과 상투적인 약속을 포장한 것이다. 그렇다, 그는 정확한 타이밍에, 그러니까 디지털 기술에 대한 환상이 깨지면서 그에 대한 환멸이 아날로그 대안에 대한 관심으로 뒤집힌 바로 그때 자신의 기법을 꺼내놓았다(다만 라이더 본인은 어떤 식이든 디지털 대 아날로그라는 이항 대립을 거부하면서, 그저 자신이 하는 일에 적합한 가까이 있는 도구를 고르라고 말한다). 그리고 맞다, 만약 온라인에서 불렛 저널리스트들을 팔로우한다면, 그들의 할 일 목록 바로 옆에 자유롭게 끼적인 무수한 해바라기를 보게 된다.

그러나 불렛저널 기법의 기저에는 뭔가 본질적인 것이 존재한다. 심리학자들과 시간관리 전문가들이 공히 이롭다고 인정하는 습관의 견고한 핵심이. 여러 해 동안 나의 일기는 라이더의 저널과 많은 특징을 공유했다. 그러니 나는 전망적인 것(미래 계획)과 회고적인 것(일기)의 결합이 나에게 효과가 있다는 사실을 증언할 수 있다. 감정 정리, 실질적인 업무 관리, 의도성(나아가 낙서를 한다거나 보다 고도의 예술적 충동에 탐닉하는 즐거움까지)을 조합하면 노트 작성이 그저 유용한 데 그치는 게 아니라 재미도 는다.

현재 불렛저널 커뮤니티는 라이더 캐롤과 네 사람으로 이루어진 팀이 전업으로 운영하고 있다. 그 운용 활동을 본다거나 라이더가 어떤 해답, 목표, 계획, 의도 사이의 차이점에 대해 유창하게 이야기하는 것을 들을 수는 없다. 그런데 그의 예전 모습인 혼란스럽고 불행한 소년도 볼 수 없다. 찰스 애틀러스Charles Atlas처럼 라이더 역시 본인이 고유한 기법을 홍보하는 최고의 광고 요소다. 그런데 그는 노트의 역사에서도 특별한 자리를 점유한다. 노트가 영감을 준 복잡한 사용 체계(부기, 라이프드로잉, 비망록 작성 등등)에도 불구하고, 한 걸음 물러나서 노트를 하나의 도구로 이해하거나, 노트가 실제로 어떤 식으로 작용하는지 궁금해하거나, 어떻게 하면 노트가 보다 제대로 효과를 발휘하게 할 수 있을지 한 번이라도 생각해본 적이 있는 사용자는 많지 않다.

28장 | 잃어버린 시간을 찾아서

환자일기, 1952년~현재

영국의 시인이자 아동작가 마이클 로즌Michael Rosen이 병원에 입원했을 때는 이미 너무 늦었다고 볼 만한 상황이었다. 그는 자택에서 2주 동안 코로나19에 시달리며 고통스러운 시간을 보냈다. 이 전염병은 숨이 가쁜 증상으로 시작되었다가 이윽고 혈중 산소 수치를 인체가 생존하기 위해 필요한 한계치까지 떨어뜨리면서 그를 완전히 무너트리고 말았다. 이웃에 사는 의사가 전화로 구급차를 불렀지만, 코로나19 1차 파동으로 혼란이 절정에 달한 터라 이용 가능한 구급차가 없었기에 아내 에마가 그를 차에 태워 런던의 위팅턴병원Whittington Hospital으로 데려갔다. 며칠 뒤 상태가 급속도로 악화하자 의사는 생존하려면 인위적 혼수상태induced coma로 들어가는 수밖에 없다고 로즌에게 말했다. 그는 낯선 형광 불빛의 세계인 집중치료실intensive care unit, ICU로 옮겨졌다. 그리고 그곳에서 약물을 주입 받고 의식 불명 상태로 들어갔다. 그의 몸은 공세에 시달리는 면역체계가 코로나바이러스와 싸우는 동안 그를 살아 있게 해줄 각종 기계와 여러 개의 관을 통해 연결되었다.

그는 인생에서 그다음에 이어진 48일에 관한 기억이 전혀 없다.

그러나 그 나날들에 관한 일기는 실제로 갖고 있다.

집중치료는 1952년 코펜하겐에서 대단히 치명적인 폴리오polio[122]가 발생한 데 따른 대응으로 발명되었다. 전후 영양실조로 약해진 인구 사이에서 이 병이 맹위를 떨치자 환자 수백 명(그중 절반은 아이들이었다)이 몸에서 나온 분비물에 숨이 막히거나 압도당한 상태로 코펜하겐의 블레그담병원Blegdam hospital에 나타났다. 쓸 수 있는 몇 안 되는 육중한 "철폐iron lung" 인공호흡기만을 구비해놓고 있었던 병원 측은 절박한 사람들이 이렇듯 밀어닥치자 속수무책이었다. 새로 도착한 환자 8명 중 7명이 죽어나가는 상황이었다. 8월 27일에 열린 회의에서 마취 전문의 비외른 입센Bjørn Ibsen은 과격한 중재술을 제안했다. 바로 응급 기관절개를 통해 환자들에게 산소를 공급하자는 것이었다. 이 시술을 통해 폐가 스스로 공기를 넣고 빼는 수고 없이, 환자의 폐에 산소가 곧장 전달될 터였다.

첫 번째 환자는 비비 에베르트Vivi Ebert라는 열두 살배기 소녀였다. 비비에게 진정제인 소듐 티오펜탈sodium thiopental을 다량 투여하고, 기관에 작은 구멍을 낸 뒤 관을 삽입해 고무 벌브bulb로 공기가 곧장 폐로 흘러들어가게 했다. 비비가 회복되기 시작하자 입센이 이끄는 팀은 병동 전체에 이 시술법을 공개했다. 그리고 치과대학과 의과대학 학생들로 구성된 여러 팀에 협조를 요청하여 고무 벌브를 눌러 계속해서 공기가 병자들의 몸으로 흘러들게 했다. 이처럼 굉장한 집단적 노력은 수개월 동안 지속되었고, 효과가 있었다. 즉, 봄이 되었을 무렵 폴리오 환자 10명 중 9명이 생존했다. 기적적이게도 그들을 돌본 이들 중 그 병에 걸린 이는 한 명도 없었다.

---

122 척수성 소아마비라고도 한다. (옮긴이 주)

이처럼 놀라운 성공에 고무된 입센은 이듬해에 세계 최초로 집중치료 병동을 개설했다. ICU의 각 병상은 종합 생명유지 장치의 한복판에 놓여 환자의 몸이 호흡, 식음, 각성에 대한 부담 없이 모든 에너지를 병마와 싸우거나 트라우마에서 회복하는 데 쓸 수 있도록 했다. 몇 년이 채 지나지 않아 이 개념은 전 세계로 확산되면서 현대 의학을 구성하는 핵심 요소가 되었다. 현재 많은 의사들과 마취 전문의들은 8월 27일을 "비외른 입센의 날"로 기념한다. 입센의 혁신책은 이루 헤아릴 수 없이 많은 생명을 구했다. 마이클 로즌의 생명을 포함해서 말이다.

그런데 ICU에서 한동안 생존하는 것은 이야기의 일부에 불과하다. 의학적으로 유도된 인위적 혼수상태는 우리 인체를 치료하는 데 도움이 될 수는 있으나, 영양보급관과 정맥내투여기, 산소호흡기를 연결하는 것은 몸에 칼을 대는 대단히 침습적이고 파괴적인 과정이다. 이런 점을, 그리고 어떤 종류건 간에 중병에서 회복하는 것과 관련한 심리적 복잡성을 감안하면, 집중치료가 종종 문제를 야기하는 것은 놀랄 일이 아니다.

웨일스의 자택에서 대화하면서 크리스티나 존스Christina Jones는 이러한 문제들이 구체화하는 양태에 대해 이야기해주었다. 전직 ICU 간호사로, 생화학과 심리치료 분야의 박사학위와 각종 자격증을 보유한 그는 환자가 병원에서 받는 돌봄과 회복으로 가는 길이 야기할 수 있는 어려움을 잘 아는 전문가다. 1990년 이러한 문제들을 다루기 위해 존스는 ICU에 있었던 환자만을 대상으로 하는 외래환자 전문 클리닉을 머지사이드Merseyside의 위스턴병원Whiston Hospital에 설립했다. 그가 본 환자들은 혼수상태에 빠진 동안 잠시 의식을 잃었을 뿐 아니라 섬망, 망상기억, 환각, 편집망상 증세를 호소했다.

"한 가지 사례가 지금도 마음에 뚜렷이 남아 있어요. 30대 중반의 젊은 여성이었는데, 복부 수술에 이어 기관절개술을 받은 뒤 깨어났지만, 매우 불안 초조해하고 잠을 자지 못하고 있었죠. 사흘 정도 뒤에 나에게 말하길, 자신이 기억할 수 있는 집중치료 기간 내내 모든 사람이 외계인으로 바뀌었다는 거예요. 가족들이랑 완전히 똑같이 생겼지만 아니라는 걸 알았대요. 실제로는 외계인들한테 넘어가버린 거라고요. 그래서 자기도 잠들면 외계인이 자기 몸을 대체할 거라고요. 그런데 그게 진짜 현실처럼 너무도 생생하니까 집중치료에 관한 기억이 되어버린 거죠"라고 존스는 나에게 말한다.

이는 카그라 망상Capgras delusion의 교과서적인 사례다. 카그라 망상에 시달리면, 뇌가 익숙한 시각 자극(얼굴)을 그 뒤에 있는 그 사람에 관한 정서적 기억과 연결 짓지 못하게 된다. 가족과 친척들을 가게의 마네킹이나 밀랍인형으로 여기는 환자들도 있다. 즉, 진짜 같지만 인간은 아닌 존재로. "능히 짐작할 수 있듯, 품고 있기에 상당히 섬뜩한 기억인 가장 흔한 망상은 간호사가 자신을 죽이려고 한다는 거예요"라고 존스는 이야기를 이어나간다. 산소호흡기에 의지했던 환자의 무려 80퍼센트가 그 같은 트라우마적인 기억에 시달리는 것으로 나온 연구조사도 존재한다.

환각은 대체로 바삐 돌아가는 병원 환경이라는 이례적인 자극에 의해 발생한다. 게다가 얼굴을 모조리 덮는 코로나 병동의 보호복은 외계인 유괴라는 카그라 증후군과 비슷한 유형의 망상에 강력한 소재를 제공한다. 환자들은 자신이 MRI 스캐너가 아니라 오븐 안으로 실려 들어가고 있다고 생각하거나, 도뇨관이 삽입되고 있는 것이 아니라 성폭행을 당하고 있다고 여길 수 있다. 그 순간에 이러한 공포를 표현할 수도 있고, 아니면 마취로 인해 곤란한 상태에서 그러한 두려움을 생생하게 경험할 수도 있다. 즉, 한 전문의는 진정제가 투여된 상태의 환자들에 관해 그들의 "무언의, 마치 편안하고 평온한 듯한 모습은 수면 상태로 오인될 수 있다. 사실 그들의 뇌는 점화된 상태인 때에 말이다"라고 말한다.

거의 같은 수준으로 불안을 조성하는 것은 ICU 환자들이, 특히 그들이 의식을 잃은 상태 내지 인지 불가능한 상태로 입원하고 있는 경우에 피할 수 없는 시간의 해체다. 사고 피해자는 자신이 어디에 있는지 전혀 모른 채 깨어날 수 있다. 인생에서 몇 주일을 영구적으로 "잃어버리는" 것이다. 이러한 공백을 두고 로즌은 나중에 어느 시에서 "유감스러운 일은/ 내가 뭔가를 놓쳤다는 것"이라고 표현하게 된다.

크리스티나 존스는 10년 동안 이 같은 환자들을 상대했다. 그러다가 스톡홀름에서 열린 한 회의에서 처음으로 환자일기patient diary에 관한 이야기를 듣게 되었다. 정말 적절하게도 덴마크에서 유래한 발상이었다. 1970년대에 이미 덴마크 간호사들은 환자들이 집중치료를 받는 것과 더불어 집중치료에서 회복되기도 해야 함을 깨달았다. 그래서 환자들이 경험을 이해하도록 돕는 한 가지 방법으로 환자일기를 쓰기 시작한 이들이 다름 아닌 그들이었다. 이들은 아주 아름다우면서 간단한 관행을 고안했다. 즉, 날마다 간호사가 환자들이 무엇을 했는지, 그들에게 어떤 일이 있었는지, 그들이 어떠한지 알려주는 일기를 격식에 얽매이지 않고 쓰는 것이다. 한 간호사가 표현한 바에 따르면 "우리는 환자의 입장이 되어 지금 무슨 일이 벌어지고 있는지, 우리가 생각하기에 환자가 지금 그 일을 어떻게 경험하고 있는 것 같은지 묘사하려고 노력한다." 이 일기에 의료 정보는 하나도 담겨 있지 않다. 그보다 으뜸이 되는 기조는 공감이다. 아래의 전형적인 기재내용이 완벽하게 실증적으로 보여준다.

> 당신은 깊이 잠들어 있어요. 그러나 당신을 목욕시킬 때 우리는 당신이 반응할 수 있다는 걸 알아요. 당신이 눈을 뜨려고 하거든요. 나중에 당신이 이 중 어느 것 하나라도 떠올릴 수 있을지 알기는 힘들지만, 우리는 당신에게 이야기하고, 우리가 지금 뭘 하고 있는지 설명해요. 설령 당신이 대답하지 못한다고 해도요.

입원 기간 동안 무수히 많은 서류가 나온다. 그러나 직원들이 매 시간마다 측정하고 기록하는 활력징후vital sign는 우리의 고유한 개인적 서사에는 별로 도움이 되지 않는다. 간호사들은 그날의 일기를 쓰는 데 평균적으로 5분 정도를 쓴다. 그 결과로 나타나는 환자 예후의 개선을 감안하면 값지게 사용되는 시간이다. 회복되어 ICU에서 나갈 때 환자는 가지고 갈 일기를 받게 된다. 그리고 그 일기를 통해 파편화된 기억을 이어 맞추고, 몸에 생긴 변화를 설명하고, 자신의 병과 치료에 관한 이야기를 재구성할 수 있다. 로즌이 혼수상태와 약물, 질병이 축적해놓은 "의식의 층들"이라고 표현하는 것을 파나갈 수 있는 환자-독자는 망상을 해독하여 본인의 생생한 기억과는 정반대로 그들을 돌본 간호사들이 실은 자신을 죽이려고 하지 않았다는 사실을 확인할 수 있다.

얼마 안 있어 환자의 가족들도 이 일기 쓰기에 참여하게 되었다. 즉, 병원을 찾은 가족과 친척들은 전문가들이 쓴 것 옆에 나란히 자신들의 관찰내

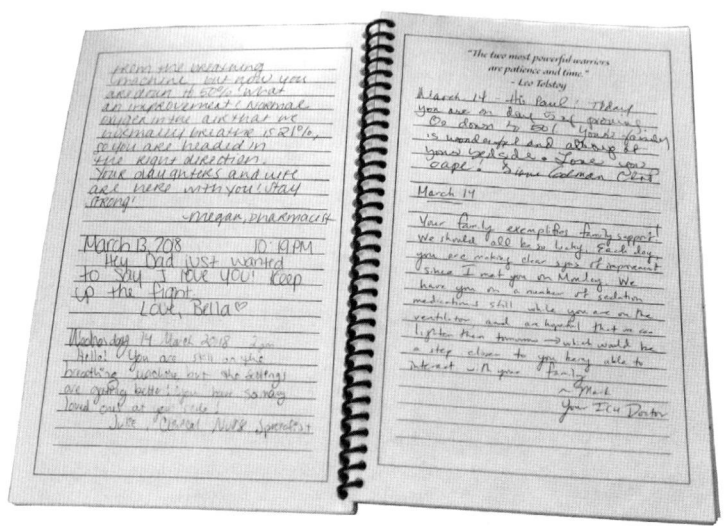

가격이 적당하고, 구하기 쉽고, 치료에 도움이 된다.
간호사, 의사, 약사 그리고 환자의 딸이 내용을 기재한 전형적인 ICU 일기.

용과 생각을 남겨달라는 권유를 받았다. 이를 통해 그 일기에 또 다른 차원이 부여되면서, 간호진과 환자의 사랑하는 이들 사이에 직접적이고 비공식적인 소통수단이 되었다. 스웨덴의 전문의 칼 베크만^{Carl Bäckman}은 환자의 사진을 추가해서 어떤 치료를 받았는지, 새로 생긴 흉터의 연원이 무엇인지 알 수 있게 하자는 아이디어를 내놓았다. 또 다른 스웨덴의 의사는 이러한 활동의 목적을 다음과 같이 시적으로 규정했다. Att ge tillbaka förlorad tid, 즉 "잃어버린 시간을 돌려주기 위해서"라고.

환자일기는 심리적 회복에 필수적인 부분이 될 수 있다. 스칸디나비아 국가들의 경험에 관한 수많은 연구가 환자의 삶의 질 회복, 특히 우울증의 시작을 예방하는 데 환자일기가 유효함을 증명했다. 그리하여 크리스티나 존스는 베크만이 그 개념에 대해 이야기하는 것을 듣자마자 그것을 머지사이드의 동료들에게 소개하는 데 필요한 보조금을 구하러 다니기 시작했다. 영국 최초의 환자일기는 2003년에 시작되었다. 그러나 이 관행은 곧바로 금세 퍼지지는 않았다. "사람들이 글 쓰는 방식을 바꾸도록 하는 게 여간 힘든 일이 아니었어요. 환자일기는 의료 기록이나 간호 보고서보다 형식이 훨씬 비격식적이니까요. 게다가 환자에게 직접적으로 쓰는 것이고요"라고 존스는 회상한다. 그는 위스턴병원 화상센터 환자들의 사진을 넣는 것에 대해서도 확신이 없었다. 그런데 가장 처음 자신의 일기를 보게 된 환자가 자기 사진은 어디 있느냐고 물었기에 의료진은 모든 환자의 사진을 찍기 시작했고, 요청하는 경우 보여주게 되었다.

존스는 몸소 경험한 결과를 취합정리하면서 환자에 대한 일기 작성이 PTSD 발생 확률을 60퍼센트 이상 낮추고, 공황발작, 플래시백, 악몽을 예방하며, 불안과 우울을 감소시킨다는 사실을 발견했다. 게다가 필수용품인 백지 노트는 비용이 적게 들었다. 집중치료실들이 하나둘씩 이 관행을 채택했다. 영국에서만이 아니라 결국에는 북아메리카에서도. 당연히 연구문헌에 나온 주목하지 않을 수 없는 통계자료를 대리라고 예상하면서 나는 상대를 설득하는 세일즈 피치$^{sales\ pitch}$가 뭐냐고 물었다. 일말의 주저함도 없이 그는 딱 일곱 단어로 대답했다. "그 일기를 갖고 있는 환자와 이야기해보세요."

따라서 마이클 로즌이 병원에서 두 달을 보낸 뒤 집으로 돌아왔을 때 식탁에서 기다리고 있던 검정색 스프링 제본 노트를 발견하게 된 것은 다름 아닌 크리스티나 존스 덕분이었다. 노트의 앞쪽에는 사용 지침이 테이프로 대충 붙어 있었다.

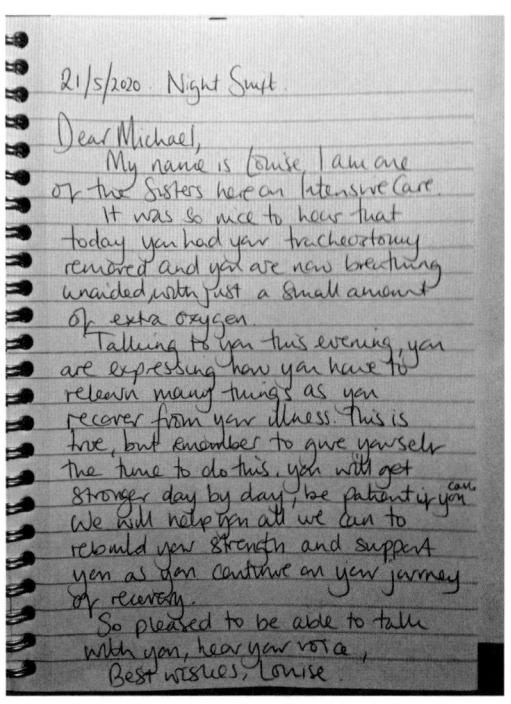

"내 환자일기의 마지막 편지예요. 대화는 기억나지 않지만(여전히 약 기운에 취했었으니까요) 이 얼마나 친절한가요? 게다가 정말이지 앞을 내다보는 통찰력과 지혜로 가득하잖아요."

나는 로즌이 집으로 돌아가고 나서 1년이 지났을 때 화상채팅으로 그와 이야기를 나눴다. 그가 시련을 겪었음을 보여주는 흔적은 목의 맨 아래쪽에 있는 거의 눈에 띄지 않을 정도로 희미한 기관절개 흉터뿐이었다. 그는 회복 병동에서 "경계 상태liminal state"였던 기간에 처음으로 그 일기의 존재에 관해 들었다고 했다. 의식이 돌아오고 나서 3주가 넘도록 그곳에 있었는데, 정신이 너무 혼미해서 그 일기의 중요성을 이해하지 못했다. 아내 에마가 그 일기를 받아서 남편이 발견하도록 밖에 내놓았다. 회복된 환자들 대다수가 그렇듯 로즌도 서둘러 일기를 열어보지 않았다. 초반에 양가감정이 드는 것은 매우 흔한 일이다. 대다수는 크나큰 고통과 트라우마로 점철된 현장으로 돌아가기를 꺼린다. 로즌은 심지어 지금도 가끔씩 그 일기를 볼 엄두가 나지 않을 때가 있다고 인정한다. 그는 "이것은 아프다, 저것은 아프다, 이 음식은 맛이 좋다, 바로 이거다, 라는 감각 수준"을 회복할 때까지 기다렸다.

뛰어난 시인이자 공연자이며 방송인인 로즌은 당신이 묻는 질문뿐 아니라, 묻지 않은 두세 가지 더욱 흥미로운 질문에도 답하며 길고 자세한 문장들을 펼쳐놓는다. 그러나 그 검정색 노트를 마침내 실제로 열어봤을 때 어떤 심정이었느냐고 묻자 그는 잠시 말을 멈춘다. 그러다가 결국 항복하고 입을 연다. "그러니까…… 압도당하는 기분이었어요." 그 노트의 소박한 외관은 안에 든 내용물을 착각하게 만들었다. 노트를 열자마자 로즌은 "모든 단어 하나하나가 보석, 보배"임을 알게 되었다.

노트는 두 가지 방식으로 그에게 영향을 미쳤다. 첫째로, 그는 자신의 인생 이야기에 생긴 틈을 메우는 그 노트의 가치를 고찰하면서, 사건을 정리하고자 하는 우리의 근본적인 욕구를 짚는다. "우리 인간들은 끊임없이 상황을 구체화하여 이해하고자 해요. 당신도 지금 그러고 있죠, 노트들을 이해하려고(노트란 무엇인가, 노트의 형태와 의미는 무엇인가?) 하고 있잖아요. 그래서 나는 의식적으로 내 정신이 소멸되고 해체되어 사라지는 거대한 소실의 순간을 꽉 붙들려고 노력 중이에요." 그는 저장고에서 적절한 은유를 골라내려고 또다시 잠깐 말을 멈춘다. "이 기록들은 징검돌이에요. 늪지에 놓인 바위들이죠"라고 그는 결론 내린다.

그러나 회복기에서 벗어나자 로즌은 환자일기의 또 다른 측면을 더욱 곱씹어 생각하게 되었다. 창안자들은 염두에 두지 않았던 측면을. 그는 "보물", 즉 시련을 겪는 동안 자신을 보살핀 사람들의 이타성과 연민(사랑)으로 이루어진 성스러운 유물을 가지고 집으로 돌아왔다는 사실을 깨달았다. 평상시에는 ICU의 간호사 한 명이 환자 한 명을 맡아서 돌본다. 로즌이 있었던 과밀한 코로나 병동에서는 그 비율이 간호사 한 명당 환자 네 명으로 뛰어올랐고, 병상의 숫자도 두 배로 늘었다. 그리하여 그다지 관련성이 없는 지식과 기술을 가진 이들까지 도우러 와주었다. 물리치료사들, 언어치료사들, 다른 분과의 간호사들, 치위생사 한 명, 심지어 보건교사 한 명까지. 다들 최전선에 있으면서 환자들을 간호하는 데 열중하고, 긴 야간근무가 끝날 때면 매일 아침마다 환자들의 일기에 최신 정보를 업데이트했다. 로즌은 이들의 글쓰기를 그 자체로 돌봄 행위라고 표현한다. "그건 아주 멋진 일이죠"라고 그는 강조하여 말한다. "하나같이 교육훈련을 받고 전문지식과 기술을 보유한 사람들인데, 거기에 이런 특별한 돌봄이 추가된 거죠. 냉소는 전혀 없이 말이에요." 필요한 교육을 거의 받지 않은 역할에 투입된 이 젊은 전문가들은 자기도 모르는 새 날마다 죽음에 둘러싸이게 된 상황에 놓였다. 그런데도 일기장에 오직 응원과 긍정의 말만 기록했다. "모두 언젠가는 내가 그 글을 읽게 되기를 바라면서요." 본인의 기억이 전혀 없는 상태에서 로즌은 그 일기가 드러내 보이는 것으로 이겨냈다. 그러니까 제도적 혼란의 한복판에서 개개인의 인간다움에 관해, 현재에도 불구하고 미래에 관해, 죽음에 직면하고도 삶에 관해 단언한 일기의 간명한 서술로 이겨냈다.

그는 아직도 믿기지 않는 듯 경탄한다. "그들이 내 침대를 에워싼 채 서서 나에게 생일축하 노래를 불러줬다는 생각이요. 어떻게 그랬을까요?"

일기의 긍정적이고 낙관적인 어조는 그 수주일의 공포를(의도적으로) 덮어 감춘다. 로즌을 치료한 의사 중 한 명은 나중에 그 병이 얼마나 빠른 속도로, 그러니까 차 한 잔을 준비하는 사이에 자기가 맡은 한 환자를 대화가 가능한 상태에서 죽음으로 몰고 갔는지 그에게 말해주었다. 로즌과 같은 병동에 있던 환자 가운데 42퍼센트가량이 세상을 떠났다. 그러나 그런 경우에도 환자들의 일기는 가치 있다. 생존자들만큼이나 유족들도 그 진가를 알아보고 고마워하기 때문이다. 가족의 병이 진행되는 과정을 정확하게 기억하지 못하는 경우가 많은데, 환자일기가 전체 이야기를 재구성할 수 있게 해주고, 그렇게 함으로써 그것을 받아들이는 법을 배우게 된다. 유족은 환자일기에 적힌 사랑하는 이가 받은 돌봄의 기록을 읽으면서 위로받는다. 또 본인들도 환자일기를 쓸 수 있는 경우 감정을 표출하는 안전공간safe space이 생긴다. "나를 눈물짓게 할 정도로 절절한 작별인사를 쓰는 가족들도 있답니다"라고 존스는 말한다. 그는 일기장을 그 주인의 관에 넣었다는 가족들을 알고 있다.

놀랍게도 환자일기는 보편적이지 않다. 나는 런던에서 로즌보다 훨씬 오랫동안 집중치료를 받은 코로나 환자 한 명을 알고 있다. 그는 심한 망상에 시달렸는데, 퇴원한 지 한참이 지나고도 그 관행에 관해 전혀 몰랐다. 존스는 진료기록을 통해 집중치료 기간 동안 시간을 재구성하려고 시도한 환자, 그리고 "뭔가를 이어 맞춰서 이 모든 기이한 기억이 대체 어디에서 비롯했는지 알아내려는 필사적인 시도"의 일환으로 아내의 왓츠앱WhatsApp 메시지를 활용하고 있었던 또 다른 환자의 이야기를 들려준다. 심리적 회복을 돕는다는 유효성을 고려하면, 환자일기는 오래지 않아 ICU 생활의 표준적인 부분이 될 수 있다. 링거주사, 전자음을 내는 각종 기계, 24시간 환한 백색 조명만큼이나 보편적인.

 마지막으로 한마디. 덴마크 병동의 바늘과 관 틈에서 탄생한 환자일기의 기원은 실험실이나 거대 제약사, 국제회의와는 아무런 관련이 없었다. 그것은 고문의사나 외과의사, 일반의사들의 발명품이 아니었다. 간호사들이 고안한 것이었다. 일상용품을 다른 목적에 맞게 바꿔 제일선의 직접적인 풀뿌리 해법의 완벽한 전형으로 만든 것이다. 즉, 실용적이고 연민에 기반하고 효과적인, 그러면서도 저렴한. 간호사들은 노트 작성의 새로운 장르, 즉 수혜자는 기록에 전혀 관여하지 않는 치료적 일기를 발명했다. 평범한 지면을 희망과 공감과 연민의 공간으로 탈바꿈시키는 것이다. 이는 수백 년 된 이 발명품의 가장 영향력 있는 최신 응용임이 틀림없다. 그런데도 비외른 입센 박사나 헨리 라센Henry Lassen 교수와 달리 이 덴마크 간호사들의 이름은 관련 문헌 어디에도 나오지 않는다.

29장 | 우리의 고유한 인품을 드러내는 것은 이 지구상에 없기에

노트 연구, 1883년~현재

경이로운 그림과 놀라운 과학적 관찰이 들어 있는 레오나르도 다빈치의 노트는 300년 동안 그 진가가 저평가된 상태로 머물러 있은 뒤에야 응당한 관심과 주목을 받게 되었다. 이 뒤늦은 연구는 그 노트를 소유한 왕족이나 귀족이 아니라 독일의 여행안내서 작가인 한 청년으로부터 비롯했다. 장파울 리히터Jean-Paul Richter는 베데커Baedecker 출판사를 위해 이탈리아를 탐색하는 과정에서 미술사에 관한 전문지식을 개발했다. 그러나 그저 르네상스 시대의 제단화를 설명하고, 호텔의 열악한 배관시설을 경고하는 데 그치고 싶지 않았다. 훨씬 더 큰 포부를 품고 있었다. 그리고 1878년 라벤나Ravenna의 비잔틴 모자이크에 관한 논문 한 편을 발표했다. 이로써 그에 걸맞은 계열에서 명성을 얻은 리히터는 런던으로 이주했고, 레오나르도의 노트를 그 예술가의 상속인인 프란체스코 멜치가 세상을 떠난 이후 최초로 완독한 사람이 되었다.

리히터는 겁나고 부담스러운 과업에 착수했다. 레오나르도의 육필 원고는 잉글랜드, 프랑스, 이탈리아 전역에 산재했다. 그런데 각양각색의 관리자들이 그때껏 노트를 이해하는 것보다 소유하는 데 더 열심이었다는 점에

리히터는 주목했다. 관리자들이 원하는 대로 페이지를 재배열한 터라 노트에서 다뤄진 엄청나게 다양한 주제에 질서를 부여하기가 힘들어졌다. 게다가 레오나르도 본인의 악필과 거울 문자, 간헐적인 날짜 기입, 자신만의 특이한 약어 사용 탓에 더더욱 지장을 받았다. 그러나 리히터는 눈을 단련시켜 5000여 장을 처음부터 끝까지 체계적으로 읽어냈고, 5년이 지나지 않아 출간 준비를 마쳤다. 1883년(빅토리아 여왕에게 헌정된)《레오나르도 다빈치의 노트북The Literary Works of Leonardo》이 나오자 레오나르도가 이해되는 방식이 완전히 바뀌었다. 리히터는 노트 내용을 주제별로 정리함으로써 레오나르도가 "작가이자 철학자이자 박물학자", "동시대인의 시각보다는 근대과학의 가르침에 훨씬 더 부합하는 발견들을 한" 사상가임을 드러내 보였다. 레오나르도의 천재성이 그의 사후에 최초로 전면적으로 명명백백해졌다.

리히터의 편집자로서의 면모를 계승한 이는 딸 이르마Irma였다. 이르마가 엮어낸 레오나르도의 노트 선집은 오늘날에도 널리 읽히는 책이다. 레오나르도의 연구업적이 읽히지 않은 무명 상태에서 벗어나도록 해준 이들 부녀의 노력은 그 자체로 매우 중요했다. 그런데 이는 노트의 여정에서 하나의 전환점에 해당하기도 했다. 수세기 동안 작가들의 원고, 예술가들의 스케치북, 그 밖의 온갖 노트는 처음의 유용함이 먼저 사라지거나, 작성자가 죽자마자 처분되는 것이 보통이었다. 그 주인이 최고의 명성을 얻은 경우(뉴턴이나 레오나르도, 프랜시스 베이컨 같은 사람)에만 유언집행자들이 그들의 작업 노트에서 어떤 식으로든 항구적인 가치를 보았으나, 셰익스피어의 육필 원고가 완전히 사라진 것이 증명하듯 명성만으로는 대개 충분하지 않았다. 어떤 노트가(윌리엄 우스터의 노트처럼) 도서관 서가에 있거나, (수많은 치발도네처럼) 역사의식이 깨어 있는 도시의 기록 보관소에 있다면 살아남을 가능성이 있었다. 다만 대부분은 그렇지 못했다.

비평가들이 창작과정이 아니라 완성된 작품을 연구하는 한, 이러한 부재는 아무런 문제가 되지 않았다. 그런데 리히터가 뭔가를 촉발했고, 태도와 관심이 달라지고 있었다. 가령 1890년대에는 프랑스 화가 외젠 들라크루아Eugène Delacroix의 일기가 레오나르도의 노트와 마찬가지로 수집되고 전사되었다. 수 세기 동안 제 역할을 한 후에야, 노트는 마침내 얼마간의 공을 인정받게 되었다.

그렇기는 해도 비평적 또는 역사적 시선은 언제나 흥미로운 관심 주제로서 노트 그 자체가 아니라 개별적인 사례로 쏠렸다. 누가 됐든 보닛의 아래쪽을 보면서 이 발명품이 어떻게 사용되어 왔고, 인간문화의 양태를 어떤 식으로 변화시켜 왔는지 질문을 던지기까지는 수십 년이 더 걸렸다. 학자들이 마침내 주의를 기울이게 됐을 때, 그들은 놀랄 만한 상황에서 창안된 한 가지 개념어를 차용했다.

인간의 지각에 관한 제임스 J. 깁슨James J. Gibson의 연구는 가장 긴급한 맥락에서 시작되었다. 다름 아닌 제2차 세계대전이었다. 미국공군에서 근무하는 젊은 심리학자로서 그는 조종사들이 빠르게 변화하는 환경을 어떻게 보는지(그리고 그에 반응하는지) 조사하면서, 마이크로초 단위로 아슬아슬하게 승패가 갈리는 공중전이나 폭격항정bombing run에서 본인을 취약한 상태에 놓이게 만들 법한, 지각이 느린 편에 속한 훈련생을 걸러내는 실험을 고안했다. 지각심리학과 관련한 기존 모델들은 그가 본 것을 정확히 설명하지 못했다. 그래서 평화가 돌아오자마자 깁슨은 새로운 지각 이론에 관한 연구에 착수했는데, 여기에 포함된 것이 바로 행동유도성affordance이라는 개념이었다. 즉, 어떤 대상을 그것과 상호작용하는 인간에게 유용하도록 만드는 측면을 말한다.

행동유도성 개념이 확산하면서 광범위하고 다양한 분야에서 유용하게 쓰였다. 1988년 도널드 노먼Donald Norman은 《디자인과 인간 심리The Design of Everyday Things》라는 책을 썼는데, 이 책에서 행동유도성 개념을 변용하여 본능적인 사용을 부추기는 디자인 특성을 설명한다. 우리는 팔꿈치 높이의 평평한 판으로 된 문에 다가가면 아무 생각 없이 그것을 밀고, 손잡이를 보게 되면 잡아당기는 경향이 있다. 나는 초서의 잉글랜드에 종이가 도입된 것에 관해 오리에타 다 롤드가 평가한 글을 읽다가 우연히 이 용어를 처음 알게 되었다. 종이에 관한 전통적인 역사들이 제지소와 워터마크의 확산을 하나부터 열까지 기록하는 것과는 대조적으로 행동유도성에 초점을 맞추는 다 롤드의 역사는 우리로 하여금 사람들이 그 물건을 가지고 실제로 무엇을 했는지, 그리고 왜 그렇게 했는지 고려하게 만든다. 다 롤드의 이야기에 따르면, 종이는 그저 양피지의 값싼 대체물이 아니라 새로운 성능을 지닌 흥분되는 신소재였다. 또 사람들은 단순히 저렴해서가 아니라, 양피지 코덱스로는 할 수 없었던 일을 종이 노트로는 할 수 있었기 때문에 종이를 채택했다.

다 롤드는 인적 네트워크의 역할도 강조한다. 즉, 지중해 지역에서 종이를 실어 날라 유럽 대륙 전역으로 확산시킨 통상로만이 아니라, 노트의 새로운 용도를 지역적으로 보다 발전시킬 수 있게 해준 사회적 연결 말이다. 상인의 원장은 고도화된 사업이 발달할 수 있게 해주었고, 치발도네는 토스카나 문학의 인기에 중요한 역할을 했으며, 알붐 아미코룸은 어린 학생들의 우정을 물리적으로 구현했다, 등등. 각 경우마다 노트는 처음에 사회적·문화적 관계망에서 유래한 다음 그 관계망을 강화한다. 그러한 점에서 다 롤드는 종이(그리고 노트)를 그저 하나의 물품이 아니라 갈수록 복잡해지는 세계의 핵심 기술로 취급하는, 점점 성장하고 있는 역사학자 집단에 속한다.

교육심리학자들 중에서 저명한 켄 키에브라Ken Kiewra 교수는 그사이 이 기술의 작동방식과 다양한 노트 필기 전략의 유효성을 보다 객관적으로 살펴보고 있었다. 키에브라가 이 주제에 관심을 갖게 된 것은 마이애미에서 대학원생이었던 청년 시절에 해럴드 플레처Harold Fletcher라는 교수로부터 강의 내용을 필기하지 말라는 지침을 받았을 때였다. 학생들에게 자료 인쇄물을 제공함으로써 플레처 교수가 노린 것은 실시간으로 필기하느라 주의가 산만해질 염려를 없애는 것이었다. 그렇게 하면 학생들이 자신의 이야기에 오롯이 집중할 수 있으리라고 판단했다. 키에브라는 받아들일 수 없었다. 그래서 강의실에서 덩치가 가장 큰 학생(예전에 미식축구 팀의 라인맨lineman이었다) 뒤에 숨었다. 조심스럽게 작은 메모장에 강의록을 요약해서 정리하려고 말이다. 그가 고개를 들자 플레처 교수가 실망한 표정으로 자신을 굽어보며 서 있었다. 그러나 두 사람은 곧 차이를 조율했다. 키에브라는 생산적인 학자생활을 시작하면서, 노트 필기를 연구하여 의심의 여지없이 교실에서 그 가치를 확립했다. 그리고 플레처 교수는 그의 지도교수가 되었다.

1960년대와 1970년대에 사회사social history가 성장하면서 역사학자들은 보통 사람들이 남긴 일기와 여행일지, 그 밖의 기록을 더욱 주의 깊게 살펴보았다. 그러면서 다시금 결정적인 용어가 필요함을 알게 되었다. 1950년대에 역사학자 자크 프레서르Jacques Presser가 처음으로 만들어낸 신조어 "에

고도큐먼트Egodocument"는 현재 일기와 일지를 지칭하는 포괄적 용어umbrella term로 널리 쓰인다. 또 2012년에는 최초로 "생활기록life writing"에 할애된 학술적 일지가 등장했다. 현재 모든 종류의 에고도큐먼트는 자신의 분야에 대해 신선한 통찰력을 구하는 역사학자들의 마음을 끌고 있다.

물리학자들과 수학자들은 뉴턴과 아인슈타인의 노트를 면밀히 조사하면서 결정적인 통찰의 순간을 확인한다. 마리 퀴리Marie Curie의 실험 노트도 훑어보고 싶을 테지만, 그의 실험에 가까이 접근했다가는 방사선에 노출되었다. 음악학자들은 모차르트와 베토벤의 육필 악보를 가지고 동일한 작업을 하면서, 두 사람 다 초기 단계에서 이런저런 아이디어를 구상할 때 "스케치북"을 사용했다는 데 주목했다. 제인 오스틴, 브론테 자매, 제임스 조이스의 비판 정본critical edition은 애써 포함시킨 노트들을 이용하여 작가의 의도를 명확하게 밝히는 변화들을 확인시킨다. 이전에 출간되지 않은 카프카나 비트겐슈타인, 파치올리 같은 이들의 노트가 앞으로 주기적으로 어느 대학출판부에서 새로운 비판 정본으로 발간될 것이다.

또 페미니즘 역사학자들은 종래의 관습적인 기술들이 오랫동안 무시했던 신선한 관점을 찾아내기 위해 여성들의 일기와 노트를 채굴해왔다. 가령 뉴잉글랜드 지역의 조산사 마사 밸러드Martha Ballard의 1785년부터 1812년까지 이르는 일기는 신생 미합중국의 소도시 생활에 관하여 확립된 기존의 이해를 바로잡는다. 로럴 대처 울리히Laurel Thatcher Ulrich가 검토한 그 일기는 여성들이 그때껏 추정된 것보다 경제적으로 훨씬 더 활동적이었음을 드러내고, 여성들이(여성 의사는 한 명도 없었다는 사실에도 불구하고) 남성들만큼이나 많은 의료행위를 했음을 보여준다. 게다가 814건에 이르는 출산 기록은

마리 퀴리의 실험 노트. 향후 1500년 동안 취급 주의 물품이다.

당연히 산과, 사망률, 인구통계를 연구하는 역사학자들에게 매우 귀중한 자료가 된다. 오랫동안 잘 알려지지 않은 무명의 노트 수백 권이 그간 도외시된 그 창작자들에게 비슷한 방식으로 뒤늦게나마 목소리를 부여했다.

평범한 사람들의 체계적인 일기 모음집이 최초로 나오게 된 것은 갈등의 결과였다. 바로 영국정부의 대량관찰Mass Observation, MO 조직이 수백 명의 정규 통신원들로부터 일기를 수집하면서다. MO의 목적은 제2차 세계대전이 일어나기 전, 그리고 전시에 국민 여론과 사기를 추적관찰하는 것이었다. 그러나 그 일기들은 대부분 읽히지 않은 채 런던 크롬웰 로Cromwell Road에 자리한 어느 건물의 지하에 보관되었다. 1960년대 말 역사학자 폴 애디슨Paul Addison이 재발견한 이 수집품은 그 후로 지금껏 역사학자들과 작가들이 공히 많이 사용하는 재료가 되었다.

그 뒤로 유럽에서는 평범한 일기를 수집하고 공유하는 일을 더 잘해내는 것을 목표로 삼은 기관이 여럿 문을 열었다. 피렌체 인근의 소도시 피에베

산 스테파노Pieve San Stefano는 1984년 "치타 델 디아리오Città del diario(일기의 도시)"로 선언하면서 어떤 일기든 기증될 수 있는 박물관(그 이름도 매력적인 피콜로 무세오 델 디아리오Piccolo Museo del Diario(작은 일기 박물관))을 개관했다. 1992년에는 프랑스 자서전협회Association pour l'autobiographie가, 1998년에는 독일 일기보관소Tagebucharchiv가, 2007년에는 런던의 위대한일기프로젝트Great Diary Project가, 2009년에는 네덜란드 일기보관소Dagboekarchief가 그 뒤를 따랐다. 이들은 하나같이 자기네가 받은 개인적인 일기를 뭐든 보존하고 목록화하겠다고 제안하면서, 역사학자들에게 전통적인 도서관보다는 덜 체계적이지만 기막히게 개성이 살아 있는 새로운 종류의 자료를 제공하고, "아래로부터 전해지는 역사"(피콜로 무세오에서 표현하듯)를 제시한다. 올드웨더프로젝트처럼 이들 기록 보관소 역시 자발적으로 나선 독자들을 활용하여 소장한 일기와 일지를 판독하고 서술하고 목록화하여 분류한다. 당연히 어느 시점엔가 이러한 작업의 일부는 인공지능AI에 맡겨질 테고, 그렇게 되면 육필로 쓰인 수백만 페이지가 디지털 검색이 가능하도록 전사되고 색인화될 것이다. 그 과정에서 어떤 이야기들이 발굴될지 누가 알겠는가?

그리하여 새로운 개념적 틀로 무장한 학생들과 비평가들, 연구자들은 마침내 가식 없이 수수한, 닳아 해진 오래된 필사본에 숨겨진 풍부한 원재료를 활용하게 되었다. 행동유도성과 에고도큐먼트라는 용어를 사용하여, 또 스케치북, 치발도네, 비망록 같은 장르에 관해 그 어느 때보다 제대로 파악한 상태에서 이들은 노트의 사연에 얼마간 형태를 부여하여 구체화하기 시작했고, 이 책은 그런 그들의 노고에 크게 빚지고 있다.

그러나 이들이 그렇게 했던 바로 그 순간, 동시대인들은 분류하거나 질서를 가져오려는 어떠한 시도도 최선을 다해 방해하고 있었다. 20세기는 마구 쏟아져 나오는 새로운 방식들로 노트가 사용된 시기이기도 했던 것이다.

리히터가 레오나르도의 기록물에 파묻혀 한창 몰두하던 시기에 태어난 파블로 피카소Pablo Picasso는 오랜 작가 생활 동안에 썼던 모든 스케치북을 신경 써서 보관했다. 1973년 그의 사후에 여러 습작과 예비 작업, 스케치북이 끊임없이 쏟아져 나오다 보니, 한 비평가는 그가 "죽은 뒤에도 여전히 예술 활동을 하고 있는 듯하다"라고 발언할 정도였다. 1986년 그중 175점이 전 세계를 순회했을 때, 그저 그 예술가의 저장 강박 성향을 증명하는 데 그치지 않고 그의 혁명적인 창작과정을 들여다보게 해주는 독특한 창을 열어주기도 했다. 1907년에 그린 No. 42는 충격적인 강렬한 누드 〈아비뇽의 여인들Les Demoiselles d'Avignon〉이 진화한 과정을, 그리고 그 예술가가 구상화의 전통에서 얼마나 멀어지고 있었는지를 드러내 보인다. 이는 예술가가 실물의 유사성을 포착하는 종래의 전통적인 스케치북이 아니라, 유사성이 해체될 수 있는 공간, 인체가 부자연스러운 기하학적 구조 속에 몰리듯 들어차는 공간, 몸통이 삼각형이 되고 얼굴은 가면이 되는 공간이다. 피카소는 이 스케치북을 조토와 반대방향으로 나아가는 데 사용했다. 다시 말해 어떤 장면의 충실한 묘사를 향해서가 아니라 그로부터 벗어나는.

피카소와 동시대 사람인 파울 클레Paul Klee는 스케치북 안에서 완전히 다른 접근법을 취했다. 선, 디자인, 색채를 아주 독창적으로 탐구했는데, 그 결과물들은 레오나르도의 《회화론》과 자주 비교될(다만 클레는 알아보기 쉽고 명쾌한 자신의 기록을 남들이 이해하지 못하는 일이 없도록 꼼꼼하게 신경 썼다) 정도다. 에드워드 호퍼Edward Hopper도 회화 작품의 스케치로 시각 저널visual journal을 작성했는데, 사후에 각 항목을 기입했다. 다시 말해 창의적인 습작이 아니라, 대체로 판매 대금이나 지급받은 대금의 상세내역을 적은 무미건조한 설명글이었다. 프리다 칼로Frida Kahlo는 또 다른 방향으로 갔다. 스케치북도 일기도 아닌, 새로운 종류의 시각 저널이었던 노트를 채운 것이다. 힘들여 만든 공식적인 회화 작품과 달리, 즉흥적이고 외견상 미리 계획하지 않은 듯한 이 기록들은 단어와 이미지의 빼어난 조합으로 변화하는 감정을 포착한다.

이처럼 엄청나게 다양한 형태가 있다 보니 실질적으로 일반화하기가 불가능하다. 즉, 우리가 할 수 있는 일이라고는 완성된 작품과 더불어 스케치북을 보면서 그것이 가져다주는 통찰을 즐기는 것뿐이다. 다행히 이제는 스케치북이 보다 진지하게 받아들여진다는 증거로서, 완성작 옆에 나란히 진열하는 소장 또는 전시가 흔하다.

일반적으로 보표의 오선이 인쇄된 공식적인 음악 노트는 오랫동안 작곡가의 필수 도구였다. 그러나 새로운 음악 형식이 출현하여 클래식 관행에 도전하면서 음악가들은 그 노트를 사용하는 새로운 방식을 찾아냈다.

1904년 여름, 작곡을 공부하는 헝가리의 한 젊은 학생은 리디 도셔Lidi Dósa라는 여성이 자신이 돌보는 아이에게 트란실바니아 지역의 노래를 불러주는 것을 우연히 듣게 되었다. 이 일이 일생에 걸친 매혹을 촉발했다. 즉, 이 시점부터 벨러 버르토크Béla Bartók는 자신만의 고유한 아방가르드(전위) 작품들(대체로 LHD 244를 엮어낸 독실한 편찬자들은 즉각 거부했을 법한 귀에 거슬리는 불협화음으로 이루어진 음정을 사용했다)만큼이나 단순한 민요에도 많은 관심을 기울이게 되었다. 그는 친구인 졸탄 코다이Zoltán Kodály와 함께 부다페스트를 떠나 카르파티아산맥의 여러 농토와 산속 깊숙이 들어갔다. 두 사람은 농민과 양치기, 돼지치기 들 그리고 그들의 가족을 찾아내어 헝가리와 루마니아, 슬로바키아 노래를 이끌어내곤 했고, 버르토크는 기자가 인터뷰이의 말을 받아 적듯 그 선율을 빨간색 가죽 표지의 음악 노트에 기록했다. 그들은 자신들이 찾아낸 것에 놀랐다. 다시 말해 음악원이나 오페라 극장의 명연주자들에게 알려지지 않은, 클래식 전통 바깥에 있는 풍성한 음악에.

버르토크는 이 원정에서 1000여 곡의 민요 선율(데브레첸Debrecen 남쪽의 한 마을에서만 83곡이 나왔다)을 전사했다. 그러다가 1914년 전쟁이 발발하면서 두 사람의 여행이 좌절된 무렵에는 이미 노트를 16권이나 채운 상태였다. 이 자료는 장차 버르토크의 작곡 활동에 있어서 매장량이 풍부한 영감의 광맥임을 입증하게 된다. 또한 이러한 현장 조사와 후속 분석으로 인해 그는 세계 최초의 민족음악학자로 꼽히게 된다.

그전까지 알려지지 않았던 이 방대한 음악을 힘들게 전사하는 과정에서 버르토크는 그 선율이 대부분 5음 음계에서 나왔다는 사실을 깨달았다. 당시 클래식 음악가들이 원시사회의 골동품으로 간주했던 오직 다섯 개로만 이루어진 이 음들의 조합(클래식 음계는 일곱 개다)은 놀라우리만치 폭넓고 다양한 효과를 가능하게 했다. 버르토크와 그의 계승자들이 다른 곳에도 있는지 찾기 시작했을 때, 그들은 알제리와 일본처럼 서로 멀리 떨어져 있는 민속음악에서도, 그리고 블루스에서도 그 음계를 발견했다. 지금은 음악계의 주류에 속하는 이 5음 음계는 레게와 헤비메탈처럼 다양한 장르를 뒷받침하고 있다. 버르토크는 또 다른 영역에서도 선구자였다. 즉, 그는 자신이

들은 모든 멜로디를 종이에 적기는 했지만, 그중 절반가량은 초창기의 축음기를 사용하여 녹음하기도 했다. 그 납관wax cylinder이 오늘날까지 현존하여, 오래전에 세상을 떠난 카르파티아산맥과 트란실바니아 주민들의 음성이 바로 옆에서 들리는 듯 현저하게 직접적으로 크게 울려 나온다.

60년 뒤에 버르토크와 마찬가지로 아방가르드 음악가인 한 청년은 무엇이 음악이 될 수 있는지에 관한 우리의 관념을 바꿔놓을 아이디어를 구상하는 데 노트를 사용하게 된다. 얼위치Alwych 사社에서 나온 여러 노트 중 한 권에 (록시 뮤직Roxy Music이라는 글램록밴드를 결성하기 전, 유명세를 누리기 전, 실업수당으로 목숨을 부지하던) 브라이언 이노Brian Eno는 자신이 노트와 맺고 있는 창조적 관계를 표현하는 아크로스틱acrostic(글자 수수께끼)을 만들어냈다.

자신이 쓴 현장 노트를 가지고 작업 중인 버르토크. 카르파티아산맥과 트란실바니아 지역에서 그의 축음기에 녹음된 민요 선율을 전사하고 있다.

Nothing

On

This

Earth

Betrays

Our

Own

Karakter

So[123]

언론인인 비비언 골드먼Vivien Goldman은 몇 년 뒤 이노와 인터뷰하면서 그 노트들을 부분적으로 읽어보았다. "모든 페이지마다 온통 흥미를 부추기는 단어 병치, 세밀하게 그린 완벽한 다이어그램과 만화, 경박한 게임투성이다. 규율은 충돌하고, 상충하고, 서로 겹친다. 섹스와 모험과 허세가 존재한다. 그리고 게임들이, 그것도 많이." 이노가 그 후에 내놓은 산물의 싹들을 심심 치 않게 볼 수 있다. 즉, 그의 테이프 루프와 앰비언트 병치, 컨셉추얼 일렉트로니카는 하나같이 골드먼이 그의 노트 지면에서 본 유희성을 분명히 드러내 보인다.

대중가요는 로큰롤이 도래하면서 변화했다. 말하자면, 오선으로 이루어

---

123 각 행의 첫 글자를 아래로 연결하면 NOTEBOOKS(노트들)가 된다.

진 클래식 악보가 완전히 상관없어진 한 세대의 작사·작곡가들과 연주자들이 도래한 때다. 가장 위대한 전기기타의 거장인 지미 헨드릭스Jimi Hendrix는 악보를 읽을 줄 몰랐으며, 그의 동료들 역시 대부분 마찬가지였다.[124] 록 음악은 값싼 연습장이나 종잇조각에 쓰였고, 반주나 화음을 넣어주는 백 음악은 (기껏해야) 코드에 해당하는 글자 한두 개, 그러니까 E, A, D, Gm, B7 식으로 표현되었다. 야심 찬 뮤지션들이 4분음표, 8분음표, 올림표와 내림표를 판독하는 고되고 따분한 일을 하지 않아도 되게 해준 것이다.

이 시대에 가장 성공한 작곡가들은 이런 식으로 곡을 쓰면서 서로 동반자 관계를 맺기 시작했다. 학교수업을 빼먹고 한 사람의 집에 있는 피아노 앞에서 하루를 보내면서 말이다. 리버풀의 포슬린 로Forthlin Road 20번지에서 그들은 합주할 때마다 파란 줄이 쳐진 학교공책에 노래를 한 곡씩 썼다. 각각 "또 다른 레넌-매카트니 원곡"이라는 제목이 붙은 음악을. "우리한테 소득 없는 합주 시간은 한 번도 없었다"라고 훗날 매카트니Paul McCartney는 회상했다. "그 몇 년 동안 내내 '망할, 곡을 못 쓰겠어'라면서 연습하다 말고 가버리는 일은 결코 없었다." 비틀스The Beatles 앨범을 제작할 때마다 그 기간 동안 멤버들은 노래를 짓기 위해 일주일이라는 시간을 따로 확보해두곤 했다. "하루에 한 곡씩, 보통은 기타 두 대, 메모장 두 개, 연필 두 자루"로 서로의 어깨 너머를 보며 서로의 가사를 마무리한 것이다.

밥 딜런Bob Dylan이 나중에 〈블러드 온 더 트랙스Blood On The Tracks〉 앨범이

---

[124] 위대한 재즈음악가들 가운데 몇 사람도 악보를 읽지 못했다. 장고 라인하르트Django Reinhardt, 에롤 가너Errol Garner, 웨스 몽고메리Wes Montgomery, 라산 롤런드 커크Rahsaan Roland Kirk가 일반적으로 거론되는 이름들이지만, 그렇다고 해서 드문 경우는 아니었다.

딜런의 노트 습관은 이 사진이 찍혔을 무렵에 제대로 자리 잡았다.
1965년 그의 6번째 스튜디오앨범 〈하이웨이 61 리비지티드 Highway 61 Revisited〉 녹음 당시.

될 밀도 높고 다면적인 노래들을 쓴 노트는 그처럼 마음이 통하는 협업을 허락하지 않았다. 크기가 3×5인치(약 7.6×12.7센티미터)에 불과한 이 19센트짜리 스프링 메모장들을 집요한 이들이 세세히 들여다봤는데, 철저한 수정과 교정 과정이 여실히 드러나 있다. 게다가 글씨체도 아주 깨알 같다. 그나마 도움이 되는 것은, 딜런이 시간을 달리하여 파란색 볼펜, 검정색 볼펜, 연필로 기록한 덕분에 그가 만든 노래의 진화에 연대기라고 할 만한 것을 잠정적으로 적용해볼 수 있다는 점이다. 그것들은 하나의 시퀀스를 이루고 있다. 즉, 오렌지색과 파란색 노트에는 딜런이 초안을 작성하고 고쳐 썼고, "리틀 레드 노트북Little Red Notebook"으로 딜런 추종자Dylanologist 신화에 들어간 세 번째 노트에는 그가 녹음 기간에 쓸 최종 버전을 모아놓았다. 이 빨간색 노트는 1970년대에 도난당한 듯한데, 그러다가 뉴욕 모건도서관에서 다시 모습을 드러냈다. 세계에서 가장 훌륭한 것으로 꼽히는 채색 필사본 소장품이 있는 곳 말이다. 그러고 나서 그 노트는 털사Tulsa의 밥딜런센터Bob Dylan Center에 안착했다. 그곳에서 호기심 어린 방문객들의 시선을 끌며 진열장 안에 고이 놓여 있다.[125]

20세기에 최초로 등장한 새로운 예술매체 역시 새로운 방식으로 노트 포맷을 변용하는 창작자들에게 보답했다. 대학에서 연극예술을 공부하던 때에 프랜시스 포드 코폴라Francis Ford Coppola는 "프롬프트 북prompt book"의 중요성을 알게 되었다. 무대감독이 공연을 진행해 나갈 수 있게 해주는 기술적인 부분과 관련된 기록이 몽땅 들어가 있는 연극대본의 사본이었다. 대본책의 제본을 푼 다음, 그것을 양면이 다 읽힐 수 있도록 안쪽에 창을 하나 낸 낱장 용지에 한 페이지씩 다시 포개어 붙인 뒤 페이지에 구멍을 뚫어 링 제본을 하게 된다. 이렇게 만들어진 대본에는 폭이 넓은 가장자리가 새로 생겨 제작과정이 진전되어가는 동안 장면 전환, 조명 신호, 배우들의 등장과 퇴장 등등이 추가될 수 있었다.

"프롬프트 북을 만들려면 몇 시간이 걸렸다. 그런데 페이지를 자르고, 보강하고, 정리하는 그 지루한 행위가 명상의 시간을 많이 제공했다. 그러고

---

125 이 책에는 "리틀 레드 노트북"의 사진 복제본을 실을 수 없었지만, 온라인에서 많은 이미지를 구할 수 있다. 아주 매력적이다.

있는 동안 뇌의 다른 쪽을 사용해서 그 대본을 쓴 극작가가 의도한 아이디어와 본질적인 주제를 이리저리 천천히 더듬으며 훑을 수 있었다"라고 코폴라는 회상했다. 그래서 마리오 푸조Mario Puzo가 쓴 베스트셀러 소설 《대부The Godfather》의 연출 제의를 받았을 때 그는 이 소설을 가지고도 똑같이 했다. 그러니까 446페이지를 전부 다. "나는 연필로 메모한 기록이 있는 소설책 지면을 몇 시간 동안 자르고 보강하고 붙여 루스리프loose-leaf(낱장 속지) 노트를 만들었다. 수개월이 걸리는 제작 기간 내내 버틸 수 있도록 신경 썼다. 예정된 프로젝트에 대해 내가 떠올릴 수 있는 모든 아이디어가 담길 저장소가 될 터였다." 노트가 어찌나 큰지 넣고 다닐 가방을 새로 구입해야 할 정도였다.

그러고 나서 코폴라는 확장된 페이지를 체계적으로 검토하며 소설을 5개의 막act으로 나눈 뒤 다시 50개의 장scene으로 세분하며 그 작품을 영화시나리오로 바꿀 방법을 알아냈다. 그는 각 막 앞에 백지를 추가로 넣어 창작 의도를 요약할 수 있게 한 다음, 두서너 개의 서브플롯을 잘라내고 남은 각 장면을 고갱이만 남도록 정제하여 단 하나의 문장으로 추출해냈다. 색연필과 자를 들고 소설을 처음부터 끝까지 검토해 가면서 그는 자신이 강조하고 싶은 것, 작게 취급하고 싶은 것, 잘라낼 부분을 알아냈다. "내가 펜을 많이 썼을수록, 그리고 자를 댄 곳과 구불구불한 선이 많을수록, 잉크량이 엄청난 지면은 나중에 이것이 가장 중요한 신scene 가운데 하나임을 나에게 알려줄 것이다." 그는 이 기록들에 이탈리아계 미국인인 배경에서 비롯한 디테일을 추가했고 앞부분에는 등장인물들을 열거해놓았다.

이 노트는 그 영화를 만드는 기간 내내 시종일관 그와 함께하게 된다. 배역 선정 논의부터 프로덕션 디자인, 의상 디자인, 촬영과 편집까지 줄곧. "그 시나리오는 빨리 진행됐다. 내가 그 노트에 이미 해놓은 작업에 기초했기 때문이다"라고 그는 기억을 떠올렸다. 촬영 때 그는 최종 시나리오보다 오히려 그 노트를 참조했는데, 거기에는 "내가 정말로 느낀 진행 상황"도 포함되어 있었기 때문이다. 그 노트의 페이지들을 보면 이 모든 것을 알 수 있다. 즉, 코폴라가 자신이 추구하고자 하는 테마를 어떻게 찾아냈는지, 대본과 그에 따른 영화를 어떤 식으로 조각했는지, 돈벌이용 소설을 어떻게 명화로 꼽히는 작품으로 탈바꿈시켰는지 말이다.

이처럼 창작의 최전선에서 일어난 감정을 고무하는 일들에 영감을 받은 보다 광범위한 인구가 노트의 잠재력을 탐구하기 시작했다. 그러면서 다시 한 번 노트가 무엇이 될 수 있을지에 관한 우리의 관념을 확장했다. 21세기로 바뀔 무렵 몰스킨은 갑자기 어디에나 있었고, 세브레곤디는 채트윈과 피카소, 헤밍웨이의 신화를 기민하게 전용함으로써 물리적인 노트를 창작 행위와 새로이 연결 지은 터였다.

그런데 이 단순한 물품에 아직 더 큰 잠재력이 있다는 의견을 내놓은 이들도 나왔다. 베스트셀러 작가인 데이비드 앨런David Allen 같은 생산성 구루들은 우리가 일지를 최대한 활용함으로써 우리의 효율성을 완전히 변화시킬 수 있다고 말했다. 할 일 목록처럼 간단한 것이 우리로 하여금 머릿속에 온갖 할 일을 품고 있는 수고에서 벗어나게 해주고, 아마도 우리를 보다 효율적일뿐 아니라 보다 행복하게 만들어줄 것이다. 또 다른 전문가인 마크 포스터Mark Forster는 "슈퍼포커스SuperFocus" 시스템을 고안했다. 이 또한 노트에 목록을 작성하는 것에 기초한 방식인데, 그보다 훨씬 극적인 결과를 약속했다. 그가 쓴 책들의 제목만 봐도 그가 얼마나 자신감이 넘치는지 잘 알 수 있다. 《생산성 있는 사람들의 비밀Secrets of Productive People》, 《스마트한 시간관리 인생관리 습관Get Everything Done and Still Have Time to Play》, 《당신의 꿈을 이루는 법How to Make Your Dreams Come True》.

올리버 버크먼Oliver Burkeman은 이러한 책들, 그리고 수많은 유사 도서를 검토해 〈옵서버Observer〉에 행복과 효율성에 대한 글을 썼다. 그 같은 자조self-help 시스템을 워낙 많이 시험해본 터라 그는 성공적인 목록 작성을 위한 3가지 일반 원칙을 추출할 수 있었다. 첫째, 항상 두 가지 목록을 작성해야 한다. 즉, 당면한 우선사항으로 이루어진 데일리 리스트daily list와 더불어 모든 것이 들어가는(그러니 절대로 비어 있을 일이 없는) 마스터 리스트master list. 둘째, 데일리 리스트는 "할 일to-do"이 아니라 "꼭 할 일will-do"로 만들어야 한다. 다시 말해 완수할 수 있다고 전적으로 자신하는 항목으로만 채우는 것이다. 마지막으로, 일단 그날 일을 시작했으면, 새로운 할 일들은 데일리 리스트가 아니라 마스터 리스트에만 추가함으로써 자신의 어젠다를 관리해야 한다.

버크먼이 시사한 바에 따르면, 이 세 가지 원칙에 따라 생활을 관리할 경우, 금세 직업적으로나 가정적으로 해야 할 일에 관해 더 나은 시각을 키우고, 효과적으로 우선순위를 매기고, 자신에 차서 뭐든 할 수 있다고 느끼게 될 것이다. 그가 발견한 유일한 문제점은 이처럼 복잡한 목록 작성 시스템은 유지하기가 불가능할 정도로 아주 부담스럽고 힘들어진다는 것이다. 버크먼은 일지를 쓰는 습관도 검토했는데, 음식일기를 작성하자 결과적으로 자신이 더 건강한 식단을 섭취했다는 것, 그리고 밥 그레이엄이 쓴 것과 같은 종류의 타임 로그time log는 그가 날마다 놀라우리만큼 큰 시간 덩어리를 허릴

없이 낭비하고 있음을 드러내 보였다는 점을 발견했다. 그는 이러한 종류의 자기 일지 작성이 일종의 마음챙김이고, 여러 이점을 가져다준다고 언급했다. 다시 말해 "자신의 행동을 그저 관찰하기만 해도 더 나은 행동에 보탬이 된다"라고 그는 썼다. 그러나 역시나 이러한 습관들 역시 일관되게 유지하기가 힘들다. 버크먼이 판단하기에 가장 효과적인 노트 습관(아니, 적어도 다른 모든 습관은 떨어져 나가는 와중에도 그가 고수한 습관)은 모닝페이지Morning Page다.

할리우드의 시나리오 작가였다가 창의성 구루로 변신한 줄리아 캐머런Julia Cameron이 대중화한 루틴 가운데 가장 단순한 이 습관은 날마다 하루가 시작될 때 노트 한 권을 들고 앉아서 석 장을 채울 때까지 쓰는 것, 그러고는 딱 멈추는 것이다. "방금 일어난 일"인 일기를 쓸 수도 있고 아니면 완전히 허구적인 내용으로 갈 수도 있다. 즉, 중요한 것은 마음에 있는 것을 가져다가 지면에 쏟아냄으로써 의식의 흐름이 계속 이어질 수 있게 하는 것이다. 방해물 없이 말이다. 캐머런은 이러한 과정에 대한 책을 집필했고 그 이점들을 술술 풀어놓는다. 자기이해, 자신감, 창의성, 낙관주의 등등. 모닝페이지의 신봉자들은 소설을 출간했고 연극대본을 썼으며 음반을 녹음했다. 아이들을 입양했고 해로운 친구들을 끊어냈고 산간지역으로 이주했다고 주장한다. 그러니까 모두 모닝페이지를 쓴 결과로 말이다. 그는 심지어 이 방법이 "잠자리를 갖는" 데도 도움을 줄 수 있다고 시사한다.

처음에는 "저널링 숭배"를 "약간 자아도취에 빠진" 상태로 여겼음에도 버크먼은 모닝페이지를 시도하고 좋아하게 되었고, 그 후로 지금껏 차곡차곡 쌓일 정도로 많은 몰스킨 노트와 로이텀 노트를 체계적이지는 않지만 생산적으로 이어지는 여러 생각, 계획, 감정, 아이디어로 채워왔다.

노트 필기를 했던 심리학자 켄 키에브라처럼 캐머런 역시 언어적 기록이 추상적 개념이나 사고방식을 처리하는 데 도움을 주는 방식에 초점을 맞추었다. 이 주제에 대해 시각적인 접근법을 취하면서 또 다른 새로운 종류의 노트를 고안한 사람들도 있었다. 디자이너 마이크 로드Mike Rohde는 회의 중에 낙서, 만화, 화살표, 손글씨 등을 혼용하여 노트 필기를 하기 시작했다. 그러고는 《스케치노트 안내서The Sketchnote Handbook》라는 책을 펴냈는데, 신문 등에 실리는 연재만화 스타일로 지면을 구성해 그러한 방식으로 노트 필기를 직접 할 수 있는 방법을 보여주었다. 많은 이가 로드의 뒤를 따랐다. 즉, 인스타그램이 등장하면서 누구든 자신의 시각적인 플래너와 스케치북, 일기를 내보일 수 있게 되었다. 그래서 #urbansketch(어반스케치)나 #stationerylove(문구덕후), 아니면 그저 #diary(일기) 같은 해시태그 아래 전시되고 있는 예술적 기교와 헌신을 보다 보면 몇 시간이 날아갈 수 있다.

하늘은 모든 것을 이해하고자 애쓰는 학자를 돕는다. 노트와 관련된 활동이 이처럼 폭발적으로 증가한 것에 대한 공을 장파울 리히터가 모두 차지할 수는 없다. 그러나 어느 정도는 그의 공로를 인정해주어야 한다. 레오나르도의 노트를 연구하는 데 수년을 바침으로써 작업용 육필 원고에서 어떤 기가 막힌 발견들이 발굴될지 모른다는 것을 비평가들과 학자들에게 보여주었고, 그것을 진지하게 받아들이도록 유도했다. 남은 우리는 제때에 뒤를 따랐다. 즉, 피카소나 딜런의 작업노트가 전시된 것을 자세히 살펴보거나, 복제된 프리다 칼로의 일지 또는 코폴라의 《대부》 노트를 대충 넘겨보거나, 노트를 지향하는 블로거들을 구독할 때, 우리는 그가 밟아서 다져놓은 길 위에 있다. 우리가 창작과정을 이해하는 데 보탬이 되고, 그럼으로써 결과적으로 우리가 완성품을 더 많이 즐기도록 도와주는 길 위에 말이다. 그리고 어쩌면 덕분에 우리가 직접 쓴 노트를 새로운 방식으로 볼 수 있게 될지도 모른다.

30장 | 뇌의 다른 부분

예술가 관찰하기, 2022년

나는 다면적인 노트 이야기의 여러 측면이 대부분 유용하게도 뚜렷한 자취를 남겼다는 사실을 이미 발견한 터였다. 우리는 부기 원장의 중요성을 알고 있다. 원장 자체가 그것을 구현하기 때문이다. 또 일기와 항해일지는 노트 없이는 존재할 수 없었다. 게다가 에라스뮈스와 다윈 같은 사상가들은 생각을 정리할 종이가 없었다면 길을 잃고 헤맸으리라고 공공연하게 인정했다. 그런데 이 이야기에서 한 가지 공백이 계속해서 나를 괴롭혔다. 나는 이탈리아 르네상스 시대의 예술가들은 스케치북이 없었다면 결코 기량을 발전시킬 수 없었으리라는 가설을 세웠다. 특히 조토가 전례 없는 수준으로 구상화에 통달한 것은 우연의 일치라고 할 정도로 종이 노트가 도입된 직후에 이루어졌다고 가정했다. 그러나 1300년대에 나온 현존하는 사례가 없다 보니 어떤 식으로든 확정적인 진술을 하는 것이 불가능했다. 이 가설을 강화하려면, 다른 각도에서 접근해야 할 터였다. 그래서 나는 사우스런던South London의 어느 산업단지에 있는 한 예술가의 작업실로 갔다.

험프리 오션Humphrey Ocean은 영국에서 가장 특색 있는 화가 중 한 명이다. 왕립예술원 회원으로, 국립초상화미술관National Portrait Gallery에 걸려 있는 기억에 남을 만큼 침울한 필립 라킨Philip Larkin의 초상화도 그의 작품이다. 많은 예술가들과 마찬가지로 그도 스케치북과 친밀한 관계를 맺고 있다. 이웃한 공간에서 날카로운 앵글 그라인더angle grinder 소리가 들려오는 가운데 그는 나에게 그 스케치북들을 보여주었다.

그가 모은 스케치북은 화가 경력 전체를 아우르는데, 오션은 뚜렷이 구분되는 사용 시기를 짚어낼 수 있다. 첫 번째로 오는 것은 학창시절의 스케치북들로, 자유 시간에 그린 소묘는 물론이고 선생님들이 정해준 습작으로 채워졌다. 부쉬Bushey라는 그 스케치북 브랜드를 향수 어린 마음으로 떠올리면서 그는 나에게 닳아 해진 하드커버 견본을 건넸다. 내가 펼치자마자 떨어질 정도였다. 친구들과 모델들, 작은 물건들, 거리 풍경들을 그린 연필 스케치로 채워진 그 페이지들은 비슷한 정도로 강박적이었던 학우들과 함께 그림을 그렸던 좋은 기억들을 촉발한다. "우리는 차를 여러 잔 마시면서 밤새도록 그림을 그리고 밥 딜런을 듣곤 했어요"라고 그는 나에게 이야기한다. 그러나 오션의 눈은 무비판적이지 않다. 즉, 그가 되었던 그 예술가를 가리키는 몇몇 그림의 디테일을 포착한다. 그러나 그 작품은 그것이 촉발하는 기억의 힘 때문에 더욱 흥미롭다. 50년이 흘렀지만 그는 한 그림을 그리면서 들었던 라디오극을 떠올릴 수 있다. 또 다른 그림을 보는 그의 두 눈이 환하게 빛난다. "어떤 방의 일부를 그린 그림을 보면 그 방 전체를 옮길 수 있죠."

20년 뒤에 오션이 작성하기 시작한 시각적 일기에 대해서는 같은 말을 할 수 없다. 그는 나에게 작은 코넬리슨Cornellissen 스케치북 한 무더기를 보여준다. 다름 아닌, 과슈gouache로 그린 강렬한 명금류songbird 그림, 펜으로 그린 여러 인물과 장소에 관한 선화, 검정색 잉크로 깔끔하게 적힌 일기로 채워진 보석 같은 보물들이다. 오션은 이것들을 아프리카에서 만들어냈다. 당

험프리 오션이 학창시절에 쓴 스케치북을 다시 찾고 있다.

시 케냐에서 수녀생활을 한 누이를 방문했던 동안에 말이다. 낮에는 누이와 함께 돌아다니면서 자신이 본 모든 것을 게걸스레 흡수했고, 긴 저녁 시간에는("수녀들은 일찍 잠자리에 드니까요.") 서너 시간 동안 홀로 글을 쓰고 그림을 그리곤 했다. 자신에게 남은 여러 인상과 기억을 보존하기 위해 지면을 잇달아 채우면서. 여행할 때마다 다 채워진 스케치북 한 권이 나왔다. 그 시기를 구현하는 스케치북이었다.

그리고 현재 오션은 또 다른 방식으로 스케치북을 사용하고 있다. "모든 색은 검정색 상태를 지향해요"라고 그는 나에게 말하면서 일련의 대형 프린터 샘플을 끄집어낸다. 밝은 흰색의 백지가 일상적인 물건들을 꼼꼼하게 그린 잉크 소묘의 완벽한 밑바탕이 된다. 오션은 이것들을 "도트 북스Dot Books"("모든 것은 하나의 점dot에서 시작하니까요.")라고 한다. 그리고 잘못을 허락하지 않는 그것의 비관용적 속성을 확실히 사랑한다. 거기에 남기는 모든 흔적은 최종적이어야 한다. 다시 말해 중간색조halftone도, 선영hatching도 전혀 없이 오직 순수한 검정색 덩어리와 선만 존재한다. 그렇게 그의 손에서 작은 것들의 조밀하고 꽉 찬 경이로운 이미지들이 나온다. 그의 스케치북들은 그동안 연습 도구에서 생활 기록으로, 빛과 선의 가장 순수한 표현으로 옮겨갔다.

오션의 대화는 선생님들과 동료 예술가들에 관한 따스한 추억으로 꽉 차 있다. 다시 말해 본인의 기량과 실행력을 발전시키게 된 것을 그를 도와준 많은 사람의 공으로 돌린다. 그는 손에 연필을 들거나 그것 없이 렘브란트와 페르메이르의 작품을 연구하는 것에 대해 이야기하면서, 스케치북은 그저 예술가로서 개발해온 여러 가지 방법 가운데 하나일 뿐임을 분명히 한다. 그러나 수십 년에 걸친 예술가로서의 삶에서 스케치북이 중심적인 역할을 해온 것도 마찬가지로 분명한 사실이다.

게다가 우리는 오션이 어떤 사람인지 이례적으로 많이 알고 있다. 그러니까, 그리고 나서 그가 들려주는 이야기를 통해 내가 알게 되듯, 어떻게 해서 오션이 창작 행위를 하는 중에 살아 있는 뇌를 관찰당한 최초의 예술가가 되었는지 말이다.

자기공명영상MRI 스캔은 노팅엄대학교University of Nottingham에서 발명된 때인 1970년대 말 이후로 주변에서 쉽게 찾아볼 수 있게 되었다. MRI 스캔은 뇌 주변의 혈류도 포함해서 해부학과 생리학의 많은 측면을 탐지하고 기록할 수 있다.

1999년 미국의 심리학 교수 로버트 솔소Robert Solso는 훈련된 전문적인 직업 예술가를 구별 지을 만한 것을 발견하기 위해 MRI 기술을 활용한 실험을 설계했다. 솔소는 심리학과 예술이 교차하는 지점들을 전문으로 연구한다. 그런 그가 판단하기에 오션은 여러 해 동안 근면성실하게 그림을 그려왔기에(솔소는 하루 3~5시간으로 수량화했다) 완벽한 연구대상자였다. 당시만 해도 MRI 스캐너는 아직 희귀했기에, 오션은 실험을 위해 비행기를 타고 캘리포니아로 날아갔고, 실험 자체도 오로지 이용 가능한 시간(새벽 2시 정각)에만 이루어졌다. 갑갑하고 시끄러운 스캐너의 작은 구멍에 머리를 단단히 고정시킨 상태에서 솔소는 오션에게 붙여놓은 사진을 보고 작은 스케치북에 연필로 빠르게 초상화를 그리게 했다. 그 사이 그는 오션의 뇌 주변 혈류를 추적관찰했다. 그리고 나서는 훈련되지 않은 통제군 대상자에게 동일한 과업을 맡겼다.

MRI 결과에 따르면, 통제군 피험자는 우측 후두정엽right posterior parietal 영역을 사용하여 초상화를 그린 것으로 드러났다. 뇌의 얼굴 인식 모듈로, 우리는 이를 통해 사람들을 알아보고, 그들의 기분을 판단한다. 오션도 얼굴을 그리고 있었지만, 그의 뇌에서 해당 부위는 잠잠했다. 대신에 공간 인식과 연관된 우측 중전두right middle frontal 영역으로 혈액이 우르르 몰려갔다. 다름 아닌, 우리가 걸을 때 어딘가에 부딪치지 않도록 하는 것이 일반적인 목적인 뇌 부위다. MRI 스캔에서 드러난 바에 따르면, 작업 중인 오션의 정신은 얼굴을 하나의 얼굴로 여기는 게 아니라 여러 형태의 모음으로 봤다. 이 때문에 그는 딱 봐도 아주 비슷한, 쉽게 알아볼 수 있는 초상을 만들어낸다. 반면에 아마추어는 뇌의 앞부분, 즉 전두엽을 거의 사용하지 않았고, 사용할 줄도 몰랐다. 이 두 세트의 그림 사이에서 나타난 수준 차이는 현저했다.

추후에 반복되면서 정제된 솔소의 실험은 우리가 작업 중인 예술가들에 대해 생각하는 방식을 바꿔놓았다. 그 실험에 따르면, 사실적인 구상적 이미지, 즉 그 대상과 "비슷하게 생긴" 이미지를 만들어내려면 뭔가 아주 자연스럽지 않은 일을 해야 하는 것으로 나타났다. 그리고(만약 초상화를 그리는 중이라면) 본능이 당신에게 불러내라고 말하는 뇌의 부위들을 적극적으로 떼어내야 한다. "MRI는 내가 이미 알고 있던 것을 과학적으로 입증했어요"라고 오션은 우리가 대화를 나눌 때 반추했다. "당신이 아는 사람을 보면 '안녕 존, 안녕 메리' 하는 식으로 말하잖아요. 그 사람을 알아본 거죠. 그런데 존과 메리를 그릴 때는 뇌의 다른 부위를 사용해요. 어떤 가구를 빙 돌아서 움직이고 있을 때 사용하는 부분이죠." 그는 우리 앞에 놓인, 각종 책과 서류, 그림이 잔뜩 쌓인 탁자에서 이 말을 몸짓으로 표현해보였다. "그건 공간적인 거죠."

"그럼 그림을 그릴 때 그게 느껴지나요?"라고 나는 물었다.

"말씀하시는 것처럼 그렇게 완전히는 아니에요. 그러나 실은 당신이 어떤 코를 그리기 시작할 때, 만약 빛과 그 홍조를 본다면, 그것은 형태가 있을 거예요. 그런데 그 형태는 본질적으로 추상적이죠. 미술선생님이었던 이언 듀리Ian Dury[126]는 나에게 이런 얘기를 해줬어요. '코를 그릴 때는, 제발 부탁인데, 코를 그리지 마. 그저 네가 보는 것을 그려. 그러고는 30분 뒤에 물러나

---

126 이언 듀리는 1971년 캔터베리예술대학교Canterbury College of Art에서 오션을 가르쳤다. 오션은 듀리가 결성한 펍록pub-rock 밴드 키번앤드더하이로즈Kiburn and the High Roads(나중에 오션이 빠진 상태에서 이언듀리앤드더블록헤즈Ian Dury and the Blockheads로 바뀌어 예상 밖으로 대중적 성공을 거둔다)에서 베이스를 연주하기도 했다.

서 보면 거기 코가 있을 거야'라고요. 만약 코를 그리려고 애쓴다면, 완전히 실패하고 말 거예요." 비잔틴 예술 속 인물들을 보면서 듀리의 충고를 떠올리지 않기란 힘들다. 다시 말해 그 그림들은 형태와 빛의 패턴이 아니라, 오히려 그것들이 어떤 모습이어야 하는지에 관한 관념을 표현하는 신체부위로 가득하다.

오션은 또 다른 예술-과학 연구에 참여했다. 이번에는 시선 추적 장치("크고 무거운 헬멧 타입의 기기")를 착용한 실험으로, 옥스퍼드의 존 찰렌코John Tchalenko가 이끄는 심리학자들로 구성된 연구팀이 진행했다. 연구진은 오션의 한쪽 손에 동작 센서를 부착한 다음 그가 초상화를 그리고 채색할 때 눈과 손의 움직임이 어떤 상관관계를 보여주는지 정밀하게 측정했다. 이번에도 오션의 행동은 동일한 과제를 부여받은 훈련되지 않은 통제군의 행동과 비교되었다.

찰렌코는 유의미한 관찰을 했다. 첫 번째로, 오션은 선을 그리거나 색을 칠하는 동안 그러지 않을 때와는 달리 눈을 움직이고 고정했다. "존과 메리" 모드인 경우, 즉 그림을 그리는 게 아니라 한 인간으로서 그 모델에 공감할 때는 두 눈이 이 지점에서 저 지점으로 빠르게 휙휙 움직였다. 1초에 3번 움직이면서 결코 한 곳에 가만히 머무르지 않았다. 그러나 오션이 작업을 시작하면 이야기가 달라졌다. 즉, 그의 정신이 그림 그리기 모드로 전환되자 그의 눈도 마찬가지로 바뀌면서 5, 6초 동안 한 영역에 고정되었다. 훈련되지 않은 통제군 피험자들은 이처럼 오랫동안 주시하는 특징을 공유하지 않았다. 다시 말해 그들의 눈은 모델의 얼굴을 계속해서 이리저리 뛰어다녔다. 오션의 손도 다르게 움직였다. 연필로 재빨리 종이에 예비선을 긋고 나서 그것을 위치를 표시하는 데 썼다.

솔소와 찰렌코의 관찰내용은 훈련이 한 예술가의 정신과 신체 활동을 복잡하고 연결된 방식으로 완전히 바꿔놓음을 시사했다. 즉, 안구 운동과 시선 고정, 신호 처리, 손의 움직임을 말이다. 그들은 이러한 방식들이 오션이 받은 교육과 꾸준하고 규칙적인 훈련에 따른 결과(뭐든 선천적이고 유전적인 능력이라기보다는)이고, 유사하게 훈련된 예술가라면 누구에게나 적용되리라고 추정했다. 그러나 오션은 의견이 달랐다. "나는 이렇게 말했어요. '당신들은 예술가들이 그림을 그리는 동안 어떻게 생각하는지 알아내지 못할 겁니다. 내가 그림을 그리는 동안 어떻게 생각하는지 알아내겠죠'라고요." 그가 하는 말은 일리가 있다. 1999년에 이루어진 연구들은 오션의 뇌 가운데 어떤 부위가 주어진 활동에 착수하는지 대단히 정확하게 확정할 수 있었지만, 한 명이라는 표본 규모로는 신경과학자들이 일반화할 수가 없었다. 그런데 이 논쟁은 복셀 기반 형태 분석 기법voxel-based morphometry(VBM)이라는 것이 발명되면서 곧 해결이 가능해졌다.

연구자들이 그전에 직면했던 장애물은 우리 뇌가 천차만별이라는 것이었다. 즉, 인간의 뇌는 근본적으로 모두 동일한 구조를 공유하되, 저마다 크기와 모양이 다르다. 그런데 VBM은 다양한 뇌 스캔을 3차원 그리드 참조, 즉 복셀이라는 공통 템플릿에 하나씩 매핑함으로써 개별적 사례 간의 차이를 매끈하게 제거하여 신경과학자들이 많은 실험대상자의 MRI 스캔을 일반적인 결론을 끌어낼 수 있는 합성 영상으로 결합할 수 있게 해준다.

또 VBM은 표면 아래, 그것도 대뇌의 안쪽 깊숙한 곳을 우리에게 보여준다. 뇌가 호두처럼 생긴 독특한 겉모습을 띠게 만드는 물결 모양의 겉층은 그 유명한 회백질이다. 신경세포인 뉴런이 풍부한 이곳에서 대부분의 연산 작업이 일어난다. 그 아래에는 백질이 있다. 수십억 개의 연결 세포로 이루어지는데, 서로 다른 회백질 영역 간에 연속적으로 신호를 전달한다. 어떤 사무실을 떠올려보라. 모든 책상마다 놓인 채 돌아가는 컴퓨터들이 회백질에 해당하고, 그 컴퓨터들을 연결하는 길게 이어진 케이블 같은 것들이 백질에 해당한다. 회백질과 백질 둘 다 대단히 중요하다. 다만 실제로 사고를 담당하는 물질은 다름 아닌 회백질이고, 우리는 VBM을 활용함으로써 한 개인의 뇌 부위가 평균보다 회백질을 더 갖고 있는지 덜 갖고 있는지 가늠할 수 있다.

2014년 벨기에의 뢰번대학교University of Leuven에 재직 중인 리베카 체임벌린Rebecca Chamberlain 박사가 이끈 연구팀은 예술가들의 뇌와 일반인들의 뇌 사이에 물리적인 차이가 있는지 탐색하기 위해 44개의 머릿속을 들여다보았고, 눈에 띄는 결과를 내놓았다. 첫째로, 연구진이 관찰한 바에 따르면, 그림 실력은 우내측전두회right medial frontal gyrus(험프리 오션이 그림을 그리는 동안 솔소가 분주해지는 모습을 지켜본 영역)의 회백질 증가와 밀접한 상관관계가 있었다. 체임벌린 연구팀은 솔소가 발견하지 못한 사실을 포착하기도 했다. 바로 왼쪽 귓구멍 뒤쪽에 있으면서 근육의 미세조절을 관장하는 영역인 소뇌의 좌측 전엽anterior lobe에 회백질이 상당량 증가한 것이다. 마지막으로, 연구진은 그저 그림에 소질이 있을 뿐인 취미애호가들의 뇌와 전업으로 훈련하면서 시간을 보낸 이들 간의 차이를 보았다. 예술학교 재학생은 우측 쐐기앞소엽precuneus에서 더 밀집된 회백질 영역이 나온다. 두개골의 맨 위쪽

뒷부분에 있는 영역으로, 시각적 심상과 3차원 형태를 처리하는 곳이다.[127]

이 모든 관찰 내용은 예술가가 그림을 그릴 때 뇌의 특정 영역을 사용하는 데 그치지 않고, 그 영역들을 영구적으로 변화시킨다는 사실을 확실히 보여주었다. 보디빌더가 근육을 축적하듯 회백질을 축적하면서 말이다.

우리는 찰렌코, 솔소, 체임벌린의 실험을 통해 눈에 띄는 결론을 도출해 낼 수 있다. 오랜 훈련은 예술가에게 이례적일 만큼 집중적으로 자신의 시선을 향하게 하는 법을 가르친다. 그것은 예술가들이 뇌의 여러 영역을 새로운 목적으로 사용하도록 훈련시키고, 뇌의 신경망 구조 자체마저 변화시킨다. 오션의 특이한 사고 패턴(그리고 특이하게 발달된 그의 뇌)은 훈련된 예술가들에게는 전형적인 것이었다.

종이 노트가 디지털 도구보다 유리한, 특히나 효과적인 학습 도구가 된다는 사실을 보여준 신경학 연구자들도 있었다. 다양한 연구에 따르면, 강의 내용을 노트북 컴퓨터에 필기하는 학생들은 펜과 종이로 기록하는 학생들만큼 잘 배우지 못한다는 사실이 밝혀졌다. 한편으로는 인터넷이 제공하는 집중을 방해하는 유혹거리 때문이기도 하고, 또 한편으로는 키보드 타이핑이 새로운 정보를 기억으로 암호화하는 데 훨씬 더 효과적인 방식인 다른 표현으로 바꾸고 요약하고 개념도를 만들기보다 들리는 대로 그냥 받아 적도록 부추기기 때문이기도 하다.[128]

---

127 체임벌린 연구팀은 다른 연구들과의 비교를 통해 사실상 6개월 훈련은 이러한 회백질의 증강에 불충분하고, 3년은 연습하면서 꾸준히 그림을 그려야 그렇게 된다고 상정할 수 있었다. 일반적으로 르네상스 시대의 예술가들은 3~5년 동안 도제생활을 했다.

128 그래서 손으로 글씨를 쓰는 것보다 빠른 속도로 타자를 칠 수 있는 것이다. 화자를 따라

2021년 일본에서 이루어진 한 연구에서는 우리가 종이나 전화기, 태블릿에 얼마나 효과적으로 (비학술적인 내용을) 필기하는지 비교했다. 펜과 종이가 단연코 가장 효율적인 것으로 드러났다. 즉, 피험자들은 필기 과제를 더 빨리 완수했을 뿐 아니라 나중에 세부 내용을 훨씬 잘 기억해냈다. 이 연구역시 MRI 스캐닝을 활용하여 피험자들의 뇌 가운데 해마, 쐐기앞소엽, 시각피질, 언어와 관련된 전두부가 하나같이 노트 사용자인 경우에 훨씬 활성화되어 있음을 발견했다.

이 연구는 신경학적 차원에서 그들이 왜 디지털 기기 사용자들을 능가하는 결과를 내놓았는지 설명한다. 그러나 예술가들과 관련하여 또 다른 의문도 제기한다. 즉, 종이를 가로지르며 펜을 움직이는 행동의 어떤 점이 뇌를 그토록 뛰어나게 자극하는가?

육체적 작업이 일조하는 듯하다. 근육을 쓰는 일이 개입되는 경우 우리는 기억을 더욱 잘 암호화하기 때문이다. 종이 자체의 촉감과 감각 특질뿐만 아니라 지면 위의 기록이 고정된 위치를 가진다는 점도 영향을 준다. 반면 화면 위의 기록은 스크롤 해서 넘어가버리거나 아예 사라지기도 한다. 이러한 요인들이 다 합쳐져서 결과적으로 "보다 심층적이고 더욱 탄탄한" 인지 과정을 낳는다. 게다가 이 연구는 "기억, 시각적 심상, 언어와 연관된 뇌 활성이 그 같은 정보의 보다 심층적인 암호화 과정은 물론이고, 특정한 정보를

가면서 들리는 말을 그대로 타이핑하여 기록하는 것이 가능할 때 학생들은 바로 그렇게 한다. 그러나 속도가 느린 펜이나 연필을 사용할 때는 듣는 내용의 우선순위를 정하고, 정리하고, 축약하고 구조화하는 대안 전략을 개발해야 한다. 이는 결과적으로 훨씬 더 나은 학습으로 이어진다.

검색하는 동안에도 전자기기를 사용하는 참가자들보다 종이 노트를 사용하는 참가자들이 더 강력했다"라고 분명하게 결론 내린다. 애플, 구글, 에버노트 같은 기업들이 제품 개발에 수십억을 쏟아부었는데도, 우리가 갖고 있는 최고의 인지 도구는 수백 년 전에 발명된 듯하다.

오션이 스케치북과 맺고 있는 관계, 그리고 그의 훈련이 정신에 미친 결과에 대해 알게 되면서 이제 나는 조토가 썼을 가상의 스케치북의 존재를 훨씬 더 자신하게 되었다. 이는 선배들이 결코 하지 않았던 대로 자신을 둘러싼 세계를 묘사하는 데 숙련된 르네상스 시대 예술가들이, 문화적으로는 물론 신경학적으로도 당대의 산물임을 암시했다. 다시 말해 종이 스케치북은 새로운 작업 방식을 제공했을 뿐 아니라 뇌 주변 혈류와 회백질의 증가를 변화시키기도 했던 것이다. 결론은 분명해 보였다.

충분히 사용하라. 그러면 노트가 뇌를 바꿀 것이다.

맺음말

오토는 평소 노트를 들고 다닌다
확장된 마음, 1938년~현재

 들어가는 말에서 언급한 내 노트 뭉치는 지금도 여전히 내 책상 옆 손 닿는 곳에 있다. 여러 해 동안 그것들을 채우면서, 이어서 그보다 오랜 시간 동안 그 속에 든 내용들을 캐내면서 그 페이지들, 그 메모들과 아이디어들, 목록들, 낙서들을 손바닥 보듯 훤히 알게 되었다. 책상 아래에 놓인 튼튼한 상자 안에는 20년 치 나의 일기장과 스케치북이 들어 있다. 해럴드Harald 할아버지가 1938년, 1939년, 1940년에 쓴 아주 작은 레츠 일기장 세 권과 함께.

 그 일기들을 처음 썼을 당시 할아버지는 리투아니아에 살고 있었다. 그곳의 한 상선회사에서 근무하다가 고향인 런던으로 돌아가 영국육군에 입대했다. 간결한 업무 설명, 점증하는 전쟁의 위협, 분주하고 술 냄새가 진동하는 사교생활, 성공하지 못할 운명인 연애담이 담긴 그 일기들은 할아버지를 아주 생생하게 되살려냈다. 할아버지의 모자가 바람에 날려 다네Danë 강에 빠졌을 때 나는 그의 낙담을 느꼈고, 맹장이 파열됐다가 살아남았을 때는 그의 안도감을 감지했으며, 마침내 어쩔 수 없음을 받아들이고 클라이페다Klaipeda(이미 나치독일 국방군Wehrmacht이 점령하여 독일의 일부로 선언된)를 떠나 상선 발토나Baltona 호를 타고 고국으로 가게 되었을 때는 긴장한 채 일기에 적힌 내용을 읽었다. 할아버지는 1939년 8월 아슬아슬하게 런던에 도착했다. 정말이지 얼마 안 되는 단어로 너무나도 많은 것을 환기하는 할아버지의 일기를 읽으면서 나도 일기를 쓰게 되었고, 우연히도 결국 여기까지 이르게 되는 길 위에 나를 세워 놓게 되었다. 이 책이 완성되면 그 노트들은 원래 있던 상자 속으로 물러날 것이다. 언제든지 열어볼 수 있는, 문 가까이 놓인 그 상자들 속으로. 이 아파트에 불이라도 난다면, 그것들은 내가 불길에서 구하려고 할 소유물이다.

일기나 일지를 쓰는 사람이라면 누구나 당연히 그럴 것이다. 우리가 단어를 더할 때마다 그것의 가치는 커진다. 즉, 더 지저분해질수록, 더 너덜너덜해질수록 더 귀중해진다. 게다가 이 가치는 이성적으로 보이는 것을 훨씬 넘어선다. 그도 그럴 것이, 사실 나는 오래된 일기나 노트를 거의 찾아보지 않는다. 또 존 디디온의 말마따나 우리 중에 "과거에 우리였던 그 사람과 가볍게 눈인사라도 하는 사이인" 사람은 거의 없다고 본다. 그러나 누가 됐건 다른 사람이 얼마나 호의적이든지 간에 그 상자들을 뒤져 존슨의《여우 볼포네》에 나오는 폴리틱 우드비 경처럼 공개적으로 일기를 폭로한다면 나는 굴욕감을 느낄 것이다.

나만 그런 게 아니다. 이 책을 쓰기 위해 인터뷰한 사람들 중 대다수는 질문을 받았을 때, 자신만의 사적인 노트와 일기를 쓴다고 말했다. 수십 권을 채웠다는 사람도 있고 몇몇은 간헐적으로 일기를 썼는데, 살아가면서 그저 힘든 시기에 쓴다는 사람들도 있었다. 그리고 자신들이(퍼트리샤 하이스미스처럼) 내밀한 정서적 일지와 또 다른 노트에 작성하는 창조적인 직업적 일기 사이에 구별을 둔다고 이야기한 사람들도 있었다. 인터뷰이 가운데 두서넛은 십대 시절에 쓴 일기를 계속 가지고 있다고 인정했다. 열어볼 때마다 얼굴이 화끈거릴 정도로 창피한데도 불구하고 말이다. 가슴 뭉클하게도 부모 중 한 분이 임종을 맞았을 때 나눈 마지막 대화내용이 고스란히 담긴 노트를 보관하고 있다고 말해준 사람들도 있었다. 가끔이지만 내가 그런 노트들을 보여 달라고 부탁했을 때 한 명을 제외하고 모두 정중히 거절했다. 프라이버시에 관한 관례를 흔쾌히 깬 이는 다름 아닌 마이클 로즌(당연히 그의 환자일기는 본인이 쓴 게 아니었다)이었다. 벤 존슨은 영리하게도 당신의 일기가 읽히는 것을 보는 고문이나 다름없는 격렬한 고통, 그리고 그러한 정신적 고통은 오로지 희생자 본인이 쓴 글에 의해서만 가해진다는 아이러니를 이용했다. 이것은 강력한 정신적 현상이다. 다만 나는 심리학이 그것을 설명하는 유일한 길인지 의문이 든다.

이 책의 앞선 장들에서 나타났을 테지만, 나는 물질적인 것, 물리적인 처리와 과정에 대해 생각하는 것을 아주 편안하게 여기는 사람이다. 노트는 그동안 우리를 둘러싼 세상에 유형의 영향을 미쳐온 하나의 기술로서 나의 관심을 끈다. 존재론이나 인식론의 추상적인 질문들은 나를 그보다 강하게 사로잡지 못한다. 그러니 노트에 관한 최근의 해석 가운데 가장 흥미로운 것 중 하나가 역사학자나 심리학자가 아니라 두 명의 철학자로부터 나왔다는 사실을 알고 놀랄 수밖에 없었다.

이야기를 꺼낸 이는 잉글랜드의 철학자 앤디 클라크Andy Clark였다. 1980년대 말 그는 물리적 뒷받침이 없으면 가능하지 않은 종류의 사고에 관해 고찰하고 있었다. 가령 펜과 종이는 복잡한 계산을 할 수 있게 해준다. 또 작가라면 모두 아는 초안을 작성하고, 읽어보고, 퇴고하는 순환 고리, 그리고 예술가들이 종이에 선을 그은 다음 그것에 반응하는 유사한 과정에도 등장한다. 펜, 종이와 더불어 계산기, 계산자, 컴퓨터를 내놓을 수도 있을 것이다. 즉, 뇌만 가지고는 해낼 수 없는 방식으로 우리가 생각할 수 있게 해주는 기기라면 뭐든지. 이런 것들은 그동안 일반적으로 사고를 위한 외부 원조, 즉 우리의 뇌 주변에서 점화한 신경세포들이 가장 잘하는 일을 할 수 있게 해주는 지원책으로 여겨져 왔다. 그러나 클라크의 귀에는 이 이야기가 진실처럼 들리지 않았다. 특정한 종류의 사고(소설을 쓰는 것, 10자리 숫자를 한꺼번에 곱하는 것, 어떤 행성의 궤도를 계산하는 것)는 오로지 이런 외부적인 도구들이 있어야만 가능해졌다. 사정이 그렇다면, 그런 필수불가결한 것들이 그 공을 반드시 뇌와 공유해야 할까?

이 통찰에 흥미로운 함의가 담겼을 수도 있을 것처럼 보였다. 그래서 클라크는 그 함의를 탐구하는 논문의 초안을 작성하여 오스트레일리아의 철학자 데이비드 차머스David Chalmers와 공유했다. 두 사람은 서로 의견을 나누며 클라크가 제시한 원래의 가설을 시험해보고 정제했다. 그리고 1998년에 이르러 〈확장된 마음The Extended Mind〉이라는 제목의 논문이 준비되었다. 이렇게 시작하는 질문을 다루는 내용이었다. "마음이 멈추고 나머지 세계가 시작되는 지점은 어디인가?"

클라크와 차머스는 우선 "인간 추론가들이 환경적 지원에 크게 기대는 일반적인 경향"을 탐구하고 그것이 사실임을 보여주는 간명한 일련의 사례와 사고실험을 수집했다. 그들은 "펜과 종이를 사용해서 긴 곱셈을 수행하는 것, 단어가 떠오르도록 글자 타일을 물리적으로 재배열하는 것, 항해용 계산자 같은 기구를 사용하는 것, 언어와 책, 도해, 문화라는 일반적인 장비"

를 언급했다. 그러면서 칠판에 글씨를 쓰는 것처럼 우리가 생각하거나 정보를 모으도록 돕는 인식적 행동epistemic action과 시멘트를 까는 것처럼 그렇지 않은 실용적 행동pragmatic action 간의 차이를 짚었다. 두 페이지에 걸쳐서 클라크와 차머스는 자신들의 입장을 요약했다.

> 우리가 제시하는 바는 인식적 행동은 인식적 신뢰의 확산을 필요로 한다는 것이다. 우리가 어떤 과업을 마주할 때, 만약 세계의 일부가 머릿속에서 일어난 과정으로서 기능한다면, 우리는 주저 없이 인지 과정의 일환으로 인식할 것이기에, 세계의 그 부분은 (따라서 우리가 주장하는) 인지 과정의 일부가 된다. 인지 과정은 (전부) 머릿속에 있지 않다!

백지의 무한한 잠재력.

두 사람은 이 개념을 "능동적 외재주의active externalism"라고 표현하면서, 영어단어 만들기 보드게임인 스크래블Scrabble을 할 때 게임 참여자가 최고 점수를 내는 단어를 찾는 데 도움이 되도록 글자 받침대에 알파벳 타일을 재배열하는 것을 비롯한 "모든 종류의 행동을 자연스럽게 설명"해준다고 언급했다. "이것은 행동에 속하지 않는다"라고 그들은 말한다. "생각의 일부다."

그리고 나서 이 이인조는 자신들의 논리를 단호하게 밀고 나가면서, 그것이 인간의 마음은 뇌 안에 존재하지 다른 어디에도 없다는 관습적인 시각에 도전한다고 지적했다. 만약 외재주의가 사고과정뿐 아니라 (폭넓은 철학적 의미에서 이해되는) 신념, 다시 말해 우리가 사실이 그러하다고 받아들이는, 즉 진실이라고 여기는 것에도 적용됨을 보여줄 수 있다면, 훨씬 더 통념에 도전하는 것이 될 터였다. (스탠퍼드철학백과사전Stanford Encyclopedia of Philosophy이 명확하게 밝히고 있듯 "관련된 측면에서 우리가 믿는 것들 가운데 대다수는 지극히 일상적이다. 그러니까 우리에게는 머리가 있다는 것, 지금은 21세기라는 것, 커피 잔이 책상 위에 있다는 것.") 우리의 신념과 마음은 불가분하게 얽혀 있기에, 전자가 우리의 두개골 바깥에 (부분적으로) 있다고 한다면, 후자 역시 (부분적으로) 그러할 것이다.

이러한 가능성을 탐구하기 위해 두 사람은 불운이 닥쳤음에도 충만한 삶을 살기로 결심한 오토Otto라는 뉴요커를 가상의 인물로 내세웠다.

> 오토는 알츠하이머병으로 고생하고 있다. 그리고 많은 알츠하이머병 환자들처럼 그도 생활을 구조화하도록 도와주는 환경 정보에 의지한다. 오토는 평소에 어디든 가는 곳마다 늘 노트 한 권을 들고 다

닌다. 새로운 정보를 알게 되면 적어 둔다. 얼마간 시간이 지난 옛 정보가 필요하면 찾아본다. 오토에게 있어서 그의 노트는 대체로 생물학적 기억이 하는 역할을 한다.

오늘 오토는 현대미술관Museum Of Modern Art, MoMA에 가고 싶다. 그래서 자신의 노트를 찾아보고, 노트는 그에게 53번가 주소를 다시금 알려준다. 그리고 그는 그곳에 간다. 오토의 친구 잉가Inga도 그렇게 한다. 다만 잉가는 그 주소를 뇌에 보관된 건강한 기억에서 찾아온다. 이어서 클라크와 차머스는 이 두 과정을 비교하며 "오토의 노트가 잉가의 기억과 동일한 역할을 한다"라고 추론한다. 그 미술관이 53번가에 있다는 오토의 신념은 어쩌다 보니 "그의 피부 바깥에 있는" 것일 뿐, 그의 신념과 잉가의 신념은 하등 차이가 없다. "그 정보는 신념이란 으레 그러리라고 우리가 예상하는 바로 그 방식으로, 필요할 때 의식 가능하고 행동 가능한 상태로 확실히 그곳에 있"기 때문이다. 따라서 모마MoMA가 53번가에 있다는 신념이 노트에 있는지 뇌에 자리하는지는 중요하지 않다. 노트에 보관된 그 정보를 신뢰하고, 그것에 의지하고, 그것을 사용하는 한, 노트와 마음 사이에는(철학적으로 말해서) 유의미한 차이가 전혀 존재하지 않는다. 그리하여 오토의 마음은 그의 노트를 포함하는 데까지 확장되었다. 그리고 당신의 노트도(만약 당신이 오토처럼 사용한다면) 당신 마음의 일부가 될 수 있다.

클라크와 차머스는 자신들의 논문을 기꺼이 발표해주겠다는 학술지를 찾기가 힘들었다. 그러나 마침내 1998년 〈어낼러시스Analysis〉의 지면에 그 논문이 등장하자 급속도로 폭넓은 독자층을 찾아냈다. 즉, 명쾌하고 설득력 있으며 학계에 속한 철학자들이 지금껏 시도한 것 중 가장 일상 언어에 가깝게 쓰인 〈확장된 마음〉은 1990년대에 최고로 많이 인용된 철학논문이 되었다. 이 논문은 수많은 반응을 촉발했는데, 클라크는 그중 대다수를 (노골적이라고 할 만한) 〈확장된 확장된 마음 The Extended Mind, Extended〉을 제목으로 단 보다 기술적인 후속 논문에서 다루었다. 두 사람 다 교수직과 함께 여러 권의 저서가 뒤따랐고, 이들의 확장된 마음 가설은 폭넓게 수용되었다.[129]

디지털 기술의 동시적 발전으로 인해 우리가 어떤 물건과 인지적 협력관계로 들어설 수 있다는 개념을 사람들이 보다 쉽게 받아들이게 된 것이 도움이 되었다. 스마트폰, 태블릿, 인터넷은 모두 "두개골과 피부" 경계를 흐릿하게 만든다. 차머스에 따르면, 오스트레일리아의 철학자 네드 블록 Ned Block은 "우리가 그 논문을 썼을 당시인 1995년에는 그 논지가 거짓이었지만, 그 뒤로 참이 되었다고 말하기를 좋아한다"고 한다. 이 논문을 우산 삼아 그동안 여러 전문 분야가 발전해왔다. 즉, 체화된 인지 embodied cognition는 우리의 마음과 몸이 어떻게 상호작용하는지 살펴보고, 상황적 인지 situated cognition는 우리의 마음과 환경이 어떻게 상호작용하는지 살펴보며, 분산된 인지 distributed cognition는 다양한 마음들이 어떻게 서로 상호작용하는지 검토한다.

〈확장된 마음〉의 마지막 단락은 이러한 상황을 예측하면서 그 가설이 요구하는 "우리 자신의 재개념화"가 "유의미한 결과", 특히 도덕적·윤리적 영

---

129 뉴욕대학교에 재직 중인 차머스 교수(AC/DC 콘서트장 뒤편에서 빠져나온 듯한 외모인)는 현재 가상현실이 제기하는 철학적 질문들을 전문적으로 연구하고 있다. 클라크 교수(광란의 파티장으로 향하는 중인 듯한 외모인)는 계속해서 세계와 마음 간의 접점을 검토해왔다. 지금은 브라이턴의 서식스대학교에서 근무하고 있다.

향을 초래할 것이라고 언급했다. 그러면서 "어떤 경우에는 누군가의 환경을 방해하는 것이 그 사람을 방해하는 것과 동일한 도덕적 중요성을 지니게 될 것이다"라고 했다. 다시 말해 오토의 노트에서 페이지 한 장을 찢어내는 것은 잉가의 머리를 가격해서 그를 아프게 하는 것만큼이나 그를 아프게 할 수 있었다. 전통적으로 재산범죄로 간주될 법한 일이 오히려 폭력범죄로 간주될 수도 있다. 그리고 노트와 일기를 마음이 확장된 것, 즉 어쩌다 보니 우리의 두개골 바깥에 존재하게 되었으나 그 외에는 생각하고 살아가는 일에 필수적인 신념과 인지 체계의 일부라고 이해하면, 그것들과 형성하는 기이한 유대감의 힘을 설명하는 데도 도움이 된다. 나의 일기를 읽는다면 당신은 나의 마음을 읽는 것이다. 그리고 내가 상정한 가상의 상황에서 연기를 뚫고 일기 상자로 황급히 달려갈 때 나는 내 재산을 보호하고 있는 게 아니라 나 자신을 이루는 일부를 구하고 있는 것이다.

대체로 "사이버펑크적인 미래의 어느 시점에" 같은 식의 문구로 시작하고, 놀랄 만한 새로운 능력을 지닌 가상의 뇌 임플란트 기술이 들어가 있는 클라크의 사고실험으로 힘을 얻은 확장된 마음 논지는 미래학자들, 그리고 신기술에 열광하는 테크노파일technophile(테크광)들의 마음을 끈다. 클라크 본인은 인공지능, 로봇공학, 사이보그, 그 밖의 미래지향적인 현상에도 흥미를 갖고 있다. 그런데 나는 그보다는 확장된 마음이라는 프리즘을 통해 오히려 과거를 되돌아보는 방식으로 나만의 사고실험을 만들어내고 싶다. 인지적 행동유도성(심리학적으로 말해서)을 가져다주거나, 인식적 행동(철학적으로 말해서)을 가능케 하는 대상이 전무한 인간의 삶을 상상해보라. 즉, 당신이 생각하도록 돕는 것이 하나도 없는 원시세계에서의 삶 말이다. 라디오도, 컴퓨터도, 당연히 스마트폰도 없는. 하물며 주판이나 자, 책, 펜, 잉크도 없는.

그런 삶은 우리네 삶보다 헤아릴 수 없을 만큼 열악할 텐데, 그런 딱한 처지에 놓인 인간과 조우하려면 먼 옛날로 거슬러(아니면 감시가 가장 삼엄한 독방으로) 가야 할 것이다. 그러나 그런 물건들이 거의 없다시피 한 세상은 쉽게 그려볼 수 있다. 중세 초기 소작농의 일상생활에서 어떤 물건들이 마음을 확장할 수 있게 해주었을까? 아마 교구의 성경, 측량막대나 겨눔줄 그리고 가게의 계산대, 주사위놀이, 해시계 정도가 있었을 것이다. 그처럼 기회가 제한된 상태이니 이런 환경에서 주목할 만한 사상가가 그토록 적게 배출된 것이, 그리고 책과 필기구를 독차지하다시피 한 교회가 탐구심과 호기심이 가장 충만한 이들을 끌어들인 것이 당연하다.

이제 그런 세상에서 성장하다가 처음으로 펜과 종이가 사용되는 것을 보면 어떤 기분이 들었을지 상상해보라. 도저히 이해할 수 없는 개념들을 단순하게 만들고, 내재적으로 미덥지 못한 기억의 속성을 거스르며, 복잡한 계산과 실물과 똑같은 그림, 눈을 사로잡는 운문, 구구절절한 회고록, 놀라운 화음을 가능하게 하는 것을 말이다. 노트의 도입이 우리의 마음을 확장하는 한 가지 방법을 제공했다고 말할 수 있을 것이다. 더 나아가 노트가 우리의 마음을 완전히 강타했다고도 말할 수 있을 것이다.

나는 노트와 함께한 유럽의 모험담을 여러 확장(지적, 경제적, 창조적, 정서적) 가운데 하나로 본다. 호기심 어린 마음들이 노트가 선사한 백지와 상호작용하고 그것을 채우면서 확장되었듯 말이다. 마리아 세브레곤디는 몰스킨의 물리적 단순성(디지털 경쟁 상대들에 비해)이 창의성을 촉발하는 제약이라고 단언한다. 그런데 얼리어댑터들에게 노트의 백지는 제약 없는 지평에 해당했다. 그들에게는 그보다 정교한 인지 기술이 없었다. 그것은 우리에게 창조하고, 탐구하고, 기록하고, 분석하고, 생각하는, 도전이 될 만한 일을 요구한다. 그것은 우리가 그리고, 구성하고, 정리하고, 기억하게(나아가 병자들을 돌보게) 한다. 그것을 통해 우리는 우리 자신을 더 잘 알고, 좋은 것들은 진가를 알아보고 나쁜 것들은 균형 있는 시각으로 바라보면서 보다 충만한 삶을 살게 될 수 있다.

그러한 맥락에서, 디지털 도구가 더 저렴해지고, 더 번지르르해지고, 각종 기능이 더 풍성해지는 바로 그 순간에도 우리 가운데 점점 더 많은 이가 종이 노트에 의지하는 것은 그리 놀라운 일이 아니다. 세계적으로 고급 문구류 제조업이 번창하고 있고, 몰스킨이 중국시장을 깨부수려고 시도하는 이때에 유럽의 노트지기들은 일본 브랜드를 선택한다. 감정가들은 노트뿐 아니라 노트에 생기를 불어넣는 도구들(펜과 연필)에 관해서도 인상 깊은 현학적인 후기를 남김으로써 여러 문구 블로그와 온라인 매장이 계속해서 콧노래를 부르게 만든다. 그들은 더 가볍고 부드러운 종이, 환경인증, 더 튼튼한 제본, 백지와 유용한 내용 사이의 적절한 균형, 사용자의 손에 맞춤한 줄 간격을 찾는다. 그들은 피렌체의 비아 데이 리브라이에서 자신의 조르날레, 치발도네, 리브리 디 파밀리아로 쓸 가장 품질 좋고 가장 부드러운 제품을 찾아 틀림없이 종이 재고를 손으로 쓸어봤을 쇼핑객들의 후예다. 이 애호가들은 키아벨리가와 레츠가에, 마리아 세브레곤디와 프란체스코 프란체스키에게, 그리고 백지를 한데 묶는 새롭거나 유용하거나 아름다운 방법을 찾아낸 적이 한 번이라도 있는 그 밖의 모든 사업가에게 고마워해야 한다.

그리고 우리 모두는 그들의 고객에게 고마워해야 한다. 노트의 행동유도성을 깨달았던 사람들, 그리고 시간과 노력을 들여 생각을 외재화하거나, 선을 그리거나, 계산을 해내거나, 방정식을 능숙하게 처리함으로써 마음을 확장하고 있다는 사실을 은연중에 이해했던 사람들에게 말이다. 그렇게 하는 것, 그러니까 백지에 마음을 터놓고 그것과 소통하는 데는 에너지가, 그리고 때로는 약간의 용기가 필요하다.

그러나 그 보상은 아마 놀랄 만한 것일 테다.

주석과 참고 문헌

웹사이트 주소에서 'www'는 생략했다. 또 본문에서 분명히 밝혀놓은 문헌 자료는 중복해서 싣지 않았다. 이 책의 마지막 장을 완성하는 동안 질리언 헤스Jillian Hess 박사의 서브스택Substack 블로그 '노티드Noted'를 우연히 발견했다. 불과 몇 달 앞서 시작한 블로그였는데도 이미 다채롭고 정교한 자료가 되었다. 만약 이 책을 재미있게 읽었다면, 그 블로그에서 흥미로운 것들을 더 많이 발견할 것이다.

들어가는 말

몰스킨 이야기는 그동안 세브레곤디 등 여러 사람이 거론해왔다. 가장 완전하고도 훌륭한 설명은 David Sax의 탁월한 저서 The Revenge of Analog (New York, 2016)에 있다. 다만 Adrienne Raphel의 'The virtual Moleskine'(The New Yorker, 2014년 4월 14일자), Hannah Roberts의 'Maria Sebregondi, Moleskine founder, takes note of the digital age'(Financial Times, 2017년 11월 24일자), James Harkin의 'Resurrecting Moleskine notebooks'(Newsweek, 2011sus 6월 12일자), Brittany Shoot의 'Moleskine turns the page with expanded brick-and-mortar store'(Fortune, 2014년 11월 18일자), Katherine Cowdrey의 'Vintage and Moleskine to release

30th anniversary Chatwin edition'(The Bookseller, 2017년 7월 10일자)을 비롯한 다른 지면 자료도 참조했다. 몇몇 온라인 인터뷰도 있다. ueberbrands.com에서 2015년에 나온 인터뷰와 2014.sfuitaliadesign.com/interviews에서 2014년에 나온 인터뷰가 대표적이며, 공식 버전은 moleskine.com에서 볼 수 있다. 세부 내용에서 설명에 차이가 있는 부분은 주로 색스의 버전을 따랐다. 칼 로브의 논평은 2010년 9월 18일자 〈예일 데일리뉴스 Yale Daily News〉에 보도되었다. 문구 블로그 notebookstories.com은 맨 처음으로 거슬러 올라가는 몰스킨의 포장을 소개하고 있는데, 광고지 원본과 다음과 같이 원래의 이탈리어로 적혀 있는 사진 복제본이 나와 있다. 'Il Moleskine è l'esatta riproduzione del Leggendario taccuino di Chatwin, Hemingway. Anonimo custode di una straordinaria tradizione, il Moleskine è un distillato di funzionalità e un accumulatore di emozioni che libera la sua carica nel tempo. Dal taccuino originario è nata una famiglia di tascabili essenziali e fidati. Copertina rigida rivestita in moleskine, chiusura a elastico, relegatura a filo refe. Soffietto portanote interno in cartoncino e tela. Scheda mobile con la storia del Moleskine. Formato 9 × 14 ㎝.' 현재 동일한 광고지가 8개 언어로 비슷한 메시지를 전하고 있다.

1장 | 노트가 등장하기 전

조너선 블룸 교수에게 대단히 감사드린다. 이슬람 종이에 관한 연구로 그 분야에서 최고가 된 그는 이슬람 노트(그 놀랄 만한 희소성)에 관한 나의 질문을 고찰했다. 이 챕터에 나온 간략한 설명은 그의 연구물, 특히 저서 Paper Before Print: The History and Impact of Paper in the Islamic World (New Haven, CT and London, 2001)의 도움을 받은 것이다. 이슬람 세계의 활기찬 지적·상업적 생활에서 어떤 종류든 노트가 얼마간 역할을 하지 않았다고 보기는 힘들다고 생각하지만, 꼭 들어맞는 현존 필사본을 확인하기가 어렵다. 내 질문에 블룸 교수 본인도 "작업 중인" 필사본 두 가지 사례만 지목할 수 있었는데, 둘 다 여기에서 논의 중인 것보다 시기적으로 훨씬 나중에 나온 것들이다. 그 시절에 종이는 적어도 오늘날만큼이나 부지런히 재활용되었으니, 깔끔한 사본이 존재한다면 아마 예비 작업물은 파기하는 게 표준이었을 것이다. 현재 스캔 작업이 이루어져 분류되어 있는 아라비아, 송가이Songhay, 타마셰크Tamasheq 필사본으로 구성된 믿기 어려운 수준의 팀북투Timbuktu 매장물 가운데 어떤 종류로든 노트가 현존할 가능성이 있다. 그러니 우리의 지식에 나 있는 이러한 틈을 메워줄 초기 아라비아나 페르시아, 아프리카의 노트에 관한 기록이 무엇이든 나온다면 정말 반가울 것이다.

울루부룬 난파선의 발견과 분석에 관한 흥미로운 설명은 Cemal Pulak과 Donald A. Frey의 'The Search for a Bronze Age Shipwreck', Archaeology (1985)를 참조하기 바란다. 디프티카에 관한 상세한 분석은 Robert Payton의 'The Ulu Burun Writing-Board Set', Anatolian Studies (1991)를 참조하면 된다. 폼페이의 서판에 대한 이야기는 Elizabeth A. Meyer의

'Writing Paraphernalia, Tablets, and Muses in Campanian Wall Painting', American Journal of Archaeology (2009)의 도움을 받았다. 하우메와 사티바에 관한 사연은 Robert I. Burns, 'The Paper Revolution in Europe: Crusader Valencia's Paper Industry: A Technological and Behavioral Breakthrough', Pacific Historical Review (1981)를 참조하기 바란다. Keith Houston의 The Book (New York, 2016), Alexander Monro의 The Paper Trail (London, 2014) 그리고 (저자의 결론 가운데 많은 부분은 동의하지 않지만) Mark Kurlandky의 Paper: Paging Through History (New York, 2016)를 추천한다. 하나같이 노트의 역할은 논의하지 않지만, 모두 파브리아노와 제지의 확산을 다루고 있다. 보다 전문적인 설명은 Peter F. Tschudin, Grundzüge der Papiergeschichte (Stuttgart, 2012), Józef Dąbrowski, 'Paper Manufacture in Central and Eastern Europe Before the Introduction of Paper-making Machines', (2008, www.paperhistory.org)에서 볼 수 있으며, 제목에서 연상되는 것보다 훨씬 읽기 쉽다.

2장 | 적색 장부, 백색 장부, 직물 장부

여러 차례 긴 이메일을 통해 전문지식을 공유해준 케임브리지 피츠윌리엄박물관의 윌리엄 R. 데이William R. Day 박사, 그리고 애버딘대학교의 앨런 생스터Alan Sangster 교수에게 큰 고마움을 전한다. 파롤피 원장은 피렌체로 돌아갔고 현재 이 도시의 국립기록물보존소Archivio di Stato에 Carte Strozziani, 2a Serie, n.84 bis로 분류되어 있다. Geoffrey Lee의 논문 'The Coming of Age of Double Entry: The Giovanni Farolfi Ledger of 1299-1300', The Accounting Historians Journal (1977), Mikhail Kuter and Marina Gurskaya, 'The Reconstruction of the Head Office Account in the General Ledger of Giovanni Farolfi's Company (1299-1300)', Advances in Economics, Business and Management Research (2018), Edwin S. Hunt, The Medieval Super-Companies: A Study of the Peruzzi Company of Florence (Cambridge, 1994), John F. Padgett and Walter W. Powell, The Emergence of Organizations and Markets (Princeton, 2012)에 실린 John F. Padgett, 'The Emergence of Corporate Merchant-Banks in Dugento Tuscany'에서 도움을 받았다. 종이와 양피지 제조 비교는 상기 인용된 추딘의 글에서 얻은 것이다. 회계의 영향에 대한 더 자세한 정보는 Jane Gleeson-White, Double Entry: How the Merchants of Venice Created Modern Finance (Sydney, 2011), Jacob Soll, The Reckoning (New York, 2014), Fernand Braudel, The Wheels of Commerce (New York, 1982), Alfred W. Crosby, The Measure of Reality: Quantification and Western Society, 1250-1600 (Cambridge, 2010)를 참조하기 바란다.

3장 ㅣ 작은 책자에 가벼운 필치로

13세기 예술에 대해 아주 많은 이야기를 들려준 리처드 플랜트Richard Plant 박사에게 대단히 감사드린다. Harold Farnsworth Gray, 'Sewerage in Ancient and Medieval Times', Sewage Works Journal (1940), Ernst Gombrich, The Story of Art (Oxford, 1978), John Mortimer의 저서 In Character (London, 1983)에 실린 데이비드 호크니와의 인터뷰 'Portrait of the Artist as a Naughty Boy', Francis Ames-Lewis, 'Benozzo Gozzoli's Rotterdam Sketchbook Revisited', Master Drawings (1995), Joseph Manca, 'Cenni Di Pepo as Cimabue: Personality, Appearance or Activity?', Notes in the History of Art (2005), Norman Land, 'Giotto's Fly, Cimabue's Gesture, and a "Madonna and Child" by Carlo Crivelli', Notes in the History of Art (1995), Betty Edwards, Drawing On the Right Side of the Brain: A Course in Enhancing Creativity and Artistic Confidence (New York, 1989), Cesare Gnudi, L'arte gotica in Francia e in Italia (Turin, 1982)도 참조했다.

4장 | 리코르다, 리코르단체, 치발도네

뉴헤이븐대학교의 리사 카보리차 박사는 친절하게도 박사논문 'Copying Culture: Fifteenth-Century Florentines and Their Zibaldoni'를 보내주었다. 귀한 자료임이 입증된 데다, 이 놀라운 노트들과 관련한 지금껏 가장 훌륭한 단일 출처다. 별도의 언급이 없는 경우 이 장에서 치발도네에 대한 모든 참조는 보카치오의 것을 제외하면 다 이 논문에서 가져왔다. 카보리차 박사는 현재 이 주제와 관련해 완결판이 되리라고 능히 짐작되는 책을 준비 중이다. Iris Origo의 고전 The Merchant of Prato (London, 1957)는 피렌체의 삶과 문해력을 소개하는 탁월한 저서다. Gene A. Brucker, Two Memoirs of Renaissance Florence: The Diaries of Buonaccorso Pitti and Gregorio Dati (San Francisco, 1967), Eric Ketelaar, 'The Genealogical Gaze: Family Identities and Family Archives in the Fourteenth to Seventeenth Centuries', Libraries & the Cultural Record (2009), 61쪽의 "쓰기 열풍"에 대한 첫 인용문장으로 실린 Duccio Balestracci, The Renaissance in the Fields: Family Memoirs of a Fifteenth-Century Tuscan Peasant (Pennsylvania, 1999), Armando Petrucci, Writers and Readers in Medieval Italy: Studies in the History of Written Culture (New Haven, CT, 1995), David Parker, 'The Importance of the Commonplace Book: London 1450-1550', Manuscripta (1996), Piero Boitani, 'Boccaccio's Triumph', Medium Ævum (1978), Ronald Witt, 'What Did Giovannino Read and Write? Literacy in Early Renaissance Florence', I Tatti Studies in the Italian Renaissance (1995)도 참조했다.

5장 | 알렉산드리아의 후추

팸 롱, 데이비드 맥지, 앨런 스탈에게 크나큰 감사를 전한다. 각자 맡은 부분에 대해 만족할 만한 이야기를 들려주었다. 데이비드 맥지는 친절하게도 사진까지 제공했다. 이들이 저술한 세 권짜리 단행본 The Book of Michael of Rhodes (Cambridge, MA, 2009)는 가장 주된 자료 출처다. 소더비즈의 리처드 파토리니Richard Fattorini와 줄리언 킹Julian King도 고마운 사람들이다.

6장 | 악처들과 양모로 틀어막은 입들

인터뷰에 응해준 오리에타 다 롤드 교수에게 감사를 전한다. 그의 책 Paper in Medieval England: From Pulp to Fictions (Cambridge, 2020)는 잉글랜드에 종이가 도입된 것과 관련해 이해를 돕고, 시사점이 많은 이야기를 제공한다. Marion Turner의 Chaucer: A european Life (Princeton, NJ, 2019)와 David Parker, 'The Importance of the Commonplace Book: London 1450-1550', Manuscripta (1996)도 참조했다. BL MS Harley 2252로 알려진 존 콜린스의 노트는 영국도서관 웹사이트에 디지털 소장 중이다.

7장 | 수를 누린 LHD 244

제이슨 스토슬과 데니스 B. 콜린스Denis B. Collins에게 감사드린다. 두 사람은 각각 자신들의 논문인 'The Making of Louise Hanson-Dyer Manuscript 244'와 'Instructions for Keyboard Accompaniment in Music Manuscript LHD 244 of the University of Melbourne'을 보내주었다. 두 논문 모두 학술지 Musica Disciplina (2015)에 실려 있다.

8장 | "아아, 이러다간 아무것도 끝내지 못하겠구나!"

파치올리와 관련해, 그에 대한 질문에 답변해준 앨런 샌스터에게 감사드리며. 그의 논문 'The Printing of Pacioli's Summa in 1494: How Many Copies Were Printed?', The Accounting Historians Journal (2007)을 참조했다. Nick Mackinnon의 아주 짜릿한 논문 'The Prtrait of Fra Luca Pacioli', The Mathematical Gazette (1993)도 참조했다. 《체스 게임에 관하여 De Ludo Scachorum》에 대해서는 leonardochess.com에서 더 많은 것을 알 수 있다. 모든 파치올리 인용문의 출처는 Jeremy Cripps의 Particularis de Computis et Scripturis: A Contemporary Interpretation (Seattle, 1994)다. Jane Gleeson-White, Double Entry: How the Merchants of Venice Created Modern Finance (Sydney, 2011)도 참조했다. 레오나르도와 관련해 마틴 켐프 교수에게 진심으로 감사드린다. 나와 인터뷰하면서 정말 관대하게도 일생에 걸쳐 쌓은 학식을 공유해주었다. 그의 책 Leonardo (London, 2011), Leonardo da Vinci: The Marvellous Works of Nature and Man (London, 2006), Living with Leonardo (London, 2018)을 참조했

다. 청년 레오나르도의 피렌체 출판업과의 관련성은 Christina Neilson이 Practice and Theory in the Italian Renaissance Workshop: Verrocchio and the Epistemology of Making Art (Cambridge, 2019)에서 밝힌 것이었다. Walter Isaacson, Leonardo da Vinci: The Biography (New York, 2017), Ritchie Calder, Leonardo and the Age of the Eye (New York, 1970), 마틴 켐프의 서문을 실어 재발간된, 이르마 리히터Irma A. Richter가 엮은 Notebooks of Leonardo da Vinci (Oxford, 2008)도 참조했다.

9장 | 오, 남들이 한 말을 기록하는 고통과 수고란!

앵거스 바인 교수에게 무척 감사드린다. 여러 차례 인터뷰에 동의해주었을 뿐 아니라 비망록 작성과 관련해 샘솟는 아이디어를 창출해냈다. 그가 발표한 다음 글들 또한 귀중한 자료로 판명되었다. D. Jalobeanu, C. T. Wolfe (eds), Encyclopedia of Early Modern Philosophy and the Sciences (Cham, 2018)에 실린 'Note-Taking and the Organization of Knowledge', Richard Beadle (ed.) Manuscript Miscellanies: c.1450-1700 (London, 2011)에 실린 'Commercial commonplacing: Francis Bacon, the Waste-Book, and the Ledger'. 폴 도버Paul Dover 교수에게도 마찬가지로 큰 고마움을 전한다. 나는 도버 교수와도 이야기를 나누었고, 그의 다음 논문을 참조했다. 'Varieté et abondance. La copia e l'histoire de l'Europe des débuts de l'epoque moderne', Cahiers d'histoire (2012), 'Reading Dante in the Sixteenth Century: The Bentley Aldine Divine Comedy and its Marginalia', Studies in Medieval and Renaissance History (2020). 에릭 닐스 린드퀴스트Eric Nils Lindquist 박사에게도 감사하다. Alberto Cevolini (ed.), Forgetting Machines: Knowledge Management Evolution in Early Modern Europe (Leiden, 2016)에 실린 Ann Blair의 에세이 'Early Modern Attitudes toward the Delegation of Copying and Note-Taking', 그의 책 Too Much to Know: Managing Scholarly Information before the Modern Age (New Haven, CT, 2010), Richard Yeo 'Thinking with Excerpts: John Locke (1632-1704) and his Notebooks', History of Science and Humanities (2020), Hannah Jeans의 박사논문 'Women's Reading

Habits and Gendered Genres, c.1600-1700'(University of York, 2019)도 참조했다. 비망록이 잉글랜드에 미친 파급효과에 대해서는 Jonathan Bate의 The Genius of Shakespeare (London, 2001)에 도움을 받았고, 내가 참조한 것은 philological.bham.ac.uk/brnswrd에 올라와 있는 존 브라운소드의 생애에 관한 Dana Sutton의 글이다. 엘리자베스 브라운(나중에 리틀턴Lyttelton이 된다)의 비망록은 현재 케임브리지대학교도서관에 MS Add 8460으로 있다.

10장 | 한 입구에서 다른 입구로 동양과 서양이 흐른다

알보의 항해일지는 현재 세비야의 인디아스고문서관Archivo General de Indias에 있다. 인용한 부분의 출처는 Henry Stanley가 번역한 The First Voyage Round the World, by Magellan (London, 1874)으로, 피가페타의 기록 역시 수록되어 있다. D. Varona Aramburu, M. Pérez-Escolar, G. Sánchez Muñoz, 'Framing Theory and Proto-journalism: A Study of the Attributes Associated with the Character of Magellan in the Diaries of Pigafetta and Francisco Albo', Revista Latina de Comunicación Social (2019)도 참조했다. 명확성을 기하고자 현재의 지명을 사용했다.

11장 | 청어의 왕

전문 지식을 공유해준 예룬 판도멜러에게 큰 고마움을 전한다. 피스북 전체는 코닝클레이커 비블리오트헤이크의 깨인 정책에 따라 온라인 위키미디어 공용 Wikimedia Commons에 올라가 있다. 이리저리 헤매면서 돌아다니게 되는 어마어마한 온라인 토끼굴 말이다. Richard Unger, 'Dutch Herring, Technology, and International Trade in the Seventeenth Century', The Journal of Economic History (1980)도 참조했다.

12장 | 아둔한 네덜란드 유행

다시 한 번 이 장도 예룬 판도멜러와 코닝클레이커 비블리오트헤이크에 크게 빚지고 있다. 헤이블록 알붐은 온라인 위키미디어 공용에 전부 올라와 있다. 언급된 다른 네덜란드 알붐에서 나온 페이지들도 마찬가지다. 내가 참조하고 있는 것은 Sophie Reinders and Jeroen Vandommele, 'A Renaissance for Alba Amicorum Research', Early Modern Low Countries (2022)다. 그 밖의 출처는 Werner Wilhelm Schnabel, Das Stammbuch: Konstitution und Geschichte einer textsortenbezogenen Sammelform bis ins erste Drittel des 18. Jahrhunderts (Berlin, 2003), Thomas Fuller, The Holy State, and the Profane State (London, 1642)다. 언급된 희곡은 1660년대에 Charles de Saint-Évremond이 쓴 Sir Politick Would-be로, M. Rospocher (ed.) Oltre la sefra pubblica/Beyond the Public Sphere: Opinions, Publics, Spaces in Early Modern Europe (Bologna, 2012)에 실린 Bronwyn Wilson의 'Social Networking: The Album Amicorum and Early Modern Public-making'에 인용되어 있다.

13장 | 여러 보석들

로도스의 미카엘에 대한 이야기를 들려준 데이비드 맥지는 시카르트와 그의 유산에 대해 친절하게 이야기해준 마르쿠스 포플로브 교수에게 가는 길을 알려주었다. 시카르트의 노트 4권은 모두 디지털화 되어 온라인에서 볼 수 있다. Reiseaufzeichnungen-Cod.hist.qt.148에 Band A, Band B, Band C, Band D로 올라가 있다. 하나같이 매력적이다. 다만 읽기가 힘들다. 내가 참조한 것은 Guting과 Pfieffer가 전사한 Handschriften und Handzeichnungen des herzoglich Württembergischen Baumeisters Heinrich Schickhardt (Stuttgart, 1902)였다. Edward Rosen의 'The Invention of Eyeglasses', Journal of the History of Medicine and Allied Sciences (1956), Gerhard Dohrn-van Rossum, History of the Hour: Clocks and Modern Temporal Orders (Chicago, 1996), Wolfgang Lefevre (ed.) Picturing Machines, 1400-1700 (Cambridge, 2004)에 실린 Pamela O. Long, 'Picturing the Machine: Francesco di Giorgio and Leonardo da Vinci in the 1490s', Peter Frankopan, The Silk Roads (London, 2016)도 참조했다.

14장 | "오래 머물지 않게 하라"

댄 웨이클린Dan Wakelin 교수에게 감사드린다. 앵거스 바인의 'Francis Bacon's Composition Books', Transactions of the Cambridge Bibliographical Society (2008)를 참조했다. 윌리엄 우스터의 《이티네라리아Itineraria》는 현재 영국 케임브리지대학교 코퍼스크리스티칼리지Corpus Christi College도서관의 MS 210이다. 전체 필사본은 parker.stanford. edu 사이트

에 있다. 인용은 프랜시스 닐Frances Neale이 번역한 William Worcestre: The Topography of Medieval Bristol (Bristol, 2000)이다. Luigi Monga의 'Crime and the Road: A Survey of Sixteenth-Century Travel Journals', Renaissance and Reformation (1998), D. S. Chambers, 'Isabella d'Este and the Travel Diary of Antonio de Beatis', Journal of the Warburg and Courtauld Institutes (2001), Howard C. Horsford와 Lynn Horth가 편역한 Herman Melville의 Journals (Chicago, IL, 1989), Mark Twain, Life on the Mississippi (Boston, MA, 1883), 보들리언도서관Bodleian Library의 블로그 'Conveyor'에 있는 Nora Wilkinson의 게시글 'Copycat Copiers? Frederick Folsch, Ralph Wedgwood, and the "Improved Manifold Writer"', A. E. Hotchner, 'Don't Touch "A Moveable Feast"' (New York Times, 2009년 7월 19일자), Ernest Hemingway, A Moveable Feast (New York, 1961), Nicholas Shakespeare, Bruce Chatwin (London, 2000), Bruce Chatwin, The Songlines (London, 1987)를 참조했다. 엘리자베스 채트윈의 인터뷰는 몰스킨 유튜브 채널에 있다. 패트릭 리 퍼머의 1933년도 여행일지는 스코틀랜드 국립도서관에서 보유하고 있는데, 디지털화 되어 digital.nls.uk에서 음미할 수 있다.

15장 | 폐기 장부

MS Add. 4004처럼 이 폐기 장부도 온라인 cudl.lib.cam.ac.uk에(많은 유용한 정보와 함께) 있다. 포켓 비망록Pocket Memorandum Book은 MA 318처럼 뉴욕 모건도서관이 보유하고 있으며, 도서관 웹사이트 themorgan.org에 디지털화 되어 있다. 니콜로 구이차르디니와 스콧 맨들브로트는 케임브리지 대학교 도서관 유튜브 채널에 올라가 있는 그들의 영화 〈수학의 기원The Origins of Mathematics〉에서 폐기 장부의 수학(과 뉴턴의 주장)을 소개한다. Frank E. Manuel, A Portrait of Isaac Newton (Cambridge, MA, 1968); Joel Levy, Newton's Notebook (Philadelphia, 2009); K. R. H. Treadwell and P. C. Kendall, 'Self-talk in Youth with Anxiety Disorders: States of Mind, Content Specificity, and Treatment Outcome', Journal of Consulting and Clinical Psychology (1996); P. Muris et al., 'The Relationship between Anxiety Disorder Symptoms and Negative Self-Statements in Normal Children', Social Behavior and Personality: An International Journal (1998)도 참조했다.

16장 | 두 노트 이야기

푸케의 '카세트'에 관한 설명은 Adolphe Chéruel, Mémoires sur la vie publique et privée de Fouquet, Surintendant des Finances (Paris, 1862)를 활용하고 있고, 콜베르의 기록 작성에 관한 이야기는 Jacob Soll, The Information Master: Jean-Baptiste Colbert's Secret State Intelligence System (Ann Arbor, MI, 2009)에 기대고 있다. Jean-Baptiste Colbert, Letteres, instructions et mémoires de Colbert, publiés d'après les ordres de l'empereur sur la proposition de son excellence M. Magne, ministre secrétaire d'Etat des Finances par Pierre Clément, membre de l'Institut (Paris, 1861), Charles Elmé Francatelli, The Modern Cook: A Practical Guide to the Culinary Art in All Its Branches (London, 1846) 역시 참조했다. 카세트도 황금노트도 온라인에는 없다. 다만 니콜라 자리가 채색한 기가 막힌 해군 노트는 gallica.bnf.fr에서 볼 수 있다. Bibliothèque municipale du Havre, Ms 274로 검색하면 된다.

17장 | "돈 18펜스 외에 테이블 책 한 권"

모건도서관과 박물관의 존 매킬런John McQuillen 박사와 폴저셰익스피어도서관의 멜러니 렁Melanie Leung에게 감사드린다. 테이블 책에 관한 최고의 영어 설명은 Peter Stallybrass, Roger Chartier, J. Franklin Mowery, Heather Wolfe, 'Hamlet's Tables and the Technologies of Writing in Renaissance England', Shakespeare Quarterly (2004)다. 'Writing tables with a kalender for xxiiii. yeeres, with sundry necessarie rules'는 luna. folger.edu에서 온라인으로 볼 수 있다. 일기 내용은 pepysdiary.com에서 가져왔다. Ernst van der Wetering, Rembrandt: The Painter at Work (Amsterdam, 1997), Marieke de Winkel, Fashion and Fancy: Dress and Meaning in Rembrandt's Paintings (Amsterdam, 2006), Laura Cumming, 'Rembrandt and Saskia: a love story for the ages' (The Guardian, 30 December 2018)도 참조했다.

18장 | 앨버트로스

영국도서관의 마거릿 메이크피스Margaret Makepeace와 매슈 헤이슬립Matthew Heaslip에게 감사드린다. 룩 호의 일지와 원장은 영국도서관에서 소장하고 있으며, 카타르디지털도서관Qatar Digital Library에서 디지털화하여 온라인 qdl.qa에서도 볼 수 있다.

19장 | "내 생각에는,"

darwin-online.org.uk의 관리자 존 반 와이 박사에게 감사드린다. 대화를 나누며 그가 문구 마니아임을 알았다. Gorden Chancellor, Kees Rookmakker, van Wyhe가 편집한 Charles Darwin's Notebooks from the Voyage of the 'Beagle' (Cambridge, 2009) 때문에 그 안에서 여러 날 길을 잃었다. 콘라트 게스너의 식물학 노트들은 에를랑겐 뉘른베르크대학교 도서관이 UER MS 2386-1, MS 2386-2로 보유하고 있다. 두 권 모두 디지털화 되어 ub.fau.de/en/history/botanical-literature/에서 살펴볼 수 있다. 이테르 라포니쿰Iter Lapponicum을 비롯한 린나이우스의 대다수 필사본은 린네학회Linnaean Society가 디지털화해 linnaean-online.org에 올라 있다. S. Kusukawa, 'Drawing as an Instrument of Knowledge: The Case of Conrad Gessner', in Alina Payne (ed.), Vision and Its Instruments: Art, Science, and Technology in Early Modern Europe (University Park, PA, 2015), Staffan Müller-Wille and Isabelle Charmantier, 'Natural History and Information Overload: The Case of Linnaeus', Studies in History and Philosophy of Biological and Biomedical Sciences (2012), Janet Browne, Charles Darwin: Voyaging (London, 1995)도 참조했다.

20장 | 불멸하는 한 가지 방법

인터뷰를 위해 자사의 다이어리에 공들인 마지막 제품 라인과 사내 역사를 제공해준 앤서니 레츠Anthony Letts에게 감사드린다. 위대한일기 프로젝트 Great Diary Project의 책임자 폴리 노스Polly North 박사, 서적출판업조합의 루스 프렌도Ruth Frendo 박사, 4개 국어로 된 아브람 이츠하크 와스키Abram Icchak Łaski의 일기에 대한 질문에 답을 해준 에바 비아트르Ewa Wiatr 박사에게도 감사를 전한다. Philippe Lejeune, On Diary (Hawaii, 2009), D. J. H. Clifford (ed.), The Diaries of Lady Anne Clifford (London, 2003), Andrew Hopper, 'Social Mobility during the English Revolution: The Cas of Adam Eyre', Social History (2013), 현재 유튜브에서 볼 수 있는 2013년 10월 29일 런던박물관에서 진행된 강연 Joe Moran, 'The Private Diary and Public History', Leah Ingle, 'Witness and Complicity: The Scrolls of Auschwitz and the Sonderkommando'(석사학위 논문, Liberty University, Lynchburg, VA, 2019), Ewa Wiatr, '"Czy w ogóle kto je czyta będzie"— nowe spojrzenie na dziennik Abrama Łaskiego z getta łódzkiego', Zapisywanie wojny (Warsaw, 2020)도 참조했다.

21장 | "정확하십니다"

이 장의 전반부를 쓰기 위해 인터뷰했던 개방대학교Open University의 크리스 윌리엄스에게 감사드린다. 그의 책 Police Control Systems in Britain, 1775-1975: From Parish Constable to National Computer (Manchester, 2015)도 유용한 배경지식을 제공해주었다. Tim Kaye의 Unsafe and Unsatisfactory?: Report of the Independent Inquiry into the Working Practices of the West Midlands Police Serious Crimes Squad (London, 1990), The Report of the Hillsborough Independent Panel (London, 2012) 11부도 참조했다. 포스터앤드프리먼Foster & Freeman의 밥 다트넬Bob Dartnell은 ESDA 장치의 개발에 대한 이야기를 들려주었다. 다만 공식적으로 경찰이나 여느 형사사건에서 그 기계가 사용된 것에 관해서는 신중을 기해 일절 언급하지 않았다. 프랭크 서피코는 정말 친절하게도 내가 이메일로 보낸 질문에 충분한 답을 해주었다. 뉴욕이 노트로부터 돌아선 것에 관한 설명은 Corey Kilgannon의 기사 'Why the N.Y.P.D. dropped one of its oldest crime-fighting tools' (New York Times, 2020년 2월 5일자)를 참조했다.

22장 | "그래, 치과의사가 죽는 게 낫겠어"

이 장과 관련하여 갖가지 주제를 제안해준 조너선 버클리[Jonathan Buckley]에게 정말 감사하다. F. O. Mathiessen과 Kenneth B. Murdock이 엮은 The Notebooks of Henry James (Chicago, 1981), The Turn of the Screw (New York, 1907)에 제임스 본인이 쓴 서문을 참조했다. Virginia Woolf's Reading Notebooks (Princeton, NJ, 1983)는 Brenda R. Silver가 엮었다. 폴 발레리의 Tel Quel (Paris, 1944)은 29권짜리인 그의 Cahiers 전집보다는 훨씬 소화하기 쉬운 읽기 자료다. 퍼트리샤 하이스미스의 상응하는 일련의 노트는 Anna von Planta의 Patricia Highsmith: Her Diaries and Notebooks (New York, 2021)에 흥미로운 사실을 드러내는 것들로 선별되어 삽입되어 있었다. 존 디디온의 에세이 On Keeping a Notebook은 Slouching Towards Bethlehem (New York, 1968)이라는 선집에 포함되어 있다. 다만 South and West: From a Notebook (New York, 2017)이 그의 실제 작업 과정을 더욱 잘 알려준다. 이 장에 수록된 모든 인용문의 출처인 애거사 크리스티에 대한 존 커런의 첫 저서 Agatha Christie's Secret Notebooks (London, 2010)는 강력 추천받은 책이다(그런데 스포일러가 잔뜩 들어 있긴 하다). 훨씬 더 많은 작가의 이야기를 듣고 싶은 독자는 Sheila Bender의 The Writer's Journal: 40 Contemporary Authors and their Journals (New York, 1997), Diana M. Raab의 Writers and their Notebooks (Columbia, SC, 2010)를 읽으면 된다.

23장 | 저장과 요리법

누구보다 흥미진진한 인터뷰를 통해 가족사를 들려준 앤드리아 응우옌에게 감사하다. 경이로운 온라인 자료원인 manuscriptcookbookssurvey.org(이 사이트 운영팀의 일원인 실비어 스무크터넨버움 Szilvia Szmuk-Tanenbaum 박사에게 감사드린다)는 나를 캐서린 패커의 요리책으로 이끌었다. 이 노트는 현재 폴저협회 Folger Institute에서 보유하고 있는데, 온라인에서 볼 수 있다. luna.folger.edu/luna/servlet에서 "A boocke of very good medicines"로 검색하면 된다.

24장 | 자신을 표현하라

제이미 페니베이커 교수는 시간과 전문지식을 아낌없이 내주었다. 페니베이커 교수에게, 그리고 엘리자베스 브로드벤트 교수에게도 대단히 감사하다. 페니베이커 교수는 이 주제에 관한 엄청난 저작물을 직접 또는 공동으로 집필했다. 그의 연구 업적과 관련 연구가 가장 잘 요약되어 있는 'Expressive Writing in Psychological Science', Perspectives on Psychological Science (2018), 그리고 H. S. Friedman and R. C. Silver (eds), Foundations of Health Psychology (Oxford, 2007)에 수록된 Cindy K. Chung과 함께 쓴 'Expressive Writing, Emotional Upheavals, and Health'다. Elaine Duncan and David Sheffield, 'Diary Keeping and Well-Being', Psychological Reports (2008), Heidi E. Koschwanez, Elizabeth Broadbent et al., 'Expressive Writing and Wound Healing in Older Adults', Psychosomatic Medicine (2013)도 참조했다.

25장 | 파란색, 초록색, 빨간색, 노란색

주된 자료 출처는 시리시 다테의 탁월한 저서 Quiet Passion: A Biography of Senator Bob Graham (New York, 2004)이다. 〈로스앤젤레스타임스 Los Angeles Times〉에 실린 Nick Anderson의 인물 소개 기사(2003년 6월 29일자), 〈뉴욕타임스 New York Times〉에 실린 Maureen Dowd의 인물 소개 기사(1987년 1월 8일자), Todd S. Purdum의 인물 소개 기사(2003년 3월 4일자), Carl Hulse의 인물 소개 기사(2003년 6월 4일자), 〈서밋데일리 Summit Daily〉에 실린 Rich Mayfield의 기사 'Bob Graham has time to write down all the details'(2003년 6월 7일자), AP(Associated Press) 기사 'More errors in CIA interrogation briefing list'(2009년 5월 21일자)도 참조했다.

26장 | 사소하지 않은

나와 이야기를 나눈 마이클 퍼브스에게 가장 감사한 마음을 전한다. 그리고 더 폭넓은 의미에서 그를 포함하여 존 아서Joan Arthur, 랜디 헤이크스Randi Heikes, 고故 케빈 우드 박사, 밥 라이트Bob Light 등을 비롯한 올드웨더 팀이 현재 하고 있는 귀중한 작업에 깊이 감사드린다. (다양한 항해일지 코퍼스corpus를 활용하여 비슷한 프로젝트를 이끌고 있는) 마드리드 콤플루텐세대학교Complutense University of Madrid의 리카르도 가르시아 에레라Ricardo Garcia Herrera 박사에게도 감사하다. 일반적인 노트의 탄소발자국에 관한 자료의 출처는 Tomberlin et al., 'Life Cycle Carbon Footprint Analysis of Pulp and Paper Grades in the United States Using Production-line-based Data and Integration', BioResources (2020), Poore and Nemecek, 'Reducing Food's Environmental Impacts through Producers and Consumers', Science (2018년 6월 1일)다.

27장 | 주의력 결핍

자신의 인생과 기발한 불렛 저널링 체계에 대해 이야기해준 라이더 캐롤에게 감사를 전한다. 그의 저서 The Bullet Journal Method (New York, 2018)도 참조했다.

28장 | 잃어버린 시간을 찾아서

인터뷰에 응해준 마이클 로즌과 크리스티나 존스 박사에게 감사드린다. 집중치료실 이후의 돌봄에 관한 중요 분야에 대해 더 알고 싶다면, ICU-Steps.org로 가보기 바란다. F. E. Kelly et al., 'Intensive Care Medicine is 60 Years Old: The History and Furue of the Intensive Care Unit', Clinical Medicine (2014), Hannah Wunsch, 'The outbreak that invented intensive care' (Nature, 2020년 4월 3일), Bradley M. Wertheim, 'How a polio outbreak in Copenhagen led to the invention of the ventilator' (Smithsonian Magazine, 2020년 6월 10일), A. Marra et al., 'Intensive Care Unit Delirium and Intensive Care Unit-Related Post-traumatic Stress Disorder', Surgical Clinics of North America (2017), C. Jones et al., 'A Case of Capgras Delusion Following Critical Illness', Intensive Care Medicine (1999), Emily Buder et al., 'COVID-19 is a delirium factory' (theatlantic.com, 2020년 5월 8일), Ingrid Egerod et al., 'Intensive Care Patient Diaries in Scandinavia: A Comparative Study of Emergence and Evolution', Nursing Inquiry (2011), Ingrid Egerod and Doris F. Christensen, 'A Comparative Study of ICU Patient Diaries vs. Hospital Charts', Qualitative Health Research (2010), Peter Nydahl et al, 'How Much Time Do Nurses Need to Write an ICU Diary?' Nursing in Critical Care (2013), B. B. Barreto et al., 'The Impact of Intensive Care Unit Diaries on Patients' and Relatives' Outcomes: A Systematic Review and Meta-analysis', Critical Care (2019), I. Bergbom et al., 'Patients' and Relatives' Opinions and

Feelings about Diaries Kept by Nurses in an Intensive Care Unit: Pilot Study', Intensive Critical Care Nursing (1999), Michael Rosen, Many Different Kinds of Love (London, 2021)도 참조했다.

29장 | 우리의 고유한 인품을 드러내는 것은 이 지구상에 없기에

마틴 켐프는 레오나르도 다빈치의 노트, 그리고 관련한 리히터의 작업에 대해 이야기해주었다. 켐프가 직접 엮은 이르마 리히터의 레오나르도 다빈치 노트 선집 판본은 매우 귀중한 자료다(제8장 주석 참조). 오리에타 다 롤드는 저서 Paper in Medieval England: from Pulp to Fictions (Cambridge, 2020)에서 행동유도성 개념을 분석한다. 앙케테 헤젠Ankete Heesen 교수, 로이 피터 클라크Roy Peter Clark, 애런 드래플린Aaron Draplin에게도 감사드린다. 노트의 역할을 살펴본 다른 학자들의 불완전한 목록에는 존 패짓John Padgett, 제인 글리슨화이트, 앨런 스탈, 제이컵 솔 같은 경제학자, 역사학자인 앤 블레어, 리처드 여Richard Yeo, 마르쿠스 포플로브, 팸 롱, 데이비드 맥지, 문학교수들인 앵거스 바인, 폴 도버Paul Dover, 대니얼 웨이클린Daniel Wakelin, 사회사학자 엘리자베트 부르시에, 피에르 르죈Pierre Lejeune, 조 모런이 포함된다. 나는 Laurel Thatcher Ulrich의 A Midwife's Tale: The Life of Martha Ballard, Based on Her Diary, 1785-1812 (New York, 1991)를 참조했다. 파울 클레의 노트는 www.kleegestaltungslehre.zpk.org에서 온라인으로 볼 수 있다. 프리다 칼로의 그림 일지는 2006년에 통째로 출간되었다. David Taylor Nelson의 글 'Béla Bartók: The Father of Ethnomusicology', Musical Offerings (2012)를 참조했다. 비비언 골드먼은 1977년 Sounds에 게재한 기사 'Extra Natty Orations'에서 브라이언 이노의 노트를 서술했다. 골드먼의 이 기사는 www.moredarkthanshark.org/eno_interviews에 보관되어 있다. 나는 David Allen, Getting Things Done (New York, 2001)을 참조했다. 노트 활용에 대해 상세하고도 재미있는 이야기를 해준 올리버 버크먼에게 감사를 전한다. 그가 쓴 칼럼은 모두 www.guardian.com에서 볼 수 있을 것이다. 줄리아 캐머런이 쓴 The Miracle of Morning Pages: Everything You Always Wanted to Know about the Most Important Artist's Way Tool (New York, 2013)을 참조했다. 연구 이력에 대해 들려준 네브래스카대학교의 켄 키에브라 교수에게 감사드린다.

30장 | 뇌의 다른 부분

작업실로 반갑게 맞아주고 스케치북을 보여준 험프리 오션 교수에게 정말 감사드린다. 니콜라 노이만Nicola Neumann 박사에게도 감사를 전한다. Robert L. Solso, 'Brain Activities in a Silled versus a Novice Artist: An fMRI Study', Leonardo (2001), R. C. Miall and John Tchalenko, 'A Painter's Eye Movements: A Study of Eye and Hand Movement during Portrait Drawing', Leonardo (2001), R. Chamberlain et al., 'Drawing on the right Side of the Brain: A Voxel-based Morphometry Analysis of Observational Drawing', Neuroimage (2014), Tudor Pepescu et al., 'The Brain-Structural Correlates of Mathematical Expertise', Cortex (2019), B. Shi et al., 'Different Brain Structures Associated with Artistic and Scientific Creativity: A Voxel-Based Morphometry Study', Scientific Reports (2017), K. Sato et al., 'A Voxel-Based Morphometry Study of the Brain of University Students Majoring in Music and Nonmusic Disciplines', Behavioural Neurology (2015), H. Takeuchi et al., 'Regional Gray Matter Density Associated with Emotional Intelligence: Evidence from Voxel-Based Morphometry', Human Brain Mapping (2011), P. A. Mueller et al, 'The Pen is Mightier Than the Keyboard: Advantages of Longhand Over Laptop Note Taking', Psychological Science (2014), K. Umejima et al., 'Paper Notebooks vs. Mobile Devices: Brain Activation Differences During Memory Retrieval', Frontiers in Behavioural Neuroscience (2021)를 참조했다.

맺는 말 | 오토는 평소 노트를 들고 다닌다

맥스 에그러먼트Max Egremont, 그리고 그를 통해 알게 된 게르프리트 호르스트Gerfried Horst, 빅토어 하우프트Viktor Haupt에게 감사를 전한다. 호르스트와 하우프트는 내 할아버지의 일기에 나오는 등장인물들의 자취를 찾아 독일의 기록 보관소를 조사해주었다. 프랜시스 카투넨Frances Karttunen 교수에게도 감사하다. 우리는 시간여행에 대한 나의 사고실험을 제안했던, 작고한 그의 남편 앨프리드 W. 크로즈비Alfred W. Crosby의 연구 작업과 관련해 편지를 주고받았다. 비록 직접적으로 참조하지는 않았지만, 크로즈비의 저서 The Measure of Reality: Quantification and Western Europe, 1250-1600 (Cambridge, 1996) 덕분에 이 매력적인 시기를 완전히 새로운 방식으로 보게 되었다. Andy Clark and David Chalmers, 'The Extended Mind', Analysis (1998), Richard Menary (ed.), The Extended Mind (Cambridge, MA, 2010)에 수록된 Andy Clark, 'Memento's Revenge: The Extended Mind, Extended', Larissa MacFarquhar, 'The Mind-Expanding Ideas of Andy Clark' (The New Yorker, 2018년 4월 2일), Annie Murphy Paul, The Extended Mind: The Power of Thinking Outside the Brain (New York, 2021)을 참조했다.

감사의 말

이 책을 쓰면서 누린 예상치 못한 기쁨이 있다. 덕분에 매력적인 일군의 인물들에게 접근하여 질문할 수 있는 구실이 생겼으니까. 즉, 집필 과정 내내 의지했던 전문가들과 전문직 종사자들과 학자들 말이다. 이들이 참여하지 않았더라면 이 책은 진실로 무게감이 줄어들었을 것이다. 전술한 권말의 주석에서 한 명 한 명에게 감사를 표하기는 했지만, 영감을 북돋는 학식과 열정을 공유해준 그들 모두에게 다시 한번 대단히 감사하다는 말을 거듭 전하고 싶다.

친구인 사이먼 권, 대니얼 부케, 존티 클레이폴은 초기 단계에서 나의 탐구를 단호히 밀고 나가라고 말해주었다. 그 격려가 얼마나 큰 힘이 되었는지 모를 것이다. 또 한 사람, 자라 라콤은 처음에는 이탈리아 예술에 관해 알고 있는 지식을 공유했고, 이어서 소피 톰프슨, 크리스천 프레더킹과 함께 내가 이 원고를 끝내는 동안 굉장한 이해심을 발휘한 조건으로 나에게 일자리를 제공했다. 다들 고마워요.

영국 도서관, 서식스대학교 도서관, 브라이턴과 호브의 공립도서관 직원분들께도 감사를 전한다. 또 잘 알려지지 않은 절판된 서적을 발견하고 즐기는 데 있어서 진실로 중요하고 소중한 인터넷 아카이브의 관리자들에게도.

모스터란디레개트에서 받은 후한 보조금은 결과적으로 지독히 필요한 때에 나를 살려주었다. 그러니 메테 크뤼게르와 마리루이즈 엘러스에게도 깊이 감사드린다.

나의 첫 번째 에이전트 카롤리나 서턴은 처음의 제안에 몹시도 필요한 주목과 자신감을 주었다. 서턴에게, 그리고 현명한 후임자 고든 와이즈, 그 밖의 커티스브라운 팀원들에게 고마움을 전한다. 헬렌 콘퍼드에게도 마찬가지로 감사하다. 그는 가공되지 않은 콘셉트를 '프로파일'로 가져갔고 마크 엘링엄에게는 그보다 훨씬 더한 것을 가져다 안겼다. 이윽고 그 구상을 맡게 된 엘링엄은 설득력 있는 전문지식을 발휘하여 완전히 뒤바꿔놓았다. 편집자 조너선 버클리는 우선 나의 "대단히 개성 넘치는" 구두점을 다스린 다음(독자여, 감사를 표하고 마음을 놓으시길!) 모든 개념마다 일일이 따져 묻고, 모든 문장을 하나하나 강화했으며, 학식이 필요한 곳에 박식한 관점을 제공했다. 그도 마크도 주말 개념이 없는 사람들인 듯한데, 그 점을 잘 써먹었다. 미안해요. 그림 판권을 맡아준 편집자 존 페트레, 교정자 수전 힐렌, 텍스트 레이아웃 예술가이자 이미지 마법사 헨리 일스, 디자이너 루이스 가발도니, 그리고 앤드루 프랭클린, 알렉스 일럼, 메하르 아나오카르를 비롯한 그 밖의 프로파일 팀원들에게도 고마움을 전한다. 사실 또는 해석에 관한 오류가 본문에 남아 있다면 당연히 그 같은 잘못은 오롯이 나의 것이다.

그러나 가장 큰 빚을 진 곳은 우리 집이었다. 줄스 하우의 아낌없는 사랑과 너그러움이 없었다면 나는 해내지 못하고 말았을 것이다. 고마워, 진심으로. 가족들도 마찬가지다. 시드와 LB, 앤드루와 엘리, 둘스와 안잠. 나는 참 운이 좋다.

이미지 저작권

- 16p 마리아 세브레곤디, 2007. ⓒ 빌 호건/Getty Images.
- 27p 채트윈의 검정색 몰스킨 노트, 1973년 10월, 옥스퍼드보들리언도서관, MS. Eng. e. 3681. ⓒ 크리스타 레너드.
- 30p 울루부룬 디프티카. ⓒ 롤런드 앨런.
- 33p 폼페이의 '사포 프레스코화'. 나폴리국립고고학박물관/위키미디어 공용.
- 43p 1330년대 제노바 원장들. 악덕에 관한 소고, 영국도서관 Add MS 2769. 영국도서관/위키미디어 공용.
- 47p 파롤피 원장, ASFi, Carte strozziani, serie II, 84bis. 이탈리아 문화부/피렌체국립기록물보관소.
- 52p 요스트 아만, 상거래 책에 실린 양피지와 종이 제조를 표현한 목판화, 1568. 위키미디어 공용.
- 61p 좌상단: 무명의 예술가가 그린 성모마리아. 티센보르네미사미술관/위키미디어 공용.
- 61p 우상단: 치마부에의 〈성삼위일체 성모〉 상세 부분. 우피치미술관/위키미디어 공용.
- 61p 하단: 치마부에의 〈성삼위일체 성모〉 상세 부분. 우피치미술관/위키미디어 공용.
- 66p 조토, 〈비탄〉. 요크프로젝트The Yorck Project/위키미디어 공용.
- 72p 피사넬로 등, 출처 〈코덱스 발라르디〉. 루브르박물관, 파리. 위키미디어 공용.
- 81p 프란체스코 다티니의 노트 두 권. 프라토국립고문서보관소.
- 86p 보카치오의 치발도네. ⓒ DeAgostini/Getty Images.
- 88p 보나코르소 기베르티의 치발도네. 피렌체국립중앙도서관: Banco Rari 228 갈릴레오박물관, 피렌체.
- 98p 로도스의 미카엘의 서. ⓒ 데이비드 맥지.
- 107p 로도스의 미카엘의 서에 나와 있는 수학. ⓒ 데이비드 맥지.
- 115p 로도스의 미카엘의 서에 나오는 계급 분노와 염소자리. ⓒ 데이비드 맥지.

- 124p 《캔터베리 이야기》 엘즈미어 필사본. ⓒ Pictorial Press/Alamy.
- 126p 크리스틴 드 피잔, 출처 《발라드Cent balades d'amant et de dame》, folio 1r., 프랑스국립도서관. 필사본장서부. Fran☒ais 835. 갈리카Gallica.
- 134p LHD 244. 핸슨다이어 컬렉션, 루이즈 핸슨다이어 음악도서관 희귀본 컬렉션, 멜버른대학교도서관.
- 145p 야코포 데 바르바리, 〈루카 파촐리의 초상〉, 카포디몬테국립박물관, inv. Q 58. Jarekt/위키미디어 공용.
- 153p 레오나르도 다빈치, 〈코덱스 트리불자누스〉, 카스텔로 스포르체스코Castello Sforzesco, 밀라노. Universal Leonardo/위키미디어 공용.
- 155p 레오나르도 다빈치, 〈코덱스 아틀란티쿠스〉, 암브로시아나도서관, Italstenda/위키미디어 공용.
- 160p 루카 파촐리, 《체스 게임에 관하여》. ⓒ The Picture Art Collection/Alamy.
- 178p 존 밀턴의 비망록 페이지, 영국도서관 Add MS 36354, p. 112.
- 181p 엘리자베스 리틀턴의 비망록, 대학도서관, 케임브리지, MS Add. 8460 (44). 케임브리지대학교도서관 특별평의원들의 친절한 허락을 얻어 복제본을 게재함.
- 184p 익명인 노퍽Norfolk의 비망록 작성자가 쓴 페이지들, 《벨의 비망록》에 수록, 영국도서관 BLL01018056123.
- 192p 알보의 일지, 1519. 인도종합기록 보관소, 세비야. Whpics/Dreamstime.
- 197p 피가페타의 일지. ⓒ Getty Images.
- 204p 아드리안 쿠넌, 피스북, folios 205v, 257r, 028v-029r, 210, 코닝클레이커 비블리오트헤이크 KW 78 E 54. 코닝클레이커 비블리오트헤이크/위키미디어 공용.
- 208p 아드리안 쿠넌, 피스북, folios 053v-054r, 코닝클레이커 비블리오트헤이크 KW 78 E 54. 코닝클레이커 비블리오트헤이크/위키미디어 공용.
- 214p 팔렌틴 빈스하임의 슈탐부흐. 작센안할트 주에 소재한 루터기념관재단/우베 슐체Uwe Schulze.
- 217p 율리아나 더 라우설의 알붐 아미코룸 (p. 17), 코닝클레이커 비블리오트헤이크 MS 79 J 50. 코닝클레이커 비블리오트헤이크/위키미디어 공용.
- 219p 헤이블록의 알붐 아미코룸 (p. 237), 코닝클레이커 비블리오트헤이크 MS 131 H 26. 코닝클레이커 비블리오트헤이크/위키미디어 공용.
- 224p 《라이제아우프차이히눙겐Reiseaufzeichnungen》에 수록된 시카르트의 그림들, Wuertembergische Landsbibliothek Cod. hist. qt. 148, a-d.
- 228p 《라이제아우프차이히눙겐》에 수록된 시카르트의 그림들, Wuertembergische Landsbibliothek Cod. hist. qt. 148, a-d.

- 238p 알브레히트 뒤러의 스케치북(1521), 베를린동판화박물관Kupferstichkabi-nett Berlin, KdZ 33 verso. 구글아트앤드컬처Google Arts and Culture/위키미디어 공용.
- 241p 에드워드 쿡, 《남양 항해》. Kazvorpal/위키미디어 공용.
- 243p 마크 트웨인의 색인 노트 중 한 권 (1884), 뱅크로프트도서관, UC 버클리.
- 248p 패트릭 리 퍼머의 여행일지 (1934). 스코틀랜드국립도서관 Acc. 13338/471, p. 257.
- 252p 브루스 채트윈, 1983. ⓒ Gerrit Alan Fokkema/Fairfax Media/Getty Images.
- 262p 아이작 뉴턴의 포켓 메모장, 모건도서관과 박물관 MA 318, fols. 10v-11r.
- 271p 아이작 뉴턴, 〈곡선의 구적법에 관하여〉(c.1700-1706), 케임브리지대학교도서관 MS Add. 3962 (1r). 케임브리지대학교도서관 특별평의원들의 친절한 허락을 얻어 게재함.
- 283p 샤를 르 브룅, 〈니콜라 푸케의 초상〉. ⓒ Getty Images.
- 289p 루이 14세의 노트, 아브르시립도서관 MS 274.
- 298p "24년치 달력, 잡다한 필요한 규칙들이 들어간 필기용 테이블", 폴저셰익스피어도서관 STC 26050.6.
- 304p 렘브란트 판 레인, 〈사스키아의 초상〉, 베를린동판화박물관. 위키미디어 공용.
- 309p 룩 호의 일지. 영국도서관, IOR/L/MAR/A/C XXXIII, fol. 13r. 14v. 영국도서관/카타르디지털도서관.
- 310p 룩 호의 일지. 영국도서관, IOR/L/MAR/A/C XXXIII, fol. 13r. 14v. 영국도서관/카타르디지털도서관.
- 323p 콘라트 게스너의 《식물지》, 에를랑겐뉘른베르크대학교도서관 소장품, MS 2386-1, 17v.
- 326p 린나이우스의 〈라플란드 여행일지Iter lapponicum〉 (1732), 린네학회 LM/LP/TRV1/2/1, p. 53.
- 331p 아우구스투스 얼(추정), 〈발견과의 전쟁을 선포한 선미갑판의 한 남자 Quarter Deck of a Man of War on Diskivery〉(1832). 소더비즈/위키미디어 공용.
- 339p 다윈의 "B" 노트. ⓒ 마리오 타마/Getty Images.
- 345p 1812년도 레츠 다이어리. ⓒ Letts Archive.
- 346p 메레르 파피루스. 와디 엘자르프 고고학 사절단 제공.
- 352p 얀 판 벨캄프Jan van Belcamp, 〈위대한 그림The Great Picture〉, 레이크랜

드아트트러스트Lakeland Arts Trust, 켄덜. 구글아트앤드컬처/레이크랜드아트트러스트.
- 361p 에마 다윈의 1824년도 다이어리. 케임브리지대학교도서관, CULDAR242. 케임브리지대학교도서관 특별평의원들의 친절한 허락을 얻어 게재함.
- 365p 빅토어 클렘페러가 전시에 쓴 공책들. 1933~1945. ⓒ BTEU/Gerfototek/Alamy.
- 371p 세인트올번스 시경, 1965년 1월 13일자 〈허츠 애드버타이저Herts Advertiser〉.
- 381p 폴 발레리, 블러드액스 출판사Bloodaxe Press.
- 383p 퍼트리샤 하이스미스의 일기와 일지들. Diogenes Verlag/Simon Schmid.
- 388p 애거사 크리스티. ⓒ INTERFOTO/Alamy.
- 394p 클라라 응우옌의 레시피북. 앤드리아 응우옌 제공, Vietworldkitchen.com.
- 398p "몇 가지 질병과 부상, 그리고 새로운 상처와 오래된 상처 모두에 잘 듣는 약제에 관한 책", 폴저셰익스피어도서관 V.a.387, p. 176.
- 405p 오스틴 클레온의 시각적 노트. ⓒ 오스틴 클레온.
- 413p 제퍼슨의 상아 노트. 몬티첼로 토머스제퍼슨재단Thomas Jefferson Foundation.
- 418p 마셜 볼딘 3세가 그린 밥 그레이엄의 주지사 시절 공식 초상화, 플로리다역사박물관 소장품.
- 428p 미국 증기선 오마하 호의 항해일지에 적힌 상세내역. ⓒ 마이클 퍼브스.
- 437p 불렛저널 작성 지침. ⓒ 롤런드 앨런.
- 444p 불렛저널. ⓒ 맷 래글런드/Unsplash.
- 454p 어느 ICU 환자의 일기. ⓒ shop3002.carlsplace.org.
- 456p 마이클 로즌의 환자 일기(루이즈 헤이스Louise Hayes가 쓴 편지). ⓒ 마이클 로즌.
- 467p 마리 퀴리의 실험 노트. Lindsey Simcox/Aurora Health Physics Services.
- 472p 노트, 그리고 축음기와 함께 있는 벨러 버르토크. 부다페스트버르토크아카이브Budapest Bartók Archive, 헝가리.
- 475p 〈하이웨이 61 리비지티드〉 앨범을 녹음 중인 밥 딜런. ⓒ Michael Och Archives/Getty Images.
- 485p 작업실에 있는 험프리 오션. ⓒ 롤런드 앨런.
- 499p 백지 노트 위에 놓인 검정색과 은색 리트랙터블 펜. ⓒ Mike Tinnion/Unsplash.

쓰는 인간

초판 1쇄 발행 2025년 6월 20일
초판 8쇄 발행 2025년 8월 21일

지은이 롤런드 앨런
옮긴이 손성화
펴낸이 고영성

책임편집 박유진 | **디자인** 이화연 | **저작권** 주민숙, 한연

펴낸곳 주식회사 상상스퀘어
출판등록 2021년 4월 29일 제2021-000079호
주소 경기 성남시 분당구 성남대로43번길 10, 하나EZ타워 3층 307호 상상스퀘어
팩스 02-6499-3031
이메일 publication@sangsangsquare.com
홈페이지 www.sangsangsquare-books.com

ISBN 979-11-94368-31-1 (03900)

- 상상스퀘어는 출간 도서를 한국작은도서관협회에 기부하고 있습니다.
- 이 책은 저작권법에 따라 보호를 받는 저작물이므로 무단 전재와 복제를 금지하며,
  이 책 내용의 전부 또는 일부를 사용하려면 반드시 저작권자와 상상스퀘어의 서면 동의를 받아야 합니다.
- 파손된 책은 구입하신 서점에서 교환해 드리며 책값은 뒤표지에 있습니다.